ASCANIO

PAR
ALEXANDRE DUMAS

I

LA RUE ET L'ATELIER.

C'était le 18 juillet de l'an de grâce 1540, à quatre heures de relevée, à Paris, dans l'enceinte de l'Université, à l'entrée de l'église des Grands-Augustins, près du bénitier, auprès de la porte.

Un grand et beau jeune homme au teint brun, aux longs cheveux et aux grands yeux noirs, vêtu avec une simplicité pleine d'élégance, et portant pour toute arme un petit poignard au manche merveilleusement ciselé, était là debout, et, par pieuse humilité sans doute, n'avait pas bougé de cette place pendant tout le temps qu'avait duré les vêpres; le front courbé et dans l'attitude d'une dévote contemplation, il murmurait tout bas je ne sais quelles paroles, ses prières assurément, car il parlait si bas, qu'il n'y avait que lui et Dieu qui pouvaient savoir ce qu'il disait; mais cependant, comme l'office tirait à sa fin, il releva la tête, et ses plus proches voisins purent entendre ces mots prononcés à demi-voix :

— Que ces moines français psalmodient abominablement! ne pourraient-ils mieux chanter devant Elie, qui doit être habituée à entendre chanter les anges? Ah! ce n'est point malheureux! voici les vêpres achevées. Mon Dieu! mon Dieu! faites qu'aujourd'hui je sois plus heureux que dimanche dernier et qu'elle lève au moins les yeux sur moi!

Cette dernière prière n'est véritablement point maladroite, car si celle à qui elle est adressée lève les yeux sur celui qui la lui adresse, elle apercevra la plus adorable tête d'adolescent qu'elle ait jamais rêvée en lisant ces belles fables mythologiques si fort à la mode à cette époque, grâce aux belles poésies de maître Clément Marot, et dans lesquelles sont racontées les amours de Psyché et la mort de Narcisse. En effet, et comme nous l'avons dit, sous son costume simple et de couleur sombre, le jeune homme que nous venons de mettre en scène est d'une beauté remarquable et d'une élégance suprême : il a en outre dans le sourire une douceur et une grâce infinies, et son regard, qui n'ose encore être hardi, est du moins le plus passionné que puissent lancer deux grands yeux de dix-huit ans.

Cependant au bruit des chaises qui annonce la fin de l'office, notre amoureux (car aux quelques paroles qu'il a prononcées, le lecteur a pu reconnaître qu'il avait droit à ce titre), notre amoureux, dis-je, se retira un peu à l'écart et regarda passer la foule qui s'écoulait en silence et qui se composait de graves marguilliers, de respectables matrones devenues discrètes et de fillettes avenantes. Mais ce n'était pas pour tout cela que le beau jeune homme était venu, car son regard ne s'anima, car il ne s'avança avec empressement que lorsqu'il vit s'approcher une jeune fille vêtue de blanc qu'accompagnait une duègne, mais une duègne de bonne maison et qui paraissait savoir son monde, une duègne assez jeune, assez réjouie, et d'aspect peu barbare, ma foi! Quand ces deux dames s'approchèrent du bénitier, notre jeune homme prit de l'eau bénite et leur en présenta galamment.

La duègne fit le plus gracieux des sourires, la plus reconnaissantes des révérences, toucha les doigts du jeune homme, et, à son grand désappointement, offrit elle-même à sa compagne cette eau bénite de seconde main, laquelle compagne, malgré la fervente prière dont elle avait été l'objet quelques minutes auparavant, tint constamment ses yeux baissés, preuve qu'elle savait que le beau jeune homme était là, si bien que lorsqu'elle se fut éloignée, le beau jeune homme frappa du pied en murmurant : « Allons, elle ne m'a pas encore vu cette fois-ci. » Preuve que le beau jeune homme, ainsi que nous croyons l'avoir dit, n'avait guère plus de dix-huit ans.

Mais le premier moment de dépit passé, notre inconnu se hâta de descendre les marches de l'église, et voyant qu'après avoir abaissé son voile et donné le bras à sa suivante, la jolie distraite avait pris à droite, il se hâta de prendre à droite, en remarquant d'ailleurs que c'était précisément son chemin. La jeune fille suivit le quai jusqu'au pont St-Michel et prit le pont St-Michel : c'était encore le chemin de notre inconnu. Elle traversa ensuite la rue de la Barillerie et le pont au Change. Or, comme c'était toujours le chemin de notre inconnu, notre inconnu la suivit comme son ombre.

L'ombre de toute jolie fille c'est un amoureux.

Mais, hélas! à la hauteur du Grand-Châtelet, ce bel astre dont notre inconnu s'était fait le satellite s'éclipsa subitement; le guichet de la prison royale s'ouvrit comme de lui-même aussitôt que la duègne y eut frappé, et se referma aussitôt.

1852

29*

Le jeune homme demeura interdit un instant, mais comme c'était un garçon fort décidé quand il n'y avait plus là une jolie fille pour lui ôter sa résolution, il eut bientôt pris son parti.

Un sergent d'armes, la pique sur l'épaule, se promenait gravement devant la porte du Châtelet. Notre jeune inconnu fit comme cette digne sentinelle, et après s'être éloigné à quelque distance pour ne pas être remarqué, mais non pas assez loin pour perdre la porte de vue, il commença héroïquement sa faction amoureuse.

Si le lecteur a monté une faction quelconque dans sa vie, il a dû remarquer qu'un des moyens les plus sûrs d'abréger cet exercice est de se parler à soi-même. Or, sans doute notre jeune homme était habitué aux factions, car à peine avait-il commencé la sienne qu'il s'adressa le monologue suivant :

— Ce n'est point là assurément qu'elle demeure. Ce matin après la messe, et ces deux derniers dimanches où je n'ai osé la suivre que des yeux, — mais que j'étais! — elle ne prenait pas le quai à droite, mais à gauche, et du côté de la porte de Nesle et du Pré-aux-Clercs. Que diable vient-elle faire au Châtelet ! — Voyons. — Visiter un prisonnier peut-être, son frère probablement. — Pauvre jeune fille ! elle doit bien souffrir alors, car sans doute elle est aussi bonne qu'elle est belle. Pardieu ! j'ai grande envie de l'aborder, moi, et de lui demander franchement ce qu'il en est, et de lui offrir mes services. — Si c'est son frère, je confie la chose au patron et je lui demande conseil. Quand on s'est évadé du château Saint-Ange, comme lui, on sait de quelle manière on sort de prison. C'est donc dit, je sauve le frère. Après un pareil service à lui rendu, le frère devient mon ami à la vie à la mort. — Il me demande à son tour ce qu'il peut faire pour moi qui lui tant fait pour lui. — Je lui avoue que j'aime sa sœur. Il me présente à elle, je tombe à ses genoux, et nous verrons bien alors si elle ne lève pas les yeux.

Une fois lancé sur une pareille voie, on comprend combien l'esprit d'un amoureux fait de chemin sans s'arrêter. Aussi notre jeune homme fut-il tout étonné d'entendre sonner quatre heures et de voir relever la sentinelle.

Le nouveau sergent commença sa faction, et le jeune homme reprit la sienne. Le moyen lui avait trop bien réussi pour ne pas continuer d'en faire usage : aussi reprit-il sur un texte non moins fécond que le premier :

— Qu'elle est belle ! quelle grâce dans ses gestes ! quelle pudeur dans ses mouvemens ! quelle pureté dans ses lignes ! Il n'y a dans le monde entier que le grand Léonard de Vinci ou le divin Raphaël qui eussent été dignes de reproduire l'image de cette blanche et chaste créature ; encore eût-il fallu que ce fût au plus beau de leur talent. Oh ! que ne suis-je peintre, mon Dieu ! au lieu d'être ciseleur, statuaire, émailleur, orfévre ! Si j'étais peintre, d'abord je n'aurais pas besoin de l'avoir devant les yeux pour faire son portrait. Je verrais sans cesse ses grands yeux bleus, ses beaux cheveux blonds, son teint si blanc, sa taille si fine. Si j'étais peintre, je la mettrais dans tous mes tableaux, comme faisait Sanzio pour la Fornarine, et André del Sarto pour la Lucrèce. Et quelle différence entre elle et la Fornarine ! c'est-à-dire que ni l'une ni l'autre ne sont dignes de dénouer les cordons de ses souliers. D'abord la Fornarine...

Le jeune homme n'était pas au bout de ses comparaisons, tout à l'avantage, comme on le comprend bien, de sa maîtresse, lorsque l'heure sonna.

On releva la seconde sentinelle.

— Six heures. C'est étrange comme le temps passe vite ! murmura le jeune homme, et s'il passe ainsi à l'attendre, comment doit-il donc passer près d'elle ! Oh ! près d'elle il n'y a plus de temps, c'est le paradis. Si j'étais près d'elle, je la regarderais, et les heures, les jours, les mois, la vie, passeraient ainsi. Quelle heureuse vie serait celle-là, mon Dieu ! Et le jeune homme resta en extase, car devant ses yeux d'artiste sa maîtresse quoique absente passa en réalité.

On releva la troisième sentinelle.

Huit heures sonnaient à toutes les paroisses, et l'ombre commençait à descendre, car tout nous autorise à penser qu'il y a trois cents ans la brune se faisait en juillet vers les huit heures, absolument comme de nos jours ; mais ce qui étonnera davantage peut-être, c'est la fabuleuse persévérance des amans du seizième siècle. Tout était puissant alors, et les ames jeunes et vigoureuses ne s'arrêtaient pas plus à moitié chemin en amour qu'en art et en guerre.

Du reste, la patience du jeune artiste, car maintenant nous connaissons sa profession, fut enfin récompensée quand il vit la porte du Châtelet se rouvrir pour la vingtième fois, mais cette fois pour donner passage à celle qu'il attendait. La même matrone était toujours à ses côtés, et, de plus, deux hoquetons aux armes de la prévôté l'escortaient à dix pas.

On reprit le chemin qu'on avait fait trois heures auparavant, à savoir le pont au Change, la rue de la Barillerie, le pont Saint-Michel et les quais ; seulement on dépassa les Augustins, et à tr is cents pas de là, dans une encoignure, on s'arrêta devant une énorme porte à côté de laquelle se trouvait une autre petite porte de service. La duègne y frappa ; le portier vint ouvrir. Les deux hoquetons, après un profond salut, reprirent la route du Châtelet, et notre artiste se retrouva une seconde fois immobile devant une porte close.

Il y serait probablement resté jusqu'au lendemain, car il avait commencé la quatrième série de ses rêves ; mais le hasard voulut qu'un passant quelque peu aviné vînt donner de la tête contre lui.

— Hé ! l'ami, dit le passant, sans indiscrétion, êtes-vous un homme ou une borne ? Si vous êtes une borne, vous êtes dans votre droit et je vous respecte ; si vous êtes un homme, gare ! que je passe.

— Excusez, reprit le jeune homme distrait, mais je suis étranger à la bonne ville de Paris et...

— Oh ! c'est autre chose, alors ; le Français est hospitalier, c'est moi qui vous demande pardon ; vous êtes étranger, c'est bien. Puisque vous m'avez dit qui vous étiez, il est juste que je vous dise qui je suis. Je suis écolier et je m'appelle...

— Pardon, interrompit le jeune artiste, mais avant de savoir qui vous êtes, je voudrais bien savoir où je suis.

— Porte de Nesle, moncher ami, et voici l'hôtel de Nesle, dit l'écolier en montrant des yeux la grande porte que l'étranger n'avait pas quittée du regard.

— Fort bien ; mais pour aller rue Saint-Martin, où je demeure, dit notre amoureux, pour dire quelque chose et espérant qu'il se débarrasserait de son compagnon, par où faut-il que je passe ?

— Rue Saint-Martin, dites-vous ! Venez avec moi, je vous accompagnerai, c'est justement ma route, et au pont Saint-Michel je vous indiquerai votre chemin. Je vous dirai donc que je suis écolier, que je reviens du Pré-aux-Clercs, et que je m'appelle...

— Savez-vous à qui il appartient, l'hôtel de Nesle ? demanda le jeune inconnu.

— Tiens ! c'est ce qu'on ne sait pas son Université ! L'hôtel de Nesle, jeune homme, appartient au roi notre sire, et est présentement aux mains du prévôt de Paris, Robert d'Estourville.

— Comment ! c'est là que demeure le prévôt de Paris ! s'écria l'étranger.

— Je ne vous ai dit en rien que le prévôt de Paris demeurât là, mon fils, reprit l'écolier ; le prévôt de Paris demeure au Grand-Châtelet.

— Ah ! au Grand-Châtelet ! Alors, c'est cela. Mais comment se fait-il que le prévôt demeure au Grand-Châtelet et que le roi lui laisse l'hôtel de Nesle ?

— Voici l'histoire. Le roi, voyez-vous, avait jadis donné l'hôtel de Nesle à notre bailli, homme extrêmement vénérable, qui gardait les priviléges et jugeait les procès de l'Université de la façon la plus paternelle : superbe fonction ! Par malheur, cet excellent bailli était si juste, si juste... pour nous, qu'on a aboli sa charge depuis deux ans, sous prétexte qu'il dormait aux audiences, comme si bailli ne dérivait pas de bâiller. Sa charge donc étant supprimée, on a rendu au prévôt de Paris le soin de protéger l'Université. Beau protecteur, ma foi! si nous ne savons pas nous protéger nous-mêmes! Or, mondit prévôt, — tu me suis mon enfant? — mondit prévôt, qui est fort rapace, a jugé que, puisqu'il succédait à l'office du bailli, il devait hériter en même temps de ses propriétés, et il a tout doucement pris possession du Grand et du Petit-Nesle, avec la protection de madame d'Etampes.

— Et cependant, d'après ce que vous me dites, il ne l'occupe pas.

— Pas le moins du monde, le ladre, et pourtant je crois qu'il y loge une fille ou nièce à lui, le vieux Cassandre, une belle enfant qu'on appelle Colombe ou Colombine, je ne sais plus bien, et qu'il tient enfermée dans un coin du Petit-Nesle.

— Ah! vraiment, fit l'artiste, qui respirait à peine, car pour la première fois il entendait prononcer le nom de sa maîtresse; cette usurpation me paraît un abus criant. Comment! cet immense hôtel pour loger une jeune fille seule avec une duègne!

— Et d'où viens-tu donc, ô étranger! pour ne pas savoir que c'est un abus tout naturel que nous autres pauvres clercs habitions à six un méchant taudis, pendant qu'un grand seigneur abandonne aux orties cette immense propriété avec ses jardins, ses préaux, ses cours, son jeu de paume!

— Ah! il y a un jeu de paume?

— Magnifique! mon fils, magnifique!

— Mais, en définitive, c'est la propriété du roi François Ier, cet hôtel de Nesle?

— Sans doute; mais qu'est-ce que tu veux qu'il en fasse, de sa propriété, le roi François Ier?

— Qu'il la donne aux autres, puisque le prévôt ne l'habite pas.

— Eh bien! fais-la-lui demander pour toi, alors.

— Pourquoi pas? Aimez-vous le jeu de paume, vous?

— J'en raffole.

— Je vous invite alors à venir faire une partie avec moi dimanche prochain.

— Où cela?

— Dans l'hôtel de Nesle.

— Tope! monseigneur le grand-maître des châteaux royaux. Ah çà! il est bon que tu saches mon nom au moins; je m'appelle...

Mais comme l'étranger savait ce qu'il voulait savoir, et que le reste l'inquiétait probablement fort peu, il n'entendit pas un mot de l'histoire de son ami, qui lui raconta pourtant en détail comment quoi il s'appelait Jacques Aubry, était écrivain en l'Université, et pour le moment il revenait du Pré-aux-Clercs, où il avait eu un rendez-vous avec la femme de son tailleur; comme quoi celle-ci, retenue sans doute par son indigne époux, n'était pas venue; comme quoi il s'était consolé de l'absence de Simonne en buvant du vin de Suresne, et comme quoi enfin il allait retirer sa pratique à l'indélicat marchand d'habits, qui lui faisait faire le pied de grue et le contraignait de s'enivrer, ce qui était contre toutes ses habitudes.

Quand les deux jeunes gens furent arrivés à la rue de la Harpe, Jacques Aubry indiqua à notre inconnu le chemin, que celui-ci savait mieux que lui; puis ils se donnèrent rendez-vous pour le dimanche suivant, à midi, à la porte de Nesle, et se séparèrent, l'un chantant, l'autre rêvant.

Et celui qui rêvait avait matière à rêver, car il en avait plus appris dans cette journée que pendant les trois semaines précédentes.

Il avait appris que celle qu'il aimait habitait le Petit-Nesle, qu'elle était fille du prévôt de Paris, messire Robert d'Estourville, et qu'elle s'appelait Colombe. Comme on le voit, il n'avait pas perdu sa journée.

Et tout en rêvant, il s'enfonça dans la rue Saint-Martin, et s'arrêta devant une maison de belle apparence, au-dessus de la porte de laquelle étaient sculptées les armes du cardinal de Ferrare. Il frappa trois coups.

— Qui est là? demanda de l'intérieur et après quelques secondes d'attente une voix fraîche, jeune et sonore.

— Moi, dame Catherine, répondit l'inconnu.

— Qui, vous?

— Ascanio.

— Ah! enfin!

La porte s'ouvrit et Ascanio entra.

Une jolie fille de dix-huit à vingt ans, un peu brune, un peu petite, un peu vive, mais admirablement bien faite, reçut le vagabond avec mille transports de joie. « Le voilà le déserteur! le voilà! » s'écria-t-elle, et elle courut ou plutôt elle bondit devant lui pour l'annoncer, éteignant la lampe qu'elle portait et laissant ouverte la porte de la rue, qu'Ascanio, beaucoup moins écervelé qu'elle, prit soin de refermer.

Le jeune homme, malgré l'obscurité où le laissait la précipitation de dame Catherine, traversa d'un pas sûr une assez vaste cour où une bordure d'herbe encadrait chaque pavé, et que dominaient de leur masse sombre de grands bâtimens d'aspect sévère. C'était bien, au reste, la demeure austère et humide d'un cardinal, quoique depuis longtemps son maître ne l'habitât plus. Ascanio franchit lestement un perron aux marches vertes de mousse, et entra dans une immense salle, la seule de la maison qui fût éclairée, une espèce de réfectoire monacal, triste, noir et nu d'ordinaire, mais depuis deux mois brillant, vivant, chantant.

Depuis deux mois, en effet, dans cette froide et colossale cellule se remuait, travaillait, riait, tout un monde d'activité et de bonne humeur; depuis deux mois dix établis, deux enclumes, et au fond une forge improvisée, avaient rapetissé l'énorme chambre; des dessins, des modèles, des planches chargées de pinces, de marteaux et de limes; des faisceaux d'épées aux poignées ciselées merveilleusement et aux lames découpées à jour; des trophées de casques, de cuirasses et de boucliers damasquinés en or, sur lesquels ressortaient en bosse les amours des dieux et des déesses, comme si l'on eût voulu faire oublier les sujets qu'ils représentaient l'usage auquel ils étaient destinés avaient habillé les murailles grisâtres; le soleil avait pu largement entrer par les fenêtres toutes grandes ouvertes, et l'air s'était égayé aux chansons des travailleurs alertes et bons vivans.

Le réfectoire d'un cardinal était devenu l'atelier d'un orfèvre.

Pourtant, pendant cette soirée du 10 juillet 1540, la sainteté du dimanche avait momentanément rendu à la salle désennuyée la tranquillité où elle avait langui durant un siècle. Mais une table en désordre, sur laquelle se voyaient les restes d'un excellent souper éclairés par une lampe que l'on eût cru dérobée aux fouilles de Pompéia, tant sa forme était à la fois élégante et pure, attestait que si les habitans temporaires de la maison du cardinal aimaient parfois le repos, ils n'étaient nullement partisans du jeûne.

Quand Ascanio entra, quatre personnes se trouvaient dans l'atelier.

Ces quatre personnes étaient une vieille servante qui desservait, Catherine qui rallumait la lampe, un jeune homme qui dessinait dans un coin et qui attendait cette lampe, que Catherine avait enlevée de devant lui, pour continuer à dessiner, et le maître, debout, les bras croisés, et appuyé contre la forge.

C'est ce dernier qu'eût aperçu tout d'abord quiconque fût entré dans l'atelier.

En effet, je ne sais quelle vie et quelle puissance émanaient de ce personnage étrange et attiraient l'attention même de ceux qui eussent voulu la lui refuser. C'était un homme maigre, grand, vigoureux, de quarante ans à peu près; mais il faudrait le ciseau de Michel-Ange ou le pinceau de Ribeira pour retracer ce profil fin et énergique ou pour peindre ce teint brun et animé, pour rendre enfin tout cet air hardi et comme royal. Son front élevé s'ombrageait de sourcils prompts à se froncer; son regard, net, franc et incisif, jetait parfois des éclairs sublimes ; son sourire, plein de bonté et de clémence, mais avec des plis quelque peu railleurs, vous charmait et vous intimidait en même temps ; de sa main, par un geste qui lui était familier, il caressait sa barbe et ses moustaches noires ; cette main n'était pas précisément petite, mais nerveuse, souple, allongée, industrieuse, serrant bien, et avec tout cela fine, aristocrate, élégante, et enfin dans sa façon de regarder, de parler, de tourner la tête, dans ses gestes vifs, expressifs sans être heurtés, jusque dans l'attitude nonchalante qu'il avait prise quand Ascanio entra, la force se faisait sentir : le lion au repos n'en était pas moins le lion.

Quant à Catherine et à l'apprenti qui dessinait, ils formaient entre eux le contraste le plus singulier. Celui-ci, sombre, taciturne, au front étroit et déjà ridé, aux yeux à demi clos, aux lèvres serrées ; celle-là gaie comme un oiseau, épanouie comme une fleur, et dont les paupières laissaient toujours voir l'œil le plus malin, dont la bouche même montrait sans cesse les dents les plus blanches. L'apprenti, enfoncé dans son coin, lent et langoureux, semblait économiser ses mouvemens ; Catherine allait, tournait, virait, ne restant jamais une seconde en place, tant la vie débordait en elle, tant cette organisation jeune et vivace avait besoin de mouvement à défaut d'émotions.

Aussi était-ce le lutin de la maison, une vraie alouette par la vivacité et par son petit cri vif et clair, menant enfin avec assez de prestesse, d'abandon et d'imprévoyance, cette vie dans laquelle elle entrait à peine pour justifier parfaitement le surnom de Scozzone que le maître lui avait donné, et qui en italien signifiait alors et signifie encore aujourd'hui quelque chose comme casse-cou. Du reste, pleine de gentillesse et de grâce, dans toute cette pétulance d'enfant Scozzone était l'âme de l'atelier ; quand elle chantait on faisait silence, quand elle riait on riait avec elle, quand elle ordonnait on obéissait, et cela sans mot dire, son caprice ou sa fantaisie n'étant pas d'ailleurs ordinairement fort exigeant ; et puis elle était si franchement et si naïvement heureuse, qu'elle répandait sa bonne humeur autour d'elle, et qu'on se sentait joyeux de la voir joyeuse.

Pour son histoire, c'est une vieille histoire sur laquelle nous reviendrons peut-être : orpheline et sortie du peuple, on avait abandonné son enfance à l'aventure ; mais Dieu la protégea. Destinée à être un plaisir pour tous, elle rencontra un homme pour qui elle devint un bonheur.

Ces nouveaux personnages posés, reprenons notre récit où nous l'avons laissé.

— Ah ! çà, d'où arrives-tu, coureur ? dit le maître à Ascanio.

— D'où j'arrive ? j'arrive de courir pour vous, maître.

— Depuis le matin ?

— Depuis le matin.

— Dis plutôt que tu te seras mis en quête de quelque aventure.

— Quelle aventure voulez-vous que je poursuive, maître ? murmura Ascanio.

— Que sais-je, moi ?

— Eh bien ! quand cela serait, voyez le grand mal ! dit Scozzone. D'ailleurs il est assez joli garçon s'il ne court pas après les aventures pour que les aventures courent après lui.

— Scozzone ! interrompit le maître en fronçant le sourcil.

— Allons, allons, n'allez-vous pas être jaloux de celui-ci encore, pauvre cher enfant ! Et elle releva le menton d'Ascanio avec la main. Eh bien ! il ne manquerait plus que cela. Mais, Jésus ! comme vous êtes pâle ! Est-ce que vous n'auriez pas soupé, monsieur le vagabond ?

— Tiens, non, s'écria Ascanio, je l'ai oublié.

— Oh ! alors je me range à l'avis du maître : il a oublié qu'il n'avait pas soupé, décidément il est amoureux. Ruberta ! Ruberta ! vite, vite à souper à messire Ascanio.

La servante apporta d'excellents reliefs, sur lesquels se précipita notre jeune homme, lequel, après ses stations en plein air, avait bien le droit d'avoir faim.

Scozzone et le maître le regardaient en souriant, l'une avec une affection fraternelle, l'autre avec une tendresse de père. Quant au travailleur du coin, il avait levé la tête au moment où Ascanio était entré ; mais aussitôt que Scozzone avait replacé devant lui la lampe qu'elle avait prise pour aller ouvrir la porte, il avait de nouveau abaissé la tête sur son ouvrage.

— Je vous disais donc, maître, que c'était pour vous que j'avais couru toute la journée, reprit Ascanio, s'apercevant de l'attention maligne que lui accordaient le maître et Scozzone, et désirant mener la conversation sur un autre chapitre que celui de ses amours.

— Et comment as-tu couru pour moi toute la journée ? Voyons.

— Oui : n'avez-vous pas dit hier que le jour était mauvais ici et qu'il vous fallait un autre atelier ?

— Sans doute.

— Eh bien, je vous en ai trouvé un, moi !

— Entends-tu, Pagolo ? dit le maître en se retournant vers le travailleur.

— Plaît-il, maître ? fit celui-ci en relevant une seconde fois la tête.

— Allons, quitte donc un peu ton dessin, et viens écouter cela. Il a trouvé un atelier, entends-tu ?

— Pardon, maître, mais j'entendrai très bien d'ici ce que dira mon ami Ascanio. Je voudrais terminer cette étude ; il me semble que ce n'est pas un mal, quand on a religieusement accompli le dimanche ses devoirs de chrétien, d'occuper ses loisirs à quelque profitable exercice : travailler c'est prier.

— Pagolo, mon ami, dit le maître en secouant la tête et d'un ton plus triste que fâché, vous feriez mieux, croyez-moi, de travailler plus assidûment dans la semaine, et de vous divertir comme un bon compagnon le dimanche, au lieu de fainéanter les jours ordinaires et de vous distinguer hypocritement des autres en feignant tant d'ardeur les jours de fêtes ; mais vous êtes le maître, agissez comme bon vous semble ; et toi, Ascanio, mon enfant, continua-t-il avec une voix dans laquelle il y avait un mélange infini de douceur et de tendresse, tu dis donc ?

— Je dis que je vous ai trouvé un atelier magnifique.

— Lequel ?

— Connaissez-vous l'hôtel de Nesle ?

— A merveille, pour avoir passé devant c'est-à-dire, car je n'y suis jamais entré.

— Mais, sur l'apparence, vous plaît-il ?

— Je le crois pardieu ! bien ; mais...

— Mais quoi ?

— Mais n'est-il donc occupé par personne ?

— Si fait, par M. le prévôt de Paris, messire Robert d'Estourville, lequel s'en est emparé sans y avoir aucun droit. D'ailleurs, pour mettre votre conscience en repos, il me semble que nous pourrions parfaitement lui laisser le Petit-Nesle, où habite quelqu'un de la famille, je crois, et nous contenter, nous, du Grand-Nesle, avec ses cours, ses préaux, ses jeux de boule et son jeu de paume.

— Il y a un jeu de paume ?

— Plus beau que celui de Santa-Croce à Florence.

— Per Bacco ! c'est mon jeu favori : tu le sais, Ascanio.

— Oui ; et puis, maître, outre cela, un emplacement superbe : de l'air partout ; et quel air ! l'air de la campagne ; ce n'est pas comme dans cet affreux coin où nous moisissons et où le soleil nous oublie ; là le Pré-aux-Clercs d'un côté, la Seine de l'autre, et le roi, votre grand roi, à deux pas, dans son Louvre.

— Mais à qui est ce diable d'hôtel ?

— A qui ? Pardieu ! au roi.

— Au roi ?... Répète cette parole, mon enfant : — l'hôtel de Nesle est au roi !

— En personne ; maintenant, reste à savoir s'il consentira à vous donner un logement si magnifique.

— Qui, le roi ? Comment s'appelle-t-il, Ascanio ?

— Mais, François Ier, que je pense.

— Ce qui veut dire que dans huit jours l'hôtel de Nesle sera ma propriété.
— Mais le prévôt de Paris se fâchera peut-être.
— Que m'importe !
— Et s'il ne veut pas lâcher ce qu'il tient ?
— S'il ne veut pas ! — Comment m'appelle-t-on, Ascanio ?
— On vous appelle Benvenuto Cellini, maître.
— Ce qui veut dire que s'il ne veut pas faire les choses de bonne volonté, ce digne prévôt, eh bien ! on les lui fait faire de force. Sur ce, allons nous coucher. Demain nous reparlerons de tout cela, et comme il fera jour, nous y verrons clair.

Et sur l'invitation du maître, chacun se retira, à l'exception de Pagolo, qui resta encore quelque temps à travailler dans son coin ; mais aussitôt qu'il jugea que chacun était au lit, l'apprenti se leva, regarda autour de lui, s'approcha de la table, se versa un grand verre de vin, qu'il avala tout d'un trait, et s'en alla se coucher à son tour.

II.

UN ORFÉVRE AU SEIZIÈME SIÈCLE.

Puisque nous avons fait le portrait et que nous avons prononcé le nom de Benvenuto Cellini, que le lecteur nous permette, afin qu'il puisse entrer plus avant dans le sujet tout artistique que nous traitons, une petite digression sur cet homme étrange qui depuis deux mois habitait la France, et qui est destiné, comme on s'en doute bien, à devenir un des personnages principaux de cette histoire.

Mais auparavant disons ce que c'était qu'un orfévre au seizième siècle.

Il y a à Florence un pont qu'on appelle le Pont-Vieux, et qui est encore aujourd'hui tout chargé de maisons : ces maisons étaient des boutiques d'orfévrerie.

Mais pas d'orfévrerie comme nous l'entendons de nos jours : l'orfévrerie aujourd'hui est un métier ; autrefois l'orfévrerie était un art.

Aussi rien n'était merveilleux comme ces boutiques ou plutôt comme les objets qui les garnissaient : c'étaient des coupes d'onyx arrondies, autour desquelles rampaient des queues de dragons, tandis que les têtes et les corps de ces animaux fantastiques, se dressant en face l'un de l'autre, étendaient leurs ailes azurées tout étoilées d'or, et, la gueule ouverte comme des chimères, se menaçaient avec leurs yeux de rubis. C'étaient des aiguières d'agate au pied desquelles s'enroulait un feston de lierre qui, remontant en forme d'anse, s'arrondissait bien au-dessus de son orifice, cachant au milieu de ses feuilles d'émeraude quelque merveilleux oiseau des tropiques tout habillé d'émail, et qui semblait vivre et prêt à chanter. C'étaient des urnes de lapis-lazuli dans lesquelles se penchaient, comme pour boire, deux lézards si habilement ciselés qu'on eût cru voir les reflets changeants de leur cuirasse d'or, et qu'on eût pu penser qu'au moindre bruit ils allaient fuir et se réfugier dans quelque gerçure de la muraille. C'étaient encore des calices, des ostensoirs, des médailles de bronze, d'argent, d'or ; tout cela émaillé de pierres précieuses, comme si, à cette époque, les rubis, les topazes, les escarboucles et les diamans, se trouvaient en fouillant le sable des rivières, ou en soulevant la poussière des chemins ; c'étaient enfin des nymphes, des naïades, des dieux, des déesses, tout un Olympe resplendissant, mêlé à des crucifix, à des croix, à des calvaires ; des Mater dolorosa et des Vénus, des Christs et des Apollons, des Jupiters lançant la foudre, et des Jehovahs créant le monde, et tout cela, non seulement habilement exécuté, mais poétiquement conçu, non seulement admirable comme bijoux à orner le boudoir d'une femme, mais splendide comme chefs-d'œuvre à immortaliser le règne d'un roi ou le génie d'une nation.

Il est vrai que les orfévres de cette époque se nommaient Donatello Ghiberti, Guirlandajo, et Benvenuto Cellini.

Or, Benvenuto Cellini a raconté lui-même, dans des mémoires plus curieux que les plus curieux romans, cette vie aventurière des artistes du quinzième et du seizième siècle, quand Titien peignait la cuirasse sur le dos, et que Michel-Ange sculptait l'épée au côté, quand Masaccio et le Dominiquin mouraient du poison, et quand Cosme Ier s'enfermait pour retrouver la trempe d'un acier qui pût tailler le porphyre.

Nous ne prendrons donc pour faire connaître cet homme qu'un épisode de sa vie : celui qui le conduisit en France.

Benvenuto était à Rome, où le pape Clément VII l'avait fait appeler, et il travaillait avec passion au beau calice que Sa Sainteté lui avait commandé ; mais comme il voulait mettre tous ses soins à ce précieux ouvrage, il n'avançait que bien lentement. Or, Benvenuto, comme on le pense bien, avait force envieux, tant à cause des belles commandes qu'il recevait des ducs, des rois et des papes, qu'à cause du grand talent avec lequel il exécutait ces commandes. Il en résultait qu'un de ses confrères nommé Pompeo, qui n'avait rien à faire qu'à calomnier, lui, profitait de ces retards pour le desservir tant qu'il pouvait près du pape, et cela tous les jours, sans trêve, sans relâche, tantôt tout bas, tantôt tout haut, assurant qu'il n'en finirait jamais, et que comme il était accablé de besogne, il exécutait d'autres travaux, au détriment de ceux commandés par Sa Sainteté.

Il dit et fit tant, ce digne Pompeo, qu'un jour en le voyant entrer dans sa boutique Benvenuto Cellini jugea tout de suite à son air riant qu'il était porteur d'une mauvaise nouvelle.

— Eh bien ! mon cher confrère, dit-il, je viens vous soulager d'une lourde obligation : Sa Sainteté a bien vu que si vous tardiez tant à lui livrer son calice, ce n'était pas faute de zèle, mais faute de temps. Elle a pensé en conséquence qu'il fallait débarrasser vos journées de quelque soin important, et de son propre mouvement elle vous retire la charge de graveur de la Monnaie. C'est neuf pauvres ducats d'or que vous aurez par mois de moins, mais une heure par jour que vous aurez de plus.

Benvenuto Cellini sentit une sourde et furieuse envie de jeter le railleur par la fenêtre, mais il se contint, et Pompeo, ne voyant bouger aucun muscle de son visage, crut que le coup n'avait pas porté.

— En outre, continua-t-il, et je ne sais pourquoi, malgré tout ce que j'ai pu dire en votre faveur, Sa Sainteté vous redemande son calice tout de suite, et dans l'état où il est. J'ai vraiment peur, mon cher Benvenuto, et je vous préviens de cela en ami, qu'elle n'ait l'intention de le faire achever par quelque autre.

— Oh ! pour cela, non ! s'écria l'orfévre, se redressant cette fois comme un homme piqué par un serpent. Mon calice est à moi comme l'office de la Monnaie est au pape. Sa Sainteté n'a d'autre droit que d'exiger les cinq cents écus qu'elle m'a fait payer d'avance, et je ferai de mon travail ce que bon me semblera.

— Prenez garde, mon maître, car peut-être la prison est-elle au bout de ce refus.

— Monsieur Pompeo, vous êtes un âne, répondit Benvenuto Cellini.

Pompeo sortit furieux.

Le lendemain, deux camerieri du saint-père vinrent trouver Benvenuto Cellini.

— Le pape nous mande vers toi, dit l'un d'eux, afin que tu nous remettes le calice ou que nous te conduisions en prison.

— Messeigneurs, répondit Benvenuto, un homme comme moi ne méritait pas moins que des archers comme vous. Menez-moi en prison, me voilà. Mais, je vous en préviens, cela n'avancera point d'un coup de burin le calice du pape.

Et Benvenuto s'en alla avec eux chez le gouverneur, qui, ayant sans doute reçu ses instructions d'avance, l'invita à se mettre à table avec lui. Pendant tout le dîner le gouverneur engagea Benvenuto par toutes les raisons possibles à contenter le pape en lui portant son travail, lui affirmant au reste que s'il faisait cette soumission, Clément VII, tout violent et entêté qu'il était, s'apaiserait de cette seule soumission; mais Benvenuto répondit qu'il avait déjà montré six fois au saint-père son calice commencé, et que c'était tout ce que l'exigence pontificale pouvait demander de lui; que d'ailleurs il connaissait Sa Sainteté, qu'il n'y avait pas à s'y fier, et qu'elle pourrait bien profiter de ce qu'elle le tenait à sa disposition pour lui reprendre son calice et le donner à finir à quelque imbécile qui le gâterait. En revanche il déclara de nouveau qu'il était prêt à rendre au pape les cinq cents écus qu'il lui avait avancés.

Cela dit, Benvenuto ne répondit plus à toutes les instances du gouverneur qu'en vantant son cuisinier et en exaltant ses vins.

Après le dîner, tous ses compatriotes, tous ses amis les plus chers, tous ses apprentis conduits par Ascanio, vinrent le supplier de ne pas courir à sa ruine en tenant tête à Clément VII; mais Benvenuto Cellini répondit que depuis longtemps il désirait constater cette grande vérité, qu'un orfévre pouvait être plus entêté qu'un pape; qu'en conséquence, comme l'occasion s'en présentait aussi belle qu'il la pouvait désirer, il ne la laisserait point échapper de peur qu'elle ne se présentât plus.

Ses compatriotes se retirèrent en haussant les épaules, ses amis en déclarant qu'il était fou, et Ascanio en pleurant :

Heureusement Pompeo n'oubliait pas Cellini, et pendant ce temps il disait au pape :

— Très saint-père, laissez faire votre serviteur, je vais envoyer dire à cet entêté que, puisqu'il le veut absolument, il ait à faire remettre chez moi les cinq cents écus, et comme c'est un gaspilleur et un dépensier qui n'aura pas cette somme à sa disposition, il sera bien forcé de me remettre le calice.

Clément VII trouva le moyen excellent, et répondit à Pompeo d'agir comme il l'entendrait. En conséquence, le même soir, et comme on allait conduire Benvenuto Cellini à la chambre qui lui était destinée, un cameriere se présenta disant à l'orfévre que Sa Sainteté acceptait son ultimatum et désirait avoir à l'instant même les cinq cents écus ou le calice.

Benvenuto répondit qu'on n'avait qu'à le ramener à sa boutique et qu'il donnerait les cinq cents écus.

Quatre Suisses reconduisirent chez lui Benvenuto, suivi du cameriere. Arrivé dans sa chambre à coucher, Benvenuto tira une clef de sa poche, ouvrit une petite armoire en fer pratiquée dans le mur, plongea sa main dans un grand sac, en tira les cinq cents écus, et les ayant donnés au cameriere, lui fit à la porte lui et les quatre Suisses.

Ceux-ci reçurent même, il faut le dire à la louange de Benvenuto Cellini, quatre écus pour la peine qu'ils avaient prise, et ils se retirèrent en lui baisant les mains, il faut le dire à la louange des Suisses.

Le cameriere retourna aussitôt près du saint-père et lui remit les cinq cents écus, sur quoi Sa Sainteté désespérée entra dans une grande colère et se mit à injurier Pompeo.

— Va trouver toi-même mon grand ciseleur à sa boutique, animal, lui dit-il; fais-lui toutes les caresses dont ton ignorante bêtise est capable, et dis-lui que s'il consent à me faire mon calice, je lui donnerai toutes les facilités qu'il me demandera.

— Mais, Votre Sainteté, dit Pompeo, ne serait-il pas temps demain matin?

— Il est déjà trop tard ce soir, imbécile, et je ne veux pas que Benvenuto s'endorme sur sa rancune; fais donc à l'instant ce que j'ordonne, et que demain à mon lever j'aie une bonne réponse.

Le Pompeo sortit donc du Vatican l'oreille basse, et s'en vint à la boutique de Benvenuto : elle était fermée.

Il regarda à travers le trou de la serrure, à travers les fentes de la porte, passa en revue toutes les fenêtres pour voir s'il n'y en avait pas quelqu'une d'illuminée ; mais voyant que tout était sombre, il se hasarda à frapper une seconde fois plus fort que la première, puis enfin une troisième fois plus fort encore que la seconde.

Alors une croisée du premier étage s'ouvrit et Benvenuto parut en chemise et son arquebuse à la main.

— Qui va là? demanda Benvenuto.
— Moi, répondit le messager.
— Qui, toi? reprit l'orfévre, qui avait parfaitement reconnu son homme.
— Moi, Pompeo.
— Tu mens, dit Benvenuto, je connais parfaitement Pompeo, et c'est un trop grand lâche pour se hasarder à cette heure dans les rues de Rome.
— Mais, mon cher Cellini, je vous jure...
— Tais-toi; tu es un brigand qui a pris le nom de ce pauvre diable pour te faire ouvrir ma porte et pour me voler.
— Maître Benvenuto, je veux mourir...
— Dis encore un mot, s'écria Benvenuto en abaissant l'arquebuse dans la direction de son interlocuteur, et ce souhait sera exaucé.

Pompeo s'enfuit à toutes jambes en criant au meurtre, et disparut à l'angle de la plus prochaine rue.

Quand il eut disparu, Benvenuto referma sa fenêtre, raccrocha son arquebuse à son clou, et se recoucha en riant dans sa barbe de la peur qu'il avait faite au pauvre Pompeo.

Le lendemain, au moment où il descendait dans sa boutique, ouverte déjà depuis une heure par ses apprentis, Benvenuto Cellini aperçut de l'autre côté de la rue Pompeo, qui, depuis le point du jour en faction, attendait qu'il descendît.

En apercevant Cellini, Pompeo lui fit de la main le geste le plus tendrement amical qu'il ait jamais fait à personne.

— Ah! fit Cellini, c'est vous, mon cher Pompeo. Ma foi! j'ai manqué cette nuit faire payer cher à un drôle l'insolence qu'il avait eue de prendre votre nom.

— Vraiment, dit Pompeo en s'efforçant de sourire et en s'approchant peu à peu de sa boutique, et comment cela?

Benvenuto raconta alors au messager de Sa Sainteté ce qui s'était passé; mais comme dans le dialogue nocturne son ami Benvenuto l'avait traité de lâche, il n'osa avouer que c'était à lui en personne que Benvenuto avait eu affaire. Puis, ce récit achevé, Cellini demanda à Pompeo quelle heureuse circonstance lui valait si matin l'honneur de son aimable visite.

Alors Pompeo s'acquitta, mais dans d'autres termes, bien entendu, de la commission dont Clément VII l'avait chargé près de son orfévre.

A mesure qu'il parlait, la figure de Benvenuto Cellini s'épanouissait. Clément VII cédait donc. L'orfévre avait été plus entêté que le pape; puis, quand il eut fini son discours :

— Répondez à Sa Sainteté, dit Benvenuto, que je serai heureux de lui obéir et de faire tout au monde pour regagner ses bonnes grâces que j'ai perdues, non par ma faute, mais par la méchanceté des envieux. Quant à vous, monsieur Pompeo, comme le pape ne manque pas de domestiques, je vous engage, dans votre intérêt, à me faire envoyer à l'avenir un autre valet que vous; pour votre santé, monsieur Pompeo, ne vous mêlez plus de ce qui me regarde; par pitié pour vous, ne vous rencontrez jamais sur mon chemin, et, pour le salut de mon âme, priez Dieu, Pompeo, que je ne sois pas votre César.

Pompeo ne demanda point son reste et s'en alla reporter à Clément VII la réponse de Benvenuto Cellini, en supprimant toutefois la péroraison.

A quelque temps de là, pour se raccommoder tout à fait avec Benvenuto, Clément VII lui commanda sa médaille. Benvenuto la lui frappa en bronze, en argent et en or, puis il la lui porta. Le pape en fut si émerveillé qu'il s'écria dans son admiration que jamais les anciens n'avaient fait une si belle médaille.

— Eh bien ! Votre Sainteté, dit Benvenuto, si cependant je n'avais pas montré un peu de fermeté, nous serions brouillés tout à fait à cette heure: car jamais je ne vous eusse pardonné, et vous eussiez perdu un serviteur dévoué. Voyez-vous très Saint-Père, continua Benvenuto en manière d'avis, Votre Sainteté ne ferait pas mal de se rappeler quelquefois l'opinion de certaines gens d'un gros bon sens, qui disent qu'il faut saigner sept fois avant de couper une, et vous feriez bien aussi de vous laisser un peu moins aisément duper par les méchantes langues, les envieux et les calomniateurs; cela soit dit pour votre gouverne, et n'en parlons plus, très Saint-Père.

Ce fut ainsi que Benvenuto pardonna à Clément VII, ce qu'il n'eût certainement pas fait s'il l'eût moins aimé; mais en qualité de compatriote il était fort attaché à lui.

Aussi sa désolation fut grande lorsque, quelques mois après l'aventure que nous venons de raconter, le pape mourut presque subitement. Cet homme de fer fondit en larmes à cette nouvelle, et pendant huit jours il pleura comme un enfant.

Au reste, cette mort fut doublement funeste au pauvre Benvenuto Cellini, car le jour même où l'on ensevelit le pape, il rencontra Pompeo qu'il n'avait pas vu depuis le moment où il l'avait invité à lui épargner sa trop fréquente présence.

Il faut dire que depuis les menaces de Benvenuto Cellini, le malheureux Pompeo n'osait plus sortir qu'accompagné de douze hommes bien armés à qui il donnait la même solde que le pape donnait à sa garde suisse, si bien que chaque promenade par la ville lui coûtait deux ou trois écus; et encore au milieu de ses douze sbires tremblait-il de rencontrer Benvenuto Cellini, sachant que si quelque rixe suivait cette rencontre et qu'il arrivât malheur à Benvenuto, le pape, qui au fond aimait fort son orfévre, lui ferait un mauvais parti; mais Clément VII, comme nous l'avons dit, venait de mourir, et cette mort rendait quelque hardiesse à Pompeo.

Benvenuto était allé à Saint-Pierre baiser les pieds du pape décédé, et comme il revenait par la rue dei Banchi, accompagné d'Ascanio et de Pagolo, il se trouva face à face avec Pompeo et ses douze hommes. A l'apparition de son ennemi, Pompeo devint très pâle; mais regardant autour de lui et se voyant bien entouré, tandis que Benvenuto n'avait avec lui que deux enfans, il reprit courage, et s'arrêtant, il fit à Benvenuto un salut ironique de la tête, tandis que de sa main droite il jouait avec le manche de son poignard.

A la vue de cette troupe qui menaçait son maître, Ascanio porta la main à son épée, tandis que Pagolo faisait semblant de regarder autre chose: mais Benvenuto ne voulait pas exposer son élève chéri à une lutte si inégale. Il lui mit la main sur la sienne, et repoussant au fourreau l'épée d'Ascanio à demi-tirée, il continua son chemin comme s'il n'avait rien vu, ou comme si ce qu'il avait vu ne l'avait aucunement blessé. Ascanio ne reconnaissait pas là son maître, mais comme son maître se retirait, il se retira avec lui.

Pompeo, triomphant, fit une profonde salutation à Benvenuto, et continua son chemin toujours environné de ses sbires, qui imitèrent ses bravades.

Benvenuto se mordait, en dedans, les lèvres jusqu'au sang, mais au dehors il avait l'air de sourire. C'était à n'y plus rien comprendre pour quiconque connaissait le caractère irascible de l'illustre orfévre.

Mais à peine eut-il fait cent pas que, se trouvant en face de la boutique d'un de ses confrères, il entra chez lui sous prétexte de voir un vase antique qu'on venait de retrouver dans les tombeaux étrusques de Corneto, ordonnant à ses deux élèves de suivre leur chemin, et leur promettant de les rejoindre dans quelques minutes à la boutique.

Comme on le comprend bien, ce n'était qu'un prétexte pour éloigner Ascanio, car à peine eut-il pensé que le jeune homme et son compagnon, dont il s'inquiétait moins attendu qu'il était sûr que son courage ne l'emporterait pas trop loin, avaient tourné l'angle de la rue, que, reposant le vase sur la planche où il l'avait trouvé, il s'élança hors de la maison.

En trois bonds Benvenuto fut dans la rue où il avait rencontré Pompeo; mais Pompeo n'y était plus: heureusement ou plutôt malheureusement c'était chose remarquable que cet homme entouré de ses douze sbires; aussi, lorsque Benvenuto demanda où il était passé, la première personne à laquelle il s'adressa lui montra-t-elle le chemin qu'il avait pris, et, comme un limier remis en voie, Benvenuto se lança sur sa trace.

Pompeo s'était arrêté à la porte d'un pharmacien, au coin de la Chiavica, et il racontait au digne apothicaire les prouesses auxquelles il venait de se livrer à l'endroit de Benvenuto Cellini, lorsque tout à coup il vit apparaître celui-ci à l'angle de la rue, l'œil ardent et la sueur sur le front.

Benvenuto jeta un cri de joie en l'apercevant, et Pompeo coupa court au milieu de sa phrase.

Il était évident qu'il allait se passer quelque chose de terrible.

Les bravis se rangèrent autour de Pompeo et tirèrent leurs épées.

C'était quelque chose d'insensé à un homme que d'attaquer treize hommes, mais Benvenuto était, comme nous l'avons dit, une de ces natures léonines qui ne comptent pas leurs ennemis. Il tira, contre ces treize épées qui le menaçaient, un petit poignard aigu qu'il portait toujours à sa ceinture, s'élança au milieu de cette troupe, ramassant avec un de ses bras deux ou trois épées, renversant de l'autre un ou deux hommes, si bien qu'il arriva du coup jusqu'à Pompeo, qu'il saisit au collet: mais aussitôt le groupe se referma sur lui.

Alors on ne vit plus rien qu'une mêlée confuse de laquelle sortaient des cris, et au dessus de laquelle s'agitaient des épées. Pendant un instant ce groupe vivant roula par terre, informe et désordonné, puis un homme se releva en jetant un cri de victoire, et d'un violent effort, comme il était entré dans le groupe il en sortit, tout sanglant lui-même, mais portant triomphalement son poignard ensanglanté : c'était Benvenuto Cellini.

Un autre resta couché sur le pavé se roulant dans les convulsions de l'agonie. Il avait reçu deux coups de poignard, l'un au dessous de l'oreille, l'autre derrière la clavicule, au bas du cou, dans l'intervalle du sternum à l'épaule. Au bout de quelques secondes il était mort; c'était Pompeo.

Un autre que Benvenuto après avoir fait un pareil coup se serait sauvé à toutes jambes, mais Benvenuto fit passer son poignard dans sa main gauche, tira son épée de sa main droite, et attendit résolument les douze sbires.

Mais les sbires n'avaient plus rien à faire à Benvenuto. Celui qui les payait était mort et par conséquent ne pouvait plus les payer. Ils se sauvèrent comme un troupeau de lièvres effarouchés, laissant le cadavre de Pompeo.

En ce moment Ascanio parut et s'élança dans les bras de son maître; il n'avait pas été dupe du vase étrusque, il était revenu sur ses pas; mais si vite qu'il fût accouru, il était encore arrivé quelques secondes trop tard.

III.

DÉDALE.

Benvenuto se retira avec lui assez inquiet, non pas des trois blessures qu'il avait reçues, elles étaient toutes trois trop légères pour qu'il s'en occupât, mais de ce qui allait se passer. Il avait déjà tué, six mois auparavant, Guasconti, le meurtrier de son frère, mais il s'était tiré de cette mauvaise affaire grâce à la protection du pape Clément VII ; d'ailleurs cette mort n'était qu'une espèce de représailles ; mais cette fois le protecteur de Benvenuto était trépassé et le cas devenait autrement épineux.

Le remords, bien entendu, il n'en fut pas un seul instant question.

Que nos lecteurs ne prennent pas pour cela le moins du monde une mauvaise idée de notre jeune orfévre, qui, après avoir tué un homme, qui après avoir tué deux hommes, et qui même en cherchant bien dans sa vie après avoir tué trois hommes, redoute fort le guet, mais ne craint pas une minute Dieu.

Car cet homme-là, en l'an de grâce 1540, c'est un homme ordinaire, un homme de tous les jours, comme disent les Allemands, Que voulez-vous ? on se souciait si peu de mourir en ce temps-là, qu'en revanche on ne s'inquiétait guère de tuer ; nous sommes encore braves aujourd'hui, nous ; eux étaient téméraires alors ; nous sommes des hommes faits, ils étaient des jeunes gens. La vie était si abondante à cette époque qu'on la perdait, qu'on la donnait, qu'on la vendait, qu'on la prenait avec une profonde insouciance et une parfaite légèreté.

Il fut un écrivain longtemps calomnié, avec le nom duquel on a fait un synonyme de traîtrise, de cruauté, de tous les mots enfin qui veulent dire infamie, et il a fallu le dix-neuvième siècle, le plus impartial des siècles qu'a vécus l'humanité, pour réhabiliter cet écrivain, grand patriote et homme de cœur ! Et pourtant, le seul tort de Nicolas Machiavel est d'avoir appartenu à une époque où la force et le succès étaient tout ; où l'on estimait les faits et non les mots, et où marchaient droit à leur but, sans souci aucun des moyens et des raisonnemens, le souverain, César Borgia ; le penseur, Machiavel ; l'ouvrier, Benvenuto Cellini.

Un jour on trouva sur la place de Cesena un cadavre coupé en quatre quartiers ; ce cadavre était celui de Ramiro d'Orco. Or, comme Ramiro d'Orco était un personnage tenant son rang en Italie, la république florentine voulut savoir les causes de cette mort. Les huit de la seigneurie firent donc écrire à Machiavel, leur ambassadeur, afin qu'il satisfît leur curiosité.

Mais Machiavel se contenta de répondre :

« Magnifiques Seigneurs,

» Je n'ai rien à vous dire sur la mort de Ramiro d'Orco, si ce n'est que César Borgia est le prince qui sait le mieux faire et défaire les hommes selon leurs mérites.

» MACHIAVEL. »

Benvenuto était la pratique de la théorie émise par l'illustre secrétaire de la république florentine. Benvenuto génie, César Borgia prince, se croyaient tous les deux au-dessus des lois par leur droit de puissance. La distinction du juste et de l'injuste pour eux, c'était ce qu'ils pouvaient et ce qu'ils ne pouvaient pas : du devoir et du droit pas la moindre notion.

Un homme gênait, on supprimait cet homme.

Aujourd'hui, la civilisation lui fait l'honneur de l'acheter.

Mais alors tant de sang bouillonnait dans les veines des jeunes nations qu'on le répandait pour raison de santé. On se battait d'instinct, fort peu pour la patrie, fort peu pour les dames, beaucoup pour se battre, nation contre nation, homme contre homme. Benvenuto faisait la guerre à Pompeo comme François Ier à Charles-Quint. La France et l'Espagne se battaient en duel, tantôt à Marignan, tantôt à Pavie ; le tout très simplement, sans préambules, sans phrases, sans lamentations.

De même on exerçait le génie comme une faculté native, comme une puissance absolue, comme une royauté de droit divin ; l'art était au seizième siècle ce qu'il y avait de plus naturel au monde.

Il ne faut donc pas s'étonner de ces hommes qui ne s'étonnaient de rien ; nous avons pour expliquer leurs homicides, leurs boutades et leurs écarts, un mot qui explique et justifie toute chose dans notre pays et surtout dans notre temps :

Cela se faisait.

Benvenuto avait donc fait tout simplement ce qui se faisait : Pompeo gênait Benvenuto Cellini, Benvenuto Cellini avait supprimé Pompeo.

Mais la police s'enquérait parfois de ces suppressions ; elle se serait bien gardée de protéger un homme pendant sa vie, mais une fois sur dix il lui prenait de velléités de le venger lorsqu'il était mort.

Cette susceptibilité la prit à l'endroit de Benvenuto Cellini. Comme, rentré chez lui, il mettait quelques papiers au feu et quelques écus dans sa poche, les sbires pontificaux l'arrêtèrent et le conduisirent au château Saint-Ange, événement dont Benvenuto se consola presque en songeant que c'était au château Saint-Ange que l'on mettait les gentilshommes.

Mais une autre consolation qui agissait non moins efficacement sur Benvenuto Cellini en entrant au château Saint-Ange, c'était l'idée qu'un homme doué d'une imagination aussi inventive que la sienne ne pouvait, d'une façon ou d'une autre, tarder d'en sortir.

Aussi en entrant dit-il au gouverneur, qui était assis devant une table couverte d'un tapis vert, et qui rangeait bon nombre de papiers sur cette table :

— Monsieur le gouverneur, triplez les verroux, les grilles et les sentinelles ; enfermez-moi dans votre chambre la plus haute ou dans votre cachot le plus profond, que votre surveillance veille tout le jour et ne s'endorme pas de toute la nuit, et je vous préviens que malgré tout cela je m'enfuirai.

Le gouverneur leva les yeux sur le prisonnier qui lui parlait avec un si miraculeux aplomb, et reconnut Benvenuto Cellini, que trois mois auparavant il avait déjà eu l'honneur de faire asseoir à sa table.

Malgré cette connaissance, et peut-être à cause de cette connaissance, l'allocution de Benvenuto plongea le digne gouverneur dans la plus profonde stupéfaction : c'était un florentin nommé messire Georgio, chevalier des Ugolini, excellent homme, mais de tête un peu faible. Cependant il revint bientôt de son premier étonnement, et fit conduire Benvenuto dans la chambre la plus élevée du château. Le toit de cette chambre était la plate-forme même ; une sentinelle se promenait sur cette plate-forme, une autre sentinelle veillait au bas de cette muraille.

Le gouverneur fit remarquer au prisonnier tous ces détails, puis lorsqu'il eut cru que le prisonnier les avait appréciés :

— Mon cher Benvenuto, dit-il, on peut ouvrir les serrures, on peut forcer les portes, on peut creuser le sol d'un cachot souterrain, on peut percer un mur ; on peut gagner les sentinelles, on peut endormir les geôliers, mais, à moins d'avoir des ailes, on ne peut descendre de cette hauteur dans la plaine.

— J'y descendrai pourtant, dit Benvenuto Cellini.

Le gouverneur le regarda en face, et commençait à croire que son prisonnier était fou.

— Mais vous vous envolerez donc alors ?

— Pourquoi pas ; j'ai toujours eu l'idée que l'homme pouvait voler, moi ; seulement le temps m'a manqué pour en faire l'expérience. Ici j'en aurai le temps, et pardieu ! je veux en avoir le cœur net. L'aventure de Dédale est une histoire et non pas une fable.

— Prenez garde au soleil, mon cher Benvenuto, répondit en ricanant le gouverneur ; prenez garde au soleil.

— Je m'envolerai la nuit, dit Benvenuto.

Le gouverneur ne s'attendait pas à cette réponse, de sorte qu'il ne trouva pas le plus petit mot à riposter, et qu'il se retira hors de lui.

En effet, il fallait fuir à tout prix. En d'autres temps, Dieu merci ! Benvenuto ne se serait pas inquiété d'un homme tué, et il en eût été quitte pour suivre la procession de Notre-Dame d'août vêtu d'un pourpoint et d'un manteau d'armoise bleu. Mais le nouveau pape Paul III était vindicatif en diable, et Benvenuto avait eu, quand il n'était encore que monseigneur Farnèse, maille à partir avec lui à propos d'un vase d'argent qu'il refusait de lui livrer faute de paiement, et que Son Éminence avait voulu faire enlever de vive force, ce qui avait mis Benvenuto dans la dure nécessité de maltraiter quelque peu les gens de Son Éminence; en outre le saint-père était jaloux de ce que le roi François Ier lui avait déjà fait demander Benvenuto par monseigneur de Montluc, son ambassadeur près du Saint-Siége. En apprenant la captivité de Benvenuto, monseigneur de Montluc croyant rendre service au pauvre prisonnier avait insisté d'autant plus; mais il s'était fort trompé au caractère du nouveau pape, qui était encore plus entêté que son prédécesseur Clément VII. Or, Paul III avait juré que Benvenuto lui payerait son escapade, et s'il ne risquait pas précisément la mort, un pape y eût regardé à deux fois à cette époque pour faire pendre un pareil artiste, il risquait fort au moins d'être oublié dans sa prison. Il était donc important en pareille occurrence que Benvenuto ne s'oubliât point lui-même, et voilà pourquoi il était résolu à fuir sans attendre les interrogatoires et jugemens qui auraient bien pu n'arriver jamais, car le pape, irrité de l'intervention du roi François Ier, ne voulait plus même entendre prononcer le nom de Benvenuto Cellini. Le prisonnier savait tout cela par Ascanio, qui tenait sa boutique, et qui, à force d'instances, avait obtenu la permission de visiter son maître; bien entendu que ces visites se faisaient à travers des grilles et en présence de témoins qui veillaient à ce que l'élève ne passât au maître ni lime, ni corde, ni couteau.

Aussi du moment où le gouverneur avait fait refermer la porte de sa chambre derrière Benvenuto, lui, Benvenuto s'était mis à faire l'inspection de sa chambre.

Or, voici ce que contenaient les quatre murs de son nouveau logement : un lit, une cheminée où l'on pouvait faire du feu, une table et deux chaises; deux jours après Benvenuto obtint de la terre et un outil à modeler. Le gouverneur avait refusé d'abord ces objets de distraction à son prisonnier, mais il s'était ravisé en réfléchissant qu'en occupant l'esprit de l'artiste il le détournerait peut-être de cette tenace idée d'évasion dont il avait paru possédé; le même jour Benvenuto ébaucha une Vénus colossale.

Tout cela n'était pas grand'chose; mais en y ajoutant l'imagination, la patience et l'énergie, c'était beaucoup.

Un jour de décembre qu'il faisait très froid et qu'on avait allumé du feu dans la cheminée de Benvenuto Cellini, on vint changer les draps de son lit et l'on oublia les draps sur la seconde chaise; aussitôt que la porte fut refermée, Benvenuto ne fit qu'un bond de sa chaise à son grabat, tira de sa paillasse deux énormes poignées de ces feuilles de maïs qui composent les paillasses italiennes, fourra à leur place la paire de draps, revint à sa statue, reprit son outil et se remit au travail. Au même instant le domestique rentra pour reprendre les draps oubliés, chercha partout, demandant à Benvenuto s'il ne les avait pas vus; mais Benvenuto répondit négligemment et comme absorbé par son travail de modeler que quelques-uns de ses camarades étaient sans doute venus les prendre, ou que lui-même les avait emportés sans y prendre garde. Le domestique ne conçut aucun soupçon, tant il s'était écoulé peu de temps entre sa sortie et sa rentrée, tant Benvenuto joua naturellement son rôle; et comme les draps ne se retrouvèrent point, il se garda bien d'en parler de peur d'être forcé de les payer ou d'être mis à la porte.

On ne sait pas ce que les événemens suprêmes contiennent de péripéties terribles et d'angoisses poignantes. Alors les accidens les plus communs de la vie deviennent des circonstances qui éveillent en nous la joie ou le désespoir. Dès que le domestique fut sorti, Benvenuto se jeta à genoux et remercia Dieu du secours qu'il lui envoyait.

Puis, comme une fois son lit fait on ne retouchait jamais à son lit que le lendemain matin, il laissa tranquillement les draps détournés dans sa paillasse.

La nuit venue il commença à couper ces draps, qui se trouvèrent par bonheur neufs et assez grossiers, en bandes de trois ou quatre pouces de large, puis il se mit à les tresser le plus solidement qu'il lui fut possible; puis enfin il ouvrit le ventre de sa statue, qui était en terre glaise, l'évida entièrement, y fourra son trésor, repassa dessus la blessure une pincée de terre, qu'il lissa avec le pouce et avec son outil, si bien que le plus habile praticien n'eût pas pu s'apercevoir qu'on venait de faire à la pauvre Vénus l'opération césarienne.

Le lendemain matin, le gouverneur entra à l'improviste, comme il avait l'habitude de le faire, dans la chambre du prisonnier, mais comme d'habitude il le trouva calme et travaillant. Chaque matin le pauvre homme, qui avait été menacé spécialement pour la nuit, tremblait de trouver la chambre vide. Et, il faut le dire à la louange de sa franchise, il ne cachait pas sa joie chaque matin en la voyant occupée.

— Je vous avoue que vous m'inquiétez terriblement, Benvenuto, dit le pauvre gouverneur au prisonnier; cependant je commence à croire que vos menaces d'évasion étaient vaines.

— Je ne vous menace pas, maître Georgio, répondit Benvenuto, je vous avertis.

— Espérez-vous donc toujours vous envoler?

— Ce n'est heureusement pas une simple espérance, mais pardieu! bien une certitude.

— Mais, demonio! comment ferez-vous donc? s'écria le pauvre gouverneur, que cette confiance apparente ou réelle de Benvenuto dans ses moyens d'évasion bouleversait.

— C'est mon secret, maître. Mais je vous en préviens, mes ailes poussent.

Le gouverneur porta machinalement les yeux aux épaules de son prisonnier.

— C'est comme cela, monsieur le gouverneur, reprit celui-ci tout en modelant sa statue, dont il arrondissait les hanches de telle façon qu'on eût cru qu'il voulait en faire la rivale de la vénus Callipyge. Il y a lutte et défi entre nous. Vous avez pour vous des tours énormes, des portes épaisses, des verroux à l'épreuve, mille gardiens toujours prêts: j'ai pour moi la tête et les mains que voici, et je vous préviens très simplement que vous serez vaincu. Seulement, comme vous êtes un homme habile, comme vous aurez pris toutes vos précautions, il vous restera, moi parti, la consolation de savoir qu'il n'y avait pas de votre faute, messire Georgio, que vous n'avez pas le plus petit reproche à vous faire, messire Georgio, et que vous n'avez rien négligé pour me retenir, messire Georgio. Là, maintenant que dites-vous de cette hanche, car vous êtes amateur d'art, je le sais.

Tant d'assurance exaspérait le pauvre commandant. Son prisonnier était devenu pour lui une idée fixe où se brouillaient tous les yeux de son entendement; il en devenait triste, n'en mangeait plus, et tressaillait à tout moment comme un homme qu'on réveille en sursaut. Une nuit Benvenuto entendit un grand tumulte sur la plate-forme, puis ce tumulte s'avança dans son corridor, puis enfin il s'arrêta à sa porte; alors sa porte s'ouvrit, et il aperçut messire Georgio, en robe de chambre et en bonnet de nuit, suivi de quatre geôliers et de huit gardes, lequel s'élança vers son lit la figure toute décomposée. — Benvenuto s'assit sur son matelas et lui rit au nez. Le gouverneur, sans s'inquiéter de ce sourire, respira comme un plongeur qui revient sur l'eau.

— Ah! s'écria-t-il, Dieu soit loué! il y est encore, le malheureux! — On a raison de dire : Songe — mensonge.

— Eh bien! qu'y a-t-il donc, demanda Benvenuto Cellini, et quelle est l'heureuse circonstance qui me procure le plaisir de vous voir à pareille heure, maître Georgio?

— Jésus Dieu! ce n'est rien, et j'en suis quitte cette fois encore pour la peur. N'ai-je pas été rêver que ces maudites ailes vous étaient poussées; — mais des ailes immenses, avec lesquelles vous planiez tranquillement au-dessus du château Saint-Ange, en me disant : — Adieu, mon cher gouverneur, adieu ! je n'ai pas voulu partir sans prendre congé de vous, je m'en vais ; au plaisir de ne jamais vous revoir.

— Comment ! je vous disais cela, maître Georgio ?

— C'étaient vos propres paroles... Ah ! Benvenuto, vous êtes le mal venu pour moi.

— Oh ! vous ne me tenez pas pour si mal appris, je l'espère. Heureusement que ce n'est qu'un rêve, car sans cela je ne vous le pardonnerais pas.

— Mais par bonheur il n'en est rien. Je vous tiens, mon cher ami, et quoique votre société ne me soit pas des plus agréables, je dois le dire, j'espère vous tenir longtemps encore.

— Je ne crois pas, répondit Benvenuto avec ce sourire confiant qui faisait damner son hôte.

Le gouverneur sortit en envoyant Benvenuto à tous les diables, et le lendemain, il donna ordre que nuit et jour, et de deux heures en deux heures, on vînt inspecter sa prison. Cette inspection dura pendant un mois ; mais au bout d'un mois, comme il n'y avait aucun motif visible de croire que Benvenuto s'occupât même de son évasion, la surveillance se ralentit.

Ce mois, Benvenuto l'avait cependant employé à un terrible travail.

Benvenuto avait, comme nous l'avons dit, minutieusement examiné sa chambre du moment où il y était entré, et de ce moment il avait été fixé sur ses moyens d'évasion. Sa fenêtre était grillée, et les barreaux étaient trop forts pour être enlevés avec la main ou déchaussés avec son outil à modeler, le seul instrument de fer qu'il possédât. Quant à sa cheminée, elle se rétrécissait au point qu'il eût fallu que le prisonnier eût le privilége de se changer en serpent comme la fée Mélusine pour y passer. Restait la porte.

Ah ! la porte ! Voyons un peu comment était faite la porte.

La porte était une porte de chêne épaisse de deux doigts, fermée par deux serrures, close par quatre verrous, et recouverte en dedans de plaques de fer maintenues en haut et en bas par des clous.

C'était par cette porte qu'il fallait passer.

Car Benvenuto avait remarqué qu'à quelques pas de cette porte et dans le corridor qui y conduisait était l'escalier par lequel on allait relever la sentinelle de la plate-forme. De deux heures en deux heures, Benvenuto entendait donc le bruit des pas qui montaient ; puis les pas redescendaient, et il en avait pour deux autres heures sans être réveillé par aucun bruit.

Il s'agissait donc tout simplement de se trouver de l'autre côté de cette porte de chêne, épaisse de deux doigts, fermée par deux serrures, close par quatre verrous, et, de plus recouverte en dedans, comme nous l'avons dit, de plaques de fer maintenues en haut et en bas par des clous.

Or, voici le travail auquel Benvenuto s'était livré pendant ce mois qui venait de s'écouler.

Avec son outil à modeler, qui était en fer, il avait l'une après l'autre enlevé toutes les têtes de clous, à l'exception de quatre en haut et de quatre en bas qu'il réservait pour le dernier jour ; puis, pour qu'on ne s'aperçût pas de leur absence, il les avait remplacées par des têtes de clous exactement pareilles qu'il avait modelées avec de la glaise, et qu'il avait recouvertes avec de la raclure de fer, de sorte qu'il était impossible à l'œil le plus exercé de reconnaître les têtes de clous véritables d'avec les têtes de clous fausses. Or, comme il y avait, tant en haut qu'en bas de la porte, une soixantaine de clous, que chaque clou prenait quelquefois une heure, même deux heures à décapiter, on comprend le travail qu'avait dû donner au prisonnier une pareille exécution.

Puis chaque soir, lorsque tout le monde était couché et qu'il n'entendait plus que le bruit des pas de la sentinelle qui se promenait au dessus de sa tête, il faisait grand feu dans sa cheminée, et transportait de sa cheminée, le long des plaques de fer de sa porte, un amas de braises ardentes ; alors le fer rougissait et réduisait tout doucement en charbon le bois sur lequel il était appliqué, sans que cependant du côté opposé de la porte on pût s'apercevoir de cette carbonisation.

Pendant un mois, comme nous l'avons dit, Benvenuto se livra à ce travail, mais aussi au bout d'un mois il était complétement achevé, et le prisonnier n'attendait plus qu'une nuit favorable à son évasion. Or, il lui fallait attendre quelques jours encore, car à l'époque même où ce travail fut fini il faisait pleine lune.

Benvenuto n'avait plus rien à faire à ses clous, il continua de chauffer la porte et de faire enrager le gouverneur. Ce jour-là même le gouverneur entra chez lui plus préoccupé que jamais.

— Mon cher prisonnier, lui dit le brave homme, qui en revenait sans cesse à son idée fixe, est-ce que vous comptez toujours vous envoler ? Voyons, répondez-moi franchement.

— Plus que jamais, mon cher hôte, lui répondit Benvenuto.

— Ecoutez, dit le gouverneur, vous me conterez tout ce que vous voudrez, mais, franchement, je crois la chose impossible.

— Impossible, maître Georgio, impossible ! reprit l'artiste, mais vous savez bien que ce mot-là n'existe pas pour moi qui me suis toujours exercé à faire les choses les plus impossibles aux hommes, et cela avec succès. Impossible, mon cher hôte ! et ne me suis-je pas amusé quelquefois à rendre la nature jalouse, en créant avec de l'or, des émeraudes et des diamans, quelque fleur plus belle qu'aucune des fleurs qu'emperle la rosée ? Croyez-vous que celui qui fait des fleurs ne puisse pas faire des ailes ?

— Que Dieu m'assiste ! dit le gouverneur, mais avec votre confiance insolente, vous me ferez perdre la tête ! Mais enfin, pour que ces ailes pussent vous soutenir dans les airs, ce qui, je vous l'avoue, me paraît impossible, à moi, quelle forme leur donneriez-vous ?

— Mais j'y ai beaucoup réfléchi, comme vous pouvez bien le penser, puisque la sûreté de ma personne dépend de la forme de ces ailes.

— Eh bien ?

— Eh bien ! en examinant tous les animaux qui volent, si je voulais refaire par l'art ce qu'ils ont reçu de Dieu, je ne vois guère que la chauve-souris que l'on puisse imiter avec succès.

— Mais enfin, Benvenuto, reprit le gouverneur, quand vous auriez le moyen de vous fabriquer une paire d'ailes, est-ce qu'au moment de vous en servir le courage ne vous manquerait pas ?

— Donnez-moi ce qu'il me faut pour les confectionner, mon cher gouverneur, et je vous répondrai en m'envolant.

— Mais que vous faut-il donc ?

— Oh ! mon Dieu, presque rien : une petite forge, une enclume, des limes, des tenailles et des pinces pour fabriquer les ressorts, et une vingtaine de bras de toile cirée pour remplacer les membranes.

— Bon, bon dit maître Georgio, me voilà un peu rassuré, car jamais, quelle que soit votre intelligence, vous ne parviendrez à vous procurer tout cela ici.

— C'est fait, répondit Benvenuto.

Le gouverneur bondit sur sa chaise, mais au même instant il réfléchit que la chose était matériellement impossible. Cependant, toute impossible que cette chose était, elle ne laissait pas un instant de relâche à sa pauvre tête. A chaque oiseau qui passait devant sa fenêtre, il se figurait que c'était Benvenuto Cellini, tant est grande l'influence d'une puissante pensée sur une pensée médiocre.

Le même jour, maître Georgio envoya chercher le plus habile mécanicien de Rome, et lui ordonna de prendre mesure d'une paire d'ailes de chauve-souris.

Le mécanicien, stupéfait, regarda le gouverneur sans lui répondre, pensant avec quelque raison que maître Georgio était devenu fou.

Mais comme maître Georgio insista, que maître Georgio était riche, et que s'il faisait des folies, maître Georgio avait le moyen de les payer, le mécanicien ne s'en mit pas moins à la besogne commandée, et huit jours après il lui apporta une paire d'ailes magnifiques, qui s'adaptaient au corps par un corset de fer, et qui se mouvaient à l'aide de ressorts extrêmement ingénieux avec une régularité tout à fait rassurante.

Maître Georgio paya la mécanique le prix convenu, mesura la place que pouvait tenir cet appareil, monta chez Benvenuto Cellini, et, sans rien dire, bouleversa toute la chambre, regardant sous le lit, guignant dans la cheminée, fouillant dans la paillasse, et ne laissant pas le plus petit coin sans l'avoir visité.

Puis il sortit, toujours sans rien dire, convaincu qu'à moins que Benvenuto ne fût sorcier, il ne pouvait cacher dans sa chambre une paire d'ailes pareilles aux siennes.

Il était évident que la tête du malheureux gouverneur se dérangeait de plus en plus.

En redescendant chez lui, maître Georgio retrouva le mécanicien ; il était revenu pour lui faire observer qu'il y avait au bout de chaque aile un cercle de fer destiné à maintenir les jambes de l'homme volant dans une position horizontale.

A peine le mécanicien fut-il sorti que maître Georgio s'enferma, mit son corset, déploya ses ailes, accrocha ses jambes, et se couchant à plat ventre, essaya de s'envoler.

Mais, malgré tous ses efforts, il ne put parvenir à quitter la terre.

Après deux ou trois essais du même genre, il envoya quérir de nouveau le mécanicien.

— Monsieur, lui dit-il, j'ai essayé vos ailes, elles ne vont pas.

— Comment les avez-vous essayées ?

Maître Georgio lui raconta dans tous ses détails sa triple expérience. Le mécanicien l'écouta gravement, puis, le discours fini :

— Cela ne m'étonne pas, dit-il. Couché à terre, vous ne pouvez prendre une somme suffisante d'air : il vous faudrait monter sur le château Saint-Ange et de là vous laisser aller hardiment dans l'espace.

— Et vous croyez qu'alors je volerais ?

— J'en suis sûr, dit le mécanicien.

— Mais si vous en êtes si sûr, continua le gouverneur, est-ce qu'il ne vous serait pas égal d'en faire l'expérience ?

— Les ailes sont taillées au poids de votre corps et non au poids du mien, répondit le mécanicien. Il faudrait à des ailes qui me seraient destinées un pied et demi d'envergure de plus.

Et le mécanicien salua et sortit.

— Diable ! fit maître Georgio.

Toute la journée on put remarquer dans l'esprit de maître Georgio différentes aberrations qui indiquaient que sa raison, comme celle de Roland, voyageait de plus en plus dans les espaces imaginaires.

Le soir, au moment de se coucher, il appela tous ses domestiques, tous ses geôliers, tous les soldats.

— Messieurs, dit-il, si vous apprenez que Benvenuto Cellini veut s'envoler, laissez-le partir et prévenez-moi seulement, car je saurai bien, même pendant la nuit, le rattraper sans peine, attendu que je suis une vraie chauve-souris, moi, tandis que lui, quoi qu'il en dise, il n'est qu'une fausse chauve-souris.

Le pauvre gouverneur était tout-à-fait fou ; mais comme on espéra que la nuit le calmerait, on décida qu'on attendrait au lendemain pour prévenir le pape.

D'ailleurs il faisait une nuit abominable, pluvieuse et sombre, et personne ne se souciait de sortir par une pareille nuit.

Excepté Benvenuto Cellini, qui, par esprit de contradiction sans doute, avait choisi cette nuit-là même pour son évasion.

Aussi, dès qu'il eut entendu sonner dix heures et relever la sentinelle, tomba-t-il à genoux, et après avoir dévotement prié Dieu, se mit-il à l'œuvre.

D'abord, il arracha les quatre têtes de clous qui restaient et qui maintenaient seules les plaques de fer. La dernière venait de céder lorsque minuit sonna.

Benvenuto entendit les pas de la ronde qui montait sur la terrasse ; il demeura sans souffle collé à sa porte, puis la ronde descendit, les pas s'éloignèrent, et tout rentra dans le silence.

La pluie redoublait, et Benvenuto, le cœur bondissant de joie, l'entendait fouetter contre ses carreaux.

Il essaya alors d'arracher les plaques de fer ; les plaques de fer, que rien ne maintenait plus, cédèrent, et Benvenuto les posa les unes après les autres contre le mur.

Puis il se coucha à plat ventre, attaquant le bas de la porte avec son outil à modeler, qu'il avait aiguisé en forme de poignard et emmanché dans un morceau de bois. Le bas de la porte céda : le chêne était complètement réduit en charbon.

Au bout d'un instant Benvenuto avait pratiqué au bas de la porte une échancrure assez grande pour qu'il pût sortir en rampant.

Alors il rouvrit le ventre de sa statue, reprit ses bandes de toile tressées, les roula autour de lui en forme de ceinture, s'arma de son outil, dont, comme nous l'avons dit, il avait fait un poignard, se remit à genoux et pria une seconde fois.

Puis il passa la tête sous la porte, puis les épaules, puis le reste du corps et se trouva dans le corridor.

Il se releva ; mais les jambes lui tremblaient tellement qu'il fut forcé de s'appuyer au mur pour ne pas tomber. Son cœur battait à lui briser la poitrine, sa tête était de flamme. Une goutte de sueur tremblait à chacun de ses cheveux, et il serrait le manche de son poignard dans sa main comme si on eût voulu le lui arracher.

Cependant, comme tout était tranquille, comme on n'entendait aucun bruit, comme rien ne bougeait, Benvenuto fut bientôt remis, et tâtant avec la main, il suivit le mur du corridor jusqu'à ce qu'il sentît que le mur lui manquait. Il avança aussitôt le pied et toucha la première marche de l'escalier ou plutôt de l'échelle qui conduisait à la plateforme.

Il monta les échelons un à un, frissonnant au cri du bois qui gémissait sous ses pieds, puis il sentit l'impression de l'air, puis la pluie vint lui battre le visage, puis sa tête dépassa le niveau de la plate-forme, et comme il était depuis un quart d'heure dans la plus profonde obscurité, il put juger aussitôt tout ce qu'il avait à craindre ou à espérer.

La balance penchait du côté de l'espoir.

La sentinelle, pour se garantir de la pluie, s'était réfugiée dans sa guérite. Or, comme les sentinelles qui montaient la garde sur le château Saint-Ange étaient placées là, non pas pour inspecter la plate-forme, mais pour plonger dans le fossé et explorer la campagne, le côté fermé de la guérite était justement placé en face de l'escalier par lequel sortait Benvenuto Cellini.

Benvenuto Cellini s'avança en silence, en se traînant sur ses pieds et sur ses mains, vers le point de la plate-forme, le plus éloigné de la guérite. Là, il attacha un bout de sa bande à une brique antique scellée dans le mur et qui saillait de six pouces à peu près, puis se jetant à genoux une troisième fois :

— Seigneur ! Seigneur ! murmura-t-il, aidez-moi, puisque je m'aide.

Et cette prière faite, il se laissa glisser en se suspendant par les mains, et, sans faire attention aux écorchures de ses genoux et de son front, qui de temps en temps éraflaient la muraille, il se laissa glisser jusqu'à terre.

Lorsqu'il sentit le sol sous ses pieds, un sentiment de joie et d'orgueil infini inonda sa poitrine. Il regarda l'immense hauteur qu'il avait franchie, et en la regardant, il ne put s'empêcher de dire à demi-voix : « Me voilà donc libre ! » Ce moment d'espoir fut court.

Il se retourna et ses genoux fléchirent : devant lui s'élevait un mur récemment bâti, un mur qu'il ne connaissait pas : il était perdu.

Tout sembla s'anéantir en lui, et, désespéré, il se laissa tomber à terre ; mais en tombant il se heurta à quelque chose de dur : c'était une longue poutre ; il poussa une légère exclamation de surprise et de joie : il était sauvé.

Oh ! l'on ne sait pas tout ce qu'une minute de la vie humaine peut contenir d'alternatives de joie et d'espérance.

Benvenuto saisit la poutre comme un naufragé saisit le mât qui doit le soutenir sur l'eau. Dans une circonstance ordinaire, deux hommes eussent eu de la peine à la soulever ; il la traîne vers le mur, la dressa contre lui.

Puis à la force des mains et des genoux il se hissa sur le faîte du mur, mais arrivé là, la force lui manqua pour tirer la poutre à lui et la faire passer de l'autre côté.

Un instant il eut le vertige, la tête lui tourna, il ferma les yeux, et il lui sembla qu'il se débattait dans un lac de flammes.

Tout à coup il songea à ses bandes de toile tressées, à l'aide desquelles il était descendu de la plate-forme.

Il se laissa glisser le long de la poutre et courut à l'endroit où il les avait laissées pendantes, mais il les avait si bien attachées par l'extrémité opposée qu'il ne put les arracher de la brique qui les retenait.

Benvenuto se suspendit en désespéré à l'extrémité de ces bandes, tirant de toutes ses forces et espérant les rompre. Par bonheur, une des quatre nœuds qui les attachaient les unes aux autres glissa, et Benvenuto tomba à la renverse, entraînant avec lui un fragment de cordage d'une douzaine de pieds.

C'était tout ce qu'il lui fallait : il se releva bondissant et plein de forces nouvelles, remonta de nouveau à sa poutre, enjamba une seconde fois le mur, et à l'extrémité de la solive il attacha la bande de toile.

Arrivé au bout, il chercha vainement la terre sous ses pieds ; mais en regardant au-dessous de lui il vit le sol à six pieds à peine : il lâcha la corde et se trouva à terre.

Alors il se coucha un instant. — Il était épuisé, ses jambes et ses mains étaient dépouillées de leur épiderme. — Pendant quelques minutes, il regarda stupidement ses chairs saignantes ; mais en ce moment cinq heures sonnèrent, il vit que les étoiles commençaient à pâlir.

Il se leva ; mais comme il se leva, une sentinelle qu'il n'avait pas aperçue et qui l'avait sans doute vu accomplir son manège fit quelques pas pour venir à lui. Benvenuto vit qu'il était perdu, et qu'il fallait tuer ou être tué. Il prit son outil, qu'il avait passé dans sa ceinture, et marcha droit au soldat d'un air si déterminé que celui-ci vit sans doute qu'outre un homme vigoureux il allait avoir un désespoir terrible à combattre. En effet, Benvenuto était résolu à ne pas reculer, mais tout à coup le soldat lui tourna le dos comme s'il ne l'avait pas vu. Le prisonnier comprit ce que cela voulait dire.

Il courut au dernier rempart. Ce rempart donnait près du fossé et était élevé de douze ou quinze pieds à peu près. Un pareil saut ne devait pas arrêter un homme comme Benvenuto Cellini, arrivé surtout où il en était, et comme il avait laissé la première partie de ses bandes à la brique, la seconde à la poutre, qu'il ne lui restait plus rien après quoi se suspendre et qu'il n'y avait pas de temps à perdre, il se suspendit par les mains à un anneau, et tout en priant Dieu mentalement, il se laissa tomber.

Cette fois il resta évanoui sur le coup.

Une heure à peu près s'écoula sans qu'il revînt à lui ; mais la fraîcheur qui court dans l'air à l'approche du jour le rappela à lui-même. Il demeura un instant encore comme étourdi, puis il passa la main sur son front et tout lui revint à la mémoire.

Il ressentait à la tête une vive douleur, en même temps il voyait des gouttes de sang qui, après avoir ruisselé comme de la sueur sur son visage, tombaient sur les pierres où il était couché. Il comprit qu'il était blessé au front. Il y porta la main une seconde fois, mais cette fois non plus pour rappeler ses idées, mais pour sonder ses blessures : ces blessures étaient légères, elles entamaient la peau, mais n'offensaient par le crâne. Benvenuto sourit et voulut se lever, mais il retomba aussitôt : il avait la jambe droite cassée à trois pouces au dessus de la cheville.

Cette jambe était tellement engourdie qu'il n'avait d'abord pas senti la douleur.

Alors il ôta sa chemise, la déchira par bandes, puis, rapprochant le mieux qu'il put les os de sa jambe, il la serra de toutes ses forces, passant de temps en temps la bande sous la plante du pied, pour maintenir les deux os l'un contre l'autre.

Puis il se traîna à quatre pattes vers une des portes de Rome qui était à cinq cents pas de là.

Lorsque après une demi-heure d'atroces tortures il arriva à cette porte, il trouva qu'elle était fermée. Mais il remarqua une grosse pierre qui était sous la porte ; il tira cette pierre, qui céda facilement, et il passa par l'ouverture qu'elle avait laissée.

Mais à peine eut-il fait trente pas qu'une troupe de chiens errans et affamés, comprenant qu'il était blessé à l'odeur du sang, se jetèrent sur lui. Il tira son outil à modeler, et d'un coup dans le flanc il tua le plus gros et le plus acharné. Les autres se jetèrent aussitôt sur celui-là et le dévorèrent.

Benvenuto se traîna alors jusqu'à l'église de la Transpontina ; là il rencontra un porteur d'eau qui venait de charger son âne et avait rempli ses pots. Il l'appela.

— Écoute, lui dit-il, je me trouvais chez ma maîtresse, une circonstance a fait qu'après y être entré par la porte, j'ai été obligé d'en sortir par la fenêtre : j'ai sauté d'un premier étage et je me suis cassé la jambe en sautant ; porte-moi sur les marches de Saint-Pierre, et je te donnerai un écu d'or.

Le porteur d'eau chargea sans mot dire le blessé sur ses épaules et le porta à l'endroit indiqué. Puis ayant reçu la somme promise, il continua son chemin sans même regarder derrière lui.

Alors Benvenuto, toujours rampant, gagna la maison de monseigneur de Montluc, ambassadeur de France, qui demeurait à quelques pas de là.

Et monseigneur de Montluc fit si bien et s'employa avec tant de zèle, qu'au bout d'un mois Benvenuto était guéri, qu'au bout de deux mois il avait sa grâce, et qu'au bout de quatre mois il partait pour la France avec Ascanio et Pagolo.

Quant au pauvre gouverneur, qui était devenu fou, il vécut fou et mourut fou, croyant toujours être une chauve-souris, et faisant sans cesse les plus grands efforts pour s'envoler.

IV.

SCOZZONE.

Lorsque Benvenuto Cellini arriva en France, François Ier était au château de Fontainebleau avec toute sa cour : l'artiste rencontra donc celui qu'il venait chercher, et s'arrêta dans la ville, faisant prévenir le cardinal de Ferrare qu'il était arrivé. Le cardinal, qui savait que le roi attendait Benvenuto avec impatience, transmit aussitôt cette nouvelle à Sa Majesté. Le même jour, Benvenuto fut reçu par le roi, qui, s'adressant à lui dans cette douce et vigoureuse langue que l'artiste écrivait si bien, lui dit : — Benvenuto, passez gaîment quelques jours pour vous remettre de vos chagrins et de vos fatigues, reposez-vous, divertissez-vous, et pendant ce temps nous songerons à vous commander quelque bel ouvrage. — Puis, ayant logé l'artiste au château, François Ier ordonna qu'il ne lui manquât rien.

Benvenuto se trouva donc du premier coup au centre de la civilisation française, en arrière à cette époque de celle d'Italie, avec laquelle elle luttait déjà et qu'elle devait surpasser bientôt. En regardant autour de lui, il pouvait facilement croire qu'il n'avait pas quitté la capitale de la Toscane, car il se retrouvait au milieu des arts et des artistes qu'il avait connus à Florence, et à Léonard de Vinci et à maître Rosso venait de succéder le Primatice.

Il s'agissait donc pour Benvenuto de faire suite à ces illustres prédécesseurs, et de porter aux yeux de la cour la plus galante de l'Europe l'art de la statuaire aussi haut que ces trois grands maîtres avaient porté l'art de la peinture. Aussi Benvenuto voulut-il aller de lui-même au devant des désirs du roi en n'attendant point qu'il lui commandât ce bel ouvrage promis, mais en l'exécutant tout d'abord, de son propre mouvement, et avec ses seules ressources. Il avait remarqué facilement combien la résidence où il avait rencontré le roi lui était chère; il résolut de flatter sa préférence en exécutant une statue qu'il comptait appeler la Nymphe de Fontainebleau.

C'était une belle chose à faire que cette statue, couronnée à la fois de chêne, d'épis et de vignes; car Fontainebleau touche la plaine, s'ombrage d'une forêt et s'élève au milieu des treilles. La nymphe que rêvait Benvenuto devait donc tenir à la fois de Cérès, de Diane et d'Erigone, trois types merveilleux fondus ensemble, et qui, tout en restant distincts, ne devaient plus en produire qu'un seul; puis il y aurait sur le piédestal les triples attributs de ces trois déesses, et ceux qui ont vu les ravissantes figurines de la statue de Persée savent comment le maître florentin ciselait ces merveilleux détails.

Mais un des grands malheurs de l'artiste c'est que, tout en ayant en lui-même le sentiment idéal de la beauté, il lui fallût encore pour la partie matérielle de son œuvre un modèle humain. — Or, où trouver ce modèle qui devait réunir en lui seul la triple beauté de trois déesses?

Certes si, comme aux jours antiques, si, comme au temps des Phidias et des Apelles, les beautés du jour, ces reines de la forme, étaient venues d'elles-mêmes poser devant l'artiste, Benvenuto eût trouvé dans la cour même ce qu'il cherchait; il y avait là tout un Olympe dans la fleur de l'âge : c'était Catherine de Médicis, qui n'avait alors que vingt et un ans; c'était Marguerite de Valois, reine de Navarre, qu'on appelait la Quatrième Grâce et la Dixième Muse; c'était enfin madame la duchesse d'Etampes, que nous verrons reparaître largement dans le courant de cette histoire, et que l'on nommait la plus belle des savantes et la plus savante des belles. Il y avait là plus qu'il n'en fallait à l'artiste; mais, nous l'avons dit, on n'en était plus à l'époque des Apelles et des Phidias.

Benvenuto devait chercher autre part.

Ce fut donc avec grand plaisir qu'il apprit que la cour allait partir pour Paris; malheureusement, comme le dit Benvenuto lui-même, la cour à cette époque voyageait comme un enterrement. Précédée de douze à quinze mille chevaux, s'arrêtant dans un endroit où il y avait à peine deux ou trois maisons, perdant quatre heures chaque soir à dresser ses tentes et quatre heures chaque matin à les enlever, de sorte que, quoique seize lieues à peine séparassent la résidence de la capitale, on mit cinq jours à aller de Fontainebleau à Paris.

Vingt fois pendant la route Benvenuto Cellini avait été tenté de prendre les devans, mais chaque fois le cardinal de Ferrare l'avait retenu, lui disant que si le roi était une journée sans le voir, il demanderait certainement ce qu'il était devenu, et qu'en apprenant qu'il était parti, il regarderait ce départ sans congé comme un manque de procédés à son égard. Benvenuto rongeait donc son frein et pendant ces longues haltes essayait de tuer le temps en crayonnant des esquisses de sa nymphe de Fontainebleau.

Enfin il arriva à Paris. Sa première visite fut pour le Primatice, chargé de continuer à Fontainebleau l'œuvre de Léonard de Vinci et de maître Rosso. Le Primatice, qui habitait Paris depuis longtemps, devait du premier coup le mettre sur la voie de ce qu'il cherchait, et lui dire où il trouverait des modèles.

Un mot, en passant, sur le Primatice.

Il signor Francesco Primaticcio, que du lieu de sa naissance on nommait alors le Bologna, et que nous nommons, nous, le Primatice, élève de Jules Romain, sous lequel il avait étudié six ans, habitait depuis huit ans la France, où, sur l'avis du marquis de Mantoue, son grand embaucheur d'artistes, François Ier l'avait appelé. C'était un homme, comme on peut le voir à Fontainebleau, d'une prodigieuse fécondité, d'une manière large et grandiose, d'une irréprochable pureté de lignes. On a longtemps méconnu le Primatice, tête encyclopédique, vaste intelligence, talent illimité qui embrassa tous les genres de la haute peinture, et que notre époque a vengé de trois siècles d'injustice. En effet, sous l'inspiration religieuse, il peignit les tableaux de la chapelle de Beauregard ; dans les sujets de morale, il personnifia à l'hôtel Montmorency les principales vertus chrétiennes ; enfin l'immensité de Fontainebleau fut remplie de ses œuvres : à la Porte dorée et dans la Salle de bal il traita les sujets les plus gracieux de la mythologie et de l'allégorie; dans la Galerie d'Ulysse et dans la Chambre de Saint-Louis il fut poète épique avec Homère, et traduisit en peinture l'Odyssée et toute une partie de l'Iliade. Puis des âges fabuleux il passa aux temps héroïques, et l'histoire tomba dans son domaine. Les traits principaux de la vie d'Alexandre et de Romulus et la reddition du Havre furent reproduits dans ceux de ses tableaux qui décoraient la Grande galerie et la chambre attenante à la Salle du bal; il s'en prit à la nature dans les grands paysages du Cabinet des curiosités. Enfin, si nous voulons mesurer ce haut talent, compter ses variétés, additionner son œuvre, nous trouverons que dans quatre-vingt-dix-huit grands tableaux et dans cent trente plus petits, il a tour à tour traité le paysage, la marine, l'histoire, les sujets de sainteté, le portrait, l'allégorie et l'épopée.

C'était, comme on le voit, un homme digne de comprendre Benvenuto. Aussi, à peine arrivé à Paris, Benvenuto courut-il au Primatice les bras ouverts; celui-ci le reçut comme il venait.

Après cette première et profonde causerie de deux amis qui se retrouvent sur une terre étrangère, Benvenuto ouvrit ses cartons au Primatice, lui expliqua toutes ses idées, lui montra toutes ses esquisses et lui demanda si parmi les modèles dont il se servait il y en avait quelqu'un qui pût remplir les conditions dont il avait besoin.

Le Primatice secoua la tête en souriant d'un air triste.

En effet, on n'était plus là en Italie, cette fille de la Grèce, rivale de sa mère. La France était, à cette époque comme aujourd'hui, la terre de la grâce, de la gentillesse et de la coquetterie; mais l'on cherchait en vain sur le sol des Valois cette puissante beauté dont s'inspiraient aux bords du Tibre et de l'Arno Michel-Ange et Raphaël, Jean de Bologne et Andre del Sarto. Sans doute, si, comme nous l'avons déjà dit, le peintre ou le sculpteur eût pu aller choisir son modèle parmi l'aristocratie, il eût trouvé bientôt les types qu'il cherchait; mais, comme les ombres retenues en deçà du Styx, il devait se contenter de voir passer dans les champs Elyséens, dont l'entrée lui était interdite, ces belles et nobles formes objets constans de son artistique éducation.

Aussi ce que le Primatice avait prévu arriva : Benvenuto passa en revue l'armée de ses modèles sans qu'un seul lui parût réunir les qualités nécessaires à l'œuvre qu'il rêvait.

Alors il fit venir à l'hôtel du cardinal de Ferrare, où il s'était installé, toutes les Vénus à un écu la séance qu'on lui enseigna, mais aucune d'elles ne remplit son attente.

Benvenuto était donc désespéré, lorsqu'un soir, comme il revenait de souper avec trois de ses compatriotes qu'il avait rencontrés à Paris, et qui étaient le seigneur Pierre Strozzi, le comte de l'Anguillara son beau-frère, Galeotto Pico, neveu du fameux Jean Pic de la Mirandole, et comme il suivait seul la rue des Petits-Champs, il avisa devant lui une belle et gracieuse jeune fille. Benvenuto tressaillit de joie : cette femme était jusqu'alors ce qu'il avait rencontré de mieux pour donner un corps à son rêve. Il suivit donc cette femme. Cette femme prit par la butte des Orties, longea l'église Saint-Honoré, et entra dans la rue du Pélican. Arrivée là, elle se retourna pour voir si elle était toujours suivie, et voyant Benvenuto à quelques pas, elle poussa vivement une porte et disparut. Benvenuto arriva à la porte, la poussa à son tour ; la porte céda, et cela assez à temps pour qu'il vît encore, à l'angle d'un escalier éclairé par une lampe fumeuse, le bout de la robe de celle qu'il suivait.

Il arriva à un premier étage ; une seconde porte donnant dans une chambre était entr'ouverte, et dans cette chambre il aperçut celle qu'il avait suivie.

Sans lui expliquer le motif de sa visite artistique, sans même lui dire un seul mot, Benvenuto, voulant s'assurer si les formes du corps répondaient aux lignes du visage, fit deux ou trois fois le tour de la pauvre fille étonnée, et qui obéissait machinalement, comme s'il eût fait le tour d'une statue antique, lui faisant lever les bras au-dessus de la tête, attitude qu'il comptait donner à sa nymphe de Fontainebleau.

Il y avait dans le modèle que Benvenuto avait sous les yeux peu de la Cérès, encore moins de la Diane, mais beaucoup de l'Erigone. Le maître prit alors son parti, et voyant l'impossibilité de réunir ces trois types, il résolut de s'en tenir à la bacchante.

Mais pour la bacchante, il avait véritablement trouvé ce qu'il cherchait : — yeux ardens, lèvres de corail, dents de perles, cou bien emmanché, épaules arrondies, taille fine et hanches puissantes ; enfin les pieds et les mains avaient dans les fines attaches des chevilles et des poignets, et dans la forme allongée des doigts, une teinte d'aristocratie qui décida tout à fait l'artiste.

— Comment vous nommez-vous, mademoiselle? demanda enfin Benvenuto, avec un accent étranger, à la pauvre enfant, de plus en plus étonnée.

— Catherine, pour vous servir, monsieur, répondit-elle.

— Eh bien ! mademoiselle Catherine, continua Benvenuto, voici un écu d'or pour la peine que vous avez prise ; venez chez moi demain, rue Saint-Martin, hôtel de cardinal de Ferrare ; et pour la même peine, je vous en donnerai autant.

— La jeune fille hésita un instant, car elle crut que l'étranger voulait rire. Mais l'écu d'or était là pour attester qu'il parlait sérieusement ; aussi, après un court instant de réflexion :

— A quelle heure ? demanda Catherine.
— A dix heures du matin ; est-ce votre heure ?
— Parfaitement.
— Je puis donc compter sur vous ?
— J'irai.

Benvenuto salua comme il eût salué une duchesse, et rentra chez lui le cœur plein de joie. A peine rentré, il brûla toutes ses esquisses idéales et se mit à en tracer une pleine de réalité. Puis, cette esquisse tracée, il apporta un morceau de cire qu'il posa sur un piédestal et qui en un instant prit sous sa main puissante la forme de la nymphe qu'il avait rêvée : si bien que lorsque le lendemain Catherine se présenta à la porte de l'atelier, une partie de la besogne était déjà faite.

Comme nous l'avons dit, Catherine n'avait aucunement compris les intentions de Benvenuto. Elle fut donc étonnée lorsque, après qu'il eut refermé la porte derrière elle, Benvenuto, en lui montrant sa statue commencée, lui expliqua pourquoi il l'avait fait venir.

Catherine était une joyeuse fille : elle se mit à rire à gorge déployée de sa méprise, puis, toute fière de poser pour une déesse destinée à un roi, elle dépouilla ses vêtemens et se mit elle-même dans la pose indiquée par la statue, et cela avec tant de grâce et de justesse que le maître, en se retournant et en la voyant posée si bien et si naturellement, poussa un cri de plaisir.

Benvenuto se mit à la besogne : c'était, comme nous l'avons dit, une de ces nobles et puissantes natures d'artiste qui s'inspirent de l'œuvre et s'illuminent en travaillant. Il avait jeté bas son pourpoint, et, le col découvert, les bras nus, allant du modèle à la copie, de la nature à l'art, il semblait, comme Jupiter, prêt à tout embraser en le touchant. Catherine, habituée aux organisations communes ou flétries des gens du peuple ou des jeunes seigneurs pour qui elle avait été un jouet, regardait cet homme à l'œil inspiré, à la respiration ardente, à la poitrine gonflée, avec un étonnement inconnu. Elle-même semblait s'élever à la hauteur du maître ; son regard rayonnait : l'inspiration passait de l'artiste au modèle.

La séance dura deux heures ; au bout de ce temps Benvenuto donna à Catherine son écu d'or, et prenant congé d'elle avec les mêmes formes que la veille, il lui indiqua un rendez-vous pour le lendemain à pareille heure.

Catherine rentra chez elle et ne sortit pas de la journée. Le lendemain elle était à l'atelier dix minutes avant l'heure indiquée.

La même scène se renouvela : ce jour-là, comme la veille, Benvenuto fut sublime d'inspiration ; sous sa main comme sous celle de Prométhée, la terre respirait. La tête de la bacchante était déjà modelée et semblait une tête vivante sortant d'une masse informe. Catherine souriait à cette sœur céleste, éclose à son image ; elle n'avait jamais été si heureuse, et, chose étrange, elle ne pouvait se rendre compte du sentiment qui lui inspirait ce bonheur.

Le lendemain le maître et le modèle se retrouvèrent à la même heure ; mais par une sensation qu'elle n'avait point éprouvée les jours précédens, au moment où elle se dévêtit, elle sentit que la rougeur lui montait au visage. La pauvre enfant commençait à aimer, et l'amour amenait avec lui la pudeur.

Le lendemain ce fut pis encore, et Benvenuto fut obligé de lui faire observer plusieurs fois que ce n'était pas la Vénus de Médicis qu'il modelait, mais une Erigone ivre de volupté et de vin. D'ailleurs il n'y avait plus que patience à prendre : deux jours jours encore, et le modèle était fini.

Le soir de ce deuxième jour, Benvenuto, après avoir donné la dernière touche à sa statue, remercia Catherine de sa complaisance et lui donna quatre écus d'or ; mais Catherine laissa glisser l'or de sa main à terre. Tout était fini pour la pauvre enfant : elle retombait, à partir de ce moment, dans sa condition première ; et, depuis le jour où elle était entrée dans l'atelier du maître, cette condition lui était devenue odieuse. Benvenuto, qui ne se doutait pas de ce qui se passait dans le cœur de la jeune fille, ramassa les quatre écus, les lui présenta de nouveau, lui serra la main en les lui rendant, et lui dit que si jamais il pouvait lui être bon à quelque chose, il entendait qu'elle ne s'adressât qu'à lui ; puis il passa dans l'atelier des ouvriers pour chercher Ascanio, auquel il voulait faire voir sa statue achevée.

Catherine, restée seule, alla baiser les uns après les autres les outils dont le maître s'était servi, puis elle sortit en pleurant.

Le lendemain, Catherine entra dans l'atelier tandis que Benvenuto était seul, et comme tout étonné de la revoir il allait lui demander quelle cause l'amenait, elle alla à lui, tomba à genoux, et lui demanda s'il n'avait pas besoin d'une servante.

Benvenuto avait un cœur artiste, c'est-à-dire apte à tout sentir ; il devina ce qui s'était passé dans celui de la pauvre enfant, il la releva lui-même et lui donna un baiser au front.

De ce moment Catherine fit partie de l'atelier, qu'elle égayait, comme nous l'avons dit, de sa joie enfantine, et qu'elle animait de son éternel mouvement. Aussi était-elle devenue presque indispensable à tout le monde, et à Benvenuto bien plus encore qu'à tout autre. C'était elle qui faisait tout, qui ordonnait tout, grondant et caressant Ruperte, qui avait commencé à la voir entrer avec effroi, et qui avait fini par l'aimer comme tout le monde.

L'Erigone n'avait point perdu à cela. Benvenuto ayant désormais son modèle sous la main, l'avait retouché et fini avec un soin qu'il n'avait peut-être mis encore à aucune de ses statues; puis il l'avait porté au roi François Ier, qui en avait été émerveillé, et qui avait commandé à Benvenuto de le lui exécuter en argent; puis il avait longuement causé avec l'orfévre, lui avait demandé comment il se trouvait dans son atelier, où cet atelier était situé, et si cet atelier renfermait de belles choses; après quoi il avait congédié Benvenuto Cellini en se promettant d'aller le surprendre chez lui un matin, mais sans lui rien dire de cette intention.

C'est ainsi qu'on était arrivé au moment où s'ouvre cette histoire, Benvenuto travaillant, Catherine chantant, Ascanio rêvant, et Pagolo priant.

Le lendemain du jour où Ascanio était rentré si tard, grâce à son excursion à l'entour de l'hôtel de Nesle, on entendit frapper bruyamment à la porte de la rue; dame Ruperto se leva aussitôt pour aller ouvrir, mais Scozzone (c'est, on se le rappelle, le nom que Benvenuto avait donné à Catherine) fut en deux bonds hors de la chambre.

Un instant après on entendit sa voix qui criait, moitié joyeuse, moitié effrayée :

— Oh ! mon Dieu ! maître, mon Dieu ! c'est le roi ! le roi en personne, qui vient pour visiter votre atelier !...

Et la pauvre Scozzone, laissant toutes les portes ouvertes derrière elle, reparut toute pâle et toute tremblante sur le seuil de celle de la boutique où Benvenuto travaillait au milieu de ses élèves et de ses apprentis.

V.

GÉNIE ET ROYAUTÉ.

En effet, derrière Scozzone le roi François Ier entrait dans la cour avec toute sa suite. Il donnait la main à la duchesse d'Etampes. Le roi de Navarre suivait avec la dauphine Catherine de Médicis. Le dauphin qui fut Henri II venait ensuite avec sa tante Marguerite de Valois, reine de Navarre. Presque toute la noblesse les accompagnait.

Benvenuto alla au-devant d'eux et reçut, sans embarras et sans trouble les rois, les princes, les grands seigneurs et les belles dames, comme un ami reçoit des amis. Il y avait là pourtant les noms les plus illustres de France et les beautés les plus éclatantes du monde. Marguerite charmait, madame d'Etampes ravissait, Catherine de Médicis étonnait, Diane de Poitiers éblouissait. Mais quoi ! Benvenuto était familier avec les types les plus purs de l'antiquité et du seizième siècle italien, comme aussi l'élève aimé de Michel-Ange était tout habitué aux rois.

— Il va falloir que vous nous permettiez, madame, d'admirer à côté de vous, dit François Ier à la duchesse d'Etampes, qui sourit.

Anne de Pisseleu, duchesse d'Etampes, qui, depuis le retour du roi de sa captivité d'Espagne, avait succédé dans sa faveur à la comtesse de Châteaubriand, était alors avec tout l'éclat d'une beauté véritablement royale. Droite et bien prise dans sa fine taille, elle portait sa charmante tête avec une dignité et une grâce féline qui tenait à la fois de la chatte et de la panthère, mais elle en avait aussi et les bonds inattendus et les appétits meurtriers; avec cela la courtisane royale savait prendre des airs de candeur où se serait trompé le plus soupçonneux. Rien n'était plus mobile et plus perfide que la physionomie de cette femme aux lèvres pâles, tantôt Hermione et tantôt Galatée, au sourire parfois agaçant et parfois terrible, au regard par momens caressant et prometteur, l'instant d'après flamboyant et courroucé. Elle avait une si lente façon de relever ses paupières, qu'on ne savait jamais si elles se relèveraient sur la langueur ou sur la menace. Hautaine et impérieuse, elle subjuguait François Ier en l'enivrant; fière et jalouse, elle avait exigé de lui qu'il redemandât à la comtesse de Châteaubriand les bijoux qu'il lui avait donnés, et la belle et mélancolique comtesse avait du moins, en les renvoyant en lingots, protesté contre cette profanation. Enfin, souple et dissimulée, elle avait plus d'une fois fermé les yeux lorsque, dans son caprice, le roi avait paru distinguer quelque jeune et charmante fille de la cour, qu'en effet il abandonnait bientôt pour revenir à sa belle et puissante enchanteresse.

— J'avais hâte de vous voir, Benvenuto, car voilà deux mois tout à l'heure, je pense, que vous êtes arrivé dans notre royaume, et les tristes soucis des affaires m'ont précisément depuis ce temps empêché de songer aux nobles soins de l'art. Prenez-vous-en à mon frère et cousin l'empereur, qui ne me donne pas un moment de repos.

— Je lui écrirai si vous voulez, sire, et je le prierai de vous laisser être grand ami des arts, puisque vous lui avez prouvé déjà que vous êtes grand capitaine.

— Connaissez-vous donc Charles-Quint? demanda le roi de Navarre.

— J'ai eu l'honneur, sire, de présenter il y a quatre ans, à Rome, un missel de ma façon à Sa Majesté sacrée, et de lui faire un discours dont elle a paru fort touchée.

— Et que vous a dit Sa Majesté sacrée ?

— Qu'elle me connaissait déjà, ayant vu de moi, trois ans auparavant, sur la chappe du pape, un bouton d'orfévrerie qui me faisait honneur.

— Oh ! mais, je vois que vous êtes gâté à l'endroit des complimens royaux, dit François Ier.

— Il est vrai, sire, que j'ai eu le bonheur de satisfaire un assez grand nombre de cardinaux, de grands-ducs, de princes et de rois.

— Montrez-moi donc vos beaux ouvrages, que je voie si je ne serai pas un juge plus difficile que les autres.

— Sire, j'ai eu bien peu de temps; voici pourtant un vase et un bassin d'argent que j'ai commencés, et qui ne sont peut-être pas trop indignes de l'attention de Votre Majesté.

Le roi, pendant près de cinq minutes, examina sans dire un mot. Il semblait que l'œuvre lui fît oublier l'ouvrier; puis enfin, comme les dames s'approchaient curieusement : « Voyez, mesdames, s'écria François Ier, quelle merveille ! Une forme de vase si nouvelle et si hardie ! que de finesse et de modelé, mon Dieu ! dans ces bas-reliefs et ces rondes-bosses ! J'admire surtout la beauté de ces lignes; et voyez comme les attitudes des figures sont variées et vraies. Tenez, celle-ci qui élève le bras au-dessus de sa tête : ce geste fugitif est si naïvement saisi qu'on s'étonne qu'elle ne continue pas le mouvement. En vérité, je crois que jamais les anciens n'ont rien fait d'aussi beau. Je me souviens des meilleurs ouvrages de l'antiquité et de ceux des plus habiles artistes de l'Italie; mais rien ne m'a fait plus d'impression que ceci. Oh ! regardez donc, madame de Navarre, ce joli enfant perdu dans les fleurs et son petit pied qui s'agite en l'air; comme tout cela est vivant, gracieux et joli ! »

— Mon grand roi, s'écria Benvenuto, les autres me complimentaient, mais vous me comprenez, vous !

— Autre chose, fit le roi avec une sorte d'avidité.

— Voici une médaille représentant Léda et son cygne, faite pour le cardinal Gabriel Cesarini; voici un cachet où j'ai gravé en creux, représentant saint Jean et saint Ambroise; un reliquaire émaillé par moi...

— Quoi ? vous frappez les médailles? dit madame d'Etampes.

— Comme Cavadone de Milan, madame.

— Vous émaillez l'or? dit Marguerite.

— Comme Amerigo de Florence.

— Vous gravez les cachets? dit Catherine.

— Comme Lantizco de Perouse. Croyez-vous donc, madame, que mon talent se borne aux fins joyaux d'or et aux grandes pièces d'argent? Je sais faire un peu de tout, grâce à Dieu ! Je suis ingénieur militaire passable, et j'ai empêché deux fois qu'on ne prît Rome.

Je tourne assez bien un sonnet, et Votre Majesté n'a qu'à me commander un poëme, pourvu qu'il soit à sa louange, et je m'engage à l'exécuter ni plus ni moins que si je m'appelais Clément Marot. Quant à la musique, que mon père m'enseignait à coups de bâton, la méthode m'a profité, et je joue de la flûte et du cornet avec assez de talent pour que Clément VII m'ait engagé à vingt-quatre ans au nombre de ses musiciens. J'ai trouvé de plus un secret pour faire d'excellente poudre, et je puis fabriquer aussi des escopettes admirables et des instrumens de chirurgie. Si Votre Majesté a la guerre et qu'elle veuille m'employer comme homme d'armes, elle verra que je ne suis pas maladroit, et que je sais aussi bien manier une arquebuse que pointer une couleuvrine. Comme chasseur, j'ai tué jusqu'à vingt-cinq paons dans un jour, et comme artilleur, j'ai débarrassé l'empereur du prince d'Orange, et Votre Majesté du connétable de Bourbon, les traîtres n'ayant pas, à ce qu'il paraît, de bonheur avec moi.

— Ah çà ! de quoi êtes-vous le plus fier, interrompit le jeune dauphin, est-ce d'avoir tué le connétable ou d'avoir abattu les vingt-cinq paons ?

— Je ne suis fier ni de l'un ni de l'autre, monseigneur. L'adresse comme tous les autres dons vient de Dieu, et j'ai usé de mon adresse.

— Mais j'ignorais vraiment que vous m'eussiez déjà rendu un service pareil, dit le roi, service que d'ailleurs ma sœur Marguerite aura de la peine à vous pardonner. Ah ! c'est vous qui avez tué le connétable de Bourbon ? Et comment cela s'est-il passé ?

— Mon Dieu ! de la façon la plus simple. L'armée du connétable était arrivée à l'improviste devant Rome et donnait l'assaut aux remparts. J'allai, avec quelques amis, pour voir. En sortant de chez moi, j'avais machinalement pris mon arquebuse sur l'épaule. En arrivant sur le mur, je vis qu'il n'y avait rien à faire. Il ne faut pourtant pas, dis-je, que je sois venu pour si peu. Alors, dirigeant mon arquebuse vers l'endroit où je voyais un groupe de combattans plus nombreux et plus serrés, je visai précisément celui que je voyais dépasser les autres de la tête. Il tomba, et tout à coup un grand tumulte se fit, causé par ce coup que j'avais tiré. J'avais tué, en effet, Bourbon. C'était, comme on a su depuis, celui qui était plus élevé que les autres.

Pendant que Benvenuto faisait ce récit avec une parfaite insouciance, le cercle des dames et des seigneurs s'était un peu élargi autour de lui, et tous considéraient avec respect et presque avec effroi le héros sans le savoir. François Ier seul était resté aux côtés de Cellini.

— Ainsi, mon très cher, lui dit-il, je vois qu'avant de me consacrer votre génie vous m'avez prêté votre bravoure.

— Sire, reprit gaîment Benvenuto, je crois, tenez, que je suis né votre serviteur. Une aventure de ma première enfance me l'a toujours fait penser. Vous avez pour armes une salamandre, n'est-ce pas ?

— Oui, avec cette devise : *Nutrisco et extinguo*.

— Eh bien ! j'avais cinq ans environ, j'étais avec mon père dans une petite salle où l'on avait coulé la lessive et où flambait encore un bon feu de jeune chêne. Il faisait grand froid. En regardant par hasard dans le feu, j'aperçus au milieu des flammes un petit animal semblable à un lézard, qui se récréait dans l'endroit le plus ardent. Je le montrai à mon père, et mon père (pardonnez-moi ce détail familier d'un usage un peu brutal de mon pays), m'appliquant un violent soufflet, me dit avec douceur : « Je ne te frappe pas parce que tu as mal fait, cher enfant, mais afin que tu te rappelles que ce petit lézard que tu as vu dans le feu est une salamandre. Aucune personne connue n'a vu cet animal avant toi. » N'est-ce pas là, sire, un avertissement du sort ? Il y a, je crois, des prédestinations, et j'allais à vingt ans partir pour l'Angleterre quand le ciseleur Pierre Toreggiano, qui voulait m'y emmener avec lui, me raconta comment, enfant, dans une querelle d'atelier, il avait un jour frappé au visage notre Michel-Ange. Oh ! tout a été dit : pour un titre de [...] je n[e s]erais pas parti avec un homme qui avait porté la main sur mon grand sculpteur. Je restai en Italie, et de l'Italie, au lieu d'aller en Angleterre, je vins en France.

— La France, fière d'avoir été choisie pas vous, Benvenuto, fera en sorte que vous ne regrettiez pas votre patrie.

— Oh ! ma patrie à moi, c'est l'art ; mon prince, c'est celui qui me fait ciseler la plus riche coupe.

— Et avez-vous actuellement en tête quelque belle composition, Cellini ?

— Oh ! oui, sire, un Christ. Non pas un Christ sur la croix, mais un Christ dans sa gloire et dans sa lumière, et j'imiterai autant que possible cette beauté infinie sous laquelle il s'est fait voir à moi.

— Quoi ! dit Marguerite la sceptique en riant, outre tous les rois de la terre, avez-vous vu aussi le roi des cieux ?

— Oui, madame, répondit Benvenuto avec une simplicité d'enfant.

— Oh ! racontez-nous donc encore cela, dit la reine de Navarre.

— Volontiers, madame, répondit Benvenuto Cellini avec une confiance qui indiquait qu'il ne pensait même pas que l'on pût mettre en doute aucune partie de son récit.

J'avais vu quelque temps auparavant, continua Benvenuto, j'avais vu Satan et toutes les légions du Diablo, qu'un prêtre nécromant de mes amis avait évoqués devant moi au Colysée, et dont nous eûmes vraiment beaucoup de peine à nous défaire ; mais le terrible souvenir de ces infernales visions fut bien à tout jamais effacé de mon esprit quand à mon ardente prière m'apparut, pour me réconforter dans les misères de ma prison, le divin Sauveur des hommes, au milieu du soleil, et tout couronné de ses rayons.

— Et vous êtes véritablement sûr, demanda la reine de Navarre, sûr sans aucun mélange de doute, que le Christ vous soit apparu ?

— Je n'en doute pas, madame.

— Allons, Benvenuto, faites-nous donc un Christ pour notre chapelle, reprit François Ier avec sa bonne humeur habituelle.

— Sire, si Votre Majesté a cette bonté, elle me commandera quelque autre chose, et j'ajournerai encore cet ouvrage.

— Et pourquoi cela ?

— Parce que j'ai promis à Dieu de ne le faire pour aucun autre souverain que pour lui.

— A la bonne heure ! Eh bien ! Benvenuto, j'ai besoin de douze candélabres pour ma table.

— Oh ! cela c'est autre chose, et sur ce point vous serez obéi, sire.

— Je veux que ces candélabres soient douze statues d'argent.

— Sire, ce sera magnifique.

— Ces statues représenteront six dieux et six déesses, et seront exactement à ma taille.

— A votre taille, en effet, sire.

— Mais c'est tout un poëme que vous commandez là, dit la duchesse d'Étampes, une merveille tout à fait étonnante ; n'est-ce pas, monsieur Benvenuto ?

— Je ne m'étonne jamais, madame.

— Je m'étonnerais, moi, reprit la duchesse piquée, que d'autres sculpteurs de l'antiquité vinssent à bout d'une œuvre pareille.

— J'espère pourtant l'achever aussi bien que les anciens l'eussent pu faire, répondit Benvenuto avec sang-froid.

— Oh ! ne vous vantez-vous pas un peu, maître Benvenuto ?

— Je ne me vante jamais, madame.

Disant cela avec calme, Cellini regardait madame d'Étampes, et la fière duchesse baissa malgré elle les yeux sous ce regard ferme, confiant, et qui n'était pas même courroucé. Anne conçut un sourd ressentiment contre Cellini de cette supériorité qu'elle subissait en y résistant et sans savoir de quoi elle se composait. Elle avait cru jusqu'alors que la beauté était la première puissance de ce monde : elle avait oublié le génie.

— Quels trésors, dit-elle avec amertume, suffiraient donc à payer un talent comme le vôtre ?

— Ce ne seront certes pas les miens, reprit François Ier, et à ce propos, Benvenuto, je me rappelle que vous n'avez touché encore que cinq cents écus d'or de bienvenue. Serez-vous satisfait des appointemens que je donnais à mon peintre Léonard de Vinci, c'est-à-dire de sept cents écus d'or par an? Je vous paierai en outre tous les ouvrages que vous ferez pour moi.

— Sire, ces offres sont dignes d'un roi tel que François Ier, et, j'ose le dire, d'un artiste tel que Cellini. J'aurai pourtant la hardiesse d'adresser encore une demande à Votre Majesté.

— Elle vous est d'avance octroyée, Benvenuto.

— Sire, je suis mal et à l'étroit dans cet hôtel pour travailler. Un de mes élèves a trouvé un emplacement mieux disposé que celui-ci pour les grands ouvrages que mon roi pourra me commander. Cette propriété appartient à Votre Majesté. C'est le Grand-Nesle. Elle est à la disposition du prévôt de Paris, mais il n'habite pas ; il occupe seulement le Petit-Nesle, que je lui laisserais volontiers.

— Eh bien ! soit, Benvenuto, dit François Ier, installez-vous au Grand-Nesle, et je n'aurai que la Seine à traverser pour aller causer avec vous et admirer vos chefs-d'œuvre.

— Comment, sire, interrompit madame d'Etampes, mais vous privez là sans motif d'un bien qui lui appartient à un homme à moi, un gentilhomme !

Benvenuto la regarda, et pour la seconde fois Anne baissa les yeux sous ce singulier coup d'œil fixe et pénétrant. Cellini reprit avec la même naïve bonne foi qu'en parlant de ses apparitions :

— Mais je suis noble aussi, moi, madame : ma famille descend d'un galant homme, premier capitaine de Jules César, nommé Fiorino, qui était de Cellino, près Montefiascone, et qui a donné son nom à Florence, tandis que votre prévôt et ses aïeux n'ont, si j'ai bonne mémoire, encore donné leur nom à rien. Cependant, continua Benvenuto en se retournant vers François Ier et en changeant à la fois de regard et d'accent, peut-être me suis-je montré bien hardi, peut-être exciterai-je contre moi des haines puissantes, et qui, malgré la protection de Votre Majesté, pourraient m'accabler à la fin. Le prévôt de Paris a, dit-on, une espèce d'armée à ses ordres.

— On m'a raconté, interrompit le roi, qu'un jour, à Rome, un certain Cellini, orfèvre, avait gardé, faute de paiement, un vase d'argent que lui avait commandé monseigneur Farnèse, alors cardinal et aujourd'hui pape.

— C'est vrai, sire.

— On ajoutait que toute la maison du cardinal s'en vint l'épée au poing assiéger la boutique de l'orfèvre pour emporter le vase de vive force.

— C'est encore vrai.

— Mais ce Cellini, en embuscade derrière la porte, et l'escopette au poing, s'était défendu vaillamment, avait mis les gens de monseigneur en fuite, et avait été payé le lendemain par le cardinal.

— Tout cela, sire, c'est l'exacte vérité.

— Eh bien ! n'êtes-vous pas ce Cellini ?

— Oui, sire, que Votre Majesté me conserve seulement ses bonnes grâces, et rien n'est capable de m'épouvanter.

— Allez donc droit devant vous, fit le roi en souriant dans sa barbe, allez donc, puisque vous êtes gentilhomme.

Madame d'Etampes se tut, mais elle jura de ce moment à Cellini une haine mortelle, une haine de femme offensée.

— Sire, une dernière faveur, dit encore Cellini. Je ne puis vous présenter tous mes ouvriers : ils sont dix, tant Français qu'Allemands, tous braves et habiles compagnons ; mais voici mes deux élèves que j'ai amenés d'Italie avec moi, Pagolo et Ascanio. Avancez donc, Pagolo, et relevez un peu la tête et le regard, non pas impudemment, mais en honnête homme, qui n'a à rougir d'aucune action mauvaise. Celui-ci manque peut-être d'invention, sire, et un peu aussi d'ardeur, mais c'est un exact et consciencieux artiste, qui travaille lentement, mais bien, qui conçoit parfaitement mes idées et les exécute fidèlement. Voici maintenant Ascanio, mon noble et gracieux élève, et mon enfant bien-aimé. Celui-là n'a pas sans doute la vigueur de création qui fera se heurter et se déchirer dans un bas-relief les bataillons de deux armées, ou s'attacher puissamment d'un vase les griffes d'un lion ou les dents d'un tigre. Il n'a pas non plus la fantaisie originale qui invente les monstrueuses chimères et les dragons impossibles ; non, mais son âme, qui ressemble à son corps, a l'instinct d'un idéal, pour ainsi parler, divin. Demandez-lui de vous poser un ange ou de vous grouper des nymphes, et nul n'atteindra à sa poésie exquise et à sa grâce choisie. Avec Pagolo j'ai quatre bras, avec Ascanio j'ai deux âmes ; et puis il m'aime, et je suis bien heureux d'avoir auprès de moi un cœur pur et dévoué comme le sien.

Pendant que son maître parlait ainsi, Ascanio se tenait debout près de lui, modestement mais sans embarras, dans une attitude pleine d'élégance, et madame d'Etampes ne pouvait détacher ses regards du jeune et charmant Italien aux yeux et aux cheveux noirs, et qui semblait une copie vivante de l'Apollino.

— Si Ascanio, dit-elle, s'entend si bien aux choses gracieuses et qu'il veuille passer à mon hôtel d'Etampes un matin, je lui fournirai des pierreries et de l'or dont il pourra me faire épanouir quelque fleur merveilleuse.

Ascanio s'inclina avec un doux regard de remerciement.

— Et moi, dit le roi, je lui assigne, ainsi qu'à Pagolo, cent écus d'or par an.

— Je me charge de leur faire bien gagner cet argent, sire, dit Benvenuto.

— Mais quelle est donc cette belle enfant aux longs cils qui se cache dans ce coin ? dit François Ier en apercevant Scozzone pour la première fois.

— Oh ! ne faites pas attention, sire, répondit Benvenuto en fronçant le sourcil : c'est la seule des belles choses de cet atelier que je n'aime pas qu'on remarque.

— Ah ! vous êtes jaloux, mons Benvenuto ?

— Mon Dieu ! sire, je n'aime pas que l'on touche à mon bien ; soit dit sans comparaison, c'est comme si quelqu'un s'avisait de penser à madame d'Etampes : vous seriez furieux, sire. Scozzone, c'est ma duchesse, à moi.

La duchesse, qui contemplait Ascanio, interrompue ainsi brusquement, se mordit les lèvres. Beaucoup de courtisans ne purent s'empêcher de sourire, et toutes les dames chuchotèrent. Quant au roi, il rit franchement.

— Allons, allons, foi de gentilhomme ! votre jalousie est dans son droit, Benvenuto, et d'artiste à roi on se comprend. — Adieu, mon ami ; je vous recommande mes statues. Vous commencerez par Jupiter, naturellement, et quand vous aurez achevé le modèle, vous me le montrerez. Adieu ; bonne chance ! à l'hôtel de Nesle !

— Que j'aille le montrer, c'est bientôt dit, sire ; mais comment entrerai-je au Louvre ?

— Votre nom sera donné aux portes avec l'ordre de vous introduire jusqu'à moi.

Cellini s'inclina, et suivi de Pagolo et d'Ascanio, accompagna le roi à la cour jusqu'à la porte de la rue. Arrivé là, il s'agenouilla et baisa la main de François Ier.

— Sire, dit-il d'un ton pénétré, vous m'avez déjà, par l'entremise de monseigneur de Montluc, sauvé de la captivité et peut-être de la mort ; vous m'avez comblé de richesses, vous avez honoré mon pauvre atelier de votre présence ; mais ce qui passe tout cela, sire, ce qui fait que je ne sais comment vous remercier, c'est que vous allez si magnifiquement au-devant de tous mes rêves. Nous ne travaillons d'ordinaire que pour une race d'élite disséminée à travers les siècles, mais moi j'aurai eu le bonheur de trouver vivant un juge toujours présent, toujours éclairé. Je n'ai été jusqu'à présent que l'ouvrier de l'avenir, laissez-moi me dire désormais l'orfèvre de Votre Majesté.

— Mon ouvrier, mon orfèvre, mon artiste et mon ami,

Benvenuto, si ce titre ne vous paraît pas plus à dédaigner que les autres. Adieu, ou plutôt au revoir.

Il va sans dire que tous les princes et seigneurs, à l'exception de madame d'Étampes, imitèrent le roi et comblèrent Cellini d'amitiés et d'éloges.

Quand tous furent partis, et que Benvenuto resta seul dans la cour avec ses deux élèves, ceux-ci le remercièrent, Ascanio avec effusion, Pagolo presque avec contrainte.

— Ne me remerciez pas, mes enfans, cela n'en vaut pas la peine. Mais tenez, si vous croyez véritablement m'avoir quelque obligation, je veux, puisque ce sujet de conversation s'est présenté aujourd'hui, vous demander un service ; c'est pour quelque chose qui tient au cœur de mon cœur. Vous avez entendu ce que j'ai dit au roi à propos de Catherine ; ce que j'ai dit répond au plus intime de mon être. Cette enfant est nécessaire à ma vie, mes amis, à ma vie d'artiste, puisqu'elle se prête si gaîment, vous le savez, à me servir de modèle ; à ma vie d'homme, parce que je crois qu'elle m'aime. Eh bien ! je vous en prie, bien qu'elle soit belle et que vous soyez jeunes comme elle est jeune, ne portez pas vos pensées sur Catherine ; il y a bien assez d'autres jolies filles au monde. Ne déchirez pas mon cœur, n'injuriez pas mon amitié en jetant sur ma Scozzone un regard trop hardi, et même surveillez la en mon absence et conseillez-la comme des frères. Je vous en conjure, car je me connais, je me sens, et je jure Dieu que si je m'apercevais de quelque mal, je la tuerais, elle et son complice.

— Maître, dit Ascanio, je vous respecte comme mon maître et je vous aime comme mon père ; soyez tranquille.

— Bon Jésus ! s'écria Pagolo en joignant les mains, que Dieu me garde de penser à une pareille infamie ! Ne sais-je pas bien que je vous dois tout, et ne serait-ce pas un crime abominable que d'abuser de la sainte confiance que vous me témoignez en reconnaissant vos bienfaits par une si lâche perfidie !

— Merci, mes amis, dit Benvenuto en leur serrant les mains ; merci mille fois. Je suis content et j'ai foi en vous. Maintenant, Pagolo, remets-toi à ton ouvrage, attendu que j'ai promis pour demain à M. de Villeroi le cachet auquel tu travailles ; tandis qu'Ascanio et moi nous allons visiter la propriété dont notre gracieux roi vient de nous gratifier, et dont dimanche prochain, pour nous reposer, nous entrerons de gré ou de force en possession.

Puis se retournant vers Ascanio :

— Allons, Ascanio, lui dit-il, allons voir si ce fameux séjour de Nesle, qui t'a paru si convenable à l'extérieur, est digne à l'intérieur de sa réputation.

Et avant qu'Ascanio eût eu le temps de faire la moindre observation, Benvenuto jeta un dernier coup d'œil sur l'atelier pour voir si chaque travailleur était à sa place, donna un petit soufflet sur la joue ronde et rose de Scozzone, et passant son bras sous celui de son élève, il l'entraîna vers la porte et sortit avec lui.

VI.

A QUOI SERVENT LES DUÈGNES.

A peine avaient-ils fait dix pas dans la rue, qu'ils rencontrèrent un homme de cinquante ans à peu près, assez exigu de taille, mais d'une physionomie mobile et fine.

— J'allais chez vous, Benvenuto, dit le nouvel arrivant, qu'Ascanio salua avec un respect mêlé de vénération, et auquel Benvenuto tendit cordialement la main.

— Était-ce pour affaire d'importance, mon cher Francesco ? dit l'orfèvre : alors je retourne avec vous ; ou bien était-ce purement et simplement pour me voir ? alors venez avec moi.

— C'était pour vous donner un avis, Benvenuto.
— J'écoute. Un avis est toujours bon à recevoir lorsqu'il vient de la part d'un ami :
— Mais celui que j'ai à vous donner ne peut-être donné qu'à vous seul.
— Ce jeune homme est un autre moi-même, Francesco ; parlez.
— Je l'eusse déjà fait si j'avais cru devoir le faire, répondit l'ami de Benvenuto.
— Pardon, maître, dit Ascanio en s'éloignant avec discrétion.
— Eh bien ! va donc seul où je comptais aller avec toi, mon cher enfant, dit Benvenuto ; aussi bien tu sais que ce que tu es vu, je l'ai vu. Examine tout dans les plus grands détails ; vois si l'atelier aura un bon jour, si la cour sera commode pour une fonte, s'il y aura moyen de séparer notre laboratoire de celui des autres apprentis. N'oublie pas le jeu de paume.

Et Benvenuto passa son bras sous celui de l'étranger, fit un signe de la main à Ascanio, et reprit le chemin de l'atelier, laissant le jeune homme debout et immobile au milieu de la rue Saint-Martin.

En effet, il y avait dans la commission dont son maître venait de le charger plus qu'il n'en fallait pour jeter un grand trouble dans l'esprit d'Ascanio. Ce trouble n'avait pas été médiocre, même quand Benvenuto lui avait proposé de faire la visite à eux deux. Qu'on juge donc de ce qu'il devint lorsqu'il se vit appelé à faire cette visite tout seul.

Ainsi, lui qui avait, pendant deux dimanches, vu Colombe sans oser la suivre, et qui, le troisième, l'avait suivie sans oser lui parler, il allait se présenter chez elle, et pourquoi ? pour visiter l'hôtel de Nesle, que Benvenuto comptait, le dimanche suivant, par forme de récréation, enlever de gré ou de force au père de Colombe.

La position était fausse pour tout le monde : elle était terrible pour un amoureux.

Heureusement qu'il y avait loin de la rue Saint-Martin à l'hôtel de Nesle. S'il n'y avait eu que deux pas, Ascanio ne les eût pas faits ; il y avait une demi-lieue, il se mit en route.

Rien ne familiarise avec le danger comme le temps ou la distance qui nous en sépare. Pour toutes les âmes fortes ou pour toutes les organisations heureuses, la réflexion est un puissant auxiliaire. C'était à cette dernière classe qu'appartenait Ascanio. Il n'était pas encore d'habitude à cette époque de faire le dégoûté de la vie avant que d'y être entré. Toutes les sensations étaient franches et se traduisaient franchement, la joie par le rire, la douleur par les larmes. La manière était close à peu près inconnue dans la vie comme dans l'art, et un jeune et joli garçon de vingt ans n'était pas le moins du monde humilié à cette époque d'avouer qu'il était heureux.

Or, dans tout ce trouble d'Ascanio, il y avait un certain bonheur. Il n'avait compté revoir Colombe que le dimanche suivant, et il allait la revoir le jour même. C'étaient six jours de gagnés, et six jours d'attente, on le sait, sont six siècles au compte des amoureux.

Aussi, à mesure qu'il s'approchait, la chose paraissait plus simple à ses yeux : c'était lui, il est vrai, qui avait donné le conseil à Benvenuto de demander au roi le séjour de Nesle pour en faire son atelier, mais Colombe pouvait-elle lui en vouloir d'avoir cherché à se rapprocher d'elle ? Cette impatronisation de l'orfèvre florentin dans le vieux palais d'Amaury ne pouvait se faire, il est vrai, qu'au détriment du père de Colombe, qui le regardait comme à lui, mais ce dommage était-il réel, puisque messire Robert d'Estourville ne l'habitait pas ? D'ailleurs, Benvenuto avait mille moyens de payer son loyer :— une coupe donnée au prévôt, un collier donné à sa fille (et Ascanio se chargeait de faire le collier) pouvaient et devaient, dans cette époque d'art, aplanir bien des choses. Ascanio avait vu des grands-ducs, des rois et des papes, près de vendre leur couronne, leur sceptre ou leur tiare, pour acheter un de ces merveilleux bijoux qui sortaient des mains de son maître. C'était donc, au bout du compte, messire Robert qui, en supposant que les choses s'arrangeassent ainsi, serait encore redevable à maître Benvenuto,—car maître Benvenuto était si généreux que si messire d'Estourville faisait les choses galamment, Ascanio en était certain, maître Benvenuto ferait les choses royalement.

Arrivé au bout de la rue Saint-Martin, Ascanio se regardait donc comme un messager de paix élu par le Seigneur pour maintenir l'harmonie entre deux puissances.

Cependant, malgré cette conviction, Ascanio, qui n'était pas fâché,—les amoureux sont des êtres bien étranges,—d'allonger sa route d'une dizaine de minutes, au lieu de traverser la Seine en bateau, remonta le long du quai, et passa la rivière au pont aux Moulins. Peut-être aussi avait-il pris ce chemin parce c'était celui qu'il avait fait la veille en suivant Colombe.

Quelle que soit, au reste, la cause qui lui avait fait prendre ce détour, il n'en était pas moins, au bout de vingt minutes à peu près, en face de l'hôtel de Nesle.

Mais arrivé là, et lorsqu'il vit la petite porte ogive qu'il lui fallait traverser, lorsqu'il aperçut le charmant petit palais gothique qui élançait ses hardis clochetons au dessus du mur, lorsqu'il pensa que derrière ces jalousies à moitié fermées à cause de la chaleur était sa belle Colombe, tout cet échafaudage de riches rêveries bâti dans ce chemin s'évanouit comme ces édifices que l'on voit dans les nuages et que le vent renverse d'un coup d'aile : il se retrouva face à face avec la réalité, et la réalité ne lui parut pas des plus rassurantes.

Cependant, après une pause de quelques minutes, pause d'autant plus étrange que par le grand soleil qu'il faisait il était absolument seul sur le quai, Ascanio comprit qu'il fallait prendre un parti quelconque. Or, il n'y avait d'autre parti à prendre que d'entrer à l'hôtel. Il s'avança donc jusque sur le seuil et souleva le marteau. Mais Dieu sait quand il l'eût laissé retomber, si à ce moment même et par hasard la porte ne se fût ouverte, et s'il ne se fût trouvé face à face avec une espèce de maître Jacques d'une trentaine d'années, moitié valet, moitié paysan. C'était le jardinier de messire d'Estourville.

Ascanio et le jardinier reculèrent chacun de son côté.

— Que voulez-vous? dit le jardinier, que demandez-vous?

Ascanio, forcé d'aller en avant, rappela tout son courage et répondit bravement :

— Je demande à visiter l'hôtel.

— Comment, visiter l'hôtel! s'écria le jardinier stupéfait, et au nom de qui ?

— Au nom du roi! répondit Ascanio.

— Au nom du roi! s'écria le jardinier. Jésus Dieu! est-ce que le roi voudrait nous le reprendre.

— Peut-être! répondit Ascanio.

— Mais qu'est-ce que cela signifie ?

— Vous comprenez, mon ami, dit Ascanio avec un aplomb dont il se sut gré à lui-même, que je n'ai pas de compte à vous rendre ?

— C'est juste. A qui voulez-vous parler?

— Mais, monsieur le prévôt y est-il? demanda Ascanio, qui savait parfaitement que le prévôt n'y était point.

— Non, monsieur; il est au Châtelet.

— Eh bien! en son absence, qui est-ce qui le remplace ?

— Il y a sa fille, mademoiselle Colombe.

Ascanio se sentit rougir jusqu'aux oreilles.

— Et puis, continua le jardinier, il y a encore dame Perrine. Monsieur veut-il parler à dame Perrine ou à mademoiselle Colombe ?

Cette demande était bien simple, et cependant elle produisit un terrible combat dans l'âme d'Ascanio. Il ouvrit la bouche pour dire que c'était mademoiselle Colombe qu'il voulait voir, et cependant, comme si des paroles aussi hasardeuses se refusaient à sortir de ses lèvres, ce fut dame Perrine qu'il demanda.

Le jardinier, qui ne se doutait pas que sa question, qu'il regardait comme fort simple, eût causé un si grand remue-ménage, inclina la tête en signe d'obéissance et s'avança à travers la cour du côté de la porte intérieure du Petit-Nesle. Ascanio le suivit.

Il lui fallut traverser une seconde cour, puis une deuxième porte, puis un petit parterre, puis les marches d'un perron, puis une longue galerie. Après quoi le jardinier ouvrit une porte et dit :

— Dame Perrine, c'est un jeune homme qui demande à visiter l'hôtel au nom du roi.

Et se dérangeant alors, il fit place à Ascanio, qui lui succéda sur le seuil de la porte.

Ascanio s'appuya au mur, un nuage venait de lui passer sur les yeux : une chose bien simple et que cependant il n'avait pas prévu était arrivée : dame Perrine était avec Colombe, et il se trouvait en face de toutes deux.

Dame Perrine était au rouet et filait. Colombe était à son métier et faisait de la tapisserie.

Toutes deux levèrent la tête en même temps et regardèrent du côté de la porte.

Colombe reconnut à l'instant même Ascanio. Elle l'attendait, quoique sa raison lui eût dit qu'il ne devait pas revenir. Quant à lui, lorsqu'il vit les yeux de la jeune fille se lever sur lui, quoique le regard qui sortait de ces yeux fût d'une douceur infinie, il crut qu'il allait mourir.

C'est qu'il avait prévu mille difficultés, c'est qu'il avait rêvé mille obstacles avant d'arriver à sa bien-aimée ; ces obstacles devaient l'exalter, ces difficultés devaient l'affermir, et voilà qu'au contraire toutes choses avaient été bonnement et simplement, comme si du premier coup Dieu, touché de la pureté de leur amour, l'avait encouragé et béni ; voilà qu'il se trouvait en face d'elle au moment où il s'y attendait le moins, si bien que de tout ce beau discours qu'il avait préparé, et dont l'ardente éloquence devait l'étonner et l'attendrir, il ne trouvait pas une phrase, pas un mot, pas une syllabe.

Colombe, de son côté, demeurait immobile et muette. Ces deux jeunes et pures existences qui, comme mariées d'avance dans le ciel, sentaient déjà qu'elles s'appartenaient, et qui, une fois rapprochées l'une de l'autre, devaient se confondre, et, comme celles de Salmacis et d'Hermaphrodite, n'en plus former qu'une, tout effrayées à cette première rencontre, tremblaient, hésitaient et restaient sans paroles l'une vis-à-vis de l'autre.

Ce fut dame Perrine qui se soulevant à demi sur sa chaise, tirant sa quenouille de son corset et s'appuyant sur la bobine de son rouet, rompit la première le silence.

— Que nous dit-il donc, ce butor de Raimbault? s'écria la digne duègne. Avez-vous entendu, Colombe? Puis, comme Colombe ne répondait pas : Que demandez-vous céans, mon jeune maître ? continua-t-elle en faisant quelques pas vers Ascanio. Mais, Dieu me pardonne ! s'écria-t-elle tout-à-coup en reconnaissant celui à qui elle avait affaire, c'est ce gentil cavalier qui, ces trois derniers dimanches, m'a si galamment offert de l'eau bénite à la porte de l'église ! Que vous plaît-il, mon bel ami ?

— Je voudrais vous parler, balbutia Ascanio.

— A moi seule ? demanda en minaudant dame Perrine.

— A vous… seule…

Et Ascanio, en répondant ainsi, se disait à lui-même qu'il était affreusement niais.

— Alors, venez par ici, jeune homme ; venez, dit dame Perrine en ouvrant une porte latérale et en faisant signe à Ascanio de la suivre.

Ascanio la suivit, mais en la suivant, il jeta sur Colombe un de ces longs regards dans lesquels les amoureux savent mettre tant de choses, et qui, si prolixes et si inintelligibles qu'ils soient pour les indifférents, finissent toujours par être compris par la personne à qui ils sont adressés. Sans doute Colombe ne perdit pas un mot de sa signification, car ses yeux, sans qu'elle sût comment, ayant rencontré ceux où elle les cherchait, il rougit prodigieusement, et comme elle se sentit rougir, elle baissa les yeux sur sa tapisserie et se mit à estropier une pauvre fleur qui n'en pouvait mais. Ascanio vit cette rougeur, et s'arrêtant tout à coup, il fit un pas vers Colombe, mais en ce moment dame Perrine se retourna et appela le jeune homme, qui fut forcé de la suivre. A peine eut-il passé le seuil de la porte que Colombe abandonna son aiguille, laissa tomber ses bras aux deux côtés de sa chaise en renversant sa tête en arrière, poussa un long soupir, dans lequel se combinait par un de ces inexplicables mystères du cœur le regret de voir Ascanio s'éloigner avec un certain bien-être de ne plus le sentir là.

Quant au jeune homme, il était franchement de mauvaise humeur : de mauvaise humeur contre Benvenuto, qui lui avait donné une si singulière commission ; de mauvaise humeur contre lui-même, de n'avoir pas mieux su en profiter, et de mauvaise humeur surtout contre dame Perrine, qui avait eu le tort de le faire sortir juste au moment où il lui semblait que les yeux de Colombe lui disaient de rester.

Aussi lorsque la duègne se trouvant tête à tête avec lui s'informa du but de sa visite, Ascanio lui répondit-il d'une façon fort délibérée, décidé qu'il était à se venger sur elle de sa propre maladresse :

— Le but de ma visite, ma chère dame, est de vous prier de me montrer l'hôtel de Nesle, et cela d'un bout à l'autre.

— Vous montrer l'hôtel de Nesle ! s'écria dame Perrine ; et pourquoi donc faire voulez-vous le visiter ?

— Pour voir s'il est à notre convenance, si nous y serons bien, et si cela vaut la peine que nous nous dérangions pour venir l'habiter.

— Comment, pour venir l'habiter ! Vous l'avez donc loué à M. le prévôt ?

— Non, mais Sa Majesté nous le donne.

— Sa Majesté vous le donne ! s'exclama dame Perrine de plus en plus étonnée.

— En toute propriété, répondit Ascanio.

— A vous ?

— Non, pas tout à fait, ma bonne dame, mais à mon maître.

— Et quel est votre maître, sans indiscrétion, jeune homme ? quelque grand seigneur étranger sans doute ?

— Mieux que cela, dame Perrine, — un grand artiste venu tout exprès de Florence pour servir Sa Majesté Très Chrétienne.

— Ah ! ah ! dit la bonne dame, qui ne comprenait pas très bien ; et que fait-il, votre maître ?

— Ce qu'il fait ? il fait tout : des bagues pour mettre au doigt des jeunes filles; des aiguières pour placer sur la table des rois; des statues pour mettre dans les temples des dieux; puis, dans ses momens perdus, il assiége ou défend les villes, selon que c'est son caprice de faire trembler un empereur ou de rassurer un pape.

— Jésus-Dieu ! s'écria dame Perrine ; et comment s'appelle votre maître ?

— Il s'appelle Benvenuto Cellini.

— C'est drôle, je ne connais pas ce nom-là, murmura la bonne dame ; et qu'est-il de son état ?

— Il est orfévre.

Dame Perrine regarda Ascanio avec de grands yeux étonnés.

— Orfévre ! murmura-t-elle, orfévre ! et vous croyez que messire le prévôt cédera comme cela son palais à... un.. orfévre !

— S'il ne le cède pas, nous le lui prendrons.

— De force ?

— Très bien.

— Mais votre maître n'osera pas tenir tête à M. le prévôt, j'espère ?

— Il a tenu tête à trois ducs et à deux papes.

— Jésus-Dieu ! à deux papes ! Ce n'est pas un hérétique, au moins ?

— Il est catholique comme vous et moi, dame Perrine ; rassurez-vous, et Satan n'est pas le moins du monde notre allié ; mais à défaut du diable, nous avons pour nous le roi.

— Ah ! oui, mais M. le prévôt a mieux que cela encore, lui.

— Et qu'a-t-il donc ?

— Il a madame d'Etampes.

— Alors, partie égale, dit Ascanio.

— Et si messire d'Estourville refuse ?

— Maître Benvenuto prendra.

— Et si messire Robert s'enferme comme dans une citadelle ?

— Maître Cellini en fera le siége.

— Messire le prévôt a vingt-quatre sergens d'armes, songez-y.

— Maître Benvenuto Cellini a dix apprentis : partie égale toujours, comme vous voyez, dame Perrine.

— Mais, personnellement, messire d'Estourville est un rude jouteur ; au tournoi qui a eu lieu lors du mariage de François Ier, il a été un des tenans, et tous ceux qui ont osé se mesurer contre lui ont été portés à terre.

— Eh bien ! dame Perrine, c'est justement l'homme que cherchait Benvenuto, lequel n'a jamais trouvé son maître en fait d'armes, et qui, comme messire d'Estourville, a porté tous ses adversaires à terre, avec cette différence cependant que quinze jours après, ceux qu'il avait combattus votre prévôt étaient remis sur leurs jambes, gais et bien portans, tandis que ceux qui ont eu affaire à mon maître ne s'en sont jamais relevés, et trois jours après étaient couchés, morts et enterrés.

— Tout cela finira mal ! tout cela finira mal ! murmura dame Perrine. On dit qu'il se passe de terribles choses, jeune homme, dans les villes prises d'assaut.

— Rassurez-vous, dame Perrine, répondit Ascanio en riant, vous aurez affaire à des vainqueurs clémens.

— Ce que j'en dis, mon cher enfant, répondit dame Perrine, qui n'était pas fâchée peut-être de se ménager un appui parmi les assiégeans, c'est que j'ai peur qu'il n'y ait du sang répandu ; car, quant à votre voisinage, vous comprenez bien qu'il ne peut nous être que très agréable, attendu que la société manque un peu dans ce maudit désert où messire d'Estourville nous a consignées, sa fille et moi, comme deux pauvres religieuses, quoique ni elle ne moi n'ayons prononcé de vœux, Dieu merci ! Or, il n'est pas bon que l'homme soit seul, dit l'Ecriture, et quand l'Ecriture dit l'homme, elle sous-entend la femme ; n'est-ce pas votre avis, jeune homme ?

— Cela va sans dire.

— Et nous sommes bien seules et par conséquent bien tristes dans cet immense séjour.

— Mais n'y recevez-vous donc aucune visite ? demanda Ascanio.

— Jésus-Dieu ! pires que des religieuses, comme je vous le disais. Les religieuses, au moins, ont des parens, elles ont des amis qui viennent les voir à la grille. Elles ont le réfectoire, où elles se réunissent, où elles parlent, où elles causent. Ce n'est pas bien récréatif, je le sais ; mais encore, c'est quelque chose. Nous, nous n'avons que messire le prévôt, qui vient de temps en temps pour morigéner sa fille de ce qu'elle devient trop belle, je crois ; car c'est son seul crime, pauvre enfant ! et pour me gronder, moi, de ce que je ne la surveille pas encore assez sévèrement, Dieu merci ! quand elle ne voit âme qui vive au monde, et quand, à part les paroles qu'elle m'adresse, elle n'ouvre la bouche que pour faire ses prières au bon Dieu. Aussi, je vous en prie, jeune homme, ne dites à personne que vous avez été reçu ici, que vous avez visité le Grand-Nesle avec moi, et qu'après avoir visité le Grand-Nesle, vous êtes venu causer un instant avec nous au Petit.

— Comment ! s'écria Ascanio, après avoir visité le Grand-Nesle, je vais donc revenir avec vous au Petit ? Je vais donc... Ascanio s'arrêta, voyant que sa joie allait trop loin.

— Je ne crois pas qu'il serait poli, jeune homme, après vous être présenté ainsi devant mademoiselle Colombe, qui, à tout prendre, en l'absence de son père, est la maîtresse de la maison, et avoir demandé à me parler à moi seule, je ne crois pas qu'il serait poli, dis-je, de quitter le séjour de Nesle sans lui dire un petit mot d'adieu. Après cela, si la chose ne vous agrée pas, vous êtes libre, comme vous le comprenez bien, de sortir directement par le Grand-Nesle, qui a sa sortie.

— Non pas, non pas! s'écria Ascanio. Peste! dame Perrine, je me vante d'être aussi bien élevé que qui que ce soit au monde, et de savoir me conduire courtoisement à l'égard des dames. Seulement, dame Perrine, visitons le séjour en question sans perdre un seul instant, car je suis on ne peut plus pressé.

Et en effet, maintenant qu'Ascanio savait qu'il devait revenir par le Petit-Nesle, il avait toute hâte d'en finir avec le Grand. Or, comme de son côté dame Perrine avait toujours une sourde crainte d'être surprise par le prévôt au moment où elle y pensait le moins, elle ne voulut point mettre Ascanio en retard, et détachant un trousseau de clefs pendu derrière une porte, elle marcha devant lui.

Jetons donc avec Ascanio un regard sur l'hôtel de Nesle, où vont se passer désormais les principales scènes de l'histoire que nous racontons.

L'hôtel, ou plutôt le séjour de Nesle, comme on l'appelait plus communément alors, occupait sur la rive gauche de la Seine, ainsi que nos lecteurs le savent déjà, l'emplacement où s'éleva ensuite l'hôtel de Nevers, et où l'on a bâti depuis la Monnaie et l'Institut. Il terminait Paris au sud ouest, car au-delà de ses murailles on ne voyait plus que le fossé de la ville et les verdoyantes pelouses du Pré-aux-Clercs. C'était Amaury, seigneur de Nesle en Picardie, qui l'avait fait construire vers la fin du huitième siècle. Philippe-le-Bel le lui acheta en 1308, et en fit dès lors son château royal. En 1520, la tour de Nesle, de sanglante et luxurieuse mémoire, en avait été séparée pour former le quai, le pont sur le fossé et la porte de Nesle, de sorte que la sombre tour était restée sur la rive du fleuve isolée et morne comme une pêcheresse qui fait pénitence.

Mais le séjour de Nesle était heureusement assez vaste pour que cette suppression n'y parût pas. L'hôtel était grand comme un village : une haute muraille, percée d'un large porche ogive et d'une petite porte de service, le défendait du côté du quai. On entrait d'abord dans une vaste cour tout entourée de murs ; cette seconde muraille quadrangulaire avait une porte à gauche et une porte au fond. Si l'on entrait, comme Ascanio venait de le faire, par la porte à gauche, on trouvait un charmant petit édifice dans le style gothique du quatorzième siècle : c'était le Petit-Nesle, qui avait au midi son jardin séparé. Si l'on passait au contraire par la porte du fond, on voyait à main droite le Grand-Nesle tout de pierres et flanqué de deux tourelles, avec ses toits aigus bordés de balustrades, sa façade anguleuse, ses hautes fenêtres, ses vitres coloriées et ses vingt girouettes criant au vent : il y avait là de quoi loger trois banquiers d'aujourd'hui.

Puis, si vous alliez toujours en avant, vous vous perdiez dans toutes sortes de jardins, et vous trouviez dans les jardins un jeu de paume, un jeu de bague, une fonderie, un arsenal ; après quoi venaient les basses-cours, les bergeries, les étables et les écuries : il y avait là de quoi loger trois fermiers de nos jours.

Le tout, il faut le dire, était fort négligé, et partant en très mauvais état, Raimbault et ses deux aides suffisant à peine pour entretenir le jardin du Petit-Nesle, où Colombe cultivait des fleurs, et où dame Perrine plantait des choux. Mais le tout était vaste, bien éclairé, solidement bâti, et avec quelque peu de soin et de dépense, on en pouvait faire le plus magnifique atelier qui fût au monde.

Puis la chose eût-elle été infiniment moins convenable, qu'Ascanio n'en eût pas moins été ravi, le principal pour lui étant surtout de se rapprocher de Colombe.

Au reste, la visite fut courte : en un tour de main, l'agile jeune homme eut tout vu, tout parcouru, tout apprécié. Ce que voyant dame Perrine, qui avait essayé vainement de le suivre, elle lui avait donné tout bonnement le trousseau de clefs, qu'à la fin de son investigation il lui rendit fidèlement.

— Et maintenant, dame Perrine, dit Ascanio, me voici à vos ordres.

— Eh bien ! rentrons donc un instant au Petit-Nesle, jeune homme, puisque vous pensez comme moi que la chose est convenable.

— Comment donc ! ce serait de la plus grande impolitesse que d'agir autrement.

— Mais, motus avec Colombe sur le sujet de votre visite.

— Oh ! mon Dieu ! de quoi vais-je lui parler alors ! s'écria Ascanio.

— Vous voilà bien embarrassé, beau jouvenceau ! ne m'avez-vous pas dit que vous étiez orfèvre ?

— Sans doute.

— Eh bien ! parlez-lui bijoux ; c'est une conversation qui réjouit toujours le cœur de la plus sage. On est fille d'Ève ou on ne l'est pas, et si l'on est fille d'Ève, on aime ce qui brille. D'ailleurs, elle a si peu de distraction dans sa retraite, pauvre enfant ! que c'est une bénédiction de la récréer quelque peu. Il est vrai que la récréation qui conviendrait à son âge serait un bon mariage. Aussi, maître Robert ne vient pas une seule fois au logis que je ne lui glisse dans le tuyau de l'oreille : — Mariez-la donc, cette pauvre petite, mariez-la donc.

Et sans s'apercevoir de ce que l'aveu de cette familiarité pouvait laisser planer de conjectures sur sa position chez messire le prévôt, dame Perrine reprit le chemin du Petit-Nesle et rentra suivie d'Ascanio dans la salle où elle avait laissé Colombe.

Colombe était encore pensive et rêveuse, et dans la même attitude où nous l'avons laissée. Seulement, vingt fois peut-être sa tête s'était relevée et son regard s'était fixé sur la porte par laquelle était sorti le beau jeune homme, de sorte que quelqu'un qui eût suivi ces regards répétés aurait pu croire qu'elle l'attendait. Cependant, à peine vit-elle la porte tourner sur ses gonds, que Colombe se remit au travail avec tant d'empressement, que ni dame Perrine ni Ascanio ne purent se douter que son travail eût été interrompu.

Comment avait-elle deviné que le jeune homme suivait la duègne, c'est ce que le magnétisme aurait pu seul expliquer, si le magnétisme eût été inventé à cette époque.

— Je vous ramène notre donneur d'eau bénite, ma chère Colombe, car c'est lui en personne, et je l'avais bien reconnu. J'allais le reconduire par la porte du Grand-Nesle, lorsqu'il m'a fait observer qu'il n'avait pas pris congé de vous. La chose était vraie, car vous ne vous êtes pas dit un seul pauvre petit mot tout à l'heure. Vous n'êtes pourtant muets ni l'un ni l'autre, Dieu merci !

— Dame Perrine... interrompit Colombe toute troublée.

— Eh bien ! quoi ? il ne faut pas rougir comme cela. Monsieur Ascanio est un honnête jeune homme comme vous êtes une sage demoiselle. D'ailleurs c'est, à ce qu'il paraît, un bon artiste en bijoux, pierres précieuses et affiquets qui sont ordinairement du goût des jolies filles. Il viendra vous en montrer, mon enfant, si cela vous plaît.

— Je n'ai besoin de rien, murmura Colombe.

— A cette heure c'est possible ; mais il faut espérer que vous ne mourrez pas en recluse dans cette maudite retraite. Nous avons seize ans, Colombe, et le jour viendra où vous serez une belle fiancée à laquelle on donnera toutes sortes de bijoux ; puis une grande dame à laquelle il faudra toutes sortes de parures. Eh bien ! autant donner la préférence à celles de ce jeune homme qu'à celles de quelque autre artiste qui ne le vaudra sûrement pas.

Colombe était au supplice. Ascanio, que les prévisions de dame Perrine ne réjouissaient que médiocrement, s'en aperçut et vint au secours de la pauvre enfant, pour laquelle une conversation directe était mille fois moins embarrassante que ce monologue par interprète.

— Oh ! mademoiselle, dit-il, ne me refusez point cette grâce de vous apporter quelques-uns de mes ouvrages ; il me semble maintenant que c'est pour vous que je les ai faits, et qu'en les faisant je songeais à vous. — Oh! oui, croyez-le bien, car nous autres artistes en bijoux, nous mêlons parfois à l'or, à l'argent, aux pierres précieuses, nos propres pensées. Dans ces diadèmes qui couronnent vos têtes, dans ces bracelets qui étreignent vos bras, dans ces colliers qui caressent vos épaules, dans ces fleurs, dans ces oiseaux, dans ces anges, dans ces chimères, que nous faisons babutier à vos oreilles, nous mettons parfois de respectueuses adorations.

Et il faut bien le dire, en notre qualité d'historien, à ces douces paroles, le cœur de Colombe se dilatait, car Ascanio, si longtemps muet, parlait enfin et parlait comme elle rêvait qu'il devait parler, car, sans lever les yeux, la jeune fille sentait le rayon ardent de ses yeux fixé sur elle, et il n'y avait pas jusqu'à l'accent étranger de cette voix qui ne prêtât un charme singulier à ces paroles nouvelles et inconnues pour Colombe, un accent profond et irrésistible à cette langue facile et harmonieuse de l'amour que les jeunes filles comprennent avant de la parler.

— Je sais bien, continuait Ascanio, les regards toujours fixés sur Colombe, je sais bien que nous n ajoutons rien à votre beauté. On ne rend pas Dieu plus riche parce qu'on pare son autel. Mais au moins nous entourons votre grâce de tout ce qui est suave et beau comme elle, et, lorsque, pauvres et humbles ouvriers d'enchantemens et d'éclat, nous vous voyons du fond de notre ombre passer dans votre lumière, nous nous consolons d'être si fort au-dessous de vous en pensant que notre art vous élève encore.

— Oh! monsieur, répondit Colombe toute troublée, vos belles choses me seront probablement toujours étrangères, ou du moins inutiles; je vis dans l'isolement et l'obscurité, et loin que cet isolement et cette obscurité me pèsent, j'avoue que je les aime, j'avoue que je voudrais y demeurer toujours, et cependant j'avoue encore que je voudrais bien voir vos parures, non pas pour moi, mais pour elles; non pas pour les mettre, mais pour les admirer.

Et tremblante d'en avoir déjà trop dit et peut-être d'en dire plus encore, Colombe, en achevant ces mots, salua et sortit avec une telle rapidité, qu'aux yeux d'un homme plus savant en pareille matière, cette sortie eût pu tout bonnement passer pour une fuite.

— Eh bien! à la bonne heure! dit dame Perrine, la voilà qui se réconcilie un peu avec la coquetterie. Il est vrai de dire que vous parlez comme un livre, jeune homme. Oui, vraiment, il faut croire que dans votre pays on a des secrets pour charmer les gens; la preuve, c'est que vous m'avez mise, dans vos intérêts tout de suite, moi qui vous parle, et d'honneur! je souhaite que messire le prévôt ne vous fasse pas un trop mauvais parti. Allons, au revoir, jeune homme, et dites à votre maître de prendre garde à lui. Prévenez-le que messire d'Estourville est dur en diable et fort puissant en cour. Ainsi donc, si votre maître voulait m'en croire, il renoncerait à se loger au Grand-Nesle, et surtout à le prendre de force. Quant à vous, nous vous reverrons, n'est-ce pas? Mais surtout ne croyez pas Colombe : elle est du seul bien de défunte sa mère plus riche qu'il ne faut pour se passer des fantaisies vingt fois plus coûteuses que celles que vous lui offrez. Puis, écoutez-moi, apportez aussi quelques objets plus simples : elle pensera peut-être à me faire un petit présent. On n'est pas encore, Dieu merci! d'âge à se refuser toute coquetterie. Vous entendez, n'est-ce pas?

Et jugeant qu'il était nécessaire, pour être mieux comprise, d'ajouter le geste aux paroles, dame Perrine appuya sa main sur le bras du jeune homme. Ascanio tressaillit comme un homme qu'on réveille en sursaut. En effet, il lui semblait que tout cela n'était qu'un rêve. Il ne comprenait pas qu'il fût chez Colombo, et il doutait que cette blanche apparition, dont la voix mélodieuse murmurait encore à son oreille, dont la forme légère venait de glisser devant ses yeux, fût bien réellement celle-là pour un regard de laquelle, la veille et le matin encore, il eût donné sa vie.

Aussi, plein de son bonheur présent et de son espoir à venir, promit-il à dame Perrine tout ce qu'elle voulut, sans même écouter ce qu'elle lui demandait. Que lui, importait! N'était-il pas prêt à donner tout ce qu'il possédait pour revoir Colombe?

Puis, songeant lui-même qu'une plus longue visite serait inconvenante, il prit congé de dame Perrine en lui promettant de revenir le lendemain.

En sortant du Petit-Nesle, Ascanio se trouva presque nez à nez avec deux hommes qui allaient y entrer. A la manière dont l'un de ces deux hommes le regarda, encore plus qu'à son costume, il reconnut que ce devait être le prévôt.

Bientôt ses soupçons furent changés en certitude lorsqu'il vit ces deux hommes frapper à la même porte par laquelle il venait de sortir : il eut alors le regret de n'être point parti plus tôt, car qui pouvait dire si son imprudence n'allait pas retomber sur Colombe.

Pour ôter tout caractère d'importance à sa visite, en supposant que le prévôt y eût fait attention, Ascanio s'éloigna sans même retourner la tête vers ce petit coin du monde qui était le seul dont en ce moment il eût voulu être le roi.

En rentrant à l'atelier, il trouva Benvenuto fort préoccupé. — Cet homme qui les avait arrêtés dans la rue était le Primatice, et il accourait en bon confrère prévenir Cellini que, pendant cette visite qu'était venue lui faire le matin François Ier, l'imprudent artiste avait trouvé moyen de se faire de madame la duchesse d'Etampes une ennemie mortelle.

VII.

UN FIANCÉ ET UN AMI.

Un des deux hommes qui entraient à l'hôtel de Nesle comme Ascanio en sortait était bien effectivement messire Robert d'Estourville, prévôt de Paris. Quant à l'autre, nous allons dans un instant savoir qui il était.

Aussi, cinq minutes après le départ d'Ascanio, et comme Colombe, restée debout et l'oreille attentive dans sa chambre, où elle s'était réfugiée, était encore toute songeuse, dame Perrine entra précipitamment annonçant à la jeune fille que son père l'attendait dans la chambre à côté.

— Mon père! s'écria Colombe effrayée. Puis elle ajouta tout bas : — Mon Dieu! mon Dieu! l'aurait-il rencontré?

— Oui, votre père, ma chère enfant, reprit dame Perrine, répondant à la seule partie de la phrase qu'elle eût entendue, et avec lui un autre vieux seigneur que je ne connais pas.

— Un autre vieux seigneur! dit Colombe frissonnant d'instinct. Mon Dieu! dame Perrine, qu'est-ce que cela signifie? C'est la première fois depuis deux ou trois ans peut-être que mon père ne vient pas seul.

Cependant, comme malgré la crainte de la jeune fille il lui fallait obéir, attendu qu'elle connaissait le caractère impatient de son père, elle rappela tout son courage et rentra dans la chambre qu'elle venait de quitter, le sourire sur les lèvres; car, malgré cette crainte qu'elle éprouvait pour la première fois et dont elle ne se rendait pas compte, elle aimait messire d'Estourville d'un amour véritablement filial, et, malgré le peu d'expansivité du prévôt vis-à-vis d'elle, les jours où il visitait l'hôtel de Nesle étaient, parmi ces jours tristes et uniformes, marqués comme des jours de fête.

Colombe s'avançait, tendant les bras, entr'ouvrant la bouche, mais le prévôt ne lui donna le temps ni de l'embrasser, ni de parler. Seulement, la prenant par la main et l'amenant devant l'étranger, qui se tenait appuyé contre la grande cheminée, remplie de fleurs :

— Cher ami, lui dit-il, je te présente ma fille. Puis, adressant la parole à sa fille : — Colombe, ajouta-t-il, voilà le comte d'Orbec, trésorier du roi, et votre futur époux.

Colombe jeta un faible cri, qu'étouffa aussitôt le sentiment des convenances ; mais, sentant ses genoux faiblir, elle s'appuya au dossier d'une chaise.

En effet, pour comprendre, surtout dans la disposition d'esprit où se trouvait Colombe, tout ce qu'avait de terrible cette présentation inattendue, il faudrait savoir ce qu'était le comte d'Orbec.

Certes, messire Robert d'Estourville, le père de Colombe, n'était pas beau ; il y avait dans ses épais sourcils, qu'il fronçait au moindre obstacle physique ou moral qu'il rencontrait, un air de dureté, et dans toute sa personne trapue quelque chose de lourd et de gauche qui prévenait médiocrement en sa faveur ; mais auprès du comte d'Orbec, il semblait saint Michel Archange près du dragon. Du moins la tête carrée, les traits fortement accentués du prévôt annonçaient la résolution et la force, tandis que ses petits yeux de lynx, gris et vifs, indiquaient l'intelligence ; mais le comte d'Orbec, grêle, sec et maigre, avec ses longs bras d'araignée, sa petite voix de moustique et sa lenteur de limaçon, était non-seulement laid, mais hideux : une laideur à la fois bête et méchante. Sa tête, qu'il tenait courbée et penchée sur l'épaule, avait un sourire vil et un regard traître.

Aussi à l'aspect de cette affreuse créature qu'on lui présentait pour époux, quand son cœur, sa pensée et ses yeux étaient pleins encore du beau jeune homme qui sortait de cette même chambre, Colombe, comme nous l'avons dit, n'avait pu que réprimer son premier cri, mais sa force s'était arrêtée là, et elle était demeurée pâle et glacée, regardant seulement son père avec épouvante.

— Je te demande pardon, cher ami, continua le prévôt, de l'embarras de Colombe ; d'abord c'est une petite sauvage qui n'est pas sortie d'ici depuis deux ans, l'air du temps n'étant pas très bon, comme tu le sais, pour les jolies filles ; puis, à vrai dire, j'ai eu le tort de ne point la prévenir de nos projets, ce qui d'ailleurs était inutile, vu que les choses que j'ai arrêtées n'ont besoin, pour être mises à exécution, de l'approbation de personne ; enfin, elle ne sait pas qui tu es, et qu'avec ton nom, tes grandes richesses et la faveur de madame d'Etampes, tu es en position d'arriver à tout, mais en y réfléchissant, elle appréciera l'honneur que tu nous fais en consentant à allier ta vieille illustration à notre jeune noblesse ; elle apprendra qu'amis depuis quarante ans...

— Assez, mon cher, assez, de grâce ! interrompit le comte ; puis s'adressant à Colombe avec cette assurance familière et insolente qui contrastait si bien avec la timidité du pauvre Ascanio : — Allons, allons, remettez-vous, mon enfant, lui dit-il, et rappelez sur vos joues ces jolies couleurs qui vous vont si bien. Eh mon Dieu ! je sais ce que c'est qu'une jeune fille, allez, et même qu'une jeune femme, car j'ai déjà été marié deux fois, ma petite. Voyons, il ne faut pas vous troubler comme cela ; je ne vous fais pas peur, j'espère, hein ? ajouta fatuitement le comte en se redressant et en passant ses mains sur ses maigres moustaches et sur sa mesquine royale ; aussi votre père a eu tort de me donner si brusquement le titre de mari qu'émeut toujours un peu un jeune cœur lorsqu'il l'entend pour la première fois ; mais vous vous y ferez, ma petite, et vous finirez par le prononcer vous-même avec cette jolie bouche que voilà. Eh bien ! eh bien ! vous pâlissez encore... Dieu me pardonne ! je crois qu'elle va s'évanouir.

Et d'Orbec étendit les bras pour soutenir Colombe, mais celle-ci se redressa en faisant un pas en arrière, comme si elle eût craint son toucher à l'égal de celui d'un serpent, et retrouvant la force de prononcer quelques mots :

— Pardon, monsieur, pardon, mon père, dit-elle en balbutiant ; pardon, ce n'est rien ; mais je croyais, j'espérais...

— Et qu'avez-vous cru, qu'avez-vous espéré ? Voyons,

dites vite, répondit le prévôt en fixant sur sa fille ses petits yeux vifs et irrités.

— Que vous me permettriez de rester toujours auprès de vous, mon père, reprit Colombe. Depuis la mort de ma pauvre mère, vous n'avez plus que mon affection, que mes soins, et j'avais pensé...

— Taisez-vous, Colombe, répondit impérativement le prévôt. Je ne suis pas encore assez vieux pour avoir besoin d'une garde ; et vous, vous êtes d'âge à vous établir.

— Eh bon Dieu ! dit d'Orbec se mêlant de nouveau à la conversation, acceptez-moi sans tant de façons, ma mie. Avec moi, vous serez aussi heureuse qu'on peut l'être, et plus d'une vous enviera, je vous jure. Je suis riche, mort-Dieu ! et je prétends que vous me fassiez honneur ; vous irez à la cour, et vous irez avec des bijoux à rendre envieuse, je ne dirai pas la reine, mais madame d'Etampes elle-même.

Je ne sais quelles pensées se réveillèrent à ces derniers mots dans le cœur de Colombe, mais la rougeur reparut sur ses joues, et elle trouva moyen de répondre au comte, malgré le regard sévère dont le prévôt la menaçait.

— Je demanderai au moins à mon père, monseigneur, le temps de réfléchir à votre proposition.

— Qu'est-ce que cela ? s'écria messire d'Estourville avec violence. Pas une heure, pas une minute. Vous êtes de ce moment la fiancée du comte, entendez-vous bien, et vous seriez sa femme dès ce soir, si dans une heure il n'était forcé de partir pour sa comté de Normandie, et vous savez que mes volontés sont des ordres. Réfléchir ! sarpejeu ! d'Orbec, laissons cette mijaurée. A compter de ce moment elle est à toi, mon ami, et tu la réclameras quand tu voudras. Sur ce, allons visiter votre future demeure.

D'Orbec voulait demeurer pour ajouter encore un mot aux paroles qu'il avait déjà dites ; mais le prévôt passa son bras sous le sien et l'entraîna en marronnant ; il se contenta donc de saluer Colombe avec son méchant sourire et sortit avec messire Robert.

Derrière eux et par la porte du fond, dame Perrine entra, elle avait entendu le prévôt élevant la voix, et elle accourait, devinant qu'il avait fait à sa fille quelques-unes de ses gronderies habituelles. Elle arriva à temps pour recevoir Colombe dans ses bras.

— Oh ! mon Dieu ! mon Dieu ! s'écria la pauvre enfant en portant sa main sur ses yeux comme pour ne plus voir cet odieux d'Orbec, tout absent qu'il fût. Oh ! mon Dieu ! cela devait-il donc finir ainsi ? Oh ! mes rêves dorés ! Oh ! mes espérances mélancoliques ! tout est donc perdu, évanoui, et il ne me reste plus qu'à mourir !

Il ne faut pas demander si une pareille exclamation, jointe à la faiblesse et à la pâleur de Colombe, effrayèrent dame Perrine, et l'on devine si l'effrayant éveillèrent sa curiosité. Or, comme de son côté Colombe avait besoin de soulager son cœur, elle raconta à sa digne gouvernante, en pleurant les larmes les plus amères qu'elle eût encore versées, ce qui venait de se passer entre son père, le comte d'Orbec et elle. Dame Perrine convint que le fiancé n'était ni jeune, ni beau, mais comme, à son avis, le pire malheur qui pouvait arriver à une femme était de rester fille, elle soutint à Colombe que mieux valait à tout prendre avoir un mari vieux et laid, mais riche et puissant, que de n'en pas avoir du tout. Or, comme cette théorie révoltait le cœur de Colombe, la jeune fille se retira dans sa chambre, laissant dame Perrine, dont l'imagination était très vive, bâtir mille plans d'avenir à elle, pour le jour où elle s'élèverait de la place de gouvernante de mademoiselle Colombe au grade de dame de compagnie de la comtesse d'Orbec.

Pendant ce temps le prévôt et le comte commençaient à leur tour la visite du Grand-Nesle, que venaient de faire une heure auparavant dame Perrine et Ascanio.

Ce serait une étrange chose si les murs, qui à ce que l'on prétend ont des oreilles, avaient aussi des yeux et une langue, et racontaient à ceux qui entrent ce qu'ils ont vu et entendu de ceux qui sortent.

Mais comme les murs se taisaient et regardaient le prévôt et le trésorier en riant peut-être à la manière des murs, c'était le susdit trésorier qui parlait.

— Vraiment, disait-il tout en traversant la cour qui menait du Petit au Grand-Nesle, vraiment elle est fort bien, la petite ; c'est une femme comme il m'en faut une, mon cher d'Estourville, sage, ignorante et bien élevée. Le premier orage passé, le temps se remettra au beau fixe, croyez-moi. Je m'y connais ; toutes les petites filles rêvent un mari jeune, beau, spirituel et riche. Eh ! mon Dieu ! j'ai au moins la moitié des qualités qu'on exige de moi. Peu d'hommes peuvent en dire autant, c'est donc déjà beaucoup. Puis, passant de sa femme future à sa propriété à venir, et parlant avec le même accent grêle et convoiteur de l'une et de l'autre : C'est comme ce vieux Nesle, continua-t-il, c'est sur mon honneur ! un magnifique séjour, et je t'en fais mon compliment. Nous serons là à merveille, ma femme, moi et toute ma trésorerie. Voilà pour notre habitation personnelle, voilà pour mes bureaux, voilà pour la valetaille. Seulement, tout cela est un peu bien dégradé. Mais avec quelques dépenses que nous trouverons moyen de faire payer à Sa Majesté, nous en tirerons un excellent parti. A propos, d'Estourville, es-tu bien sûr de conserver cette propriété-là ? Tu devrais faire régulariser ton titre : autant que je me rappelle, le roi ne te l'a pas donnée, après tout.

— Il ne me l'a pas donnée, c'est vrai, reprit en riant le prévôt, mais il me l'a laissé prendre, et c'est à peu près tout comme.

— Oui, mais si quelqu'autre te jouait le tour de lui faire cette demande en règle.

— Oh ! celui-là serait mal reçu, je t'en réponds, à venir faire valoir son titre, et sûr comme je le suis de l'appui de madame d'Étampes et du tien, je le ferais grandement repentir de ses prétentions. Non, va, je suis tranquille, et l'hôtel de Nesle m'appartient, aussi vrai, cher ami, que ma fille Colombe est à toi ; pars donc tranquille et reviens vite.

Comme le prévôt disait ces paroles, de la véracité desquelles ni lui ni son interlocuteur n'avaient aucun motif de douter, un troisième personnage, conduit par le jardinier Raimbaut, parut sur le seuil de la porte qui donnait de la cour quadrangulaire dans les jardins du Grand-Nesle. C'était le vicomte de Marmagne.

Celui-là était aussi un prétendant de Colombe, mais un prétendant malheureux. C'était un grand bélître d'un blond ardent avec des couleurs roses, suffisant, insolent, bavard, plein de prétentions auprès des femmes, auxquelles il servait souvent de manteau pour cacher leurs véritables amours, plein d'orgueil de sa position de secrétaire du roi, laquelle position lui permettait d'approcher de Sa Majesté à la manière dont l'approchaient ses lévriers, ses perroquets, et ses singes. Aussi le prévôt ne s'était-il pas trompé à cette faveur apparente et à cette familiarité superficielle dont il jouissait près de Sa Majesté, faveur et familiarité qu'il ne devait, assurait-on, qu'à l'extension peu morale qu'il donnait à sa charge. D'ailleurs, le vicomte de Marmagne avait depuis longtemps mangé tout son patrimoine, et n'avait pas de fortune que les libéralités de François Ier. Or ces libéralités pouvaient tarir d'un jour à l'autre, et messire Robert d'Estourville n'était pas si fou que de se fier dans les choses de cette importance aux caprices d'un roi fort sujet aux caprices. Il avait donc tout doucement repoussé la demande du vicomte de Marmagne, en lui avouant confidentiellement et sous le sceau du secret que la main de sa fille était déjà depuis longtemps engagée à un autre. Grâce à cette confidence, qui motivait le refus du prévôt, le vicomte de Marmagne et sire Robert d'Estourville étaient restés en apparence les meilleurs amis du monde, quoique depuis ce temps le vicomte détestât le prévôt, et que de son côté le prévôt se défiât du vicomte, lequel sous son air affable et souriant n'avait pu cacher sa rancune à un homme aussi habitué que l'était messire Robert à lire dans l'ombre des cours et dans l'obscurité des cœurs. Chaque fois qu'il voyait paraître le vicomte, le prévôt s'attendait donc, sous son air affable et prévenant,
à recevoir un porteur de mauvaises nouvelles, lesquelles il avait l'habitude de débiter les larmes aux yeux et avec cette douleur feinte et calculée qui exprime goutte à goutte le poison sur une plaie.

Quant au comte d'Orbec, le vicomte de Marmagne avait à peu près rompu avec lui : c'était même une de ces rares inimitiés de cour visibles à l'œil nu. D'Orbec méprisait Marmagne, parce que Marmagne n'avait pas de fortune et ne pouvait tenir un rang. Marmagne méprisait d'Orbec, parce que d'Orbec était vieux et avait par conséquent perdu le privilége de plaire aux femmes ; enfin tous deux se haïssaient, parce que toutes les fois qu'ils s'étaient trouvés sur le même chemin, l'un avait enlevé quelque chose à l'autre.

Aussi, dès qu'ils s'aperçurent, les deux courtisans se saluèrent avec ce sourire sardonique et froid qu'on ne rencontre que dans les antichambres de palais, et qui veut dire : — Ah ! si nous n'étions pas deux lâches, comme il y a déjà longtemps que l'un de nous ne vivrait plus !

Néanmoins, comme il est du devoir d'un historien de dire le bien comme le mal, il est juste d'avouer qu'ils s'en tinrent à ce salut et à ce sourire, et que, sans avoir échangé une seule parole avec le vicomte de Marmagne, le comte d'Orbec, reconduit par le prévôt, sortit immédiatement par la même porte qui venait de donner entrée à son ennemi.

Hâtons-nous d'ajouter néanmoins que malgré la haine qui les séparait, ces deux hommes, le cas échéant, étaient prêts à se réunir momentanément pour nuire à un troisième.

Le comte d'Orbec sorti, le prévôt se trouva seul avec son ami le vicomte de Marmagne.

Il s'avança vers lui avec un visage gai, celui-ci l'attendit avec un visage triste.

— Eh bien ! mon cher prévôt, lui dit Marmagne, rompant le premier le silence, vous avez l'air bien joyeux.

— Et vous, mon cher Marmagne, répondit le prévôt, vous avez l'air bien triste.

— C'est que vous le savez, mon pauvre d'Estourville, les malheurs de mes amis m'affligent tout autant que les miens.

— Oui, oui, je connais votre cœur, dit le prévôt.

— Et quand je vous ai vu si joyeux, avec votre futur gendre, le comte d'Orbec, car le mariage de votre fille avec lui n'est plus un secret, et je vous en félicite, mon cher d'Estourville...

— Vous savez que je vous avais dit depuis longtemps que la main de Colombe était promise, mon cher Marmagne.

— Oui, je ne sais vraiment comment vous consentez à vous séparer d'une si charmante enfant.

— Oh ! je ne m'en sépare pas, reprit maître Robert. Mon gendre, le comte d'Orbec, fera passer la Seine à toute sa trésorerie, et viendra habiter le Grand-Nesle, tandis que moi, dans mes momens perdus, j'habiterai le Petit.

— Pauvre ami ! dit Marmagne en secouant la tête avec un air profondément peiné, en appuyant une de ses mains sur le bras du prévôt, et en portant l'autre à ses yeux pour essuyer une larme qui n'existait pas.

— Comment, pauvre ami, dit messire Robert. Ah çà ! qu'avez-vous donc encore à m'annoncer ?

— Suis-je donc le premier à vous annoncer cette fâcheuse nouvelle ?

— Laquelle ? voyons, parlez !

— Vous le savez, mon cher prévôt, il faut être philosophe en ce monde, et il y a un vieux proverbe que notre pauvre race humaine devrait avoir sans cesse à la bouche, car il renferme à lui seul toute la sagesse des nations.

— Et quel est ce proverbe ? Achevez.

— L'homme propose, mon cher ami, l'homme propose et Dieu dispose.

— Et quelle chose ai-je proposée dont Dieu disposera ? voyons, achevez et finissons-en.

— Vous avez destiné l'hôtel du Vieux-Nesle à votre gendre et à votre fille ?

— Sans doute; et ils **y seront** installés j'espère avant trois mois.

— Détrompez-vous. mon cher prévôt, détrompez-vous; l'hôtel de Nesle, à cette heure, n'est plus votre propriété. Excusez-moi de vous causer ce chagrin; mais j'ai pensé que mieux valait, avec ce caractère un peu vif que je vous connais, que vous apprissiez cette nouvelle de la bouche d'un ami, qui mettra à vous l'apprendre tous les ménagemens convenables, que de la tenir de la bouche de quelque malotru, qui, enchanté de votre malheur, vous l'aurait jetée brutalement à la face. Hélas! non, mon ami, le Grand-Nesle n'est plus à vous.

— Et qui me l'a donc repris?

— Sa Majesté.

— Sa Majesté!

— Elle-même, vous voyez donc bien que le malheur est irréparable.

— Et quand cela?

— Ce matin. Si je n'avais pas été retenu par mon service au Louvre, vous en eussiez été prévenu plus tôt.

— On vous aura trompé, Marmagne, c'est quelque faux bruit que mes ennemis se plaisent à répandre, et dont vous vous êtes fait prématurément l'écho.

— Je voudrais pour bien des choses que cela fût ainsi, mais malheureusement on ne m'a pas dit, j'ai entendu.

— Vous avez entendu, quoi?

— J'ai entendu le roi de sa propre bouche donnant le Vieux-Nesle à un autre.

— Et quel est cet autre?

— Un aventurier italien, un certain orfévre que vous connaissez peut-être de nom, un intrigant qui s'appelle Benvenuto Cellini, qui arrive de Florence depuis deux mois, dont le roi s'est coiffé je ne sais pourquoi, et qu'il a été aujourd'hui visiter avec toute sa cour dans l'hôtel du cardinal de Ferrare, où ce prétendu artiste a établi sa boutique.

— Et vous étiez là, dites-vous, vicomte, quand le roi a fait donation du Grand-Nesle à ce misérable?

— J'y étais, répondit de Marmagne en prononçant ces deux mots lettre à lettre et en les accentuant avec lenteur et volupté.

— Ah! ah! fit le prévôt, eh bien! je l'attends, votre aventurier, qu'il vienne prendre le présent royal!

— Comment vous auriez l'intention de faire résistance?

— Sans doute.

— A un ordre du roi?

— A un ordre de Dieu, à un ordre du diable; à tous les ordres enfin qui auront la prétention de me faire sortir d'ici.

— Prenez garde, prenez garde, prévôt, reprit le vicomte de Marmagne, outre la colère du roi à laquelle vous vous exposez, ce Benvenuto Cellini est par lui-même plus à craindre que vous ne pensez.

— Savez-vous qui je suis, vicomte?

— D'abord, il a toute la faveur de Sa Majesté, — pour le moment c'est vrai, — mais il l'a.

— Savez-vous que moi, prévôt de Paris, je représente Sa Majesté au Châtelet, que j'y siége sous un dais, en habit court, en manteau à collet, l'épée au côté, le chapeau orné de plumes sur la tête, et tenant à la main un bâton de commandement en velours bleu?

— Ensuite je vous dirai que ce maudit Italien accepte volontiers la lutte de puissance à puissance, avec toutes sortes de princes, de cardinaux et de papes.

— Savez-vous que j'ai un sceau particulier qui fait l'authenticité des actes?

— On ajoute que ce damné spadassin blesse et tue sans scrupule tous ceux qui lui font obstacle.

— Ignorez-vous, qu'une bande de vingt-quatre sergens d'armes est jour et nuit à mes ordres?

— On dit qu'il a été frapper un orfévre auquel il en voulait au milieu d'un bataillon de soixante hommes.

— Vous oubliez que l'hôtel de Nesle est fortifié, qu'il a **créneaux** aux murs et machecoulis au-dessus de portes,

sans compter le fort de la ville qui d'un côté le rend imprenable.

— On assure qu'il s'entend aux siéges comme Bayard, ou Antonio de Leyra.

— C'est ce que nous verrons.

— J'en ai peur.

— Et moi j'attends.

— Tenez, voulez-vous que je vous donne un conseil, mon cher ami?

— Donnez, pourvu qu'il soit court.

— N'essayez pas de lutter avec plus fort que vous.

— Avec plus fort que moi, un méchant ouvrier d'Italie! Vicomte, vous m'exaspérez.

— C'est que d'honneur! vous pourriez vous en repentir. Je vous parle à bon escient.

— Vicomte, vous me mettez hors des gonds.

— Songez que cet homme a le roi pour lui.

— Eh bien! moi, j'ai madame d'Etampes.

— Sa Majesté pourra trouver mauvais qu'on résiste à sa volonté.

— Je l'ai fait déjà, monsieur, et avec succès encore.

— Oui, je le sais, dans l'affaire du péage du pont de Mantes. Mais...

— Mais quoi?

— Mais on ne risque rien, ou du moins pas grand'chose, de résister à un roi qui est faible et bon, tandis qu'on risque tout en entrant en lutte contre un homme fort et terrible comme l'est Benvenuto Cellini.

— Ventre Mahom! vicomte, vous voulez donc me rendre fou!

— Au contraire, je veux vous rendre sage.

— Assez, vicomte, assez; ah! le manant, je vous le jure, me paiera cher le moment que votre amitié vient de me faire passer.

— Dieu le veuille! prévôt, Dieu le veuille!

— C'est bien, c'est bien. Vous n'avez pas autre chose à me dire?

— Non, non, je ne crois pas, fit le vicomte comme s'il cherchait quelque nouvelle qui pût faire pendant à la première.

— Eh bien! adieu, alors! s'écria le prévôt.

— Adieu! mon pauvre ami!

— Adieu!

— Je vous aurai averti, du moins.

— Adieu!

— Je n'aurai rien à me reprocher, et cela me console.

— Adieu! adieu!

— Bonne chance! Mais je dois vous dire qu'en vous faisant ce souhait, je doute de le voir s'accomplir.

— Adieu! adieu! adieu!

— Adieu!

Et le vicomte de Marmagne, le cœur gonflé de soupirs, le visage bouleversé de douleur, après avoir serré la main du prévôt comme s'il prenait pour toujours congé de lui, s'éloigna en levant les bras au ciel.

Le prévôt le suivit, et ferma lui-même derrière lui la porte de la rue.

On comprend que cette conversation amicale avait singulièrement irrité le sang et remué la bile de messire d'Estourville. Aussi cherchait-il sur qui il pourrait faire passer sa mauvaise humeur, lorsque tout à coup il se souvint de ce jeune homme qu'il avait vu sortir du Grand-Nesle au moment où il allait y entrer avec le comte d'Orbec. — Comme Raimbaud était là, il n'eut pas loin à chercher celui qui devait lui donner des renseignemens sur cet inconnu, et, faisant venir, d'un de ces gestes impératifs qui n'admettent pas de réplique, le jardinier vers lui, il lui demanda ce qu'il savait de ce jeune homme.

Le jardinier répondit que celui dont voulait parler son maître s'étant présenté au nom du roi pour visiter le Grand Nesle, il n'avait rien cru devoir prendre sur lui, et l'avait conduit à dame Perrine, qui l'avait complaisamment mené partout.

Le prévôt **s'élança dans le Petit-Nesle afin de** demander

une explication à la digne duègne ; mais malheureusement elle venait de sortir pour faire la provision de la semaine.

Restait Colombe, mais comme le prévôt ne pouvait même supposer qu'elle eût vu le jeune étranger après les défenses exorbitantes qu'il avait faites à dame Perrine à l'endroit des beaux garçons, il ne lui en parla même pas.

Puis, comme ses fonctions le rappelaient au Grand-Châtelet, il partit, ordonnant à Raimbaut, sous peine de le chasser à l'instant même, de ne laisser entrer qui que ce fût et à quelque nom qu'on vînt, dans le Grand ni le Petit-Nesle, et surtout le misérable aventurier qui s'y était introduit.

Aussi, lorsqu'Ascanio se présenta le lendemain avec ses bijoux comme l'y avait invité dame Perrine, Raimbaut se contenta-t-il d'ouvrir un petit vasistas, et de lui dire à travers les barreaux que l'hôtel de Nesle était fermé pour tout le monde et particulièrement pour lui.

Ascanio, comme on le pense bien, se retira désespéré ; mais il faut le dire, il n'accusa pas un instant Colombe de cet étrange accueil ; la jeune fille n'avait levé qu'un regard, n'avait laissé tomber qu'une phrase, mais il y avait dans ce regard tant de modeste amour, et dans cette phrase tant d'amoureuse mélodie, que depuis la veille Ascanio avait comme une voix d'ange qui lui chantait dans le cœur.

Il pensa donc avec raison que comme il avait été vu de maître Robert d'Estourville, c'était le prévôt qui avait donné cette terrible consigne dont il était la victime.

VIII.

PRÉPARATIFS D'ATTAQUE ET DE DÉFENSE.

A peine Ascanio était-il rentré à l'hôtel et avait-il rendu compte à Benvenuto de la partie de son excursion qui avait rapport à la topographie de l'hôtel de Nesle, que celui-ci, voyant que le séjour lui convenait en tout point, s'était empressé de se rendre chez le premier secrétaire des finances du roi, le seigneur de Neufville, pour lui demander acte de la donation royale. Le seigneur de Neufville avait demandé jusqu'au lendemain pour s'assurer de la réalité des prétentions de maître Benvenuto, et quoique celui-ci eût trouvé assez impertinent qu'on ne le crût pas sur parole, il avait compris la légalité de cette demande, et s'y était rendu, mais décidé pour le lendemain à ne pas faire grâce au seigneur de Neufville d'une demi-heure.

Aussi le lendemain se présenta-t-il à la minute. Il fut introduit aussitôt, ce qui lui parut de bon augure.

— Eh bien ! monseigneur, dit Benvenuto, l'Italien est-il un menteur ou vous a-t-il dit la vérité ?

— La vérité tout entière, mon cher ami.

— C'est bien heureux.

— Et le roi m'a ordonné de vous remettre l'acte de donation en bonne forme.

— Il sera le bien reçu.

— Cependant... continua en hésitant le secrétaire des finances.

— Eh bien ! qu'y a-t-il encore ? Voyons.

— Cependant, si vous me permettiez de vous donner un bon conseil.

— Un bon conseil ! diable ! c'est chose rare, monsieur le secrétaire ; donnez, donnez.

— Eh bien ! ce serait de chercher pour votre atelier un autre emplacement que celui du Grand-Nesle.

— Vraiment ! répondit Benvenuto d'un air goguenard, vous croyez que celui-là n'est point convenable ?

— Si fait ! et la vérité m'oblige même à dire que vous auriez grand'peine à en trouver un meilleur.

— Eh bien ! alors qu'y a-t-il ?

— C'est que celui-là appartient à un trop haut personnage pour que vous vous frottiez impunément à lui.

— J'appartiens moi-même au noble roi de France, répondit Cellini, et je ne reculerai jamais tant que j'agirai en son nom.

— Oui, mais dans notre pays, maître Benvenuto, tout seigneur est roi chez lui, et en essayant de chasser le prévôt de la maison qu'il occupe, vous courez risque de la vie.

— Tôt ou tard il faut mourir, répondit sentencieusement Cellini.

— Ainsi, vous êtes décidé...

— A tuer le diable avant que le diable me tue. Rapportez-vous-en à moi pour cela, seigneur secrétaire. Donc, que M. le prévôt se tienne bien, ainsi que tous ceux qui tenteront de s'opposer aux volontés du roi, et surtout maître Benvenuto Cellini qui sera chargé de faire exécuter ses volontés.

Sur ce, messire Nicolas de Neufville avait fait trêve à ses observations philanthropiques, puis il avait prétexté toute sorte de formalités à remplir avant de délivrer l'acte ; mais Benvenuto s'était assis tranquillement, déclarant qu'il ne quitterait pas la place que l'acte ne lui fût délivré, et que, s'il fallait attendre là, il était décidé et y coucherait, ayant prévu le cas et ayant eu le soin de prévenir chez lui qu'il ne rentrerait peut-être pas.

Ce que voyant messire Nicolas de Neufville, il en avait pris son parti, au risque de ce qui pouvait en arriver, et avait délivré à Benvenuto Cellini l'acte de donation, en prévenant toutefois messire Robert d'Estourville de ce qu'il venait d'être forcé de faire, moitié par la volonté du roi, moitié par la persistance de l'orfèvre.

Quant à Benvenuto Cellini, il était rentré chez lui sans rien dire à personne de ce qu'il venait de faire, avait enfermé sa donation dans l'armoire où il enfermait ses pierres précieuses, et s'était remis tranquillement à l'ouvrage.

Cette nouvelle, transmise au prévôt par le secrétaire des finances, prouvait à messire Robert que Benvenuto, comme le lui avait dit le vicomte de Marmagne, tenait à son projet de s'emparer de gré ou de force de l'hôtel de Nesle. Le prévôt se mit donc sur ses gardes, fit venir ses vingt-quatre sergens d'armes, les installa dans ses murailles, et n'alla plus au Châtelet que lorsqu'il y était absolument forcé par les devoirs de sa charge.

Les jours se passèrent cependant, et Cellini, tranquillement occupé de ses travaux commencés, ne risquait pas la moindre attaque. Mais le prévôt était convaincu que cette tranquillité apparente n'était qu'une ruse et que son ennemi voulait lasser sa surveillance pour le prendre à l'improviste. Aussi messire Robert, l'œil toujours au guet, l'oreille toujours aux écoutes, l'esprit toujours tendu, ne sortant pas de ses idées belliqueuses, gagnait à cet état, qui n'était ni la paix ni la guerre, je ne sais quelle fièvre d'attente, quel vertige d'anxiété qui menaçait, si la situation se prolongeait, de le rendre fou comme le gouverneur du château Saint-Ange : il ne mangeait plus, ne dormait guère et maigrissait à vue d'œil.

De temps en temps il tirait tout à coup son épée et se mettait à espadonner contre un mur en criant :

— Mais qu'il vienne donc ! qu'il vienne donc, le scélérat ! qu'il vienne, je l'attends !

Benvenuto ne venait pas.

Aussi messire Robert d'Estourville avait des momens de calme, pendant lesquels il se persuadait à lui-même que l'orfèvre avait eu la langue plus longue que l'épée, et qu'il n'oserait jamais exécuter ses damnables projets. Ce fut dans un de ces momens que Colombe, étant sortie par hasard de sa chambre, vit tous ces préparatifs de guerre et demanda à son père de quoi il s'agissait.

— Un drôle à châtier, voilà tout, avait répondu le prévôt.

Or, comme c'était l'état du prévôt de châtier, Colombe n'avait pas même demandé quel était le drôle dont on préparait le châtiment, trop préoccupée qu'elle était elle-même pour ne pas se contenter de cette simple explication.

En effet, d'un mot messire Robert avait fait un terrible changement dans la vie de sa fille : cette vie si douce, si simple, si obscure et si retirée jusqu'alors, cette vie aux jours si calmes et aux nuits si tranquilles, ressemblait à un pauvre lac tout bouleversé par un ouragan. Parfois jusqu'alors elle avait vaguement senti que son âme était endormie et que son cœur était vide, mais elle pensait que cette tristesse lui venait de son isolement, mais elle attribuait cette viduité à ce que, tout enfant, elle avait perdu sa mère ; et voilà que tout à coup, dans son existence, dans sa pensée, voilà que dans son cœur et dans son âme tout se trouvait rempli, mais par la douleur.

Oh ! combien elle regrettait alors ce temps d'ignorance et de tranquillité pendant lequel la vulgaire mais vigilante amitié de dame Perrine suffisait presque à son bonheur, ce temps d'espérance et de foi où elle comptait sur l'avenir comme on compte sur un ami, ce temps de confiance filiale enfin où elle croyait à l'affection de son père. Hélas ! cet avenir maintenant, c'était l'odieux amour du comte d'Orbec ; la tendresse de son père, c'était de l'ambition déguisée en tendresse paternelle. Pourquoi, au lieu de se trouver l'unique héritière d'un noble nom et d'une grande fortune, n'était-elle pas née la fille de quelque obscur bourgeois de la cité, qui l'aurait bien soignée et bien chérie ? Elle eût pu alors rencontrer ce jeune artiste qui parlait avec tant d'émotion et tant de charme, ce bel Ascanio, qui semblait avoir tant de bonheur, tant d'amour à donner.

Mais quand les battemens de son cœur, quand la rougeur de ses joues avertissaient Colombe que l'image de l'étranger occupait depuis trop longtemps sa pensée, elle se condamnait à chasser ce doux rêve, et elle y réussissait en se mettant devant les yeux la désolante réalité : elle avait au reste, depuis que son père s'était ouvert de ses projets de mariage avec elle, expressément défendu à dame Perrine de recevoir Ascanio, sous quelque prétexte que ce fût, la menaçant de tout dire à son père si elle désobéissait, et comme la gouvernante avait jugé à propos, de peur d'être accusée de complicité avec lui, de taire les projets hostiles du maître d'Ascanio, la pauvre Colombe se croyait bien défendue de ce côté-là.

Et que l'on n'aille pas croire cependant que la douce enfant que nous avons vue fût résignée à obéir en victime aux ordres de son père. Non, tout son être se révoltait à l'idée de son alliance avec cet homme pour lequel elle aurait eu de la haine si elle eût su ce que c'était que ce sentiment. Aussi roulait-elle sous son beau front pâle mille pensées étrangères jusqu'alors à son esprit, pensées de révolte et de rébellion qu'elle regardait presque aussitôt comme des crimes et dont elle demandait à genoux pardon à Dieu. Alors elle pensait à aller se jeter aux genoux de François Ier. Mais elle avait entendu raconter tout bas que dans une circonstance bien autrement terrible la même idée était venue à Diane de Poitiers, et qu'elle y avait laissé l'honneur. Madame d'Étampes pouvait aussi la protéger, la sauver si elle voulait. Mais le voudrait-elle ? n'accueillerait-elle pas par un sourire les plaintes d'une enfant ? ce sourire de dédain et de raillerie, elle l'avait déjà vu sur les lèvres de son père quand elle l'avait supplié de la garder près de lui, et ce sourire lui avait fait un mal affreux.

Colombe n'avait donc plus que Dieu pour refuge ; aussi se mettait-elle à son prie-Dieu cent fois par jour, conjurant le maître de toutes choses d'envoyer du secours à sa faiblesse avant la fin des trois mois qui la séparaient encore de son redoutable fiancé, ou, si tout secours humain était impossible, de lui permettre au moins d'aller rejoindre sa mère.

Quant à Ascanio, son existence n'était pas moins troublée que l'existence de celle qu'il aimait. Vingt fois depuis le moment où Raimbaut lui avait signifié l'ordre qui lui interdisait l'entrée de l'hôtel de Nesle, le matin avant que personne fût levé, le soir quand tout le monde dormait, il allait rêver autour de ces hautes murailles qui le séparaient de sa vie. Mais pas une seule fois, soit ostensiblement, soit furtivement, il n'avait essayé de pénétrer dans ce jardin défendu. Il y avait encore en lui ce respect virginal des premières années qui défend la femme qu'on aime contre l'amour même qu'elle aurait plus tard à redouter.

Mais cela n'empêchait pas Ascanio, tout en ciselant son or, tout en encadrant ses perles, tout en enchâssant ses diamans, de faire bien des rêves insensés, sans compter ceux qu'il faisait dans ses promenades du matin et du soir ou dans le sommeil agité de ses nuits. Or, ces rêves se portaient surtout sur le jour, tant redouté d'abord et tant désiré maintenant par lui, où Benvenuto devait se rendre maître de l'hôtel de Nesle, car Ascanio connaissait son maître, et toute cette apparente tranquillité était celle du volcan qui couve une éruption. Cette éruption, Cellini avait annoncé qu'elle aurait lieu le dimanche suivant ; Ascanio ne faisait donc aucun doute que le dimanche suivant Cellini n'eût accompli son projet.

Mais ce projet, autant qu'il en avait pu juger dans ses courses autour du Séjour de Nesle, ne s'accomplirait pas sans obstacle, grâce à la garde continuelle qui se faisait sur ses murailles ; Ascanio avait remarqué dans l'hôtel de Nesle tous les signes d'une place de guerre. S'il y avait attaque, il y aurait donc défense ; et comme la forteresse ne paraissait pas disposée à capituler, il était évident qu'on le prendrait d'assaut.

Or, c'était dans cet instant suprême que la chevalerie d'Ascanio devait trouver quelque occasion de se développer. Il y aurait combat, il y aurait brèche, il y aurait peut-être incendie. Oh ! c'était quelque chose de pareil qu'il lui fallait ! un incendie surtout ! un incendie qui mettait les jours de Colombe en danger ! Alors il se lançait à travers les escaliers tremblans, à travers les poutres brûlantes, à travers les murs enflammés. Il entendait sa voix appelant du secours ; il arrivait jusqu'à elle, l'enlevait mourante et presque évanouie dans ses bras, l'emportait à travers des abîmes de flammes, la pressant contre lui, sentant battre son cœur contre son cœur, respirant son haleine. Puis, à travers mille dangers, mille périls, il la déposait aux pieds de son père éperdu, qui alors en faisait la récompense de son courage et la donnait à celui qui l'avait sauvée. Ou bien, en fuyant sur quelque pont tremblant jeté au-dessus du feu, le pied lui glissait, et tous deux tombaient ensemble et mouraient embrassés, confondant leurs cœurs dans leur suprême soupir, dans un premier et dernier baiser. Et ce pis-aller n'était point encore à dédaigner pour un homme qui n'avait pas plus d'espoir qu'Ascanio ; car, après la félicité de vivre l'un pour l'autre, le plus grand bonheur est de mourir ensemble.

Tous nos héros passaient donc, comme on le voit, des jours et des nuits fort agités, à l'exception de Benvenuto Cellini, qui paraissait avoir complètement oublié ses projets hostiles sur l'hôtel de Nesle, et de Scozzone, qui les ignorait.

Cependant toute la semaine s'étant écoulée dans les différentes émotions que nous avons dites, et Benvenuto Cellini ayant consciencieusement travaillé pendant les sept jours qui la composent, et presque achevé le modèle en terre de son Jupiter, passa le samedi, vers les cinq heures du soir, sa cotte de mailles, boutonna son pourpoint par dessus, et ayant dit à Ascanio de l'accompagner, s'achemina vers l'hôtel de Nesle. Arrivé au pied des murailles, Cellini fit le tour de la place, examinant les côtés faibles et ruminant un plan de siége.

L'attaque devait offrir plus d'une difficulté, ainsi que l'avait dit le prévôt à son ami de Marmagne, ainsi que l'avait attesté Ascanio à son maître, ainsi enfin que Benvenuto pouvait le voir par lui-même. Le château de Nesle avait créneaux et machicoulis, double mur du côté de la grève, et de plus les fossés et les remparts de la ville, du côté du Pré-aux-Clercs ; c'était bien une de ces solides et imposantes maisons féodales qui pouvaient parfaitement se défendre par leur seule masse, pourvu que les portes en fussent solidement fermées, et repousser sans secours du dehors les tirelaines et les larronoures, comme on les appelait à cette époque, et de plus, au besoin, les gens du roi. Au reste, il en était ainsi dans cette amusante époque, où l'on était le plus souvent forcé de se servir à soi-même de police et de guet.

Sa reconnaissance achevée, selon toutes les règles de la stratégie antique et moderne, pensant qu'il fallait sommer la place de se rendre avant de mettre le siège devant elle, il alla frapper à la petite porte de l'hôtel par laquelle déjà une fois Ascanio était entré. Pour lui comme pour Ascanio le vasistas s'ouvrit ; mais cette fois, au lieu du pacifique jardinier, ce fut un belliqueux hoqueton qui se présenta.

— Que voulez-vous ? demanda le hoqueton à l'étranger qui venait de frapper à la porte de l'hôtel de Nesle.

— Prendre possession de l'hôtel, dont la propriété est concédée à moi, Benvenuto Cellini, répondit l'orfèvre.

— C'est bon, attendez, répondit l'honnête sergent, et il s'empressa, selon l'ordre qu'il en avait reçu, d'aller avertir messire d'Estourville.

Au bout d'un moment, il revint accompagné du prévôt, qui, sans se montrer, retenant son haleine, se tint aux écoutes dans un coin, environné d'une partie de sa garnison, afin de mieux juger de la gravité du cas.

— Nous ne savons pas ce que vous voulez dire, répondit le hoqueton.

— Alors, dit Benvenuto Cellini, remettez ce parchemin à messire le prévôt : c'est la copie certifiée de l'acte de donation.

Et il passa le parchemin par le vasistas.

Le sergent disparut une seconde fois ; mais comme cette fois il n'avait que la main à étendre pour remettre la copie au prévôt, le vasistas se rouvrit presque aussitôt.

— Voici la réponse, dit le sergent en faisant passer à travers la grille le parchemin en morceaux.

— C'est bon, reprit Cellini avec le plus grand calme. Au revoir.

Et enchanté de l'attention avec laquelle Ascanio avait suivi son examen de la place, et des observations judicieuses qu'avait émises le jeune homme sur le futur coup de main qu'on allait tenter, il rentra à l'atelier, affirmant à son élève qu'il eût fait un grand capitaine s'il n'eût été destiné à devenir encore un plus grand artiste, ce qui, aux yeux de Cellini, valait infiniment mieux.

Le lendemain, le soleil se leva magnifique sur l'horizon : Benvenuto avait dès la veille prié les ouvriers de se rendre à l'atelier, bien que ce fût un dimanche, et aucun d'eux ne manqua à l'appel.

— Mes enfans, leur dit le maître, je vous ai engagés pour travailler en orfèvrerie et non pour combattre, cela est certain. Mais depuis deux mois que nous sommes ensemble, nous nous connaissons déjà assez les uns les autres pour que, dans une grave nécessité, j'aie pu compter sur vous, comme vous pouvez tous et toujours compter sur moi. Vous savez ce dont il s'agit : nous sommes mal à l'aise ici, sans air et sans espace, et nous n'avons pas nos coudées franches pour entreprendre de grands ouvrages, ou même pour forger un peu vaillamment. Le roi, vous en avez été tous témoins, a bien voulu me donner un logement plus vaste et plus commode ; mais, vu que le temps lui manque pour s'occuper de ces menus détails, il m'a laissé le soin de m'y établir moi-même. Or, on ne veut pas me l'abandonner, ce logement si généreusement accordé par le roi ; il faut donc le prendre. Le prévôt de Paris, qui le retient contre l'ordre de Sa Majesté (il paraît que cela se fait dans ce pays-ci), ne sait pas à quel homme il a affaire : du moment où l'on me refuse, j'exige ; du moment où l'on me résiste, j'arrache. Etes-vous dans l'intention de m'aider ? Je ne vous cache point qu'il y aura péril à le faire : c'est une bataille à livrer, c'est une escalade à entreprendre et autres plaisirs peu innocens. Il n'y a rien à craindre de la police ni du guet, nous avons l'autorisation de Sa Majesté ; mais il peut y avoir mort d'homme, mes enfans. Ainsi, que ceux qui veulent tourner ailleurs ne fassent pas de façons, que ceux qui veulent rester à la maison ne se gênent pas ; je ne réclame que des cœurs résolus. Si vous me laissez seul avec Pagolo et Ascanio, ne vous inquiétez pas de la chose. Je ne sais pas comment je ferai ; mais ce que je sais, c'est que je n'en aurai pas le démenti pour cela. Mais, sang du Christ ! si vous me prêtez vos cœurs et vos bras, comme je l'espère, gare au prévôt et à la prévôté ! Et maintenant que vous êtes édifiés à fond sur la chose, voyons, parlez, voulez-vous me suivre ?

Il n'y eut qu'un cri.

— Partout, maître, partout où vous nous mènerez !

— Bravo, mes enfans ! Alors vous êtes tous de la plaisanterie ?

— Tous !

— En ce cas, rage et tempête ! nous allons nous divertir ! cria Benvenuto, qui se retrouvait enfin dans son élément ; il y a assez longtemps que je me rouille. Dehors, dehors, les courages et les épées ! Ah ! Dieu merci ! nous allons donc donner et recevoir quelques bonnes estocades ! Voyons, mes chers enfans ; voyons, mes braves amis, il faut s'armer, il faut convenir d'un plan, il faut préparer nos coups ; qu'on s'apprête à bien s'escrimer, et vive la joie ! Je vais vous donner tout ce que je possède d'armes offensives et défensives, outre celles qui sont pendues à la muraille, et où chacun peut choisir à volonté. Ah ! c'est une bonne couleuvrine qu'il nous faudrait, mais bah ! voilà sa monnaie en arquebuses, en hacquebuttes, en piques, en épées et en poignards ; et puis des cottes de mailles, des casques et des cuirasses. Allons ! en hâte, en hâte, habillons-nous pour le bal ; c'est le prévôt qui paiera les flûtes.

— Hourrah ! crièrent tous les compagnons.

Alors ce fut dans l'atelier un mouvement, un tumulte, un remue-ménage admirables à voir : la verve et l'entrain du maître animaient tous les cœurs et tous les visages. On essayait les cuirasses, on brandissait des épées, on tirait des poignards, on riait, on chantait, à croire qu'il s'agissait d'une mascarade ou d'une fête. Benvenuto allait, venait, courait, enseignant une botte à l'un, bouclant le ceinturon de l'autre, et sentant son sang courir libre et chaud dans ses veines comme s'il avait retrouvé sa véritable vie.

Quant aux ouvriers, c'étaient entre eux des plaisanteries à n'en plus finir qu'ils se jetaient sur leurs mines guerrières et leurs maladresses bourgeoises.

— Eh ! maître, regardez donc, criait l'un ; regardez donc Simon-le-Gaucher qui met son épée du même côté que nous ! A droite, donc ! à droite !

— Et Jehan, répondait Simon, qui tient sa hallebarde comme il tiendra sa crosse quand il sera évêque !

— Et Pagolo ! disait Jehan, qui met double cotte de mailles !

— Pourquoi pas ? répondait Pagolo : Hermann l'Allemand s'habille bien comme un chevalier du temps de l'empereur Barberousse.

Et en effet, celui qu'on venait de désigner sous l'appellation d'Hermann l'Allemand, épithète qui formait quelque peu pléonasme, puisque le nom seul, par sa consonnance germanique, indiquait que celui qui le portait appartenait à quelques-uns des cercles du Saint-Empire, Hermann, disons-nous, s'était couvert de fer des pieds à la tête, et semblait une de ces gigantesques statues comme les statuaires de cette belle époque d'art en couchaient sur les tombeaux. Aussi Benvenuto, malgré la force devenue proverbiale dans l'atelier de ce brave compagnon d'outre-Rhin, lui fit observer que peut-être éprouverait-il, enfermé comme il l'était dans une pareille carapace, quelque difficulté à se mouvoir, et que sa force, au lieu d'y gagner, y perdrait certainement. Mais, pour toute réponse, Hermann sauta sur un établi aussi légèrement que s'il eût été habillé de mousseline, et, décrochant un énorme marteau, il le fit tournoyer au-dessus de sa tête, et frappa sur l'enclume trois si terribles coups, qu'à chacun de ces coups l'enclume s'enfonça d'un pouce dans la terre. Il n'y avait rien à répondre à une pareille réponse : aussi Benvenuto fit-il de la tête et de la main un salut respectueux en signe qu'il était satisfait.

Seul Ascanio avait fait sa toilette de guerre en silence et à l'écart ; il ne laissait pas d'avoir quelque inquiétude sur les suites de l'équipée qu'il entreprenait ; car enfin Colombe pourrait bien ne pas lui pardonner d'avoir attaqué son père, surtout si la lutte amenait quelque grave catastrophe, et, plus près de ses yeux, peut-être allait-il se trouver plus loin de son cœur.

Quant à Scozzone, moitié joyeuse, moitié inquiète, elle pleurait d'un côté et riait de l'autre ; le changement et la bataille, cela lui allait, mais les coups et les blessures ne lui allaient pas ; les apprêts du combat faisaient sauter de joie le lutin, les suites du combat faisaient trembler la femme.

Benvenuto la vit enfin ainsi, souriante et pleurante à la fois ; il alla à elle :

— Toi, Scozzone, lui dit-il, tu vas rester à la maison avec Ruperta, et préparer de la charpie pour les blessés et un bon dîner pour ceux qui se porteront bien.

— Non pas vraiment ! s'écria Scozzone ; oh ! je vous suis, moi ! Avec vous je suis brave à défier le prévôt et toute la prévôtaille, mais ici seule avec Ruperta, je mourrais d'inquiétude et de peur.

— Oh ! pour cela, je n'y consentirai jamais, répondit Benvenuto, cela me troublerait trop de penser qu'il peut t'arriver quelque malheur. Tu prieras Dieu pour nous, chère petite, en nous attendant.

— Écoutez, Benvenuto, reprit la jeune fille comme illuminée d'une idée subite, vous comprenez bien que je ne puis supporter l'idée de rester tranquille ici, tandis que vous serez là-bas blessé, mourant peut-être. Mais il y a un moyen de tout concilier : au lieu de prier Dieu dans l'atelier, j'irai le prier dans l'église la plus proche du lieu de combat. De cette façon, le danger ne pourra m'atteindre, et je serai tout de suite avertie de la victoire comme du revers.

— Allons, soit, répondit Benvenuto ; au reste, il est entendu que nous n'irons pas tuer les autres ou nous faire tuer nous-mêmes sans, au préalable, aller entendre dévotement une messe. Eh bien ! c'est dit, nous entrerons dans l'église des Grands-Augustins, qui est la plus proche de l'hôtel de Nesle, et nous t'y laisserons, petite.

Ces arrangemens pris et les préparatifs terminés, on but un coup de vin de Bourgogne. On ajouta aux armes offensives et défensives des marteaux, des pinces, des échelles et des cordes, et l'on se mit en marche, non pas en corps d'armée, mais deux à deux, et à d'assez longues distances pour ne pas attirer l'attention.

Ce n'est pas qu'un coup de main fût chose plus rare dans ces temps-là que ne l'est de nos jours une émeute ou un changement de ministère ; mais, à vrai dire, on ne choisissait pas ordinairement le saint jour du dimanche ni l'heure de midi pour se livrer à ces sortes de récréations, et il fallait toute l'audace de Benvenuto Cellini, soutenue d'ailleurs par le sentiment de son bon droit, pour risquer une tentative pareille.

Donc, les uns après les autres nos héros arrivèrent à l'église des Grands-Augustins, et après avoir déposé leurs armes et leurs outils chez le sacristain, qui était un ami de Simon-le-Gaucher, ils allèrent pieusement assister au saint sacrifice de la messe, et demander à Dieu la grâce d'exterminer le plus de hoquetons possibles.

Cependant nous devons dire que malgré la gravité de la situation, malgré sa dévotion insigne et malgré l'importance des prières qu'il avait à adresser au Seigneur, Benvenuto, à peine entré dans l'église, donna des marques d'une singulière distraction ; c'est qu'un peu derrière lui, mais du côté de la nef opposée, une jeune fille d'un si adorable visage lisait dans un missel enluminé, qu'elle eût vraiment dérangé l'attention d'un saint et à plus forte raison celle d'un sculpteur. L'artiste, dans cette circonstance, gênait étrangement le chrétien. Aussi, le bon Cellini ne put se tenir de faire partager son admiration, et comme Catherine, qui était à sa gauche, eût sans doute montré trop de sévérité pour les distractions de maître Benvenuto, il se retourna vers Ascanio, qui était à sa droite, avec l'intention de lui faire tourner les yeux vers cette admirable tête de vierge.

Mais les yeux d'Ascanio n'avaient plus rien à faire sur ce point : du moment où le jeune homme était entré à l'église, ses regards s'étaient fixés sur la jeune fille et ne s'en étaient plus détournés.

Benvenuto, qui le voyait absorbé dans la même contemplation que lui, se contenta donc de le pousser du coude.

— Oui, dit Ascanio, oui, c'est Colombe ; n'est-ce pas, maître, comme elle est belle !

C'était Colombe, en effet, à qui son père, ne redoutant point une attaque en plein midi, avait permis, non sans quelque difficulté néanmoins, d'aller prier Dieu aux Augustins. Il est vrai que Colombe avait fort insisté, car c'était la seule consolation qui lui restât. Dame Perrine était à ses côtés.

— Ah çà ! qu'est-ce que Colombe ? demanda tout naturellement Benvenuto.

— Oh ! c'est vrai, vous ne la connaissez pas, vous ; Colombe, c'est la fille du prévôt, de messire Robert d'Estourville lui-même. N'est-ce pas qu'elle est belle ! dit-il une seconde fois.

— Non, reprit Benvenuto, non, ce n'est pas Colombe. Vois-tu, Ascanio, c'est Hébé, la déesse de la jeunesse, l'Hébé que mon grand roi François Ier m'a commandée, l'Hébé que je rêve, que je demandais à Dieu, et qui est descendue ici-bas à ma prière.

Et sans s'apercevoir du mélange bizarre qu'offrait l'idée d'Hébé lisant sa messe et élevant son cœur à Jésus, Benvenuto continua son hymne à la beauté en même temps que sa prière à Dieu et ses plans militaires : l'orfèvre, le catholique et le stratégiste reprenaient tour à tour le dessus dans son esprit.

— Notre père qui êtes aux cieux...—Mais regarde donc, Ascanio, quelle coupe de figure fine et suave ! — Que votre nom soit sanctifié, que votre règne arrive en la terre comme au ciel...—Comme cette ligne onduleuse du corps est d'un ravissant contour ! — Donnez-nous notre pain quotidien... Et tu dis qu'une si charmante enfant est la fille de ce gredin de prévôt que je me réserve pour l'exterminer de ma main ? — Et pardonnez-nous nos offenses comme nous les pardonnons à ceux qui nous ont offensés...

— Dussé-je brûler l'hôtel pour en arriver là. — Ainsi soit-il !

Et Benvenuto fit le signe de la croix, ne doutant pas qu'il ne vînt d'achever une excellente oraison dominicale.

La messe se termina au milieu de ces diverses préoccupations qui pouvaient paraître un peu bien profanes chez un homme d'un autre caractère et d'un autre temps, mais qui étaient toutes naturelles dans une organisation aussi primesautière que l'était celle de Cellini, et à une époque où Clément Marot mettait en vers galans les sept psaumes de la Pénitence.

L'*Ite missa est* prononcé, Benvenuto et Catherine se serrèrent la main. Puis, tandis que la jeune fille, en essuyant une larme, restait à la place où elle devait attendre l'issue du combat, Cellini et Ascanio, les regards fixés sur Colombe, qui n'avait pas levé les yeux de dessus son livre, allèrent, suivis de leurs compagnons, prendre une goutte d'eau bénite ; après quoi on se sépara pour se rejoindre dans un cul-de-sac désert situé à moitié chemin à peu près de l'église de l'hôtel de Nesle.

Quant à Catherine, selon les conventions arrêtées, elle resta à la grand'messe, comme aussi firent Colombe et dame Perrine, qui étaient simplement arrivées avant l'heure, et n'avaient écouté ce premier office que comme une préparation à la messe solennelle ; ces deux dernières ne se doutaient guère, d'ailleurs, que Benvenuto et ses apprentis fussent sur le point de leur fermer toute communication avec la maison qu'elles avaient si imprudemment quittée.

IX.

ESTOCADES.

Le moment décisif était arrivé. Benvenuto partagea ses dix hommes en deux troupes : l'une devait essayer de forcer, par tous les moyens possibles, la porte de l'hôtel ; l'autre était destinée à protéger les opérations des travailleurs et à écarter des murs à coups d'arquebuse, ou à combattre à coups d'épée ceux des assiégés qui paraîtraient sur les créneaux ou qui tenteraient une sortie. Benvenuto prit en personne le commandement de cette dernière troupe, et choisit pour lieutenant notre ami Ascanio ; puis il mit à la tête de l'autre notre vieille connaissance Hermann, ce bon et brave Allemand qui aplatissait une barre de fer d'un coup de marteau et un homme d'un coup de poing, lequel prit à son tour pour son second le petit Jehan, autre drôle d'une quinzaine d'années, leste comme un écureuil, malin comme un singe et hardi comme un page, et que le Goliath avait pris en souveraine affection, par la raison sans doute que l'espiègle enfant ne cessait de tourmenter le bon Germain. Le petit Jehan se plaça donc fièrement à côté de son capitaine, au grand dépit de Pagolo, qui, dans sa double cuirasse, ne ressemblait pas mal pour la raideur de ses mouvemens à la statue du Commandeur.

Les choses ainsi disposées, et une dernière revue faite des armes et des combattans, Benvenuto adressa quelques mots à ces braves gens, qui allaient de si bon cœur pour lui audevant des dangers et de la mort peut-être ; ensuite de quoi il leur serra la main à tous, fit pieusement le signe de la croix, et cria : « En avant ! » — Aussitôt les deux troupes s'ébranlèrent, et longeant le quai des Augustins, désert à cette heure et à cet endroit, elles arrivèrent, en maintenant entre elles une certaine distance, au bout d'un instant, devant l'hôtel de Nesle.

Alors Benvenuto, ne voulant pas attaquer son ennemi sans avoir accompli toutes les formalités de courtoisie usitées en pareil cas, s'avança seul, son mouchoir blanc au bout de son épée, vers la petite porte de l'hôtel où il était déjà venu la veille, et frappa. Comme la veille on lui demanda à travers l'ouverture grillée ce qu'il demandait. Benvenuto répéta le même protocole, disant qu'il venait prendre possession du château qui lui avait été donné par le roi. Mais, plus malheureux que la veille, il n'obtint pas même cette fois l'honneur d'une réponse.

Alors d'une voix haute et ferme, et se tenant tourné vers la porte :

— A toi, dit-il, à toi, Robert d'Estourville, seigneur de Villebon, prévôt de Paris, moi, Benvenuto Cellini, orfèvre, statuaire, peintre, mécanicien et ingénieur, fais savoir que Sa Majesté le roi François Ier m'a librement et comme c'était son droit donné en toute propriété le Grand-Nesle. Or, comme tu le détiens insolemment et que, contre le désir royal, tu refuses de me le livrer, je te déclare donc à Robert d'Estourville, seigneur de Villebon, prévôt de Paris, que je viens le prendre par force. Ainsi défends-toi, et si mal arrive de ton refus, apprends que c'est toi qui en répondras sur la terre et dans le ciel, devant les hommes et devant Dieu.

Sur quoi Benvenuto s'arrêta, attendant ; mais tout resta muet derrière les murailles. Alors Benvenuto chargea son arquebuse, ordonna à sa troupe de préparer ses armes ; puis, réunissant les chefs en conseil, c'est-à-dire lui, Hermann, Ascanio et Jehan :

— Mes enfans, dit-il, vous le voyez, il n'y a plus moyen d'éviter la lutte. Maintenant, de quelle manière faut-il l'engager ?

— J'enfoncerai la porte, dit Hermann, et vous me suivrez, voilà tout.

— Et avec quoi, mon Samson ? demanda Benvenuto Cellini.

Hermann regarda autour de lui et aperçut sur le quai une solive que quatre hommes ordinaires auraient eu peine à soulever.

— Avec cette poutre, dit-il.

Et il alla tranquillement ramasser la poutre, la mit sous son bras, l'y assujettit comme un bélier dans sa machine, et revint vers son général.

Cependant la foule commençait à s'amasser, et Benvenuto, excité par elle, allait donner l'ordre de commencer l'attaque, lorsque le capitaine des archers du roi, prévenu sans doute par quelque bourgeois conservateur, parut à l'angle de la rue, accompagné de cinq ou six de ses gens à cheval. Ce capitaine était un ami du prévôt, et quoiqu'il sût parfaitement de quoi il s'agissait, il s'approcha de Benvenuto Cellini, espérant l'intimider sans doute, et tandis que ses gens barraient la route à Hermann :

— Que demandez-vous, dit-il, et pourquoi troublez-vous ainsi la tranquillité de la ville ?

— Celui qui trouble véritablement la tranquillité, répondit Cellini, c'est celui qui refuse d'obéir aux ordres du roi et non pas celui qui les exécute.

— Que voulez-vous dire ? demanda le capitaine.

— Je veux dire que voilà une ordonnance de Sa Majesté en bonne et due forme délivrée par M. de Neufville, secrétaire de ses finances, laquelle me fait don de l'hôtel du Grand-Nesle. Mais les gens qui y sont enfermés refusent de reconnaître cette ordonnance, et par conséquent me dénient mon bien. Or, j'ai mis dans ma tête que puisque l'Ecriture dit qu'il faut rendre à César ce qui appartient à César, Benvenuto Cellini a le droit de reprendre ce qui appartient à Benvenuto Cellini.

— Eh ! au contraire de nous empêcher de conquérir notre hôtel, vous devriez nous prêter main-forte, cria Pagolo.

— Tais-toi, drôle, dit Benvenuto frappant du pied, je n'ai besoin de l'aide de personne, entends-tu ?

— Vous avez raison en droit, répondit le capitaine, mais vous avez tort en fait.

— Comment cela ? demanda Benvenuto, qui sentait que le sang commençait à lui monter au visage.

— Vous avez raison de vouloir rentrer dans votre bien, mais vous avez tort d'y vouloir rentrer de cette façon ; car vous ne gagnerez pas grand'chose de bon, je vous le prédis, à espadonner contre les murailles. Si j'ai un conseil à vous donner, conseil d'ami, croyez-moi, c'est de vous adresser à la justice, et de porter plainte au prévôt de Paris, par exemple. Là-dessus, adieu et bonne chance.

Et le capitaine des archers du roi s'en alla en ricanant, ce qui fit que la foule qui voyait rire l'autorité se mit à rire.

— Rira bien qui rira le dernier, dit Benvenuto Cellini. En avant ! Hermann, en avant !

Hermann reprit sa poutre, et tandis que Cellini, Ascanio et deux ou trois des plus habiles tireurs de la troupe, l'arquebuse à la main, se tenaient prêts à faire feu sur la muraille, il s'avança comme une seconde catapulte vivante contre la petite porte que l'on avait jugé plus facile à enfoncer que la grande.

Mais lorsqu'il s'approcha de la muraille, une grêle de pierres commença d'en tomber, et cela sans qu'on vît personne, car le prévôt avait fait entasser ces pierres sur le haut des remparts comme une seconde muraille superposée à la première, et il n'y avait qu'à pousser les pierres du bout du doigt pour que dans leur chute elles écrasassent les assiégeans.

Aussi ceux-ci en voyant la grêle qui les accueillait firent-ils un pas en arrière. Il n'y eut donc, si inattendue que fût cette terrible défense, personne de blessé que Pagolo, qui, alourdi par sa double cuirasse, ne put se retirer aussi vivement que les autres et fut atteint au talon.

Quant à Hermann, il ne s'inquiéta pas plus de cette nuée de moellons qu'un chêne ne le fait de la grêle, et continua son chemin vers la porte, où s'étant mis en batterie, il commença à hourter de tels coups qu'il était évident que, si forte qu'elle fût, elle ne tiendrait pas longtemps à de pareilles secousses.

De son côté, Benvenuto et les siens se tenaient l'arquebuse au poing et prêts à faire feu sur quiconque paraîtrait sur la muraille; mais personne ne paraissait. Le Grand-Nesle semblait être défendu par une garnison invisible. Benvenuto enrageait de ne pouvoir venir en aide à son brave Allemand. Tout à coup, il avisa la vieille tour de Nesle, qui, comme nous l'avons dit, était de l'autre côté du quai, et baignait solitairement ses pieds dans la Seine.

— Attends, Hermann, s'écria Cellini, attends, mon brave garçon, l'hôtel de Nesle est à nous, aussi vrai que je m'appelle Benvenuto Cellini de mon nom et que je suis orfèvre de mon état.

Puis, faisant signe à Ascanio et à deux de ses compagnons de le suivre, il courut vers la tour, tandis qu'Hermann, obéissant aux ordres de son maître, faisait quatre pas en arrière, et dressant sa poutre comme un suisse sa hallebarde, attendait hors de la portée des pierres l'effet de la promesse du général.

En effet, comme Benvenuto l'avait prévu, le prévôt avait négligé de faire garder la vieille tour: il s'en empara donc sans résistance, et montant les escaliers quatre à quatre il parvint en un instant sur la terrasse; cette terrasse dominait les murailles du Grand-Nesle, comme un clocher domine une ville, de sorte que les assiégés, tout à l'heure à l'abri derrière leurs remparts, se trouvèrent tout à coup à découvert.

Un coup d'arquebuse qui retentit, une balle qui siffla, un hoqueton qui tomba en heurtant, annoncèrent au prévôt que la face des choses allait, selon toute probabilité, changer pour lui.

En même temps, Hermann, comprenant qu'il allait avoir le champ libre, reprit sa poutre et recommença à ébranler de nouveau la porte, que les assiégés venaient au reste de raffermir pendant cette espèce de trève.

Quant à la foule, comme elle avait compris, avec cet admirable instinct de conservation qu'elle possède, que la fusillade allait se mettre de la partie et que les spectateurs de la tragédie qui allait se passer pourraient bien attraper quelque sanglante éclaboussure, au coup d'arquebuse de Benvenuto, et au cri poussé par le soldat blessé, dispersée comme une volée de pigeons.

Un seul individu était resté.

Cet individu était notre ami Jacques Aubry le basochien, lequel, dans l'espoir de faire sa partie de paume, venait au rendez-vous que lui avait le dimanche précédent donné Ascanio.

Il n'eut besoin que de jeter un coup d'œil sur le champ de bataille, et vit à l'instant même de quoi il était question.

La détermination que devait prendre Jacques Aubry, avec le caractère que nous lui connaissons, n'était pas douteuse. Jouer à la paume ou à l'arquebuse, c'était toujours un jeu; devinant que ses amis étaient au nombre des assaillans, ce fut donc parmi ceux-ci qu'il se rangea.

— Eh bien! mes enfans, dit-il en s'avançant vers le groupe qui attendait que la porte fût enfoncée pour se précipiter dans la place; nous faisons donc un petit siège? Peste! vous ne vous attaquez pas à une bicoque, et c'est une rude tentative que vous entreprenez là, étant si peu de monde devant une si forte place.

— Nous ne sommes pas seuls, dit Pagolo, qui pansait son talon, en montrant de la main Benvenuto et ses trois ou quatre compagnons qui continuaient sur la muraille un feu si bien nourri que les pierres commençaient à pleuvoir infiniment moins drues qu'un commencement.

— Je comprends, je comprends, monseigneur Achille,

dit Jacques Aubry, car vous avez, outre une foule d'autres ressemblances dont je ne doute pas, celle d'être blessé au même endroit. Je comprends; oui, voilà mon camarade Ascanio, et puis le maître sans doute; là, au haut de la tour.

— Justement, dit Pagolo.

— Et cet autre qui cogne si rudement à la porte, c'est aussi des vôtres, n'est-ce pas?

— C'est Hermann, dit fièrement le petit Jehan.

— Peste! comme il y va! dit l'écolier. Il faut que je lui fasse mon compliment.

Et il s'approcha, les mains dans les poches, sans s'inquiéter autrement des balles qui sifflaient au-dessus de sa tête, du brave Allemand, qui continuait sa besogne avec la même régularité qu'une machine mise en mouvement par d'excellens rouages.

— Avez-vous besoin de quelque chose, mon cher Goliath? dit Jacques Aubry, je viens me mettre à votre service.

— J'ai soif, dit Hermann sans interrompre ses attaques.

— Peste! je le crois bien; vous faites là un métier à devenir enragé, et je voudrais avoir là un tonneau de bière ou de cervoise à vous offrir.

— De l'eau! dit Hermann, de l'eau!

— Vous vous contenterez de cette boisson? soit. Nous avons là la rivière; dans une minute vous allez être servi.

Et Jacques Aubry se mit à courir vers la Seine, emplit sa casquette d'eau et la rapporta à l'Allemand. Celui-ci dressa sa poutre, avala d'un trait tout le liquide qu'elle contenait, et rendant à l'écolier sa casquette vide:

— Merci, dit-il, et reprenant sa poutre, il se remit à la besogne.

Puis, au bout d'un instant:

— Allez annoncer au maître que cela avance, dit-il, et qu'il se tienne prêt.

Jacques Aubry prit le chemin de la tour, et un instant après, il était entre Ascanio et Benvenuto Cellini, qui, leurs arquebuses à la main, faisaient un feu si bien nourri qu'ils avaient déjà mis hors de combat deux ou trois hommes. Les sergens de messire le prévôt commencèrent à y regarder à deux fois avant de monter sur la muraille.

Cependant, comme, ainsi qu'Hermann l'avait fait dire à Benvenuto, la porte menaçait de céder, le prévôt résolut de tenter un dernier effort, et encouragea si bien ses gens qu'une grêle de pierres recommença de tomber; mais deux coups d'arquebuse partis presque aussitôt calmèrent de nouveau l'ardeur des assiégés, qui, quelques remontrances ou promesses que leur fît messire Robert, se tinrent cois et couverts: ce que voyant, messire Robert s'avança lui-même, et prenant entre ses mains une énorme pierre, il s'apprêta à la faire rouler sur Hermann.

Mais Benvenuto n'était pas homme à se laisser prendre à l'improviste. A peine eut-il vu l'imprudent qui se hasardait là où personne n'osait plus venir, qu'il porta son arquebuse à son épaule; c'en était fait de messire Robert, lorsqu'à l'instant même où Cellini allait lâcher la détente, Ascanio poussa un cri, releva le canon avec sa main; le coup partit en l'air. Ascanio avait reconnu le père de Colombe.

Au moment où Benvenuto furieux allait demander à Ascanio l'explication de ce qu'il venait de faire, la pierre, lancée vigoureusement par le prévôt, alla tomber d'aplomb sur le casque d'Hermann. Or, quelque fut la force du moderne Titan, il n'y avait pas moyen de résister à cet autre Pélion; il lâcha la poutre qu'il tenait, ouvrit les bras comme pour chercher un appui, puis, ne trouvant rien où se retenir, il tomba évanoui avec un bruit terrible.

Assiégés et assiégeans poussèrent en même temps un grand cri: le petit Johan et les trois ou quatre compagnons qui étaient à portée d'Hermann se précipitèrent sur lui pour l'emporter loin de la muraille et lui donner des secours; mais en même temps la grande et la petite porte de l'hôtel de Nesle s'ouvrirent, et le prévôt à la tête d'une quinzaine d'hommes s'élança sur le blessé, payant brave-

OEUV. COMPL. — XII.

ment de sa personne, frappant ainsi que ses hommes d'estoc et de taille, si bien que Jehan et les trois compagnons, malgré les encouragemens de Benvenuto, qui leur criait de tenir ferme et qu'il arrivait à leur secours, furent forcés de reculer. Le prévôt profita de ce moment de retraite : huit hommes empoignèrent Hermann toujours évanoui, les uns par les bras, les autres par les jambes ; sept se plièrent en avant pour protéger le mouvement rétrograde qui allait s'opérer, de sorte que pendant le temps où Cellini, Ascanio, Jacques Aubry et les trois ou quatre compagnons qui étaient sur la terrasse de la tour descendaient les quatre ou cinq étages qui séparaient cette terrasse de la rue, Hermann et ses porteurs rentraient au Grand-Nesle, et que, comme Cellini, son arquebuse à la main, paraissait à la porte de la tour, celle de l'hôtel se refermait sur le dernier homme d'armes du prévôt.

Il n'y avait pas à se dissimuler que c'était un échec et un échec grave. Cellini, Ascanio et leurs compagnons, avaient bien, par leurs arquebusades, mis hors de combat trois ou quatre assiégés, mais la perte de la tour descendante mes était loin d'équivaloir pour le prévôt à ce qu'était la perte d'Hermann pour Cellini.

Il y eut un moment de stupeur parmi les assiégeans.

Tout à coup Cellini et Ascanio se regardèrent.

— J'ai un projet, dit Cellini en regardant à gauche, c'est-à-dire du côté de la ville.

— Et moi aussi, dit Ascanio en regardant à droite, du côté des champs.

— J'ai trouvé un moyen de faire sortir la garnison.

— Et moi, si vous faites sortir la garnison, j'ai trouvé un moyen de vous ouvrir la porte.

— De combien d'hommes as-tu besoin ?

— Un seul me suffira.

— Choisis.

— Jacques Aubry, dit Ascanio, voulez-vous venir avec moi ?

— Au bout du monde, cher ami, au bout du monde. Seulement je ne serais pas fâché d'avoir une arme quelconque, quelque chose comme un bout d'épée ou un soupçon de poignard, quatre ou cinq pouces de fer à fourrer quelque part si l'occasion s'en présente.

— Eh bien ! dit Ascanio, prenez l'épée de Pagolo, qui ne peut plus s'en servir, attendu qu'il se tient le talon de la main droite et qu'il fait le signe de la croix de la main gauche.

— Et voici, pour compléter votre armement, mon propre poignard, dit Cellini. Frappez avec, jeune homme, mais ne l'oubliez pas dans la blessure, vous feriez un trop beau cadeau au blessé, attendu qu'il est ciselé par moi et que la poignée vaut cent écus d'or comme un liard.

— Et la lame ? dit Jacques Aubry. La poignée a son prix sans doute, mais en pareille circonstance c'est la lame que j'estime.

— La lame n'a pas de prix, répondit Benvenuto : c'est celle avec laquelle j'ai tué l'assassin de mon frère.

— Vivat ! cria l'écolier. Allons, Ascanio, en route.

— Me voilà, dit Ascanio en roulant cinq ou six brasses de corde autour de son corps et en mettant une des échelles sur son épaule, me voilà.

Et les deux aventureux jeunes gens descendirent le quai pendant cent pas à peu près tournèrent à gauche et disparurent à l'angle de la muraille du Grand-Nesle, derrière les fossés de la ville.

Laissons Ascanio tenter son projet, et suivons Cellini dans l'accomplissement du sien.

Ce qu'il regardait à gauche, c'est-à-dire du côté de la ville, tandis qu'Ascanio, comme nous l'avons dit, regardait à droite, c'est-à-dire du côté des champs, c'étaient, au milieu d'un groupe de curieux qui se tenait à distance, deux femmes qu'il croyait reconnaître pour la fille du prévôt et pour sa gouvernante.

En effet, c'étaient Colombe et dame Perrine qui, la messe achevée, revenaient pour rentrer au Petit-Nesle, et qui, effrayées de ce qu'on leur disait sur le siège de l'hôtel, et de ce qu'elles voyaient de leurs propres yeux, s'étaient arrêtées tremblantes au milieu de la foule.

Mais à peine Colombe se fut-elle aperçue qu'il existait entre les combattans une espèce de trêve momentanée qui lui laissait le passage libre, que, malgré les prières de dame Perrine qui la suppliait de ne pas s'aventurer dans cette bagarre, Colombe, mue par l'inquiétude que lui inspirait le danger de son père, s'avança résolument vers l'hôtel, laissant à dame Perrine liberté entière de la suivre ou de demeurer où elle était ; mais comme au fond du cœur dame Perrine aimait tendrement Colombe, la duègne, quelque fût sa crainte, se résolut à l'accompagner.

Toutes les deux quittaient le groupe comme Ascanio et Jacques Aubry tournaient l'angle de la muraille.

Maintenant on comprend le projet de Benvenuto Cellini.

A peine eut-il vu les deux femmes s'avancer vers l'hôtel du prévôt, que lui-même s'avança au-devant d'elles, et offrant galamment le bras à Colombe :

— Madame, ne craignez rien, dit-il, et si vous voulez accepter mon bras, je vais vous ramener près de votre père.

Colombe hésitait, mais dame Perrine, saisissant le bras qui se trouvait de son côté et que Benvenuto avait oublié de lui offrir.

— Prenez, chère petite, prenez, dit-elle, et acceptons la protection de ce noble cavalier. Tenez, tenez, voici M. le prévôt qui se penche sur la muraille, inquiet sans doute qu'il est de nous.

Colombe prit le bras de Benvenuto, et tous trois s'avancèrent jusqu'à deux pas de la porte.

Là Cellini s'arrêta, et assurant sous chacun de ses bras le bras de Colombe et celui de dame Perrine :

— Monsieur le prévôt, dit-il à haute voix, voici votre fille qui demande à rentrer ; j'espère que vous lui ouvrirez la porte, à elle, à moins que vous ne consentiez à laisser aux mains de vos ennemis un si charmant otage.

Vingt fois depuis deux heures le prévôt, à l'abri derrière ses retranchemens, avait songé à sa fille, qu'il avait si imprudemment laissé sortir et qu'il ne savait trop comment faire rentrer. Il espérait qu'avertie à temps elle penserait à aller attendre au Grand-Châtelet, quand voyant Cellini quitter le groupe de ses compagnons et s'avancer vers deux femmes il avait reconnu dans ces deux femmes Colombe et dame Perrine.

— La petite sotte ! grommela tout bas le prévôt, je ne puis cependant pas la laisser au milieu de ces mécréans.

Puis élevant la voix :

— Eh bien ! voyons, dit-il en ouvrant le guichet et en appliquant son visage à la grille, que demandez-vous ?

— Voici mes offres, dit Benvenuto. Je laisserai rentrer madame Colombe et sa gouvernante, mais vous sortirez avec tous vos hommes, nous combattrons dehors et à découvert. Ceux à qui le champ de bataille restera auront l'hôtel, et alors tant pis pour les vaincus ; *væ victis !* comme disait votre compatriote Brennus.

— J'accepte, dit le prévôt, mais à une condition.

— Laquelle ?

— C'est que vous vous écarterez, vous et votre troupe, pour laisser à ma fille le temps de rentrer et à mes sergens le temps de sortir.

— Soit ! dit Cellini ; mais sortez d'abord, madame Colombe rentrera après ; puis madame Colombe rentrée, et pour ôter toute retraite, vous jetterez la clef par dessus les murailles.

— Convenu, dit le prévôt.

— Votre parole ?

— Foi de gentilhomme !

— La vôtre ?

— Foi de Benvenuto Cellini !

Cette promesse échangée, la porte s'ouvrit ; les gens du prévôt sortirent et se rangèrent sur deux rangs devant la porte, messire d'Estourville à leur tête. Ils étaient encore dix-neuf en tout. De son côté, Benvenuto Cellini, privé d'Ascanio, d'Hermann et de Jacques Aubry, n'avait plus que huit combattans, encore Simon-le-Gaucher était-il blessé, heureusement que c'était à la main droite ; mais Benvenuto n'était pas homme à calculer le nombre de ses ennemis, lui qui avait été frapper Pompeo au milieu de douze sbires. Il tint donc sa promesse avec joie, car il ne désirait rien tant qu'une action générale et décisive.

— Vous pouvez maintenant rentrer, madame, dit-il à sa jolie prisonnière.

Colombe traversa l'espace qui la séparait des deux camps, rapide comme l'oiseau dont elle portait le nom, et courut tout éperdue se jeter dans les bras du prévôt.

— Mon père ! mon père ! au nom du ciel ! ne vous exposez pas ! s'écria-t-elle en pleurant.

— Allons, rentrez ! dit brusquement le prévôt en la prenant par le bras et en la conduisant vers la porte, ce sont vos sottises qui nous réduisent à cette extrémité.

Colombe rentra suivie de dame Perrine, à qui la peur avait donné, si non des ailes, comme à sa jolie compagne, du moins des jambes, qu'elle croyait avoir perdues depuis dix ans.

La prévôt tira la porte derrière elle.

— La clef ! la clef ! cria Cellini.

Le prévôt, à son tour, fidèle exécuteur de sa parole, tira la clef de la serrure et la jeta par dessus la muraille, de manière à ce qu'elle retombât dans la cour.

— Et maintenant, cria Benvenuto Cellini en se ruant sur le prévôt et sur sa troupe, chacun pour soi ! Dieu pour tous !

Il y eut alors une mêlée terrible, car, avant que les hoquetons eussent eu le temps d'abaisser leurs fusils et de faire feu, Benvenuto, avec ses sept ouvriers, était tombé au milieu d'eux, hachant à droite et à gauche avec cette terrible épée qu'il maniait si habilement et qui, trempée par lui-même, trouvait si peu de cottes de mailles et même de cuirasses qui pussent lui résister. Les sergens jetèrent donc leurs arquebuses, devenues inutiles, tirèrent leurs épées et se mirent à espadonner à leur tour. Mais, malgré leur nombre, malgré leur force, en moins d'un instant ils se trouvèrent éparpillés sur la place, et deux ou trois des plus braves, blessés au point de ne plus pouvoir continuer le combat, furent forcés de se retirer en arrière.

Le prévôt vit le danger, et comme c'était un homme brave et qui dans son temps, ainsi que nous l'avons dit, avait eu des succès d'armes, il se jeta au devant de ce terrible Benvenuto Cellini devant lequel tout cédait.

— A moi, cria-t-il, à moi, infâme larroneur, et que tout se décide entre nous deux ! Voyons !

— Oh ! sur mon âme, je ne demande pas mieux, messire Robert, répondit Benvenuto. Et si vous voulez dire à vos gens de ne pas nous déranger, je suis votre homme.

— Tenez-vous tranquilles ! dit le prévôt.

— Que pas un ne bouge ! cria Cellini.

Et les combattans restèrent à leur place, silencieux et immobiles commes ces guerriers d'Homère qui interrompaient leur propre combat pour ne rien perdre du combat de deux chefs renommés.

Alors, comme le prévôt et Cellini tenaient chacun son épée nue à la main, ils se précipitèrent l'un sur l'autre.

Le prévôt était habile aux armes, mais Cellini était de première force. Depuis dix ou douze ans le prévôt n'avait pas eu une seule fois l'occasion de tirer l'épée. Depuis dix ou douze ans, au contraire, un seul jour ne s'était peut-être pas écoulé sans que Benvenuto mît flamberge au vent. Aux premières passes, le prévôt, qui avait un peu trop compté sur lui-même, s'aperçut donc de la supériorité de son ennemi.

C'est qu'aussi Benvenuto Cellini, trouvant une résistance à laquelle il ne s'attendait pas dans un homme de robe, déployait toute l'énergie, toute la rapidité et toute la ruse de son jeu. C'était une chose merveilleuse que voir comment son épée, qui semblait le triple dard d'un serpent, menaçait à la fois la tête et le cœur, voltigeant d'un endroit à l'autre, et ne donnant à son adversaire que le temps de parer sans lui laisser celui de lui porter un seul coup. Aussi le prévôt, comprenant qu'il avait affaire à plus fort que lui, se mit-il à rompre, tout en se défendant, il est vrai, mais enfin en cédant du terrain. Malheureusement pour messire Robert, il avait tout naturellement le dos tourné au mur, de sorte qu'au bout de quelques pas il se trouva acculé à la porte, que par instinct il avait cherchée, quoiqu'il sût bien qu'il en avait jeté la clef par dessus la muraille.

Arrivé là, le prévôt se sentit perdu ; aussi, comme un sanglier qui tient aux chiens, réunit-il toute sa force, et trois ou quatre bottes se succédèrent si rapidement, que ce fut à Benvenuto à parer à son tour ; encore une fois arriva-t-il trop tard à la parade, de cette façon que l'épée de son adversaire, malgré l'excellente cotte de mailles qu'il portait, lui effleura la poitrine ; mais, comme le lion blessé qui veut une prompte vengeance, à peine Benvenuto eut-il senti la pointe du fer qu'il se ramassa sur lui-même, et qu'il eût, d'un coup de pointe terrible, percé de part en part le prévôt, si juste au même moment la porte n'eût tout à coup cédé derrière lui, de sorte que messire d'Estourville tomba à la renverse, et que le fer alla frapper celui qui venait de le sauver en ouvrant si inopinément la porte.

Mais au contraire de ce qu'on devait attendre, ce fut le blessé qui garda le silence, et ce fut Benvenuto qui jeta un cri terrible.

Il avait, dans celui qu'il venait de frapper, reconnu Ascanio.

Dès lors il ne vit plus ni Hermann ni Jacques Aubry, qui se tenaient derrière le blessé. Il se jeta comme un fou au cou du jeune homme, cherchant sa plaie des yeux, de la main, de la bouche, et criant : Tué, tué, tué par moi ! Ascanio, mon enfant, c'est moi qui t'ai tué ! et rugissant et pleurant comme les lions doivent rugir et pleurer.

Pendant ce temps Hermann tirait le prévôt sain et sauf d'entre les jambes d'Ascanio et de Cellini, et le mettant sous son bras comme il aurait pu faire d'un enfant, il le déposait dans une petite remise où maître Raimbaut serrait ses instrumens de jardinage, et refermant la porte sur lui, il tirait son épée hors du fourreau et se mettait en posture de défendre son prisonnier contre quiconque tenterait de le lui reprendre.

Quant à Jacques Aubry, il ne faisait qu'un bond du pavé de la cour au haut de la muraille, brandissant sa dague en signe de triomphe et criant : Fanfare, fanfare, le Grand-Nesle est à nous !

Comment toutes ces choses surprenantes étaient-elles arrivées, c'est ce que le lecteur va voir dans le chapitre suivant.

X.

DE L'AVANTAGE DES VILLES FORTIFIÉES.

L'hôtel de Nesle, dans la partie qui longeait le Pré-aux-Clercs, était doublement défendu par les murs et par les fossés de la ville, si bien que de ce côté il passait pour imprenable. Or, Ascanio avait judicieusement pensé qu'on s'avise rarement de garder ce qui ne peut être pris, et il avait résolu de tenter une attaque sur le point où l'on ne songeait point à la résistance.

C'est dans cette vue qu'il s'éloigna avec son ami Jacques Aubry, sans se douter qu'au moment où il disparaissait d'un côté, sa Colombe bien-aimée allait apparaître de l'autre et fournir à Benvenuto un moyen de contraindre le prévôt à une sortie qui inspirait à celui-ci une si profonde répugnance.

Le projet d'Ascanio était scabreux par l'exécution, périlleux par les suites. Il s'agissait de franchir un fossé profond, d'escalader un mur de vingt-cinq pieds de haut, et au bout de tomber peut-être au milieu de la troupe ennemie.

Aussi quand il arriva au bord du fossé, et par conséquent de son entreprise, Ascanio comprit seulement toute la difficulté qu'il allait avoir à franchir l'un et à accomplir l'autre. Aussi sa résolution, si bien arrêtée qu'elle eût été d'abord, fléchit-elle un instant.

Quant à Jacques Aubry, il s'était tranquillement arrêté dix pas en arrière de son ami, regardant tour à tour le mur et le fossé. Puis après les avoir mesurés de l'œil tous deux :

— Ah çà ! mon cher ami, lui dit-il, fais-moi, je te prie, l'amitié de me dire pourquoi diable tu m'amènes ici, à moins que ce ne soit pour pêcher des grenouilles. Ah ! oui... tu regardes ton échelle... Très bien. Je comprends. Mais ton échelle a douze pieds, le mur en a vingt-cinq de haut et le fossé dix de large : c'est vingt-trois pieds de différence, si je sais compter.

Ascanio resta un instant abasourdi de la vérité de cette arithmétique ; puis tout à coup se frappant le front :

— Oh ! quelle idée ! s'écria-t-il ; regardez !
— Où ?
— Là ! dit Ascanio, là !
— Ce n'est pas une idée que tu me montres, dit l'écolier, c'est un chêne.

En effet, un chêne énorme sortait puissamment de terre, presque sur le bord extérieur du fossé, et allait regarder curieusement par dessus les murs du Séjour de Nesle.

— Comment ! vous ne comprenez pas ! s'écria Ascanio.
— Si fait ! si fait ! je commence à entrevoir. Oui, c'est cela même. J'y suis. Le chêne commence avec le mur une arche de pont dont cette échelle peut faire le complément, mais l'abîme est dessous, camarade, et un abîme plein de boue. Diable ! il faut y faire attention. On a ses plus belles hardes, et le mari de Simone commence à ne plus vouloir me faire crédit.

— Aidez-moi à monter l'échelle, dit Ascanio, voilà tout ce que je vous demande.

— C'est cela, dit l'écolier, et moi je resterai en bas. Merci !

Et tous deux s'accrochant en même temps à une des branches du tronc, se trouvèrent en quelques secondes dans le chêne. Alors, réunissant leurs efforts, ils tirèrent l'échelle et parvinrent avec elle à la cime de l'arbre. Arrivés là, ils l'abaissèrent comme un pont levis, et virent avec joie que tandis qu'une de ses extrémités s'appuyait solidement sur une grosse branche, l'autre prenait d'aplomb sur le mur, qu'il dépassait de deux ou trois pieds.

— Mais, dit Aubry, quand nous serons sur le mur ?
— Eh bien ! quand nous serons sur le mur, nous tirerons l'échelle à nous, et nous descendrons avec l'échelle.
— Sans doute. Il n'y a qu'une difficulté à cela, c'est que le mur a vingt-cinq pieds de haut et que l'échelle n'en a que douze.

— Prévu, dit Ascanio en dévidant la corde qu'il avait enroulée autour de son corps : il l'attacha ensuite par un bout au tronc de l'arbre, et il jeta l'autre bout par dessus le mur.

— Oh ! grand homme, je te comprends, s'écria Jacques Aubry, et je suis heureux et fier de me casser le cou avec toi.

— Eh bien ! que faites-vous ?
— Je passe, dit Aubry s'apprêtant à franchir l'intervalle qui le séparait du mur.
— Non pas, reprit Ascanio, c'est à moi de passer le premier.
— Au doigt mouillé ! dit Aubry présentant sa main à son compagnon avec deux doigts ouverts et trois doigts fermés.
— Soit, dit Ascanio, et il toucha un des deux doigts de l'écolier.
— Tu as gagné, dit Aubry. Passe, mais du sang-froid, du calme, entends-tu ?
— Soyez tranquille, reprit Ascanio.

Et il commença à s'avancer sur le pont volant, que Jacques Aubry maintenait en équilibre en pesant sur l'une de ses extrémités : l'échelle était frêle, mais le hardi jeune homme était léger. L'écolier, respirant à peine, crut voir Ascanio fléchir un instant. Mais celui-ci fit en courant les quatre pas qui le séparaient du mur et y arriva sain et sauf. Là encore il courait un danger énorme si quelqu'un des assiégés l'apercevait ; mais il ne s'était pas trompé dans ses prévisions, et jetant un regard rapide dans les jardins de l'hôtel :

— Personne, cria-t-il à son compagnon, personne !
— Alors, dit Jacques Aubry, en avant la danse de corde !

Et il s'avança à son tour sur le chemin étroit et tremblant, tandis qu'Ascanio assujettissant l'échelle, lui rendait le service qu'il en avait reçu. Or, comme il n'était ni moins adroit ni moins leste que son compagnon, en un instant il fut près de lui.

Tous deux sautèrent alors à califourchon sur la muraille et tirèrent l'échelle à eux, puis l'attachant avec l'extrémité de la corde, dont l'autre bout était solidement fixé au chêne, il la descendirent le long du mur, lui donnant le pied nécessaire pour qu'elle leur prêtât un sûr appui ; enfin, Ascanio, qui avait gagné le privilége de faire les expériences, prit la corde à deux mains et se laissa glisser jusque sur la première traverse de l'échelle : une seconde après il était à terre.

Jacques Aubry le suivit avec le même bonheur, et les deux amis se trouvèrent dans le jardin.

Une fois arrivés là, le mieux était d'agir vivement. Toutes ces manœuvres avaient demandé un certain temps, et Ascanio tremblait que son absence et celle de l'écolier n'eussent été préjudiciables aux affaires du maître ; tous deux tirant leurs épées coururent donc vers la porte qui donnait dans la première cour, où devait se tenir la garnison, en supposant qu'elle n'eût point changé de place. En arrivant à la porte, Ascanio colla son œil à la serrure et s'aperçut que la cour était vide.

— Benvenuto a réussi, s'écria-t-il. La garnison est sortie. A nous l'hôtel ! Et il essaya d'ouvrir, mais la porte était fermée à la clef.

Tous deux se mirent à l'ébranler de toutes leurs forces.

— Par ici ! par ici ! dit une voix qui vibra jusqu'au fond du cœur du jeune homme ; par ici, monsieur.

Ascanio se retourna et aperçut Colombe à une fenêtre du rez-de-chaussée. En deux bonds il fut près d'elle.

— Ah ! ah ! dit Jacques Aubry en le suivant, il paraît que nous avons des intelligences dans la place. Ah ! vous ne m'aviez pas dit cela, monsieur le cachotier.

— Oh ! sauvez mon père, monsieur Ascanio ! cria Colombe, sans s'étonner de voir là ce jeune homme, et comme si sa présence eût été chose toute naturelle ; ils se battent, entendez-vous, là, dehors, et pour moi, à cause de moi ! Oh ! mon Dieu ! mon Dieu ! empêchez qu'il ne le tuent !

— Soyez tranquille, dit Ascanio en s'élançant dans l'appartement, qui avait une sortie dans la petite cour ; soyez tranquille, je réponds de tout.

— Soyez tranquille, dit Jacques Aubry en prenant le même chemin, soyez tranquille, nous répondons de tout.

En arrivant sur le seuil de la porte, Ascanio s'entendit appeler une seconde fois, mais cette fois par une voix moins douce que la première.

— Qui m'appelle ? dit Ascanio.
— Moi, mon cheune ami, moi, répéta la même voix avec un accent tudesque des plus prononcés.
— Eh pardieu ! s'écria Jacques Aubry, c'est notre Goliath ! Que diable faites-vous dans ce poulailler, mon brave géant ?

En effet, il avait reconnu Hermann à travers la lucarne de la petite remise.

— Ché retroufé moi isi ; moi pas savoir comment y être fenu, moi. Tirez la ferrou, que ch'aille mi pattre. Fite, fite, fite ; la main mi dimanche.

— Voilà ! dit l'écolier en se mettant en devoir de rendre à Hermann le service qu'il lui demandait.

Pendant ce temps Ascanio s'avançait vers la porte du quai, où se faisait entendre un terrible froissement d'épées. Lorsqu'il ne fut plus séparé des combattans que par l'épaisseur du bois, il craignit en se montrant inopinément de tomber aux mains de ses ennemis, et regarda par le vasistas grillé. Alors il vit en face de lui Cellini, ardent, furieux, acharné ; il comprit que messire Robert était perdu. Il ramassa la clef qui était à terre, ouvrit vivement la porte, et ne songeait qu'à la promesse qu'il avait faite à Colombe, il reçut, comme nous l'avons dit, dans l'épaule, le coup qui sans lui eût inévitablement transpercé le prévôt.

Nous avons vu quelle avait été la suite de cet événement. Benvenuto, désespéré, s'était jeté dans les bras d'Ascanio ; Hermann avait enfermé le prévôt dans la prison dont il sortait à l'instant même, et Jacques Aubry, juché sur le rempart, battait des ailes et chantait victoire.

La victoire, en effet, était complète ; les gens du prévôt, voyant leur maître prisonnier, n'essayèrent même pas de la disputer et mirent bas les armes.

En conséquence les ouvriers entrèrent tous dans la cour du Grand-Nesle, désormais leur propriété, et fermèrent la porte derrière eux, laissant dehors les hoquetons et les sergens.

Quant à Benvenuto, il n'avait pris part à rien de ce qui s'était passé, il tenait toujours Ascanio dans ses bras, il lui avait ôté sa cotte de mailles, il lui avait déchiré son pourpoint, et il était enfin arrivé à la blessure, dont il étanchait le sang avec son mouchoir.

— Mon Ascanio, mon enfant, répétait-il sans cesse, blessé, blessé par moi ! que doit dire ta mère là-haut ? Pardon, Stefana, pardon. Tu souffres ? réponds : Est-ce que ma main te fait mal ? Ce sang ne veut-il donc pas s'arrêter ? Un chirurgien, vite !... Quelqu'un n'ira-t-il donc pas me chercher un chirurgien ?

Jacques Aubry sortit en courant.

— Ce n'est rien, mon cher maître, ce n'est rien, répondit Ascanio, le bras seul a été touché. — Ne vous désolez pas ainsi, je vous répète que ce n'est rien.

En effet, le chirurgien, amené cinq minutes après par Jacques Aubry, déclara que la blessure, quoique profonde, n'était pas dangereuse et commença de poser le premier appareil.

— Oh ! de quel poids vous me déchargez le cœur, monsieur le chirurgien ! dit Benvenuto Cellini. — Mon cher enfant, je ne serai donc pas ton meurtrier ! Mais qu'as-tu donc, mon Ascanio ? ton pouls bat, le sang te monte au visage... Oh ! monsieur le chirurgien, il faut le transporter hors d'ici, c'est la fièvre qui le prend.

— Non, non, maître, dit Ascanio, au contraire, je me sens bien mieux. Oh ! laissez-moi, laissez-moi ici, je vous en supplie.

— Et mon père ? dit tout à coup derrière Benvenuto une voix qui le fit tressaillir ; qu'avez-vous fait de mon père ?

Benvenuto se retourna et vit Colombe pâle et immobile, cherchant le prévôt du regard en même temps qu'elle le demandait de la voix.

— Oh ! sain et sauf ! mademoiselle ; sain et sauf, grâce au ciel ! s'écria Ascanio.

— Grâce à ce pauvre enfant qui a reçu le coup qui lui était destiné, dit Benvenuto, car vous pouvez bien dire qu'il vous a sauvé la vie, ce brave, allez, monsieur le prévôt. — Eh bien ! où êtes-vous donc, messire Robert ? dit à son tour Cellini en cherchant des yeux messire Robert, dont il ne pouvait comprendre la disparition.

— Il être ici, maître, dit Hermann.

— Où cela, ici ?

— Isi, dans la betite brizon.

— Oh ! monsieur Benvenuto ! s'écria Colombe en s'élançant vers la remise et en faisant à la fois un geste de supplication et de reproche.

— Ouvrez, Hermann, dit Cellini.

Hermann ouvrit, et le prévôt parut sur le seuil, un peu humilié de sa mésaventure. Colombe se jeta dans ses bras.

— Oh ! mon père ! mon père ! s'écria-t-elle, n'êtes-vous pas blessé ? n'avez-vous rien ? et tout en disant cela elle regardait Ascanio.

— Non, dit le prévôt de sa voix rude, non, grâce au ciel ! il ne m'est rien arrivé.

— Et... et... demanda en hésitant Colombe, est-il vrai, mon père, que ce soit ce jeune homme...

— Je ne puis nier qu'il ne soit arrivé à temps.

— Oui, oui, dit Cellini, pour recevoir le coup d'épée que je vous destinais, monsieur le prévôt. Oui, mademoiselle Colombe, oui, reprit Benvenuto, c'est à ce brave garçon que vous devez la vie de votre père, et si monsieur le prévôt ne le proclame pas hautement, non seulement c'est un menteur, mais encore c'est un ingrat.

— Il ne la paiera pas trop cher, j'espère du moins, répondit Colombe, rougissant de ce qu'elle osait dire.

— Oh ! mademoiselle ! s'écria Ascanio, je l'eusse payée de tout mon sang !

— Mais voyez donc, messire le prévôt, dit Cellini, quelle tendresse vous inspirez aux gens. Or çà, mon Ascanio pourrait s'affaiblir. Voici l'appareil posé, et il serait bon, ce me semble, qu'il prît maintenant un peu de repos.

Ce que Benvenuto avait dit au prévôt du service que lui avait rendu le blessé était la vérité pure : or, comme toute vérité porte sa force en elle-même, le prévôt ne pouvait se dissimuler au fond du cœur qu'il devait la vie à Ascanio : il s'exécuta donc d'assez bonne grâce, et s'approcha du blessé :

— Jeune homme, dit-il, je mets à votre disposition un appartement dans mon hôtel.

— Dans votre hôtel, messire Robert ! dit en riant Benvenuto Cellini, dont la bonne humeur revenait à mesure qu'il cessait de craindre pour Ascanio ; dans votre hôtel ? Mais vous voulez donc absolument que la bagarre recommence ?

— Quoi ! s'écria le prévôt, vous prétendriez donc nous chasser, ma fille et moi ?

— Non pas vraiment, messire. Vous occupez le Petit-Nesle ; eh bien ! gardez le Petit-Nesle et vivons en bons voisins. Quant à nous, messire, trouvez bon qu'Ascanio s'installe tout de suite au Grand-Nesle, où nous viendrons le rejoindre dès ce soir. Après cela, si vous aimez mieux la guerre...

— Oh ! mon père ! s'écria Colombe.

— Non ! la paix ! dit le prévôt.

— Il n'y a pas de paix sans conditions, monsieur le prévôt, dit Benvenuto. Faites-moi l'honneur de me suivre au Grand-Nesle ou l'amitié de me recevoir au Petit, et nous rédigerons notre traité.

— J'irai avec vous, monsieur, dit le prévôt.

— Accepté ! répondit Cellini.

— Mademoiselle, dit messire d'Estourville en s'adressant à sa fille, faites-moi le plaisir de rentrer chez vous et d'y attendre mon retour.

Colombe, malgré le ton dont l'injonction était faite, présenta son front à baiser à son père, et saluant d'un regard qu'elle adressa à tout le monde, afin qu'Ascanio eût le droit d'en prendre sa part, elle se retira.

Ascanio la suivit des yeux jusqu'à ce qu'elle eût disparu. Puis, comme rien ne le retenait plus dans la cour, il demanda de lui-même à rentrer. Hermann le prit alors sur ses deux bras, comme il eût fait d'un enfant, et le transporta au Grand-Nesle.

— Ma foi ! messire Robert, dit en se mettant à son tour en mouvement Benvenuto, qui avait de son côté suivi des yeux la jeune fille jusqu'au moment où elle avait disparu, ma foi ! vous avez eu grandement raison d'éloigner mon ex-prisonnier, et sur mon honneur ; je vous remercie de la précaution : la présence de mademoiselle Colombe aurait pu, je vous le dis, nuire à mes intérêts, en me rendant trop faible, et me faire oublier que je suis un vainqueur, pour me rappeler seulement que je suis un artiste, c'est-à-dire un amant de toute forme parfaite et de toute beauté divine.

Messire d'Estourville répondit au compliment par une grimace médiocrement gracieuse ; pourtant il suivit l'orfèvre sans témoigner ouvertement sa mauvaise humeur, mais en grommelant tout bas quelque sourde menace ;

aussi Cellini, pour achever de le faire damner, le pria-t-il de faire avec lui le tour de sa nouvelle demeure. L'invitation était faite avec tant de politesse, qu'il n'y avait pas moyen de refuser. Le prévôt, bon gré mal gré, suivit donc son voisin, qui ne lui fit grâce ni d'un coin du jardin, ni d'une chambre du château.

— Eh bien ! tout cela est superbe, dit Benvenuto quand ils eurent achevé la promenade que chacun d'eux avait accomplie avec un sentiment bien opposé. A présent, monsieur le prévôt, je conçois et j'excuse votre répugnance à quitter cet hôtel ; mais je n'ai pas besoin de vous dire que vous serez toujours le très bien venu quand vous voudrez comme aujourd'hui me faire l'honneur de visiter ma pauvre demeure.

— Vous oubliez, monsieur, que je n'y viens aujourd'hui que pour recevoir vos conditions et vous offrir les miennes. J'attends.

— Comment donc, messire Robert ! mais c'est moi qui suis à vos ordres. Si vous voulez me permettre de vous communiquer d'abord mes désirs, vous serez libre ensuite d'exprimer votre volonté.

— Parlez.

— Avant tout, la clause essentielle.

— Quelle est-elle ?

— La voici :

« Art. 1er. Messire Robert d'Estourville, prévôt de Paris, » reconnaît les droits de Benvenuto Cellini à la propriété » du Grand-Nesle, la lui abandonne librement, et y re- » nonce à tout jamais pour lui et les siens. »

— Accepté, répondit le prévôt. Seulement s'il plaît au roi de vous reprendre ce qu'il m'a repris, et de donner à quelqu'autre ce qu'il vous a donné, il est bien entendu que je n'en suis pas responsable.

— Ouais ! dit Cellini, ceci doit cacher quelque mauvaise arrière-pensée, monsieur le prévôt. Mais, n'importe ; je saurai garder ce que j'ai conquis. Passons.

— A mon tour, dit le prévôt.

— C'est juste, reprit Cellini.

« — Art. 2. Benvenuto Cellini s'engage à ne faire au- » cune tentative sur le Petit-Nesle, qui est et demeure la » propriété de Robert d'Estourville ; il y a plus, il n'es- » saiera pas même d'y pénétrer comme voisin et sous ap- » parence amicale. »

— Soit, dit Benvenuto, quoique la clause soit peu obligeante ; seulement, si l'on m'ouvre la porte, il est bien entendu que je ne serai pas assez impoli pour refuser d'entrer.

— Je donnerai des ordres en conséquence, répondit le prévôt.

— Passons.

— Je continue.

« Art. 3. La première cour située entre le Grand et le » Petit-Nesle sera commune aux deux propriétés. »

— C'est trop juste, dit Benvenuto, et vous me rendez bien la justice de croire que si mademoiselle Colombe veut sortir, je ne la retiendrai pas prisonnière.

— Oh ! soyez tranquille, ma fille entrera et sortira par une porte que je me charge de faire percer ; je veux seulement m'assurer un dégagement pour les carrosses et pour les voitures de charge.

— Est-ce tout ? demanda Benvenuto.

— Oui, répondit messire Robert. — A propos, ajouta-t-il, j'espère que vous me laisserez emporter mes meubles.

— C'est trop juste. Vos meubles sont à vous comme le Grand-Nesle est à moi... Maintenant, messire le prévôt, une dernière addition au traité, une addition toute bénévole.

— Parlez.

« — Art. 4 et dernier. Messire Robert d'Estourville et » Benvenuto Cellini déposent toute rancune, et convien- » nent entre eux d'une paix loyale et sincère. »

— Je le veux bien, dit le prévôt, mais en tant que cela ne m'oblige cependant pas à vous prêter secours et assistance contre ceux qui vous attaqueraient. Je consens à ne point vous nuire, mais je ne m'engage pas à vous être agréable.

— Quant à cela, monsieur le prévôt, vous savez parfaitement que je me défendrai bien seul, n'est-ce pas ? Donc, s'il n'y a que cette objection, ajouta Cellini en lui passant la plume, signez, monsieur le prévôt, signez.

— Je signe, dit le prévôt avec un soupir.

Le prévôt signa et chacun des contractans garda un double du traité.

Après quoi messire d'Estourville rentra dans le Petit-Nesle, car il avait hâte de gronder la pauvre Colombe sur sa sortie imprudente. Colombe baissa la tête et lui laissa tout dire sans entendre un seul mot de ses gronderies, car pendant tout le temps qu'elles durèrent, la jeune fille n'était préoccupée que d'un seul désir, celui de demander à son père des nouvelles d'Ascanio. Mais elle eut beau faire, le nom du beau blessé ne put, quelques efforts qu'elle fît, sortir de ses lèvres.

Pendant que ces choses se passaient d'un côté du mur, de l'autre côté Catherine, qu'on était allée chercher, faisait son entrée au Grand-Nesle, et avec sa folie charmante se jetait dans les bras de Cellini, serrait la main d'Ascanio, félicitait Hermann, se moquait de Pagolo, riait, pleurait, chantait, interrogeait, tout cela ensemble ; c'est qu'aussi elle avait eu de terribles angoisses, le bruit des arquebusades était venu jusqu'à elle et avait bien des fois interrompu les prières. Mais enfin, tout allait bien, tout le monde, sauf quatre tués et trois blessés, s'était tiré à peu près sain et sauf de la bataille, et la gaîté de Scozzone ne fit défaut ni aux vainqueurs ni à la victoire.

Quand le brouhaha qu'avait excité l'arrivée de Catherine fut un peu calmé, Ascanio se souvint du motif qui avait amené l'écolier si à temps pour qu'il leur donnât un coup de main, et se tournant vers Benvenuto :

— Maître, dit-il, voici mon camarade Jacques Aubry, avec lequel je devais faire aujourd'hui une partie de paume. De bonne foi, je ne suis guère en état d'être son partner, comme dit notre ami Hermann. Mais il nous a si vaillamment aidés, que j'ose vous prier de me remplacer.

— De tout mon cœur, dit Benvenuto, et vous n'avez qu'à vous bien tenir, maître Jacques Aubry.

— On tâchera, on tâchera, messire.

— Seulement, comme nous souperons ensuite, vous saurez que le vainqueur sera tenu de boire en soupant deux bouteilles de plus que le vaincu.

— Ce qui veut dire qu'on m'emportera de chez vous ivre mort, maître Benvenuto. Vive la joie ! cela me va. Ah ! diable ! et Simone qui m'attend ! Bah ! je l'ai bien attendue dimanche dernier ; ce sera son tour aujourd'hui, tant pis pour elle.

Et prenant balles et raquettes, tous deux s'élancèrent vers le jardin.

XI.

HIBOUX, PIES ET ROSSIGNOLS.

Comme ce jour était le saint jour du dimanche, Benvenuto ne fit rien que jouer à la paume, se rafraîchir après avoir joué, et visiter sa nouvelle propriété ; mais dès le lendemain le déménagement commença, et grâce à l'aide de ses neufs compagnons, deux jours après il était opéré ; le troisième jour, Benvenuto s'était remis au travail aussi tranquillement que si rien ne s'était passé.

Quand le prévôt se vit définitivement battu, quand il apprit que l'atelier de Benvenuto, ouvriers et outils, était décidément installé au Grand-Nesle, sa rage le reprit, et il se mit à mâcher et à remâcher sa vengeance. Il était au plus fort de ses dispositions rancunières quand le vicomte de Marmagne le surprit le matin même du troisième jour, c'est-à-dire le mercredi. Marmagne n'avait garde de se refuser le triomphe de vanité qu'on aime à remporter sur les douleurs et les défaites de ses amis quand on est un lâche et un sot.

— Eh bien! dit-il en abordant d'Estourville, je vous l'avais bien dit, mon cher prévôt.

— Ah! c'est vous, vicomte. Bonjour, répondit d'Estourville.

— Eh bien! avais-je raison, maintenant?

— Hélas! oui. Vous allez bien?

— Je n'ai rien à me reprocher du moins dans cette maudite affaire : je vous ai assez averti.

— Est-ce que le roi est de retour au Louvre?

— Chanson! disiez-vous : un ouvrier, un homme de rien, il ferait beau voir! Vous avez vu, mon pauvre ami.

— Je vous demande si Sa Majesté est revenue de Fontainebleau.

— Oui, et elle a regretté vivement de n'avoir pas été arrivé à Paris dimanche, pour assister d'une de ses tours du Louvre à la victoire de son argentier sur son prévôt.

— Qu'est-ce qu'on dit à la cour?

— Mais on dit que vous avez été complétement repoussé!

— Hum! hum! fit le prévôt, que ce dialogue à bâtons rompus commençait à impatienter fort.

— Comme cela, il vous a donc bien ignominieusement battu? continua Marmagne.

— Mais...

— Il vous a tué deux hommes, n'est-ce pas?

— Je le crois.

— Si vous voulez les remplacer, j'ai à votre service deux braves, deux Italiens, deux spadassins consommés; ils se feront payer un peu cher, mais ce sont des hommes sûrs. Si vous les aviez eus, les choses se seraient peut-être passées autrement.

— Nous verrons; je ne dis pas non. Si ce n'est pour moi, ce sera du moins pour mon gendre le comte d'Orbec.

— Cependant, quoi qu'on en dît, je n'ai jamais pu croire que ce Benvenuto vous eût personnellement bâtonné.

— Qui a dit cela?

— Tout le monde. Les uns s'indignent comme je fais, les autres rient comme a fait le roi.

— Assez! on n'est pas à la fin.

— Aussi, vous aviez tort de vous commettre avec ce manant; et pourquoi! pour un vil intérêt.

— C'est pour l'honneur que je combattrai maintenant.

— S'il s'était agi de votre maîtresse, passe; vous auriez pu à la rigueur tirer l'épée contre de pareils gens, mais pour un logement...

— L'hôtel de Nesle est un logement de prince.

— D'accord, mais pour un logement de prince s'exposer à un châtiment de goujat!

— Oh! une idée, Marmagne, dit le prévôt poussé à bout. Parbleu! vous m'êtes si dévoué que je veux à mon tour vous rendre un service d'ami, et je suis ravi d'en avoir justement l'occasion. Comme noble et comme secrétaire du roi, vous êtes vraiment bien mal situé rue de la Huchette, cher vicomte. Or, j'avais dernièrement demandé pour un ami à la duchesse d'Étampes, qui n'a rien à me refuser, vous le savez, un logement dans un des hôtels du roi, au choix de cet ami. J'avais, et non sans peine, obtenu la chose, mais il se trouve que mon protégé est, pour affaires, impérieusement appelé en Espagne. J'ai donc à ma disposition des lettres du roi qui donnent ce droit de logis. Je ne puis en user pour moi, en voulez-vous? Je serai heureux de reconnaître ainsi vos bons services et votre franche amitié.

— Cher d'Estourville, quel service vous me rendez-là! Il est vrai que je suis bien mal logé, et que vingt fois je m'en suis plaint au roi.

— J'y mets une condition.

— Laquelle?

— C'est que puisque le choix vous appartient entre les hôtels royaux, vous choisirez...

— Achevez, j'attends.

— L'hôtel de Nesle.

— Ah! ah! c'était un piége.

— Pas du tout, et en preuve, voici le brevet dûment signé de Sa Majesté, avec les blancs nécessaires pour les noms du postulant et la désignation de l'hôtel. Or, j'écris l'hôtel du Grand-Nesle et je vous laisse libre d'écrire les noms que vous voudrez.

— Mais ce damné Benvenuto?

— N'est pas le moins du monde sur ses gardes, rassuré qu'il est par un traité signé entre nous. Celui qui voudra entrer trouvera les portes ouvertes, et s'il entre un dimanche, il trouvera les salles vides. D'ailleurs, il ne s'agit pas de chasser Benvenuto, mais de partager avec lui le Grand-Nesle, qui est assez grand pour contenir trois ou quatre familles. Benvenuto entendra raison. — Eh bien! que faites-vous?

— J'écris mes noms et titres au bout du brevet. Vous voyez?

— Prenez garde pourtant, car le Benvenuto est peut-être plus redoutable que vous ne croyez.

— Bon! je vais retenir mes deux spadassins et nous le surprendrons un dimanche.

— Quoi! vous commettre avec un manant pour un vil intérêt!

— Un vainqueur a toujours raison, et puis je venge un ami.

— Alors, bonne chance; je vous ai averti, Marmagne.

— Merci deux fois alors : une fois du cadeau et une fois de l'avis.

Et Marmagne, enchanté, mit son brevet dans sa poche et partit en toute hâte pour retenir les deux spadassins.

— C'est bien, dit en se frottant les mains et en le suivant des yeux messire d'Estourville. Va, vicomte, et de deux choses l'une, ou tu me vengeras de la victoire de Benvenuto, ou Benvenuto me vengera de tes sarcasmes; dans tous les cas la chance est pour moi. Je fais ennemis mes ennemis, qu'ils se battent, qu'ils se tuent, j'applaudirai à tous les coups, car tous les coups me feront plaisir.

Tandis que la haine du prévôt menace les habitants du Grand-Nesle, traversons la Seine et voyons un peu dans quelles dispositions ceux-ci en attendent les effets. Benvenuto, dans la confiance et la tranquillité de la force, s'était remis paisiblement, comme nous l'avons dit, à l'œuvre, sans se douter ni se soucier de la rancune de messire d'Estourville. Voici quel était l'emploi de ses journées : il se levait avec le jour, se rendait à une petite chambre solitaire qu'il avait découverte dans le jardin, au dessus de la fonderie, dont une fenêtre donnait obliquement sur le parterre du Petit-Nesle. Là, il modelait une petite statue d'Hébé. Après le dîner, c'est-à-dire à une heure après midi, il faisait un tour à l'atelier, ou bien allait voir Jupiter; le soir, pour se délasser, il faisait une partie de paume ou un tour de promenade. Voici maintenant quel était l'emploi de la journée de Catherine : elle tournait, cousait, vivait, chantait, se trouvait bien plus à l'aise au Grand-Nesle qu'à l'hôtel du cardinal de Ferrare. Pour Ascanio, à qui sa blessure ne permettait pas de se remettre à l'ouvrage, malgré l'activité de son esprit, il ne s'ennuyait pas, il rêvait.

Si maintenant, profitant du privilége usurpé par les voleurs de passer par-dessus les murs, nous entrons dans le Petit-Nesle, voici ce que nous y voyons. D'abord, dans sa chambre, Colombe rêveuse comme Ascanio, qu'on nous permette pour le moment de nous en tenir là. Tout ce que nous pouvons dire, c'est que les rêves d'Ascanio sont couleur de rose et ceux de la pauvre Colombe sombres comme la nuit. Et puis voici dame Perrine qui sort pour aller à la provision, et il nous faut, si vous voulez bien, la suivre un instant.

Depuis bien longtemps, ce nous semble, nous avons perdu de vue la bonne dame ; il faut dire aussi que la bravoure n'étant pas précisément sa vertu dominante, elle s'était, au milieu des périlleuses rencontres que nous avons narrées, volontairement effacée et tenue dans l'ombre; mais la paix recommençant à fleurir, les roses de ses joues avaient refleuri en même temps, et comme Benvenuto avait repris son œuvre d'artiste, elle avait paisiblement repris, elle, sa joyeuse humeur, son bavardage, sa curiosité de commère, en un mot l'exercice de toutes les qualités domestiques.

Dame Perrine allant donc à la provision était obligée de traverser la cour commune aux deux propriétés, car la porte nouvelle du Petit-Nesle n'était pas percée encore. Or, et par le plus grand hasard du monde, il se trouva que Ruperta, la vieille servante de Benvenuto, sortait précisément à la même minute pour aller chercher le dîner de son maître. Ces deux estimables personnes étaient bien trop dignes l'une de l'autre pour entrer dans les inimitiés de leurs patrons. Elles firent donc route ensemble avec le plus touchant accord, et comme le chemin est moins long de moitié quand on cause, elles causèrent.

Ruperta commença par s'informer auprès de dame Perrine du prix des denrées et du nom des marchands du quartier, puis elles passèrent à des sujets de conversation plus intimes et plus intéressans.

— Votre maître est donc un bien terrible homme? demanda dame Perrine.

— Lui! quand vous ne l'offensez pas, il est doux comme un Jésus; pourtant, dame! quand on ne fait pas ce qu'il désire, je dois convenir qu'il n'est pas facile; il aime beaucoup, mais beaucoup à ce qu'on fasse ce qu'il veut. C'est sa manie, et du moment qu'il s'est mis quelque chose dans la tête, les cinq cents mille diables de l'enfer ne le lui ôteraient pas; d'ailleurs il le mène comme un enfant si on fait semblant de lui obéir, et il est même très agréable de paroles. Il faut l'entendre me dire : « Dame Ruperta (il m'appelle Ruperta, dans sa prononciation étrangère, quoique de mon vrai nom je m'appelle Ruperte, pour vous servir) dame Ruperta, voilà un excellent gigot rôti à point; dame Ruperta, vos fèves sont assaisonnées d'une triomphante façon; dame Ruperta, je vous regarde comme la reine des gouvernantes, » et tout cela avec tant d'aménité que j'en suis pénétrée.

— A la bonne heure ! Mais il tue les gens, à ce qu'on dit.

— Oh! oui, quand on le contrarie, il tue très bien. C'est un usage de son pays; mais ce n'est jamais que lorsqu'on l'attaque et uniquement pour se défendre. Du reste, il est très gai et très avenant.

— Je ne l'ai jamais vu, moi. Il a des cheveux rouges, n'est-il pas vrai ?

— Non pas, vraiment. Il les a noirs comme vous et moi, c'est-à-dire comme je les avais. Ah ! vous ne l'avez jamais vu ? eh bien! venez m'emprunter quelque chose sans faire semblant de rien, et je vous le montrerai. C'est un bel homme, et qui ferait un superbe archer.

— A propos de bel homme, et ce gentil cavalier comment va-t-il aujourd'hui? Vous savez, notre blessé, ce jeune apprenti de bonne mine qui a reçu un si terrible coup pour sauver la vie à M. le prévôt.

— Ascanio? Vous le connaissez donc, lui?

— Si je le connais ! Il a promis à ma maîtresse Colombe et à moi de nous faire voir de ses bijoux. Rappelez-le-lui, s'il vous plaît, ma chère dame. Mais tout cela ne me donne pas de ses nouvelles, et Colombé sera si contente de savoir que le sauveur de son père est hors de danger.

— Oh! vous pouvez lui dire qu'il va très bien. Il s'est même levé tout à l'heure. Seulement, le chirurgien lui a défendu de sortir de sa chambre, et cependant cela lui ferait grand bien de prendre un peu l'air. Mais par ce soleil ardent c'est impossible. Votre jardin du Grand-Nesle est un véritable désert. Pas un coin d'ombre; des orties et des ronces pour tout légume, et quatre ou cinq arbres sans feuilles pour toute verdure. C'est vaste, mais de bien peu d'agrément pour la promenade. Notre maître s'en console avec le jeu de paume, mais; mais mon pauvre Ascanio n'est guère en état de renvoyer une balle, et doit s'ennuyer à périr. Il est si vif, ce cher garçon, j'en parle comme ça parce que c'est mon favori, vu qu'il est toujours poli avec les gens d'âge. Ce n'est pas comme cet ours de Pagolo ou cette étourdie de Catherine.

— Et vous dites donc que ce pauvre jeune homme...

— Doit se manger l'âme d'être cloué des journées entières dans sa chambre sur un fauteuil.

— Mais, mon Dieu! reprit la charitable dame Perrine, dites-lui donc à ce pauvre jeune homme, de venir au Petit-Nesle, où il y a de si beaux ombrages. Je lui ouvrirai bien volontiers la porte, moi, quoique messire le prévôt l'ait expressément défendu. Mais bah! pour faire du bien à son sauveur c'est vertu que de lui désobéir ; et puis vous parlez d'ennui! c'est nous qui en desséchons. Le gentil apprenti nous distraira, il nous dira de belles histoires de son pays d'Italie, il nous montrera des colliers et des bracelets, il jasera avec Colombe. Les jeunes gens ça aime à se voir, à bavarder ensemble, et ça périt dans la solitude. Ainsi, c'est convenu, dites-lui, à votre Benjamin, qu'il est libre de venir se promener tant qu'il voudra, pourvu qu'il vienne seul ou, bien entendu, avec vous, dame Ruperta, qui lui donnerez le bras. Frappez quatre coups, les trois premiers doucement et le dernier plus fort; je saurai ce que cela signifie, et je viendrai vous ouvrir.

— Merci pour Ascanio et pour moi ; je ne manquerai pas de lui faire part de votre offre complaisante, et il ne manquera pas d'en profiter.

— Allons, je m'en réjouis, dame Ruperte.

— Au revoir, dame Perrine ! Ravie d'avoir fait connaissance avec une aussi aimable personne.

— Je vous en offre autant, dame Ruperte.

Les deux commères se firent une profonde révérence et se séparèrent enchantées l'une de l'autre.

Les jardins du Séjour de Nesle étaient en effet, comme elle l'avait dit aride et brûlés comme une bruyère d'un côté, frais et ombreux comme une forêt de l'autre. L'avarice du prévôt avait laissé inculte le jardin du Grand-Nesle, qui eût trop coûté à entretenir, et il n'était pas assez sûr de ses titres de propriétaire pour renouveler au profit de son successeur peut-être les arbres qu'il s'était hâté de couper à son entrée en jouissance. La présence de sa fille au Petit-Nesle l'avait engagé à y laisser les ombrages et les bosquets, seule récréation qui dût rester à la pauvre enfant. Raimbaut et ses deux aides suffisaient à entretenir et même à embellir le jardin de Colombe.

Il était fort bien planté et divisé. Au fond le potager, royaume de dame Perrine ; puis, le long des murs du Grand-Nesle, le parterre où Colombe cultivait des fleurs, et que dame Perrine nommait l'allée du Matin, parce que les rayons du soleil levant y donnaient, et que c'était au soleil levant d'ordinaire que Colombe arrosait ses marguerites et ses roses. Notons en passant, que de la chambre située au-dessus de la fonderie, dans le Grand-Nesle, on pouvait sans être vu ne pas perdre un seul mouvement de la jolie jardinière. Il y avait encore, toujours suivant les divisions géographiques de dame Perrine, l'allée du Midi, terminée par un bosquet où Colombe aimait à aller lire ou broder pendant la chaleur du jour. A l'autre extrémité du jardin, l'allée du Soir, plantée d'une triple rangée de tilleuls qui y entretenaient une fraîcheur charmante, et choisie par Colombo pour ses promenades d'après souper.

C'était cette allée que la bonne dame Perrine avait jugée très propre à favoriser le rétablissement et à hâter la convalescence d'Ascanio blessé. Néanmoins elle s'était bien gardée d'instruire Colombe de ses intentions charitables. Celle-ci, trop docile aux ordres de son père, eût peut-être refusé de prêter les mains à la désobéissance de sa gouvernante. Et que penserait alors dame Ruperte de l'autorité et du crédit de sa voisine? Non, puisqu'elle s'était avancée, peut-être un peu à la légère, il fallait aller jusqu'au bout. Et la bonne dame était vraiment bien excusable quand on pense qu'elle n'avait, depuis le matin jusqu'au soir que Colombe à qui elle pût adresser la parole; encore le plus souvent Colombe, absorbée dans ses réflexions, ne lui répondait pas.

On comprend quels furent les transports d'Ascanio quand il apprit que son paradis lui était ouvert et de quelles bénédictions il combla Ruperte. Il voulut sur-le-champ profiter de son bonheur, et Ruperte eut toutes les peines du monde à lui persuader qu'il devait au moins attendre jusqu'au soir. Tout lui disait, d'ailleurs, de croire que Colombe avait autorisé l'offre de dame Perrine, et cette pensée le rendait fou de joie. Aussi, avec quelle impatience, mêlée je ne sais de quel effroi, il compta les heures trop lentes. Enfin, enfin, cinq heures sonnent. Les ouvriers partirent; Benvenuto était depuis midi hors de l'atelier: on croyait qu'il était allé au Louvre.

Alors Ruperte dit solennellement à l'apprenti, qui la regardait comme elle ne s'était pas vu regarder depuis longtemps:

— Et maintenant que l'heure est sonnée, suivez-moi, jeune homme. Et traversant la cour avec Ascanio, elle alla frapper quatre coups à la porte du Petit-Nesle.

— Ne rapportez rien de ceci au maître, ma bonne Ruperte, dit Ascanio, qui savait Cellini assez railleur et fort peu croyant à l'endroit de l'amour, et qui ne voulait pas voir profaner par des quolibets sa chaste passion.

Ruperte allait s'informer du motif d'une discrétion qui lui coûtait toujours quand la porte s'ouvrit et dame Perrine parut.

— Entrez, beau jouvenceau, dit-elle. Comment vous trouvez-vous? La pâleur lui sied, voyez donc, c'est un plaisir. Venez aussi, dame Ruperte; prenez l'allée à gauche, jeune homme. Colombe va descendre au jardin, c'est l'heure de sa promenade, et tâchez que je ne sois pas trop grondée pour vous avoir introduit ici.

— Comment! s'écria Ascanio, mademoiselle Colombe ne sait donc pas...

— Ah bien oui! Est-ce qu'elle aurait consenti à désobéir à son père? Je l'ai élevée dans des principes! J'ai désobéi pour deux, moi. Ma foi! tant pis; on ne peut pas toujours vivre comme des recluses non plus. Raimbaut ne verra rien, ou s'il voit, j'ai les moyens de le faire taire, et au pis, j'ai tenu tête plus d'une fois à messire le prévôt, da!

Sur le compte de son maître, dame Perrine était fort verbeuse, mais Ruperte la suivit seule dans ses confidences. Ascanio était debout et n'écoutait que les battements de son cœur.

Pourtant il entendit ces mots que dame Perrine lui jetait en s'éloignant: — Voici l'allée où Colombe se promène tous les soirs, et elle va venir sans doute. Vous voyez que le soleil ne vous y atteindra pas, mon gentil malade.

Ascanio fit un signe de remercîment, s'avança de quelques pas, pour retomber dans ses rêveries et dans les molles pensées d'une attente pleine d'anxiété et d'impatience.

Cependant il entendit encore ces paroles que dame Perrine disait en passant à dame Ruperte.

— Voici le banc favori de Colombe.

Et laissant les deux commères continuer leur promenade et leur causerie, il s'assit doucement sans rien dire sur ce banc sacré.

Que voulait-il? où tendait-il? Il l'ignorait lui-même. Il cherchait Colombe parce qu'elle était jeune et belle, et qu'il était jeune et beau. De pensée ambitieuse, il n'en concevait pas. Se rapprocher d'elle, c'était la seule idée qu'il eût dans la tête; le reste, à la grâce de Dieu! ou plutôt il ne prévoyait pas si loin. Il n'y a pas de demain en amour.

Colombe, de son côté, avait plus d'une fois songé malgré elle à ce jeune étranger qui lui était apparu dans sa solitude comme Gabriel à Marie. Le revoir avait été dès le premier jour le secret désir de cette enfant jusque-là sans désir. Mais, livrée par un père imprévoyant à la tutelle de sa propre sagesse, elle était trop généreuse pour ne pas exercer sur elle-même cette sévérité dont les âmes nobles ne se croient dispensées que lorsqu'on enchaîne leur libre arbitre. Elle écartait donc courageusement sa pensée d'Ascanio, mais cette pensée obstinée franchissait le triple rempart élevé par Colombe autour de son cœur plus aisément qu'Ascanio lui-même n'avait franchi les murailles du Grand-Nesle. Aussi les trois ou quatre jours qui venaient de s'écouler, Colombe les avait-elle passés dans des alternatives étranges: c'était la crainte de ne pas revoir Ascanio, c'était l'effroi de se retrouver en face de lui. Sa seule consolation, c'était de rêver pendant son travail ou ses promenades. La journée elle s'enfermait, au grand désespoir de dame Perrine, réduite dès-lors à un monologue éternel dans l'anime de sa pensée. Et puis dès que la grande chaleur du jour était passée, elle venait dans cette fraîche et sombre allée baptisée par dame Perrine du nom poétique d'allée du soir; et là, assise sur le banc où s'était assis Ascanio, elle laissait tomber la nuit, se lever les étoiles, écoutant et répondant à ses propres pensées, jusqu'à ce que dame Perrine vînt la prévenir qu'il était temps de se retirer.

Aussi, à l'heure habituelle, le jeune homme vit tout à coup apparaître, au détour de l'allée dans laquelle il était assis, Colombe, un livre à la main. Elle lisait la Vie des Saints, dangereux roman de foi et d'amour, qui prépare peut-être aux cruelles souffrances de la vie, mais non, à coup sûr, aux froides réalités du monde. Colombe ne vit pas d'abord Ascanio, mais en apercevant une femme étrangère auprès de dame Perrine, elle fit un mouvement de surprise. En ce moment décisif, dame Perrine, comme un général déterminé, se jeta hardiment au cœur de la question.

— Chère Colombe, dit-elle, je vous sais si bonne que je n'ai pas cru avoir besoin de votre autorisation pour permettre de venir prendre l'air sous nos ombrages à un pauvre blessé qui a été frappé pour votre père. Vous savez qu'il n'y a pas d'ombre au Grand-Nesle, et le chirurgien ne répondait de la vie de ce jeune homme que s'il pouvait se promener une heure tous les jours.

Pendant qu'elle débitait ce pieux mais gros mensonge, Colombe avait de loin jeté les yeux sur Ascanio, et une vive rougeur avait subitement coloré ses joues. Pour l'apprenti, en présence de Colombe qui s'avançait, il n'avait trouvé la force que de se lever.

— Ce n'est pas mon autorisation, dame Perrine, qui était nécessaire, dit enfin la jeune fille, c'était celle de mon père.

En disant cela avec tristesse mais avec fermeté, Colombe était arrivée jusqu'au banc de pierre où était assis Ascanio. Celui-ci l'entendit et joignant les mains:

— Pardon, madame, dit-il, je croyais... j'espérais... que votre bonne grâce avait ratifié l'offre obligeante de dame Perrine; mais du moment qu'il n'en est pas ainsi, continuait-il avec une douceur mêlée de fierté, je vous supplie d'excuser ma hardiesse involontaire et je me retire.

— Mais ce n'est pas moi, reprit vivement Colombe émue. Je ne suis pas maîtresse. Restez pour aujourd'hui du moins, quand même la défense de mon père s'étendrait à celui qui l'a sauvé; restez, monsieur, ne fût-ce que pour accepter mes remercîments.

— Oh! madame, murmura Ascanio, c'est moi qui vous remercie du fond de mon cœur. Mais en restant ne vais-je pas troubler votre promenade? D'ailleurs la place que j'ai prise est mal choisie.

— Nullement, reprit Colombe en s'asseyant machinalement et sans y faire attention, tant elle était troublée, à l'autre extrémité du banc de pierre.

En ce moment dame Perrine, qui était là debout et n'avait pas bougé depuis la mortifiante semonce de Colombe, embarrassée à la fin de son attitude immobile et du silence de sa jeune maîtresse, prit le bras de dame Ruperte, et s'éloigna doucement.

Les deux jeunes gens restèrent seuls.

Colombe, qui avait les yeux fixés sur son livre, ne s'aperçut pas d'abord du départ de sa gouvernante, et pourtant elle ne lisait pas, car elle avait un nuage devant les yeux. Elle était encore exaltée, étourdie. Tout ce qu'elle pouvait faire comme d'instinct, c'était de dissimuler son agitation et de comprimer les battemens précipités de son cœur. Ascanio, lui aussi, était éperdu, et avait éprouvé une douleur si vive en voyant que Colombe voulait le renvoyer, puis une joie si folle quand il avait cru s'apercevoir du trouble de sa bien-aimée, que toutes ces subites émotions, dans l'état de faiblesse où il se trouvait, l'avaient à la fois transporté et anéanti. Il était comme évanoui, et pourtant ses pensées couraient et se succédaient avec une puissance et une rapidité singulières. — Elle me méprise ! Elle m'aime ! se disait-il tour à tour. Il regardait Colombe muette et immobile, et des larmes coulaient sans qu'il les sentît sur ses joues. Cependant, au-dessus de leurs têtes, un oiseau chantait dans les branches. Le vent agitait à peine les feuilles. A l'église des Augustins, l'*angelus* du soir tintait doucement dans l'air paisible. Jamais soirée de juillet ne fut plus calme et plus silencieuse. C'était un de ces momens solennels où l'âme entre dans une nouvelle sphère, qui renferment vingt ans dans une minute, et dont on se souvient toute la vie. Ces deux beaux enfans, si bien faits l'un pour l'autre et qui s'appartenaient si bien d'avance, n'avaient qu'à étendre leurs mains pour les unir, et il semblait qu'il y eût entre eux un abîme.

A bout de quelques instans Colombe releva la tête.

— Vous pleurez ! s'écria-t-elle avec un élan plus fort que sa volonté.

— Je ne pleure pas, répondit Ascanio en se laissant tomber sur le banc ; mais portant les mains à sa figure, il les retira mouillées de larmes.

— C'est vrai, dit-il, je pleure.

— Pourquoi ? qu'avez-vous ? Je vais appeler quelqu'un. Souffrez-vous ?

— Je souffre d'une pensée.

— Et laquelle ?

— Je me dis qu'il eût peut-être mieux valu pour moi de mourir l'autre jour.

— Mourir ! Quel âge avez-vous donc pour parler ainsi mourir ?

— Dix-neuf ans ; mais l'âge du malheur devrait être l'âge de la mort !

— Et vos parens qui pleureraient à leur tour ! continua Colombe avide à son insu de pénétrer dans le passé de cette vie dont elle sentait confusément que tout l'avenir serait à elle.

— Je suis sans mère et sans père, et nul ne me pleurerait, si ce n'est mon maître Benvenuto.

— Pauvre orphelin !

— Oui, bien orphelin, allez ! Mon père ne m'a jamais aimé, et j'ai perdu ma mère à dix ans, quand j'allais comprendre son amour et le lui rendre. Mon père !... Mais de quoi vais-je vous parler, et qu'est-ce que cela vous fait mon père et ma mère, à vous ?

— Oh ! si. Continuez, Ascanio.

— Saints du ciel ! vous vous rappelez mon nom.

— Continuez, continuez, murmura Colombe en cachant à son tour la rougeur de son front dans ses deux mains.

— Mon père donc était orfévre, et ma bonne mère était elle-même la fille d'un orfévre de Florence appelé Raphaël del Moro, d'une noble famille italienne ; car en Italie, dans nos républiques, le travail ne déshonore pas, et vous verriez plus d'un ancien et illustre nom sur l'enseigne d'une boutique. Ainsi, mon maître Cellini par exemple, est noble comme le roi de France, si ne n'est encore davantage. Raphaël del Moro, qui était pauvre, maria sa fille Stephana malgré elle à un confrère presque du même âge que lui, mais qui était riche. Hélas ! ma mère et Benvenuto Cellini s'étaient aimés, mais tous deux étaient sans fortune. Benvenuto courait le monde pour se faire un nom et gagner de l'or. Il était loin : il ne put s'opposer à cette union. Gismondo Gaddi, c'était le nom de mon père, quoiqu'il n'eût jamais su qu'elle en aimait un autre, se mit hélas à

haïr sa femme parce que sa femme ne l'aimait pas. C'était un homme violent et jaloux, mon père. Qu'il me pardonne si je l'accuse, mais la justice des enfans a une mémoire implacable. Bien souvent ma mère chercha contre les brutalités près de mon berceau un asile qu'il ne respectait pas toujours. Parfois il la frappait. Pardonnez-lui, mon Dieu ! Tandis qu'elle me tenait dans ses bras, et à chaque coup, pour, le moins sentir, ma mère me donnait un baiser. Oh ! je me souviens à la fois, par un double retentissement de mon cœur, des coups que recevait ma mère et des baisers qu'elle me donnait.

Le Seigneur, qui est juste, atteignit mon père dans ce qu'il avait de plus chert au monde, dans sa richesse. Plusieurs banqueroutes l'accablèrent coup sur coup. Il mourut de douleur parce qu'il n'avait plus d'argent, et ma mère, quelques jours après, mourut parce qu'elle croyait n'être plus aimée.

Je restai seul au monde. Les créanciers de mon père vinrent saisir tout ce qu'il laissait, et en furetant partout pour voir s'ils n'oubliaient rien, ils ne virent pas un petit enfant qui pleurait. Une ancienne servante qui m'aimait me nourrit deux jours par charité, mais la vieille femme vivait de charités elle-même, et n'avait pas trop de pain pour elle.

Elle ne savait que faire de moi, quand un homme couvert de poussière entra dans la chambre, me prit dans ses bras, m'embrassa en pleurant, et après avoir donné quelque argent à la bonne vieille, m'emmena avec lui. C'était Benvenuto Cellini, qui était venu de Rome à Florence exprès pour me chercher. Il m'aima, m'instruisit dans mon art, me garda toujours auprès de lui, et je vous le dis, lui seul pleurerait ma mort.

Colombe avait écouté, la tête baissée et le cœur serré, l'histoire de cet orphelin qui, pour l'isolement, était son histoire, et la vie de cette pauvre mère qui serait peut-être un jour sa vie ; car elle aussi elle devait épouser par contrainte un homme qui la haïrait parce qu'elle ne l'aimerait pas.

— Vous êtes injuste envers Dieu, dit-elle à Ascanio ; quelqu'un du moins, votre bon maître, vous aime, et vous avez connu votre mère, vous ; je ne puis me souvenir des caresses de la mienne ; elle est morte en me donnant le jour. J'ai été élevée par une sœur de mon père, acariâtre et revêche, mais qui pourtant bien pleuré quand je l'ai perdue, il y a deux ans, car, faute d'autre affection, ma tendresse s'était attachée à cette femme comme un lierre au rocher. Depuis deux ans j'habite un hôtel avec dame Perrine, et malgré ma solitude, quoique mon père vienne m'y voir rarement, ces deux années ont été et seront les plus heureux temps de ma vie.

— Vous avez bien souffert, c'est vrai, dit Ascanio, mais si le passé a été douloureux, pourquoi doutez-vous de l'avenir ? Le vôtre, hélas ! est magnifique. Vous êtes noble, vous êtes riche vous êtes belle, et l'ombre de vos jeunes années ne fera que mieux ressortir l'éclat du reste de votre vie.

Colombe secoua tristement la tête.

— Oh ! ma mère, ma mère ! murmurait-elle.

Lorsque, s'élevant par la pensée au-dessus du temps, on perd de vue ces mesquines nécessités du moment dans ces éclairs qui illuminent et résument toute une vie, avenir et passé, l'âme a parfois de dangereux vertiges et de redoutables délires, et quand c'est de mille douleurs qu'on se souvient, quand ce sont mille angoisses que l'on pressent, le cœur attendri a souvent des émotions terribles et de mortelles défaillances. Il faut être bien fort pour ne pas tomber quand le poids des destinées vous pèse tout entier sur le cœur. Ces deux enfans, qui avaient déjà tant souffert, qui étaient restés toujours seuls, n'avaient qu'à prononcer une parole peut-être pour faire un même avenir de ce double passé ; mais pour prononcer cette parole, l'une était trop sainte et l'autre trop respectueux.

Cependant, Ascanio regardait Colombe avec une tendresse infinie, et Colombe se laissait regarder avec une confiance divine ; ce fut les mains jointes et de l'accent dont il devait prier Dieu que l'apprenti dit à la jeune fille :

— Ecoutez, Colombe, si vous souhaitez quelque chose, s'il y a sur vous quelque malheur, qu'on puisse accomplir ce désir en donnant tout son sang, et que pour détourner ce malheur il ne faille qu'une vie, dites un mot, Colombe, comme vous le diriez à un frère, et je serai bien heureux.

— Merci, merci, dit Colombe ; sur une parole de moi vous vous êtes déjà exposé généreusement, je le sais ; mais Dieu seul peut me sauver cette fois.

Elle n'eut pas le temps d'en dire davantage, dame Ruperte et dame Perrine s'arrêtaient à ce moment devant eux.

Les deux commères avaient mis le temps à profit aussi bien que les deux amoureux, et s'étaient déjà liées d'une amitié intime fondée sur une sympathie réciproque. Dame Perrine avait enseigné à dame Ruperte un remède contre les engelures, et dame Ruperte de son côté, pour ne pas demeurer en reste, avait indiqué à dame Perrine un secret pour conserver les prunes. On conçoit aisément que c'était désormais entre elles à la vie à la mort, et elles s'étaient bien promis de se revoir, coûte que coûte.

— Eh bien ! Colombe, dit dame Perrine en s'approchant du banc, m'en voulez-vous toujours ? n'aurait-ce pas été une honte, voyons, de refuser l'entrée de la maison à celui sans l'aide duquel la maison n'aurait plus de maître ? Ne s'agit-il pas de guérir ce jeune homme d'une blessure qu'il a reçue pour nous, enfin ? Et voyez-vous, dame Ruperte, s'il n'a pas déjà meilleure mine et s'il n'est pas moins pâle qu'en venant ici ?

— C'est vrai, affirma dame Ruperte, il n'a jamais eu en bonne santé de plus vives couleurs.

— Réfléchissez, Colombe, continua Perrine, que ce serait un meurtre d'empêcher une convalescence si bien commencée. Allons, la fin sauve les moyens. Vous me laissez, n'est-ce pas, lui permettre de venir demain à la brune ? Pour vous-même ce sera une distraction, mon enfant ; distraction bien innocente, Dieu merci ! puis nous sommes là, dame Ruperte et moi. En vérité, je vous déclare que vous avez besoin de distraction, Colombe. Et qui est-ce qui ira dire à messire le prévôt qu'on a un peu adouci la rigueur de ses ordres ? D'ailleurs, avant sa défense, vous aviez autorisé Ascanio à venir vous montrer des bijoux, et il les a oubliés aujourd'hui, il faut bien qu'il les apporte demain.

Colombe regarda Ascanio ; il était devenu pâle et attendait sa réponse avec angoisse.

Pour une pauvre jeune fille tyrannisée et captive, cette humilité contenait une immense flatterie. Il y avait donc au monde quelqu'un qui dépendait d'elle et dont elle faisait le bonheur et la tristesse avec un mot ! Chacun aime son pouvoir. Les airs impudens du comte d'Orbec avaient récemment humilié Colombe. La pauvre prisonnière, pardonnez-lui ! ne résista pas à l'envie de voir un éclair de joie briller dans les yeux d'Ascanio, et elle dit en rougissant et en souriant :

— Dame Perrine, que me faites-vous faire là ?

Ascanio voulut parler, mais il ne put que joindre les mains avec effusion ; ses genoux fléchissaient sous lui.

— Merci, ma belle dame, dit Ruperte avec une profonde révérence. Allons, Ascanio, vous êtes faible encore, il est temps de rentrer. Donnez-moi le bras et partons.

L'apprenti trouva la force de dire adieu et merci, mais il suppléa aux paroles par un regard où il mit toute son âme, et suivit docilement la servante, le cœur inondé de joie.

Colombe retomba toute pensive sur le banc, et pénétrée d'une ivresse qu'elle se reprochait et à laquelle elle n'était pas habituée.

— A demain ! dit d'un air de triomphe, en quittant ses hôtes, dame Perrine qui les avait reconduits ; et vous pourrez bien, si vous voulez, jeune homme, revenir comme cela tous les jours pendant trois mois.

— Et pourquoi pendant trois mois seulement, demanda Ascanio qui avait rêvé d'y revenir toujours.

— Dame ! répondit Perrine, parce que dans trois mois Colombe se marie avec le comte d'Orbec.

Ascanio eut besoin de toute l'énergie de sa volonté pour ne pas tomber.

— Colombe se marie avec le comte d'Orbec ! murmura Ascanio. Oh ! mon Dieu ! mon Dieu ! je m'étais donc trompé ! Colombe ne m'aime pas !

Mais comme en ce moment dame Perrine refermait la porte derrière lui, et que dame Ruperte marchait devant, ni l'une ni l'autre ne l'entendirent.

XII.

LA REINE DU ROI.

Nous avons dit que Benvenuto était sorti vers les onze heures du matin de son atelier sans dire où il était allé. Benvenuto était allé au Louvre rendre à François Ier la visite que Sa Majesté lui avait faite à l'hôtel du cardinal de Ferrare.

Le roi avait tenu parole. Le nom de Benvenuto Cellini était donné partout, et toutes les portes s'ouvrirent devant lui ; mais cependant une dernière resta close : c'était celle du conseil. François Ier discutait sur les affaires d'État avec les premiers du royaume, et si positifs qu'eussent été les ordres du roi, on n'osa point introduire Cellini au milieu de la grave séance qui se tenait sans aller de nouveau prendre l'autorisation de Sa Majesté.

C'est qu'en effet la situation dans laquelle se trouvait la France était grave. Nous avons jusqu'à présent peu parlé des affaires d'État, convaincu que nos lecteurs et surtout nos lectrices préféraient les choses du cœur aux choses de la politique ; mais enfin nous sommes arrivés au moment où nous ne pouvons plus reculer et où nous voilà forcé de jeter un coup d'œil que nous ferons le plus rapide possible sur la France et sur l'Espagne, ou plutôt sur François Ier et sur Charles-Quint, car au seizième siècle les rois c'étaient les nations.

A l'époque où nous sommes arrivés, par un jeu de cette bascule politique dont tous deux éprouvèrent si souvent les effets, la situation de François Ier était devenue meilleure et celle de Charles-Quint avait empiré. En effet, les choses avaient fort changé depuis le fameux traité de Cambrai, dont deux femmes, Marguerite d'Autriche, tante de Charles-Quint, et la duchesse d'Angoulême, mère de François Ier, avaient été les négociatrices. Ce traité, qui était le complément de celui de Madrid, portait que le roi d'Espagne abandonnerait la Bourgogne au roi de France, et que le roi de France renoncerait de son côté à l'hommage de la Flandre et de l'Artois. De plus, les deux jeunes princes qui servaient d'otage à leur père devaient lui être remis contre une somme de deux millions d'écus d'or. Enfin, la bonne reine Eléonore, sœur de Charles-Quint, promise d'abord au connétable en récompense de sa trahison, puis mariée à François Ier en gage de paix, devait revenir à la cour de France avec les deux enfans auxquels elle avait si tendrement servi de mère ; tout cela s'était accompli avec une loyauté égale de part et d'autre.

Mais comme on le comprend bien, la renonciation de François Ier au duché de Milan, exigée de lui pendant sa captivité, n'était qu'une renonciation momentanée. A peine libre, à peine réintégré dans sa puissance, à peine rentré dans sa force, il tourna de nouveau les yeux vers l'Italie. C'était dans le but de faire un appui à ses prétentions dans la cour de Rome qu'il avait marié son fils Henri, devenu dauphin par la mort de son frère aîné François, à Catherine de Médicis, nièce du pape Clément VII.

Malheureusement, au moment où tous les préparatifs de l'invasion méditée par le roi venaient d'être achevés, le pape Clément VII était mort et avait eu pour successeur Alexandre Farnèse, lequel était monté sur le trône de saint Pierre sous le nom de Paul III.

Or, Paul III avait résolu dans sa politique de ne se laisser entraîner ni au parti de l'empereur ni au parti du ro de France, et de tenir la balance égale entre Charles-Quint et François Ier.

Tranquillisé de ce côté, l'empereur cessa de s'inquiéter des préparatifs de la France, et prépara à son tour une expédition contre Tunis, dont s'était emparé le fameux corsaire Cher-Eddin, si célèbre sous le nom de Barberousse, lequel, après en avoir chassé Muley-Hassan, s'était emparé de ce pays et de là ravageait la Sicile.

L'expédition avait complétement réussi, et Charles-Quint, après avoir détruit trois ou quatre vaisseaux à l'amiral de Soliman, était entré triomphant dans le port de Naples.

Là il avait appris une nouvelle qui l'avait encore rassuré : c'est que Charles III, duc de Savoie, bien qu'oncle maternel de François Ier, s'était, par les conseils de sa nouvelle femme, Béatrix, fille d'Emmanuel, roi de Portugal, détaché du parti du roi de France ; si bien que lorsque François Ier, en vertu de ses anciens traités avec Charles III, avait sommé celui-ci de recevoir ses troupes, le duc de Savoie n'avait répondu que par un refus, de sorte que François Ier se trouvait dans la nécessité de forcer le terrible passage des Alpes, dont jusque-là, grâce à son allié et son parent, il avait cru trouver les portes ouvertes.

Mais Charles-Quint fut tiré de sa sécurité par un véritable coup de foudre. Le roi avait fait marcher avec tant de promptitude une armée sur la Savoie, que son duc vit sa province occupée avant de se douter qu'elle était envahie. Brion, chargé du commandement de l'armée, s'empara de Chambéry, apparut sur les hauteurs des Alpes, et menaça le Piémont au même moment où François Sforce, frappé sans doute de terreur à la nouvelle de pareils succès, mourait subitement, laissant le duché de Milan sans héritier, et par conséquent donnant non seulement une facilité, mais encore un droit de plus à François Ier.

Brion descendit en Italie et s'empara de Turin. Arrivé là, il s'arrêta, établit son camp sur les bords de la Sésia, et attendit.

Charles-Quint, de son côté, avait quitté Naples pour Rome. La victoire qu'il venait de remporter sur les vieux ennemis du Christ lui valut une entrée triomphale dans la capitale du monde chrétien. Cette entrée enivra tellement l'empereur que, contre son habitude, il rompit toute mesure, accusa en plein consistoire François Ier d'hérésie, appuyant cette accusation sur la protection qu'il accordait aux protestans et sur l'alliance qu'il avait faite avec les Turcs. Puis, ayant récapitulé toutes leurs vieilles querelles, dans lesquelles, selon lui, François Ier avait toujours eu les premiers torts, il jura une guerre d'extermination à son beau-frère.

Ses malheurs passés avaient rendu François Ier aussi prudent qu'il avait d'abord été aventureux. Aussi, dès qu'il se vit menacé à la fois par les forces de l'Espagne et de l'Empire, il laissa Annebaut pour garder Turin, et rappela Brion avec ordre de conserver purement et simplement les frontières.

Tous ceux qui connaissaient le caractère chevaleresque et entreprenant de François Ier ne comprirent rien à cette retraite, et pensèrent que du moment où il faisait un pas en arrière il se considérait d'avance comme battu. Cette croyance exalta davantage encore l'orgueil de Charles-Quint ; il se mit de sa personne à la tête de son armée et résolut d'envahir la France en pénétrant par le Midi.

On connaît les résultats de cette tentative : Marseille, qui avait résisté au connétable de Bourbon et à Pescaire, les deux plus grands hommes de guerre du temps, n'eut point de peine à résister à Charles-Quint, grand politique, mais médiocre général. Charles-Quint ne s'en inquiéta point, laissa Marseille derrière lui, et voulut marcher sur Avignon ; mais Montmorency avait établi entre la Durance et le Rhône un camp inexpugnable contre lequel Charles-Quint s'acharna vainement. De sorte que Charles-Quint, après six semaines de tentatives inutiles, repoussé en tête, harcelé sur les flancs, menacé d'être coupé sur ses derrières, ordonna à son tour une retraite qui ressemblait fort à une déroute, et après avoir manqué de tomber entre les mains de son ennemi, parvint à grand'peine à gagner Barcelone, où il arriva sans hommes et sans argent.

Alors, tous ceux qui avaient attendu l'issue de l'affaire pour se déclarer se déclarèrent contre Charles-Quint. Henri VIII répudia sa femme, Catherine d'Aragon, pour épouser sa maîtresse, Anne de Boleyn. Soliman attaqua le royaume de Naples et la Hongrie. Les princes protestans d'Allemagne firent une ligue secrète contre l'empereur. Enfin les habitans de Gand, lassés des impôts qu'on ne cessait de mettre sur eux pour subvenir aux frais de la guerre contre la France, se révoltèrent tout à coup et envoyèrent à François Ier des ambassadeurs pour lui offrir de se mettre à leur tête.

Mais, au milieu de ce bouleversement universel qui menaçait la fortune de Charles-Quint, de nouvelles négociations s'étaient renouées entre lui et François Ier. Les deux souverains s'étaient abouchés à Aigues-Mortes, et François Ier, décidé à une paix dont il sentait que la France avait le plus grand besoin, était résolu à tout attendre désormais, non pas d'une lutte à main armée, mais de négociations amicales.

Il fit donc prévenir Charles-Quint de ce que lui proposaient les Gantois, en lui offrant en même temps un passage à travers la France pour se rendre en Flandre.

C'était à ce sujet que le conseil était assemblé au moment où Benvenuto était venu frapper à la porte, et, fidèle à sa promesse, François Ier, prévenu de la présence de son grand orfévre, avait ordonné qu'il fût introduit. Benvenuto put donc entendre la fin de la discussion.

— Oui, messieurs, disait François Ier, oui, je suis de l'avis de M. de Montmorency, et mon rêve, à moi, c'est de conclure une alliance durable avec l'empereur élu, d'élever nos deux trônes au-dessus de toute la chrétienté, et de faire disparaître devant nous toutes ces corporations, toutes ces communes, toutes ces assemblées populaires qui prétendent imposer des limites à notre puissance royale en nous refusant tantôt les bras, tantôt l'argent de nos sujets. Mon rêve est de faire rentrer dans le sein de la religion et dans l'unité pontificale toutes les hérésies qui dessolent notre sainte mère Eglise. Mon rêve est enfin de réunir toutes mes forces contre les ennemis du Christ, de chasser le sultan des Turcs de Constantinople, ne fût-ce que pour prouver qu'il n'est pas, comme on le dit, mon allié, et d'établir à Constantinople un second empire, rival du premier en force, en splendeur et en étendue. Voilà mon rêve, messieurs, et je lui ai donné ce nom afin de ne pas trop me laisser élever par l'espérance du succès, afin de ne pas être trop abattu quand l'avenir m'en viendra peut-être démontrer l'impossibilité. Mais s'il réussissait, s'il réussissait, connétable, si j'avais la France et la Turquie, Paris et Constantinople, l'Occident et l'Orient, convenez, messieurs, que ce serait beau, que ce serait grand, que ce serait sublime !

— Ainsi, sire, dit le duc de Guise, il est définitivement arrêté que vous refusez la suzeraineté que vous offrent les Gantois, et que vous renoncez aux anciens domaines de la maison de Bourgogne ?

— C'est arrêté ; l'empereur verra que je suis allié aussi loyal que loyal ennemi. Mais avant, et sur toutes choses, comprenez-le bien, je veux et j'exige que le duché de Milan me soit rendu ; il m'appartient par mon droit héréditaire et par l'investiture des empereurs, il me l'aura, foi de gentilhomme ! mais, je l'espère, sans rompre amitié avec mon frère Charles.

— Et vous offrirez à Charles-Quint de passer par la France pour aller châtier les Gantois révoltés ? ajouta Poyet.

— Oui, monsieur le chancelier, répondit le roi ; faites partir dès aujourd'hui M. de Fréjus pour l'y inviter en mon nom. Montrons-lui que nous sommes disposés à tout pour conserver la paix. Mais s'il veut la guerre...

Un geste terrible et majestueux accompagna cette phrase suspendue un instant, car François Ier avait aperçu son artiste qui se tenait modestement près de la porte.

— Mais s'il veut la guerre, reprit-il, par mon Jupiter ! dont Benvenuto vient m'apporter des nouvelles, je jure qu'il l'aura sanglante, terrible, acharnée. Eh bien ! Benvenuto, mon Jupiter, où en est-il ?

— Sire, répondit Cellini, je vous en apporte le modèle, de votre Jupiter ; mais savez-vous à quoi je rêvais en vous regardant et en vous écoutant ? Je rêvais à une fontaine pour votre Fontainebleau ; à une fontaine que surmonterait une statue colossale de soixante pieds, qui tiendrait une lance brisée dans sa main droite, et qui appuierait la gauche sur la garde de son épée. Cette statue, sire, représenterait Mars, c'est-à-dire Votre Majesté : car en vous tout est courage, et vous employez le courage avec justice et pour la sainte défense de votre gloire. Attendez, sire, ce n'est pas tout : aux quatre angles de la base de cette statue, il y aura quatre figures assises, la poésie, la peinture, la sculpture et la libéralité. Voilà à quoi je rêvais en vous regardant et vous écoutant, sire.

— Et vous ferez vivre ce rêve-là en marbre ou en bronze, Benvenuto ; je le veux, dit le roi avec le ton du commandement, mais en souriant avec une aménité toute cordiale.

Tout le conseil applaudit, tant chacun trouvait le roi digne de la statue, et la statue digne du roi.

— En attendant, reprit le roi, voyons notre Jupiter.

Benvenuto tira le modèle de dessous son manteau, et le posa sur la table autour de laquelle venait de se débattre la destinée du monde.

François Ier le regarda un moment avec un sentiment d'admiration sur l'expression duquel il n'y avait point à se tromper.

— Enfin ! s'écria-t-il, j'ai donc trouvé un homme selon mon cœur ; puis, frappant sur l'épaule de Benvenuto : Mon ami, continua-t-il, je ne sais lequel éprouve le plus de bonheur du prince qui trouve un artiste qui va au-devant de toutes ses idées, un artiste tel que vous enfin, ou de l'artiste qui rencontre un prince capable de le comprendre. Je crois que mon plaisir est plus grand, à vrai dire.

— Oh ! non, permettez, sire, s'écria Cellini, c'est à coup sûr le mien.

— C'est le mien, allez, Benvenuto.

— Je n'ose résister à Votre Majesté ; cependant...

— Allons, disons donc que nos joies se valent, mon ami.

— Sire, vous m'avez appelé votre ami, dit Benvenuto, voilà un mot qui me paie au centuple de sa valeur tout ce que j'ai déjà fait pour Votre Majesté et tout ce que je puis encore faire pour elle.

— Eh bien ! je veux te prouver que ce n'est point une vaine parole qui m'est échappée, Benvenuto, et que si je t'ai appelé mon ami, c'est que tu l'es réellement. Apporte-moi mon Jupiter, achève-le le plus tôt possible, et ce que tu me demanderas en m'apportant, foi de gentilhomme! si la main d'un roi peut y atteindre, tu l'auras. Entendez-vous, messieurs ? et si j'oubliais ma promesse, faites-m'en souvenir.

— Sire, s'écria Benvenuto, vous êtes un grand et noble roi, et je suis honteux de pouvoir si peu pour vous, qui faites tant pour moi.

Puis ayant baisé la main que le roi lui tendait, Cellini replaça la statue de son Jupiter sous son manteau, et sortit de la salle du conseil le cœur plein d'orgueil et de joie.

En sortant du Louvre il rencontra le Primatice qui allait y entrer.

— Où courez-vous donc si joyeux, mon cher Benvenuto ? dit le Primatice à Cellini, qui passait sans le voir.

— Ah ! c'est vous, Francesco ! s'écria Cellini. Oui, vous avez raison, je suis joyeux, car je viens de voir notre grand, notre sublime, notre divin François Ier...

— Et avez-vous vu madame d'Etampes ? demanda le Primatice.

— Qui m'a dit des choses, voyez-vous, Francesco, que je n'ose répéter, quoiqu'on prétende que la modestie n'est pas mon fort.

— Mais que vous a dit madame d'Etampes ?

— Il m'a tutoyé comme il tutoie ses maréchaux. Enfin il m'a dit que quand mon Jupiter serait fini, je pourrais lui demander telle faveur qui me conviendrait, et que cette faveur m'était d'avance accordée.

— Mais que vous a promis madame d'Etampes ?

— Quel homme étrange vous faites, Francesco !

— Pourquoi cela ?

— Vous ne me parlez que de madame d'Etampes quand je ne vous parle que du roi.

— C'est que je connais mieux la cour que vous, Benvenuto ; c'est que vous êtes mon compatriote et mon ami ; c'est que vous m'avez rapporté un peu de l'air de notre belle Italie, et que dans ma reconnaissance je veux vous sauver d'un grand danger. Ecoutez, Benvenuto, la duchesse d'Etampes est votre ennemie, votre ennemie mortelle ; je vous l'ai déjà dit, car à cette époque je le craignais, je vous le répète ; mais aujourd'hui j'en suis sûr. Vous avez offensé cette femme, et si vous ne l'apaisez, elle vous perdra. Madame d'Etampes, Benvenuto, écoutez bien ce que je vais vous dire : madame d'Etampes, c'est la reine du roi.

— Que me dites-vous là, bon Dieu ! s'écria Cellini en riant. Moi, moi, j'ai offensé madame d'Etampes ! et comment cela ?

— Oh ! je vous connais, Benvenuto, et je me doutais bien que vous n'en saviez pas plus que moi, pas plus qu'elle sur le motif de son aversion pour vous. Mais qu'y faire ? Les femmes sont ainsi bâties : elles haïssent comme elles aiment, sans savoir pourquoi. Eh bien ! la duchesse d'Etampes vous hait.

— Que voulez-vous que j'y fasse ?

— Ce que je veux ? Je veux que le courtisan sauve le sculpteur.

— Moi, le courtisan d'une courtisane !

— Vous avez tort, Benvenuto, dit en souriant le Primatice, vous avez tort ; madame d'Etampes est très belle, et tout artiste en doit convenir.

— Aussi, j'en conviens, dit Benvenuto.

— Eh bien ! dites-le-lui, à elle, à elle-même, et non pas à moi. Je ne vous en demande pas davantage pour que vous deveniez les meilleurs amis du monde. Vous l'avez blessée par un caprice d'artiste ; c'est à vous de faire les premiers pas vers elle.

— Si je l'ai blessée, dit Cellini, c'est sans intention ou plutôt sans méchanceté. Elle m'a dit quelques paroles mordantes que je ne méritais pas ; je l'ai remise à sa place, et elle le méritait.

— N'importe, n'importe ! oubliez ce qu'elle a dit, Benvenuto, et faites-lui oublier ce que vous lui avez répondu. Je vous le répète, elle est impérieuse, elle est vindicative, et elle tient dans sa main le cœur du roi, du roi, qui aime les arts, mais qui aime encore mieux l'amour. Elle vous fera repentir de votre audace, Benvenuto ; elle vous suscitera des ennemis ; c'est elle déjà qui a donné au prévôt le courage de vous résister. Et, tenez, je pars pour l'Italie, moi ; je vais à Rome par son ordre. Eh bien ! ce voyage, Benvenuto, est dirigé contre vous, et moi-même, moi, votre ami, je suis forcé de servir d'instrument à sa rancune.

— Et qu'allez-vous faire à Rome ?

— Ce que j'y vais faire ? Vous avez promis au roi de rivaliser avec les anciens, et je vous sais homme à tenir votre promesse ; mais la duchesse croit que vous vous êtes vanté à tort, et pour vous écraser par la comparaison sans doute, elle m'envoie, moi, peintre, mouler à Rome les plus belles statues antiques, le Laocoon, la Vénus e, Rémouleur, que sais-je, moi !

— Voilà en effet un terrible raffinement de haine, dit Benvenuto, qui, malgré la bonne opinion qu'il avait de lui-même, n'était pas tout à fait sans inquiétude sur une comparaison de son œuvre avec celle des plus grands maîtres ; mais céder à une femme, ajouta-t-il en serrant les poings, jamais ! jamais !

— Qui vous parle de céder ! Tenez, je vous ouvre un moyen. Ascanio lui a plu : elle veut le faire travailler et m'a chargé de lui dire de passer chez elle. Eh bien ! rien de plus simple à vous que d'accompagner votre élève à l'hôtel d'Etampes pour le présenter vous-même à la belle duchesse. Profitez de cela, emportez avec vous quelqu'un de ces merveilleux bijoux comme vous seul en savez faire, Benvenuto ; vous le lui montrerez d'abord, puis quand vous verrez ses yeux briller en le regardant, vous le lui offrirez comme un tribut à peine digne d'elle. Alors elle acceptera, vous remerciera gracieusement, vous fera en échange quelque présent digne de vous, et vous rendra toute sa faveur. Si vous avez au contraire cette femme pour ennemie, renoncez dès à présent aux grandes choses que vous rêvez. Hélas ! j'ai été forcé, moi aussi, de plier un instant pour me relever après de toute ma taille. Jusque-là je me voyais préférer ce barbouilleur de Rosso ; on le mettait partout et toujours au-dessus de moi. On le nommait intendant de la couronne.

— Vous êtes injuste envers lui, Francesco, dit Cellini, incapable de cacher sa pensée : c'est un grand peintre.

— Vous trouvez ?

— J'en suis sûr.

— Eh ! j'en suis sûr aussi, moi, dit le Primatice, et je le hais justement à cause de cela. Eh bien ! on se servait de lui pour m'écraser ; j'ai flatté leurs misérables vanités, et maintenant je suis le grand Primatice, et maintenant on se sert de moi pour vous écraser à votre tour. Faites donc comme j'ai fait, Benvenuto, vous ne vous repentirez pas d'avoir suivi mon conseil. Je vous en supplie pour vous et pour moi, je vous en supplie au nom de votre gloire et de votre avenir, que vous compromettez tous deux si vous persistez dans votre entêtement.

— C'est dur ! dit Cellini, qui commençait cependant visiblement à céder.

— Si ce n'est pour vous, Benvenuto, que ce soit pour notre grand roi. Voulez-vous lui déchirer le cœur, en le mettant dans la nécessité d'opter entre une maîtresse qu'il aime et un artiste qu'il admire ?

— Eh bien ! soit ! pour le roi je le ferai ! s'écria Cellini, enchanté d'avoir trouvé en face de son amour-propre une excuse suffisante.

— A la bonne heure ! dit le Primatice. Et maintenant vous comprenez que si un seul mot de cette conversation était rapporté à la duchesse, je serais perdu.

— Oh ! dit Benvenuto, j'espère que vous êtes tranquille.

— Benvenuto donne sa parole et tout est dit, reprit le Primatice.

— Vous l'avez.

— Oh bien donc ! adieu, frère.

— Bon voyage là-bas !

— Bonne chance ici !

Et les deux amis, après s'être serré une dernière fois la main, se quittèrent en faisant chacun un geste qui résumait toute leur conversation.

XIII.

SOUVENT FEMME VARIE.

L'hôtel d'Etampes n'était pas fort éloigné de l'hôtel de Nesle. Nos lecteurs ne trouveront donc pas étonnant que nous passions de l'un à l'autre.

Il était situé près du quai des Augustins, et s'étendait le long de la rue Gilles-le-Gueux, que l'on a sentimentalement baptisée depuis rue Gît-le-Cœur. Sa principale entrée s'ouvrait rue de l'Hirondelle. François Ier en avait fait don à sa maîtresse pour qu'elle consentît à devenir la femme de Jacques Desbrosses, comte de Penthièvre, comme il avait donné le duché d'Etampes et le gouvernement de Bretagne à Jacques Desbrosses, comte de Penthièvre, pour qu'il consentît à épouser sa maîtresse.

Le roi avait tâché d'ailleurs de rendre son présent digne de la belle Anne d'Heilly. Il avait fait arranger l'ancien hôtel au plus nouveau goût. Sur la façade sombre et sévère s'étaient épanouies par enchantement, comme autant de pensées d'amour, les délicates fleurs de la Renaissance. Enfin, aux soins que le roi avait pris pour orner cette demeure, il était aisé de s'apercevoir qu'il devait loger là lui-même presqu'autant que la duchesse d'Etampes. De plus on avait meublé les chambres avec un luxe royal, et la maison était montée comme celle d'une vraie reine, et même beaucoup mieux sans doute que celle de l'excellente et chaste Eléonore, la sœur de Charles-Quint et la femme légitime de François Ier, dont il était si peu question dans le monde et même à la cour.

Si maintenant nous pénétrons indiscrètement de grand matin dans la chambre de la duchesse, nous la trouverons à demi couchée sur un lit de repos, appuyant sa charmante tête sur une de ses belles mains, et passant négligemment l'autre dans les boucles de ses cheveux châtains aux reflets dorés. Les pieds nus d'Anne paraissent plus petits et plus blancs dans ses larges mules de velours noir, et sa robe flottante et négligée prête à la coquette un charme irrésistible.

Le roi est là en effet, debout contre une fenêtre, mais il ne regarde pas sa duchesse. Il frappe des doigts contre la vitre en mesure, et paraît méditer profondément. Sans doute il songe à cette grave question de Charles-Quint traversant la France.

— Et que faites-vous donc là, sire, le dos tourné ? lui dit enfin la duchesse impatientée.

— Des vers pour vous, ma mie, et les voilà terminés, j'espère, répondit François Ier.

— Oh ! dites-les moi vitement, de grâce, mon beau poëte couronné.

— Je le veux bien, reprit le roi avec l'assurance d'un rimeur porte-sceptre. Ecoutez :

Etant seulet, auprès d'une fenêtre,
Par un matin comme le jour poignait,
Je regardais Aurore à main senestre,
Qui à Phœbus le chemin enseignait,
Et d'autre part ma mie qui peignait
Son chef doré, et vis ses luisans yeux,
Dont elle un trait si gracieux,
Qu'à haute voix je fus contraint de dire :
Dieux immortels ! rentrez dedans vos cieux,
Car la beauté de ceste vous empire.

— Oh ! les charmans vers, fit la duchesse en applaudissant. Regardez l'Aurore tant qu'il vous plaira ; désormais je ne suis plus jalouse d'elle, puisqu'elle me vaut de si beaux vers. Redites-les moi donc, je vous en prie.

François Ier répéta complaisamment pour elle et pour lui

son galant à-propos, mais alors ce fut Anne qui, à son tour, garda le silence.

— Qu'avez-vous donc, belle dame? dit François Ier, qui s'attendait à un second compliment.

— J'ai, sire, que je vous répéterai avec plus d'autorité ce matin ce que je vous disais hier au soir : Un poëte a encore moins d'excuses qu'un roi chevalier pour laisser insolemment outrager sa dame, car elle est en même temps sa maîtresse et sa muse.

— Encore, méchante ! reprit le roi avec un petit mouvement d'impatience ; voir là un outrage, bon Dieu ! Votre rancune est bien implacable, ma nymphe souveraine, que vos griefs vous font oublier mes vers.

— Monseigneur, je hais comme j'aime.

— Et pourtant, voyons, si je vous priais bien de ne plus en vouloir à Benvenuto, un grand fou qui ne sait ce qu'il dit, qui parle comme il se bat, à l'étourdie, et qui n'a pas eu, je vous en réponds, l'intention de vous blesser. Vous le savez d'ailleurs, la clémence est l'apanage des divinités, chère déesse, pardonnez à cet insensé pour l'amour de moi !

— Insensé ! reprit Anne en murmurant.

— Oh ! insensé sublime, c'est vrai, dit François Ier, je l'ai vu hier et il m'a promis des merveilles. C'est un homme qui n'a pas, je crois, de second dans son art, et qui me glorifiera dans l'avenir autant qu'André del Sarto, Titien et Léonard de Vinci. Vous savez combien j'aime mes artistes, ma duchesse chérie, soyez donc favorable et indulgente à celui-là, je vous en conjure. Eh ! mon Dieu ! giboulée d'avril, caprice de femme et boutade d'artiste ont, selon moi, plus de charme que d'ennui. Voyons, pardonnez-vous à ce qui me plaît, vous que j'aime.

— Je suis votre servante et vous obéirai, sire.

— Merci. En échange de cette grâce que m'accorde la bonté de la femme, vous pouvez requérir tel don qu'il vous plaira de la puissance du prince. Mais, hélas ! voici que le jour grandit, et il faut vous quitter. Il y a encore conseil aujourd'hui. Quel ennui ! Ah ! mon frère Charles-Quint me rend bien rude le métier de roi. Il met la ruse à la place de la chevalerie, la plume à la place de l'épée ; c'est une honte. Je crois, foi de gentilhomme ! qu'il faudra inventer de nouveaux mots pour nommer toute cette science et toute cette habileté de gouvernement. Adieu, ma pauvre bien-aimée, je vais tâcher d'être fin et adroit. Vous êtes bien heureuse, vous, de n'avoir qu'à rester belle, et que le ciel ait tout fait pour cela. Adieu, ne vous levez pas, mon page m'attend dans l'antichambre. Au revoir, et pensez à moi.

— Toujours, sire.

Et lui jetant de la main un dernier adieu, François Ier souleva la tapisserie et sortit laissant seule la belle duchesse, qui, fidèle à sa promesse, se mit sur-le-champ, il faut le dire, à penser à toute autre chose qu'à lui.

C'est que madame d'Etampes était une nature active, ardente, ambitieuse. Après avoir vivement cherché et vaillamment conquis l'amour du roi, cet amour ne suffit plus bientôt à l'inquiétude de son esprit, et elle commença à s'ennuyer. L'amiral Brion, le comte de Longueval qu'elle aima quelque temps, Diane de Poitiers qu'elle détesta toujours, ne l'occupaient pas assez puissamment ; mais depuis huit jours, le vide qu'elle sentait dans son esprit s'était un peu rempli, et elle avait recommencé à vivre, grâce à une nouvelle haine et à un nouvel amour. Elle haïssait Cellini et elle aimait Ascanio, et c'est à l'un et à l'autre qu'elle songeait, tandis que ses femmes achevaient de l'habiller.

Comme il ne restait plus qu'à la coiffer, on annonça le prévôt de Paris et le vicomte de Marmagne.

Ils étaient au nombre des plus dévoués partisans de la duchesse, dans les deux camps qui s'étaient formés à la cour entre la maîtresse du Dauphin, Diane de Poitiers, et elle. Or, on accueille bien les amis quand on pense à son ennemi. Ce fut donc avec une grâce infinie que madame d'Etampes donna sa main à baiser au prévôt renfrogné et au souriant vicomte.

— Messire le prévôt, dit-elle avec une colère qui n'avait rien de joué, et une compassion qui n'avait rien d'injurieux, nous avons appris l'odieuse façon dont ce rustre italien vous a traité, vous, notre meilleur ami, et nous en sommes encore indignée.

— Madame, répondit d'Estourville, faisant une flatterie même de son revers, j'aurais été honteux que mon âge et mon caractère fussent épargnés par l'infâme que n'avaient pas arrêté votre beauté et votre bonne grâce.

— Oh ! dit Anne, je ne pense qu'à vous, et quant à mon injure personnelle, le roi, qui est vraiment trop indulgent pour ces insolens étrangers, m'a priée de l'oublier, et je l'oublie.

— S'il en est ainsi, madame, la prière que nous avions à vous faire serait sans doute mal accueillie, et nous vous demandons la permission de nous retirer sans vous la dire.

— Comment, messire d'Estourville, ne suis-je pas votre en tout temps et quoi qu'il arrive. Parlez ! parlez ! ou je me fâche contre un si méfiant ami.

— Eh bien ! madame, voilà ce dont il s'agit. J'avais cru pouvoir disposer en faveur du comte de Marmagne de ce droit de logis dans un des hôtels royaux que je tenais de votre munificence, et naturellement nous avons jeté les yeux sur l'hôtel de Nesle, tombé en de si mauvaises mains.

— Ah ! ah ! fit la duchesse. Je vous écoute avec attention.

— Le vicomte, madame, avait accepté d'abord avec le plus vif empressement ; mais maintenant, avec la réflexion, il hésite, il songe avec effroi à ce terrible Benvenuto.

— Pardon, mon digne ami, interrompit le vicomte de Marmagne, pardon, vous expliquez fort mal la chose. Je ne crains pas Benvenuto, je crains la colère du roi. Je n'ai pas peur d'être tué par ce rustre italien, pour parler comme parle madame, fi donc ! Ce dont j'ai peur, c'est pour ainsi dire de le tuer, et que mal ne m'advienne d'avoir privé notre sire d'un serviteur auquel il paraît tenir beaucoup.

— Et j'avais osé, madame, lui faire espérer qu'au besoin votre protection ne lui manquerait pas.

— Elle n'a jamais manqué à mes amis, dit la duchesse, et d'ailleurs, n'avez-vous pas pour vous une meilleure amie que moi, la justice ? N'agissez-vous pas en vertu des désirs du roi ?

— Sa Majesté, répondit Marmagne, n'a pas désigné elle-même l'hôtel de Nesle pour être occupé par un autre que ce Benvenuto, et notre choix, il ne faut pas le dissimuler, aura tout l'air d'une vengeance. Et puis si, comme je le puis affirmer, car j'amènerai avec moi deux hommes sûrs, si je tue ce Cellini ?

— Oh ! mon Dieu ! dit la duchesse en montrant ses dents blanches en même temps que son sourire, le roi protège bien les vivans ; mais il se soucierait médiocrement, j'imagine, de venger les morts, et son admiration pour l'art n'ayant plus sur ce point à s'exercer, il ne se souviendrait plus, j'espère, de son affection pour moi. Cet homme m'a si publiquement et affreusement insultée ! Marmagne, l'oublierez-vous ?

— Mais madame, dit le prudent vicomte, sachez bien nettement ce que vous aurez à défendre.

— Oh ! vous êtes parfaitement clair, vicomte.

— Non, si vous le permettez, madame, je ne veux rien vous laisser ignorer. Il se peut qu'avec ce diable d'homme la force échoue. Alors vous avouerai que nous aurons recours à la ruse ; s'il échappait aux braves en plein jour dans son hôtel, ils le retrouveraient par hasard quelque soir dans une ruelle écartée et..... ils n'ont pas seulement des épées, madame, ils ont des poignards.

— J'avais compris, dit la duchesse, sans qu'une des nuances de son joli teint pâlît à ce petit projet d'assassinat.

— Eh bien ! madame.

— Eh bien ! vicomte, je vois que vous êtes homme de précaution, et qu'il ne fait pas bon être de vos ennemis, diable !

— Mais sur la chose en elle-même, madame?

— La chose est grave, en effet, et vaudrait peut-être la peine qu'on y réfléchît; mais, que vous disais-je; chacun sait, et le roi lui-même n'ignore pas que cet homme m'a grièvement blessée dans mon orgueil. Je le hais... autant que mon mari ou madame Diane; et, ma foi je crois pouvoir vous promettre... Mais qu'y a-t-il donc, Isabeau, et pourquoi nous interrompre?

Ces derniers mots de la duchesse s'adressaient à une des femmes qui entrait tout effarée.

— Mon Dieu! madame, dit Isabeau, je vous demande pardon, mais cet artiste florentin, ce Benvenuto Cellini, qui est là avec le plus beau petit vase doré qu'on puisse imaginer. Il a dit très poliment qu'il venait l'offrir à Votre Seigneurie, et qu'il demandait instamment la faveur de vous entretenir une minute.

— Ah! oui da! reprit la duchesse avec la satisfaction d'une fierté adoucie, et que lui as-tu répondu, Isabeau?

— Que madame n'était pas habillée et que j'allais la prévenir.

— Très bien. Il paraît, ajouta la duchesse en se retournant vers le prévôt consterné, que notre ennemi s'amende et qu'il commence à reconnaître ce que nous valons et ce que nous pouvons. C'est égal, il n'en sera pas quitte à si bon marché qu'il croit, et je ne vais pas recevoir comme cela tout de suite ses excuses. Il faut qu'il sente un peu mieux son offense et notre courroux. Isabeau, dis-lui que tu m'as avertie et que j'ordonne qu'il attende.

Isabeau sortit.

— Je vous disais donc, vicomte de Marmagne, reprit la duchesse apportant déjà une certaine modification dans sa colère, que la chose dont vous m'entretenez était grave, et que je ne pouvais guère vous promettre de prêter les mains à ce qui est, après tout, un meurtre et un guet-apens.

— L'injure a été si éclatante, hasarda le prévôt.

— La réparation, j'espère, ne le sera pas moins, messire. Ce redoutable orgueil, qui résistait à des souverains, attend là, dans mon antichambre, mon bon plaisir de femme, et deux heures de ce purgatoire expieront bien, à vrai dire, un mot d'impertinence. Il ne faut pas non plus être sans pitié, prévôt. Pardonnez-lui comme je lui pardonnerai dans deux heures! aurais-je sur vous moins de pouvoir que le roi n'en a sur moi?

— Veuillez donc nous permettre, maintenant, madame, de prendre congé de vous, dit le prévôt en s'inclinant, car je ne voudrais pas faire à ma souveraine véritable une promesse que je ne tiendrais pas.

— Vous retirer! oh! non pas, dit la duchesse, qui voulait à toute force des témoins de son triomphe; j'entends, messire le prévôt, que vous assistiez à l'humiliation de votre ennemi, et que nous soyons ainsi vengés du même coup. Je vous donne à vous et au vicomte ces deux heures: ne me remerciez pas. — On dit que vous mariez votre fille au comte d'Orbec, je crois? — Beau parti, vraiment. Je dis beau: c'est bon que je devrais dire; mais, messire, asseyez-vous donc. Savez-vous que pour que ce mariage se fasse, il faut mon consentement, et vous ne l'avez pas demandé encore, mais je vous le donnerai. D'Orbec m'est aussi dévoué que vous. J'espère que nous allons enfin la voir et la posséder votre belle enfant, et que son mari ne sera pas assez malavisé pour ne pas la conduire à la cour. Comment l'appelez-vous, messire?

— Colombe, madame.

— C'est un joli et doux nom. On dit que les noms ont une influence sur la destinée; s'il en est ainsi, la pauvre enfant doit avoir le cœur tendre et souffrira. Eh bien! Isabeau, qu'est-ce que c'est?

— Rien, madame; il a dit qu'il attendrait.

— Ah! oui; fort bien, je n'y pensais déjà plus. Oui, oui, je vous le répète, prenez garde à Colombe, messire d'Estourville, le comté est un mari de la pâte du mien, ambitieux autant que le duc d'Étampes est cupide, et fort capable aussi d'échanger sa femme contre quelque duché. Alors,

gare à moi aussi! surtout si elle est aussi jolie qu'on le prétend! Vous me la présenterez, n'est-ce pas, messire? Il est juste que je puisse me mettre en état de défense.

La duchesse, radieuse dans l'attente de sa victoire, parla longtemps ainsi avec abandon, tandis que sa joie impatiente perçait dans ses moindres mouvemens.

— Allons! dit-elle enfin, une demi-heure encore, et les deux heures seront écoulées; on délivrera le pauvre Benvenuto de son supplice. Nous nous mettons à sa place, il doit horriblement souffrir; il n'est pas habitué à de pareilles factions: pour lui le Louvre est toujours ouvert et le roi toujours visible. En vérité, bien qu'il l'ait mérité, je le plains. Il doit se ronger les poings, n'est-ce pas? Et ne pouvoir manifester sa rage! Ah! ah! ah! j'en rirai longtemps. Mais, bon Dieu! qu'est-ce que j'entends-là? Ces éclats de voix... ce fracas.

— Serait-ce le damné qui s'ennuie du Purgatoire, dit le prévôt reprenant espoir.

— Je voudrais bien voir cela, dit la duchesse toute pâle; venez donc avec moi, mes maîtres, venez donc.

Benvenuto, résigné pour les raisons que nous avons vues à faire sa paix avec la toute-puissante favorite, avait dès le lendemain de sa conversation avec la Primatice pris le petit vase d'argent doré rançon de sa tranquillité, et soutenant sous le bras Ascanio, bien faible et bien pâle de sa nuit d'angoisses, s'était acheminé vers l'hôtel d'Étampes. Il trouva d'abord les valets qui refusèrent de l'annoncer de si bonne heure à leur maîtresse, et il perdit une bonne demi-heure à parlementer. Cela commença déjà à l'irriter fort. Isabeau enfin passa et consentit à prévenir madame d'Étampes. Elle revint dire à Benvenuto que la duchesse s'habillait et qu'il eût à attendre un peu. Il prit donc patience et s'assit sur un escabeau, près d'Ascanio, qui, brisé par la marche, par la fièvre et par ses pensées, ressentait quelque faiblesse.

Une heure se passa ainsi. Benvenuto se mit à compter les minutes. Mais, après tout, pensait-il, la toilette d'une duchesse est l'affaire importante de sa journée; et pour un quart d'heure de plus ou de moins je ne vais pas perdre le bénéfice de ma démarche. Cependant, malgré cette réflexion philosophique, il commença à compter les secondes.

En attendant, Ascanio pâlissait: il avait voulu taire ses souffrances à son maître et l'avait héroïquement suivi sans rien dire; mais il n'avait rien pris le matin, et, bien qu'il refusât d'en convenir, il sentait ses forces l'abandonner; Benvenuto ne put rester assis et se mit à marcher à grands pas en long et en large.

Un quart d'heure s'écoula.

— Tu souffres, mon enfant? dit Cellini à Ascanio.

— Non, vraiment, maître; c'est vous qui souffrez, plutôt. Prenez donc patience, je vous en supplie, on ne peut tarder maintenant.

En ce moment, Isabeau passa de nouveau.

— Votre maîtresse tarde bien, dit Benvenuto.

La malicieuse fille alla à la fenêtre et regarda l'horloge de la cour.

— Mais il n'y a encore qu'une heure et demie que vous attendez, fit-elle; de quoi donc vous plaignez-vous?

Et comme Cellini fronçait le sourcil, elle s'enfuit en partant d'un éclat de rire.

Benvenuto, par un effort violent, se contraignit encore. Seulement, il fut obligé de se rasseoir, et les bras croisés resta là muet et grave. Il paraissait calme; mais sa colère fermentait en silence. Deux domestiques immobiles devant la porte le regardaient avec un sérieux qui lui semblait railleur.

Le quart sonna; Benvenuto jeta les yeux sur Ascanio et le vit plus pâle que jamais et tout prêt à s'évanouir.

— Ah çà! s'écria-t-il en n'y tenant plus, elle le fait donc exprès, à la fin! J'ai bien voulu croire à ce qu'on me disait et attendre par complaisance; mais si c'est une insulte qu'on veut me faire, et j'y suis si peu accoutumé que l'idée ne m'en était pas même venue; si c'est une insulte, je ne suis pas homme à me laisser insulter, même par une femme, et je pars. Viens, Ascanio.

Ce disant, Benvenuto, soulevant de sa main puissante l'escabeau inhospitalier où la rancune de la duchesse l'avait, sans qu'il le sût, humilié pendant près de deux heures, le laissa retomber et le brisa. Les valets firent un mouvement, mais Cellini tira à moitié son poignard, et ils s'arrêtèrent. Ascanio, effrayé pour son maître, voulut se lever; mais son émotion avait épuisé le reste de ses forces, il tomba sans connaissance. Benvenuto ne s'en aperçut pas d'abord.

En ce moment, la duchesse parut pâle et courroucée sur le seuil de la porte.

— Oui, je pars, reprit de sa voix de tonnerre Benvenuto, qui la vit fort bien, et dites à cette femme que je remporte mon présent pour le donner à je ne sais qui, au premier manant venu, mais qui en sera plus digne qu'elle. Dites-lui que si elle m'a pris pour un de ses valets, comme vous, elle s'est trompée, que nous autres artistes, nous ne vendons pas notre obéissance et nos respects comme elle vend son amour! Et maintenant, faites-moi place! Suis-moi, Ascanio!

En ce moment il se retourna vers son élève bien-aimé et le vit les yeux fermés, la tête renversée et pâle contre la muraille.

— Ascanio! s'écria Benvenuto, Ascanio, mon enfant, évanoui, mourant peut-être! Oh! mon Ascanio chéri, et c'est encore cette femme... Benvenuto se retourna avec un geste menaçant contre la duchesse d'Étampes, faisant en même temps un mouvement pour emporter Ascanio dans ses bras.

Quant à elle, pleine de courroux et d'épouvante, elle n'avait pu jusque-là faire un pas ni prononcer un mot. Mais, en voyant Ascanio blanc comme un marbre, la tête penchée, ses longs cheveux épars, et si beau de sa pâleur, si gracieux dans son évanouissement, par un mouvement irrésistible elle se précipita vers lui et se trouva presque agenouillée vis-à-vis de Benvenuto, tenant comme lui une main d'Ascanio dans les siennes.

— Mais cet enfant se meurt! Si vous l'emportez, monsieur, vous le tuerez. Il lui faut peut-être des secours très prompts. Jérôme, cours chercher maître André. Je ne veux pas qu'il sorte d'ici en cet état, entendez-vous? Partez ou restez, vous, mais laissez-le.

Benvenuto regarda la duchesse avec pénétration et Ascanio avec anxiété. Il comprit qu'il n'y avait aucun danger à laisser son élève chéri aux soins de madame d'Étampes, et qu'il y en aurait peut-être à le transporter sans précaution. Son parti fut pris vite, comme toujours, car la décision rapide et inébranlable était une des qualités ou un des défauts de Cellini.

— Vous en répondez, madame! dit-il.
— Oh! sur ma vie! s'écria la duchesse.

Il baisa doucement l'apprenti au front, et s'enveloppant de son manteau, la main sur son poignard, il sortit fièrement, non sans avoir échangé avec la duchesse un coup d'œil de haine et de dédain. Quant aux deux hommes, il ne daigna pas même les regarder.

Anne, de son côté, suivit son ennemi tant qu'elle put le voir avec des yeux ardents de fureur; puis changeant d'expression, ses yeux s'abaissèrent avec une tristesse inquiète sur le gentil malade : l'amour succédait à la colère, la tigresse redevenait gazelle.

— Maître André, dit-elle à son médecin qui accourait, voyez-le, sauvez-le, il est blessé et mourant.
— Ce n'est rien, dit maître André, un affaiblissement passager. Il versa sur les lèvres d'Ascanio quelques gouttes d'un cordial qu'il portait toujours avec lui.
— Il se ranime, s'écria la duchesse, il fait un mouvement. Maintenant, maître, il lui faut du calme, n'est-ce pas? Transportez-le dans cette chambre, sur un lit de repos, dit-elle aux deux valets. Puis, baissant la voix de manière à n'être entendue que d'eux : Mais d'abord un mot, ajouta-t-elle ; si une parole vous échappe sur ce que vous venez de voir et d'entendre, votre cou paiera pour votre langue. Allez.

Les laquais tremblans s'inclinèrent, et soulevant doucement Ascanio l'emportèrent.

Restée seule avec le prévôt et le vicomte de Marmagne, spectateurs si prudens de son outrage, madame d'Étampes les toisa tous les deux, le dernier surtout, d'un coup d'œil de mépris, mais elle réprima aussitôt ce mouvement.

— Je disais donc, vicomte, reprit-elle avec amertume mais avec calme, je disais donc que la chose dont vous parliez était grave ; n'importe, je n'y réfléchissais pas. J'ai assez de pouvoir, je crois, pour me permettre de frapper un traître, comme j'en aurais assez au besoin pour atteindre des indiscrets. Le roi cette fois daignerait punir, je l'espère; mais moi, je veux me venger. La punition dirait l'insulte, la vengeance l'ensevelira. Vous avez eu, messieurs, le sangfroid d'ajourner cette vengeance pour ne pas la compromettre, et je vous en loue ; ayez aussi le bon esprit, je vous le conseille, de ne pas la laisser échapper, et faites en sorte que je n'aie pas besoin d'avoir recours à d'autres que vous. Vicomte de Marmagne, il vous faut des paroles nettes. Je vous garantis la même impunité qu'au bourreau ; seulement, si vous voulez que je vous donne un avis, je vous engage, vous et vos sbires, à renoncer à l'épée et à vous en tenir au poignard. C'est bon, ne parlez pas, agissez et promptement: c'est la meilleure réponse. Adieu, messieurs.

Ces mots dits d'une voix brève et saccadée, la duchesse étendit le bras comme pour montrer la porte aux deux seigneurs. Ils s'inclinèrent gauchement, sans trouver dans leur confusion, une excuse et sortirent tout interdits.

— Oh! n'être qu'une femme et avoir besoin de pareils lâches! dit Anne en les regardant s'éloigner, tandis que ses lèvres se contractaient avec dégoût. Oh! combien je méprise tous ces hommes, amant royal, mari vénal, valet en pourpoint, valet en livrée, tous, hormis un seul que malgré moi j'admire, et un autre qu'avec bonheur j'aime.

Elle entra dans la chambre où se trouvait le beau malade. Au moment où la duchesse s'approchait de lui, Ascanio rouvrit les yeux.

— Ce n'était rien, dit maître André à madame d'Étampes. Ce jeune homme a reçu une blessure à l'épaule, et la fatigue, quelque secousse de l'âme, peut-être même la faim, a causé un évanouissement momentané que des cordiaux ont, vous le voyez, dissipé complètement. Il est maintenant tout à fait remis, et supportera bien d'être transporté chez lui en litière.
— Il suffit, maître, dit la duchesse en donnant une bourse à maître André, qui la salua profondément et sortit.
— Où suis-je? dit Ascanio, qui, revenu à lui, cherchait à renouer ses idées.
— Vous êtes près de moi, chez moi, Ascanio, dit la duchesse.
— Chez vous, madame? ah! oui, je vous reconnais, vous êtes madame d'Étampes ; et je me souviens aussi!... Où est Benvenuto? où est mon maître?
— Ne parlez pas, Ascanio ; votre maître est en sûreté, soyez tranquille ; il dîne paisiblement chez lui à l'heure qu'il est.
— Mais comment se fait-il qu'il m'ait laissé ici?
— Vous avez perdu connaissance, il vous a confié à mes soins.
— Et vous m'assurez bien, madame, qu'il ne court aucun danger, qu'il est sorti d'ici sans dommage?
— Je vous répète, je vous affirme, Ascanio, qu'il n'a jamais été moins exposé qu'en ce moment, entendez-vous. Ingrat, que je veille, que je soigne, moi, duchesse d'Étampes, avec la sollicitude d'une sœur, et qui ne me parle que de son maître!
— Oh! madame, pardon et merci! fit Ascanio.
— Il est bien temps, vraiment! dit la duchesse en secouant sa jolie tête avec un fin sourire.

Et alors madame d'Étampes se mit à parler, accompagnant chaque parole d'une intonation tendre, prêtant aux mots les plus simples les intentions les plus délicates, faisant chaque question avec une sorte d'avidité et en même temps de respect, écoutant chaque réponse comme si sa destinée en eût dépendu. Elle fut humble, moelleuse et caressante comme une chatte, prête et attentive à tout, ainsi qu'une bonne actrice en scène, ramenant doucement Ascanio au ton s'il s'en écartait, et lui attribuant tout le mérite des idées qu'elle avait préparées et nécessairement amenées ; paraissant douter d'elle et l'écoutant, lui, comme un oracle ; déployant tout cet esprit cultivé et charmant qui, comme nous l'avons dit, l'avait fait surnommer la plus belle des savantes et la plus savante des belles. Enfin elle fit de cette conversation la plus douce des flatteries et la plus habile des séductions ; puis, comme le jeune homme pour la troisième ou quatrième fois faisait mine de se retirer :

— Vous me parlez, Ascanio, dit-elle en le retenant encore, avec tant d'éloquence et de feu de votre bel art de l'orfévrerie, que c'est pour moi comme une révélation, et que je verrai dorénavant une pensée là où je ne voyais qu'une parure. Ainsi, selon vous, votre Benvenuto serait le maître de cet art.

— Madame, il y a dépassé le divin Michel-Ange lui-même.

— Je vous en veux. Vous allez diminuer la rancune que je lui porte pour ses mauvais procédés à mon égard.

— Oh ! il ne faut pas faire attention à sa rudesse, madame. Cette brusquerie cache l'âme la plus ardente et la plus dévouée ; mais Benvenuto est en même temps l'esprit le plus impatient et le plus fougueux. Il a cru que vous le faisiez attendre à plaisir, et cette insulte...

— Dites cette malice, reprit la duchesse avec la confusion jouée d'un enfant gâté. La vérité est que je n'étais pas encore habillée quand votre maître est arrivé, et j'ai seulement un peu prolongé ma toilette. C'est mal, bien mal ! Vous voyez que je vous fais ma confession. Je ne vous savais pas avec lui, ajouta-t-elle avec vivacité.

— Oui, mais, madame, Cellini, qui n'est pas très pénétrant sans doute, et qu'on a d'ailleurs abusé, vous croit, je puis bien vous le dire à vous si gracieuse et si bonne, vous croit bien méchante et bien terrible, et dans un enfantillage il a cru voir une offense.

— Croyez-vous cela ? reprit la duchesse sans pouvoir cacher tout à fait son sourire railleur.

— Oh ! pardonnez-lui, madame ! s'il vous connaissait, croyez-moi, il est noble et généreux, il vous demanderait pardon à genoux de son erreur.

— Mais taisez-vous donc ! Prétendez-vous faire que je l'aime maintenant ? Je veux lui en vouloir, vous dis-je, et pour commencer, je vais lui susciter un rival.

— Ce sera difficile, madame.

— Non, Ascanio, car ce rival c'est vous, c'est son élève. Laissez-moi au moins ne lui rendre qu'un hommage indirect, à ce grand génie qui m'abhorre. Voyons, vous, dont Cellini lui-même vante la grâce d'invention, est-ce que vous refuserez de mettre cette poésie à mon service ? et puisque vous ne partagez pas les préventions de votre maître contre ma personne, ne me le prouverez-vous pas, dites, en consentant à l'embellir ?

— Madame, tout ce que je puis et tout ce que je suis est à vos ordres. Vous êtes si bienveillante pour moi, vous vous informiez tout à l'heure avec tant d'intérêt de mon passé, de mes espérances, que je vous suis dévoué maintenant de cœur et d'âme.

— Enfant ! je n'ai rien fait encore et je ne vous demande à l'heure qu'il est qu'un peu de votre talent. Voyons, avez-vous vu en rêve quelque prodigieux bijou ? J'ai là des perles magnifiques ; en quelle pluie merveilleuse souhaitez-vous me les transformer, mon gentil magicien ? Tenez, voulez-vous que je vous dise une idée que j'ai ? Tout à l'heure, en vous voyant étendu dans cette chambre, pâle et la tête abandonnée, je m'imaginais voir un beau lis dont le vent incline la tige. Eh bien ! faites-moi un lis de perles et d'ar-

gent que je porterai à mon corsage, fit l'enchanteresse en posant la main sur son cœur.

— Ah ! madame, tant de bonté...

— Ascanio, voulez-vous reconnaître cette bonté, comme vous le dites ? Promettez-moi de me prendre pour confidente, pour amie, de ne rien me cacher de vos actions, de vos projets, de vos chagrins, car je vois bien que vous êtes triste. Promettez de venir à moi quand vous aurez besoin d'aide et de conseils.

— Mais c'est une grâce nouvelle que vous me faites et non un témoignage de reconnaissance que vous me demandez.

— Enfin, me le promettez-vous ?

— Hélas ! je vous l'aurais promis hier encore, madame ; encore hier j'aurais pu m'engager envers votre générosité à avoir besoin d'elle : aujourd'hui il n'est plus au pouvoir de personne de me servir.

— Qui sait ?

— Je le sais, moi, madame.

— Ah ! vous souffrez, vous souffrez, je vois bien, Ascanio.

Ascanio secoua tristement la tête.

— Vous êtes dissimulé avec une amie, Ascanio ; ce n'est pas bien, ce n'est pas bien, continua la duchesse en prenant la main du jeune homme et la serrant doucement.

— Mon maître doit être inquiet, madame, et j'ai peur de vous être importun. Je me sens remis tout à fait. Permettez-moi de me retirer.

— Que vous avez hâte de me quitter ! Attendez du moins qu'on vous ait préparé une litière. Ne résistez pas, c'est l'ordonnance du médecin, c'est la mienne.

Anne appela un domestique et lui donna les ordres nécessaires, puis elle dit à Isabeau de lui apporter ses perles et quelques-unes de ses pierreries, qu'elle remit à Ascanio.

— Maintenant je vous rends la liberté, dit-elle ; mais quand vous serez rétabli, mon lis sera la première chose dont vous vous occuperez, n'est-il pas vrai ? En attendant, pensez-y, je vous prie, et dès que vous aurez achevé votre dessin, venez me le montrer.

— Oui, madame la duchesse.

— Et ne voulez-vous pas que moi je pense à vous servir, et puisque vous faites ce que je veux, que je fasse de mon côté ce que vous pouvez désirer ? Voyons, Ascanio, voyons, que désirez-vous, mon enfant ? Car à votre âge, on a beau comprimer son cœur, détourner ses yeux, fermer ses lèvres, on désire toujours quelque chose. Vous me croyez donc bien peu de pouvoir et de crédit, que vous dédaignez de faire de moi votre confidente ?

— Je sais, madame, répondit Ascanio, que vous avez toute la puissance que vous méritez. Mais nulle puissance humaine ne saurait m'aider en l'occasion où je me trouve.

— Enfin, dites toujours, dit la duchesse d'Etampes. Je le veux ! puis adoucissant avec une délicieuse coquetterie sa voix et son visage : Je vous en supplie !

— Hélas ! hélas ! madame, s'écria Ascanio, dont la douleur débordait. Hélas ! puisque vous me parlez avec tant de bonté, puisque mon départ va vous cacher ma honte et mes pleurs, je vais, non pas comme je l'eusse fait hier, adresser une prière à la duchesse, mais faire une confidence à la femme. Hier, je vous eusse dit : J'aime Colombe et je suis heureux !... Aujourd'hui, je vous dirai : Colombe ne m'aime pas et je n'ai plus qu'à mourir ! Adieu, madame, plaignez-moi !

Ascanio baisa précipitamment la main de madame d'Etampes, muette et immobile, et s'enfuit.

— Une rivale ! une rivale ! dit Anne en se réveillant comme d'un songe ; mais elle ne l'aime pas, et il m'aimera, je le veux !... Oh ! oui, je le jure qu'il m'aimera et que je tuerai Benvenuto !

XIV.

QUE LE FOND DE L'EXISTENCE HUMAINE EST LA DOULEUR.

On voudra bien nous pardonner l'amertume et la misanthropie de ce titre. C'est qu'en vérité le présent chapitre n'aura guère, il faut l'avouer, d'autre unité que celle de la douleur, tout comme la vie. La réflexion n'est pas neuve, dirait un personnage célèbre de vaudeville, mais elle est consolante, en ce qu'elle nous servira peut-être d'excuse auprès du lecteur, que nous allons conduire comme Virgile conduit Dante, de désespoir en désespoir.

Soit dit sans offenser le lecteur ni Virgile.

Nos amis, en effet, au moment où nous en sommes arrivés, sont, à commencer par Benvenuto et à finir par Jacques Aubry, plongés dans la tristesse, et nous allons voir la douleur, sombre marée montante, les gagner tous peu à peu.

Nous avons déjà laissé Cellini fort inquiet sur le sort d'Ascanio. De retour au Grand-Nesle, il ne songeait guère à la colère de madame d'Etampes, je vous jure. Tout ce qui le préoccupait, c'était son cher malade. Aussi sa joie fut grande quand la porte s'ouvrit pour donner passage à une litière, et qu'Ascanio, sautant lestement à terre, vint lui serrer la main et l'assurer qu'il n'était pas plus mal que le matin. Mais le front de Benvenuto se rembrunit vite aux premiers mots de l'apprenti, et il l'écouta avec une singulière expression de chagrin tandis que le jeune homme lui disait :

— Maître, je vais vous donner un tort à réparer, et je sais que vous me remercierez au lieu de m'en vouloir. Vous vous êtes trompé au sujet de madame d'Etampes ; elle n'a pour vous ni mépris ni haine ; elle vous honore et vous admire, au contraire, et il faut convenir que vous l'avez bien rudement traitée, elle, femme, elle, duchesse. Maître, madame d'Etampes n'est pas seulement belle comme une déesse, elle est bonne comme un ange, modeste et enthousiaste, simple et généreuse, et dans le cœur elle a un esprit charmant. Là où vous avez vu ce matin insolence outrageante, il n'y avait que malice d'enfant. Je vous en prie pour vous, qui n'aimez pas être injuste, autant que pour moi, qu'elle a accueilli et soigné avec une grâce si touchante, ne persistez pas dans cette méprise injurieuse. Je vous suis garant que vous n'aurez pas de peine à la faire oublier... Mais vous ne répondez pas, cher maître ? Vous secouez la tête. Est-ce que je vous aurais offensé ?

— Ecoute, mon enfant, répondit gravement Benvenuto : je t'ai souvent répété que, selon moi, il n'y avait qu'une chose au monde éternellement belle, éternellement jeune, éternellement féconde : à savoir, l'art divin. Pourtant, je crois, je sais, j'espère que dans certaines âmes tendres, l'amour est aussi un sentiment grand, profond, et qui peut rendre toute une vie heureuse, mais c'est rare. Qu'est-ce que l'amour, d'ordinaire ? Le caprice d'un jour, une joyeuse association où l'on se trompe réciproquement et souvent de bonne foi. Je le raille volontiers, cet amour, tu le sais, Ascanio : je me moque de ses prétentions et de son langage. Je n'en médis pas. C'est celui-là qui me plaît, à vrai dire ; il a en petit toutes les joies, toutes les douceurs, toutes les jalousies d'une passion sérieuse, mais ses blessures ne sont pas mortelles. Comédie ou tragédie, après un certain temps, on ne se rappelle plus guère que comme une représentation théâtrale. Et puis, vois tu, Ascanio, les femmes sont charmantes, à mon sens, elles ne méritent pas le comprennent presque toutes que ces fantaisies. Leur donner plus, c'est marché de dupe ou imprudence de fou. Vois par exemple Scozzone : si elle entrait dans mon âme, elle serait effrayée. Je la laisse sur le seuil et elle est gaie, elle chante, elle rit, elle est heureuse. Ajoute à cela, Ascanio, que ces alliances changeantes ont un même fonds durable et qui suffit bien à un artiste : le culte de la forme et l'adoration de la beauté pure. C'est leur côté sévère et qui fait que je ne le calomnie pas, bien que j'en rie. Mais écoute, Ascanio, il est encore d'autres amours qui ne font pas rire, qui me font trembler ; des amours terribles, insensés, impossibles comme des rêves !

— Oh ! mon Dieu, pensa Ascanio, aurait-il appris quelque chose de ma folle passion pour Colombe ?

— Ceux-là, continua Cellini, ne donnent ni le plaisir ni le bonheur, et cependant ils vous prennent tout entier ; ce sont des vampires qui boivent lentement toute votre existence, qui dévorent peu à peu votre âme ; ils vous tiennent fatalement dans leurs serres, et on ne peut plus s'en arracher. Ascanio, Ascanio, crains-le. On voit bien que ce sont des chimères et qu'on ne peut rien gagner avec eux, et pourtant on s'y livre corps et âme, et on leur abandonne ses jours presque avec joie.

— C'est cela ! il sait tout ! se dit Ascanio.

— Cher fils, poursuivit Benvenuto, s'il en est temps encore, brise ces liens qui t'enchaîneraient à jamais ; tu en porteras la marque, mais tâche au moins de leur dérober ta vie.

— Et qui vous a donc dit que je l'aimais ? demanda l'apprenti.

— Si tu ne l'aimes pas, Dieu soit loué ! dit Benvenuto, qui crut qu'Ascanio niait quand il ne faisait qu'interroger. Mais alors prends bien garde, car j'ai vu ce matin qu'elle t'aimait, elle.

— Ce matin ! De qui donc parlez-vous ? que voulez-vous dire ?

— De qui je parle ? de madame d'Etampes.

— Madame d'Etampes ! reprit l'apprenti stupéfait. Mais vous vous trompez, maître, c'est impossible. Vous dites que vous avez vu que madame d'Etampes m'aimait ?

— Ascanio, j'ai quarante ans, j'ai vécu et je sais. Aux regards que cette femme jetait tantôt sur toi, à la façon dont elle a su t'apparaître, je te jure qu'elle t'aime ; et à l'enthousiasme avec lequel tu la défendais tout à l'heure, j'ai bien peur que tu ne l'aimes aussi. Alors, vois-tu, cher Ascanio, tu serais perdu : assez ardent pour tout consumer en toi, cet amour, quand il te quitterait, te laisserait sans une illusion, sans une croyance, sans un espoir, et tu n'aurais plus d'autre ressource que d'aimer à ton tour comme on t'aurait aimé, d'un amour empoisonné et fatal, et de porter dans d'autres cœurs ce ravage qu'on aurait fait dans le tien.

— Maître, dit Ascanio, je ne sais si madame d'Etampes m'aime, mais, à coup sûr, je n'aime pas madame d'Etampes, moi.

Benvenuto ne fut rassuré qu'à demi par l'air de sincérité d'Ascanio, car il pensait qu'il pouvait s'abuser lui-même sur ce sujet. Il n'en reparla donc plus, et dans les jours qui suivirent, il regardait souvent l'apprenti avec tristesse.

D'ailleurs, il faut dire qu'il ne paraissait pas inquiet pour le compte d'Ascanio. Lui-même semblait tourmenté de quelque souci personnel. Il avait perdu sa franche gaîté, ses boutades originales d'autrefois. Il restait toujours enfermé le matin dans sa chambre au-dessus de la fonderie, et avait expressément défendu qu'on vînt l'y troubler. Le reste du jour, il travaillait à la statue gigantesque de Mars avec son ardeur accoutumée, mais sans en parler avec son effusion ordinaire. C'est surtout en présence d'Ascanio qu'il paraissait sombre, embarrassé et comme honteux. Il semblait fuir son cher élève comme un créancier ou comme un juge. Enfin, il était aisé de voir que quelque grande douleur, quelque terrible passion était entrée dans cette âme vigoureuse et la ravageait.

Ascanio n'était guère plus heureux ; il était persuadé, ainsi qu'il l'avait dit à madame d'Etampes, que Colombe ne l'aimait pas. Le comte d'Orbec, qu'il ne connaissait que de nom, était pour sa jalousie un jeune et élégant seigneur, et la fille de messire d'Estourville, l'heureuse fiancée d'un beau gentilhomme, n'avait pas songé une minute à un obscur artiste. Eût-il d'ailleurs gardé le vague et fugitif espoir qui jamais n'abandonne un cœur rempli d'amour, il s'était fermé toute chance à lui-même en dénonçant à madame d'Etampes, s'il était vrai que madame d'Etampes l'aimât, le nom de sa rivale. Ce mariage, qu'elle aurait eu peut-être le pouvoir d'empêcher, elle le hâterait maintenant de toutes ses forces ; elle poursuivrait de toute sa haine la pauvre Colombe. Oui, Benvenuto avait raison : l'amour de cette femme était, en effet formidable et mortel, mais l'amour de Colombe devait être ce sublime et céleste sentiment dont le maître avait parlé d'abord, et c'était à un autre, hélas ! qu'il était réservé tout ce bonheur.

Ascanio était au désespoir ; il avait cru à l'amitié de madame d'Etampes, et cette trompeuse amitié, c'était un dangereux amour ; il avait espéré l'amour de Colombe, et cet amour menteur n'était qu'une indifférente amitié. Il se sentait près de haïr ces deux femmes, qui avaient si mal répondu à tous ses rêves, en l'aimant chacune comme il aurait voulu être aimé de l'autre.

Tout absorbé par un morne découragement, il ne songeait pas même au lis commandé par madame d'Etampes, et dans son jaloux dépit, il n'avait plus voulu retourner au Petit-Nesle, malgré les supplications et les reproches de Ruperta, dont il laissait les mille questions sans réponse. Parfois, cependant, il se repentait des résolutions du premier jour, cruelles pour lui seul, assurément. Il voulait voir Colombe, lui demander compte, mais de quoi ? de ses extravagantes visions à lui-même ! Enfin, il la verrait, pensait-il dans ses momens d'attendrissement ; il lui avouerait cette fois son amour comme un crime, et elle était si bonne qu'elle l'en consolerait peut-être comme d'un malheur. Mais comment revenir sur son absence, comment s'excuser aux yeux de la jeune fille ?

Ascanio, au milieu de ses naïves et douloureuses réflexions, laissait se consumer le temps et n'osait prendre un parti.

Colombe attendit Ascanio avec épouvante et joie le lendemain du jour où dame Perrine avait accablé l'apprenti de sa terrible révélation ; mais elle compta en vain les heures et les minutes ; en vain dame Perrine se tint aux écoutes : Ascanio, qui, revenu à temps de son évanouissement, aurait pu profiter de la gracieuse permission de Colombe, ne vint pas, accompagné de Ruperte, frapper les quatre coups convenus à la porte du Petit-Nesle. Qu'est-ce que cela voulait dire ?

Cela voulait dire qu'Ascanio était malade, mourant peut-être, trop mal enfin pour pouvoir venir. C'est du moins ce que pensait Colombe ; elle passa toute la soirée agenouillée à son prie-dieu, pleurant et priant, et quand elle eut cessé de prier, elle s'aperçut qu'elle pleurait encore. Cela lui fit peur. Cette anxiété qui lui serrait le cœur fut pour elle une révélation. En effet, il y avait de quoi s'effrayer, car, en moins d'un mois, Ascanio s'était rendu maître de sa pensée au point de lui faire oublier Dieu, son père, son propre malheur.

Mais c'est bien de cela qu'il s'agissait ! Ascanio souffrait là, à deux pas ; il se mourait sans qu'elle pût le voir ! Ce n'était pas le moment de raisonner, mais de pleurer, pleurer toujours. Quand il serait sauvé, elle réfléchirait.

Le lendemain ce fut pis : Perrine guetta Ruperte, et dès qu'elle la vit sortir, se précipita dehors pour aller à la provision des nouvelles beaucoup plus qu'à la provision des vivres. Or, Ascanio n'était pas plus gravement malade; Ascanio avait simplement refusé d'aller au Petit-Nesle sans vouloir répondre aux interrogations empressées de dame Ruperte autrement que par un silence obstiné. Les deux commères en étaient réduites aux conjectures. En effet, c'était une chose incompréhensible pour elles.

Quant à Colombe, elle ne chercha pas longtemps, elle se dit sur-le-champ : « Il sait tout ; il a appris que dans trois mois je serai la femme du comte d'Orbec, et il ne veut plus me voir. »

Son premier mouvement fut de savoir gré à son amant de sa colère et de sourire. Explique qui voudra cette secrète joie, nous ne sommes qu'historien. Mais bientôt en y réfléchissant, elle en voulut à Ascanio d'avoir pu croire qu'elle n'était pas désespérée d'une pareille union. — Il me méprise donc, se dit-elle. Toutes ces dispositions d'indignation ou de tendresse étaient bien dangereuses : elles dévoilaient ce cœur ignorant à lui-même. Colombe tout haut se disait qu'elle souhaitait ne plus voir Ascanio, mais tout bas elle l'attendait pour se justifier.

Et elle souffrait dans sa conscience timorée ; elle souffrait dans son amour méconnu.

Ce n'était pas le seul amour qu'Ascanio méconnaissait. Il y en avait un autre plus puissant, plus impatient encore de se révéler, et qui rêvait sourdement le bonheur comme la haine rêve la vengeance.

Madame d'Etampes ne croyait pas, ne voulait pas croire à cette passion profonde d'Ascanio pour Colombe. « Un enfant qui ne sait pas ce qu'il désire, disait-elle, qui s'est amouraché de la première jolie fille qu'il a vue passer, qui s'est heurté aux dédains d'une petite sotte vaniteuse, et dont l'orgueil s'est irrité d'un obstacle. Oh ! quand il sentira ce que c'est qu'un amour vrai, un amour ardent et tenace ! quand il saura que moi, la duchesse d'Etampes, moi dont le caprice gouverne un royaume, je l'aime !... Il faut qu'il le sache. »

Le vicomte de Marmagne et le prévôt de Paris souffraient eux, dans leur haine, comme Anne et Colombo dans leur amour. Ils en voulaient mortellement à Benvenuto, Marmagne surtout. Benvenuto l'avait fait mépriser et humilier par une femme, Benvenuto le contraignait à être brave ; car avant la scène de l'hôtel d'Etampes le vicomte aurait pu le faire poignarder par ses gens dans la rue ; mais maintenant il était obligé de l'aller attaquer lui-même dans sa maison, et Marmagne à cette pensée frémissait d'épouvante, et l'on ne pardonne guère à quelqu'un qui vous fait sentir que vous êtes un lâche.

Ainsi tous souffraient. Scozzone elle-même, Scozzone l'étourdie, Scozzone la folle ne riait plus, ne chantait plus, et très souvent ses yeux étaient rouges de larmes. Benvenuto ne l'aimait plus, Benvenuto était froid toujours et parfois brusque pour elle.

La pauvre Scozzone avait eu de tout temps une idée fixe, qui, chez elle, était devenue une monomanie. Elle voulait devenir la femme de Benvenuto. Lorsqu'elle était venue chez lui, croyant lui servir de jouet, et que celui-ci l'avait traitée avec égard comme une femme et non comme une belle, la pauvre enfant se trouva tout à coup relevée par ce respect inattendu et par cet honneur inespéré, et elle sentit en même temps une reconnaissance profonde pour son bienfaiteur, un naïf orgueil de se voir si noblement appréciée. Depuis, et non pas sur l'ordre mais sur la prière de Cellini, elle consentait joyeusement à lui servir de modèle, et en se voyant tant de fois reproduite et tant de fois admirée en bronze, en argent et en or, elle s'était tout simplement attribué la moitié des succès de l'orfèvre, puisque, après tout, ces belles formes, si souvent louées, lui appartenaient beaucoup plus qu'au maître. Elle rougissait volontiers quand on faisait compliment à Benvenuto de la pureté des lignes de telle ou telle figure ; elle se persuadait avec complaisance qu'elle était tout à fait indispensable à la renommée de son amant, elle était devenue une partie de sa gloire comme elle était devenue une portion de son cœur.

Pauvre enfant ! elle ne savait guère qu'au contraire elle n'avait jamais été pour l'artiste cette âme secrète, cette divinité cachée que tout créateur invoque et qui le fait créateur ; mais parce que Benvenuto semblait copier ses attitudes et sa grâce, et croyait de bonne foi qu'il lui devait tout, et elle s'était peu à peu enhardie à espérer qu'après avoir élevé la courtisane au rang de sa maîtresse, il éleverait la maîtresse au rang de sa femme.

Comme elle ne savait guère dissimuler, elle avait très nettement avoué ses prétentions. Cellini l'avait gravement écoutée et avait répondu :

— Il faudra voir.

Le fait est qu'il aurait préféré retourner au fort Saint-Ange, au risque de se casser une seconde fois la jambe en s'évadant. Non qu'il méprisât sa chère Scozzone : il l'aimait tendrement et même un peu jalousement, nous l'avons vu, mais il adorait avant tout l'art, et sa vraie et légitime dame était d'abord la sculpture. Puis, une fois marié, l'époux n'attristerait-il pas le gai bohémien ? Le père de famille ne gênerait-il pas le ciseleur? Et, d'ailleurs, s'il avait dû épouser tous ses modèles, il serait pour le moins cent fois bigame.

— Quand je cesserai d'aimer et de modeler Scozzone, se disait Benvenuto, je lui trouverai quelque brave garçon à la vue trop courte pour voir dans le passé et envisager l'avenir, et qui ne verra qu'une jolie femme et une jolie dot que je lui donnerai. Et ainsi je satisferai cette rage qu'a Scozzone de porter bourgeoisement le nom d'un époux. Car Benvenuto était convaincu que c'était surtout un mari que voulait Scozzone. Peu lui importait qui fût ce mari.

En attendant, il laissait la petite ambitieuse se bercer tant qu'elle voulait de ses chimères. Mais depuis l'installation au Grand-Nesle, il n'y avait plus à se faire illusion : et Scozzone, voyant bien qu'elle n'était pas aussi nécessaire à la vie et aux travaux de Cellini qu'elle l'avait pensé, ne réussissait plus à dissiper par sa gaîté le nuage de tristesse dont son front était couvert, et il avait commencé à modeler en cire une Hébé pour laquelle elle ne posait pas. Enfin, chose affreuse à penser ! la pauvre petite avait essayé de faire la coquette avec Ascanio devant Cellini sans que le moindre froncement de sourcil témoignât de la jalouse colère du maître. Fallait-il donc dire adieu à tant de beaux rêves et n'être plus qu'une pauvre fille humiliée comme devant ?

Quant à Pagolo, si l'on a quelque curiosité de sonder les ténèbres de cette âme, nous dirons que jamais Pagolo n'avait été plus sombre et plus taciturne que depuis quelque temps.

On pensera peut-être que le joyeux écolier Jacques Aubry, notre vieille connaissance, avait échappé à cette contagion de chagrin? Pas du tout : il avait aussi sa part de douleur. Simonne, après l'avoir attendu longtemps le dimanche du siége de Nesle, était rentrée furieuse au domicile conjugal et n'avait plus voulu, sous aucun prétexte, recevoir l'impertinent basochien. Celui-ci, pour se venger, avait retiré, il est vrai, sa pratique au mari de la capricieuse ; mais cet affreux tailleur n'avait manifesté à cette nouvelle d'autre sentiment qu'une vive satisfaction ; car si Jacques Aubry usait vite et avec prodigalité ses habits (moins les poches), il faut ajouter qu'il avait pour principe économique de ne les payer jamais. Or, quand l'influence de Simonne ne fut plus là pour contrebalancer l'absence d'argent, l'égoïste tailleur trouva que l'honneur d'habiller Jacques Aubry ne correspondait pas à la porte qu'il faisait en l'habillant pour rien.

Ainsi notre pauvre ami se trouva en même temps accablé de son veuvage et attaqué dans ses vêtemens. Par bonheur, nous avons pu voir qu'il n'était pas garçon à se laisser moisir dans sa mélancolie. Il avait bientôt rencontré une charmante petite consolation appelée Gervaise. Mais Gervaise était hérissée de toutes sortes de principes qu'il trouvait très saugrenus; elle lui échappait sans cesse, et il se damnait à chercher les moyens de fixer la coquette. Il en avait perdu presque le boire et le manger, d'autant plus que son infâme tavernier, qui était cousin de son infâme tailleur, ne voulait plus lui faire crédit.

Tous ceux dont le nom a été prononcé dans ces pages étaient donc malheureux, depuis le roi, fort inquiet de savoir si Charles-Quint voudrait ou ne voudrait pas passer en France, jusqu'aux dames Perrine et Ruperte, fort désobligées de ne pouvoir reprendre leurs caquetages ; et si, comme le Jupiter antique, nos lecteurs avaient le droit et l'ennui d'écouter toutes les doléances et tous les vœux des mortels, voici le chœur plaintif qu'ils pourraient entendre :

Jacques Aubry. — Si Gervaise voulait ne plus me rire au nez !
Scozzone. — Si Benvenuto retrouvait un seul moment de jalousie !
Pagolo. — Si Scozzone pouvait détester le maître !
Marmagne. — Si j'avais le bonheur de surprendre ce Cellini seul !
Madame d'Etampes. — Si seulement Ascanio savait que je l'aime !
Colombe. — Si je le voyais une minute, le temps de me justifier !
Ascanio. — Si elle se justifiait !
Benvenuto. — Si j'osais du moins avouer ma torture à Ascanio !
Tous. — Hélas ! hélas ! hélas !

XV.

QUE LA JOIE N'EST GUÈRE QU'UNE DOULEUR QUI CHANGE DE PLACE.

Tous ces souhaits si vivement exprimés devaient être exaucés avant la fin de la semaine. Seulement leur réussite devait laisser ceux qui les avaient formés plus malheureux et plus tristes qu'auparavant. — C'est la loi : toute joie contient quelque malheur en germe.

Gervaise d'abord ne riait plus au nez de Jacques Aubry. Changement, si on se le rappelle, ardemment, désiré par l'écolier. En effet, Jacques Aubry avait trouvé le lien doré qui devait enchaîner la légère jeune fille. Ce lien fut une jolie bague ciselée par Benvenuto lui-même et figurant deux mains unies.

Il faut savoir que depuis le jour du combat, Jacques Aubry s'était pris de vive amitié pour la franche et souveraine énergie de l'artiste florentin. Il ne l'interrompait pas quand il parlait, chose inouïe ! Il le regardait et l'écoutait avec respect, ce que ses professeurs n'avaient jamais pu obtenir de lui. Il admirait ses ouvrages avec un enthousiasme mieux éclairé, du moins très sincère et très chaleureux. D'autre part sa loyauté, son courage et sa bonne humeur, avaient plu à Cellini. — Il était à la paume juste de force à se défendre, mais à perdre. — Il pouvait, à une bouteille près, lutter à table. — Bref, l'orfèvre et lui étaient devenus les meilleurs amis du monde, et Cellini, généreux parce qu'il savait sa richesse inépuisable, l'avait forcé un jour d'emporter cette petite bague, si admirablement ciselée qu'à défaut de pomme il eût tenté Eve et jeté la discorde dans les noces de Thétis et de Pélée.

Le lendemain du jour où la bague passa des mains de Jacques Aubry dans les mains de Gervaise, Gervaise reprit son sérieux, et l'écolier espéra qu'elle était à lui. Le pauvre fou ! c'est lui qui était à elle.

Scozzone, selon son désir, parvint à ranimer dans le cœur de Benvenuto une étincelle de jalousie. Voici comment.

Un soir que ses coquetteries et ses gentillesses avaient encore échoué devant l'impassible gravité du maître, elle prit à son tour un air solennel.

— Benvenuto, dit-elle, savez-vous que vous ne paraissez guère songer à vos engagemens envers moi.

— Quels engagemens, chère petite ? répondit Benvenuto en ayant l'air de chercher au plafond l'explication de ce reproche.

— Ne m'avez-vous pas promis cent fois de m'épouser ?
— Je ne me le rappelle pas, dit Benvenuto.
— Vous ne vous le rappelez pas ?
— Non, il me semble que j'ai répondu seulement : il faudra voir.
— Eh bien ! avez-vous vu ?
— Oui.

— Qu'avez-vous vu ?

— Que j'étais trop jeune encore pour être à cette heure autre chose que ton amant, Scozzone. Nous reviendrons là-dessus plus tard.

— Et moi je ne suis plus assez niaise, monsieur, pour me contenter d'une promesse si vague et vous attendre toujours.

— Fais comme tu voudras, petite, et si tu es pressée, marche devant.

— Mais qu'avez-vous donc, après tout, contre le mariage ? Qu'est-ce que cela changera à votre existence ? Vous aurez fait le bonheur d'une pauvre fille qui vous aime, et voilà tout.

— Ce que cela changera à ma vie, Scozzone ? dit gravement Cellini. Tu vois cette chandelle dont la pâle lumière éclaire faiblement la vaste salle où nous sommes ; je pose un éteignoir sur la mèche, il fait tout à fait nuit maintenant. Le mariage, c'est cet éteignoir. Rallume la chandelle, Scozzone, je déteste l'obscurité.

— Je comprends, s'écria avec volubilité Scozzone éclatant en larmes, vous portez un nom trop illustre pour le donner à une fille de rien qui vous a donné son âme, sa vie, tout ce qu'elle avait, tout ce qu'elle pouvait donner, qui est prête à tout endurer pour vous, qui ne respire que par vous, qui n'aime que vous...

— Je sais cela, Scozzone, et je t'assure que je t'en suis on ne peut plus reconnaissant.

— Qui a accepté de bon cœur et égayé autant qu'elle a pu votre solitude, qui, vous sachant jaloux, ne regarde plus jamais les belles cavalcades d'archers et de sergens d'armes, qui a toujours fermé l'oreille aux doux propos qu'elle n'a cependant pas manqué d'entendre, même ici.

— Même ici ? interrompit Benvenuto.

— Oui, ici, ici même, entendez-vous ?

— Scozzone, s'écria Benvenuto, ce n'est pas quelqu'un de mes compagnons, je l'espère, qui aurait osé outrager son maître à ce point !

— Il m'épouserait, celui-là, si je voulais, poursuivit Scozzone, qui attribuait à une recrudescence d'amour le mouvement de colère de Cellini.

— Scozzone, parlez ! quel est l'insolent ?... Ce n'est pas Ascanio, je l'espère.

— Il y en a un qui m'a dit plus de cent fois : Catherine, le maître vous abuse ; il ne vous épousera jamais, vous si bonne et si jolie : il est trop fier pour cela. Oh ! s'il vous aimait comme je vous aime, ou si vous vouliez m'aimer, moi, comme vous l'aimez !

— Le nom, le nom du traître ! s'écria Benvenuto furieux.

— Mais je ne l'écoutais seulement pas, reprit Scozzone enchantée ; au contraire, toutes ses douces paroles étaient perdues, et je le menaçais de tout vous dire s'il continuait. Je n'aimais que vous, j'étais aveugle, et le galant en était pour ses beaux discours et ses doux yeux. Oui, prenez votre air indifférent, faites semblant de ne pas me croire ; ce n'en est pas moins vrai, cependant.

— Je ne te crois pas, Scozzone, dit Benvenuto, qui vit bien que s'il voulait savoir le nom de son rival il lui fallait employer un moyen tout différent de celui qu'il avait tenté jusqu'alors.

— Comment, vous ne me croyez pas ! s'écria Scozzone interdite.

— Non.

— Vous pensez donc que je mens ?

— Je pense que tu t'abuses.

— Ainsi, à votre avis, on ne peut plus m'aimer ?

— Je ne dis pas cela.

— Vous le pensez ?

Benvenuto sourit, car il vit qu'il avait trouvé le moyen de faire parler Catherine.

— On m'aime cependant, voilà la vérité, reprit Scozzone.

Benvenuto fit un nouveau signe de doute.

— On m'aime plus que vous ne m'avez jamais aimée, plus que vous ne m'aimerez jamais, entendez-vous bien, monsieur ?

Benvenuto éclata de rire.

— Je serais curieux, dit-il, de savoir quel est ce beau Médor.

— Il ne s'appelle pas Médor, répondit Catherine.

— Comment s'appelle-t-il donc ? — Amadis ?

— Il ne s'appelle pas Amadis non plus. Il s'appelle...

— Galaor ?

— Il s'appelle Pagolo, puisque vous voulez le savoir.

— Ah ! ah ! c'est mons Pagolo ! murmura Cellini.

— Oui, c'est mons Pagolo, reprit Scozzone blessée du ton méprisant avec lequel Cellini avait prononcé le nom de son rival, un brave garçon de bonne famille, rangé, peu bruyant, religieux, et qui ferait un excellent mari.

— C'est ton opinion, Scozzone !

— Oui, c'est mon opinion.

— Et tu ne lui as jamais donné aucune espérance ?

— Je ne l'écoutais même pas. Oh ! j'étais bien sotte ! Mais, désormais...

— Tu as raison, Scozzone, il faut l'écouter et lui répondre.

— Comment cela ? Qu'est-ce que vous dites donc ?

— Je te dis de l'écouter quand il te parlera d'amour, et de ne pas le rebuter. Le reste est mon affaire.

— Mais...

— Mais , sois tranquille, j'ai mon idée.

— A la bonne heure. Cependant, j'espère bien que vous n'allez pas le punir tragiquement, ce pauvre diable, qui a l'air de confesser ses péchés quand il dit : Je vous aime. Jouez-lui un bon tour si vous voulez, mais pas avec votre épée surtout. Je demande grâce pour lui.

— Tu seras contente de la vengeance, Scozzone, car la vengeance tournera à ton profit.

— Comment cela ?

— Oui, elle accomplira un de tes plus ardens désirs.

— Que voulez-dire, Benvenuto ?

— C'est mon secret.

— Oh ! si vous saviez la drôle de mine qu'il fait quand il veut être tendre, reprit la folle enfant, incapable de demeurer triste pendant cinq minutes de suite. Ainsi, méchant, cela vous intéresse donc encore, que l'on fasse la cour ou non à votre rieuse ? Vous l'aimez donc toujours un peu, votre pauvre Scozzone ?

— Oui. Mais ne manque pas de m'obéir exactement à l'endroit de Pagolo, et de suivre à la lettre les instructions que je te donne.

— Oh ! n'ayez pas peur, allez, je sais jouer la comédie tout comme une autre. Il ne va pas tarder à me dire : Eh bien ! Catherine, êtes-vous toujours cruelle ? Je répondrai : Quoi ! encore, monsieur Pagolo ? Mais, là, vous comprenez, d'un petit ton pas très fâché et assez encourageant. Quand il verra que je ne suis plus sévère, il se croira le vainqueur du monde. Et vous, que lui ferez-vous, Benvenuto ? Quand commencerez-vous à vous venger de lui ? Sera-ce bien long ? bien amusant ? rirons-nous ?

— Nous rirons, répondit Benvenuto.

— Et vous m'aimerez toujours ?

Benvenuto lui donna sur le front un baiser affirmatif, c'est-à-dire la meilleure des réponses, attendu qu'elle répond à tout et ne répond à rien.

La pauvre Scozzone ne se doutait pas que le baiser de Cellini était le commencement de sa vengeance.

Le vicomte de Marmagne, selon ses vœux, trouva Benvenuto seul. Voici comment la chose arriva.

Aiguillonné par la colère du prévôt, excité par le souvenir des mépris de madame d'Étampes et surtout piqué par l'éperon de sa furieuse avarice, le comte, déterminé à aller attaquer avec l'aide de ses deux sbires le lion dans son antre, avait choisi pour cette expédition le jour de la Saint-Éloi, fête de la corporation des orfèvres, moment où l'atelier devait être désert. Il cheminait donc sur le quai, la tête haute, le cœur palpitant, ses deux bravi marchant à dix pas derrière lui.

— Voilà, dit une voix à ses côtés, un beau jeune seigneur qui s'en va en conquête amoureuse, avec sa vaillante mine pour sa dame, et ses deux sbires pour le mari.

Marmagne se retourna, croyant que quelqu'un de ses amis lui adressait la parole, mais il ne vit qu'un inconnu qui suivait la même route que lui, et que dans sa préoccupation il n'avait point aperçu.

— Je gage que j'ai trouvé la vérité, mon gentilhomme, continua l'inconnu passant du monologue au dialogue. Je parie ma bourse contre la vôtre, sans savoir ce qu'il y a dedans, cela m'est égal, que vous allez en bonne fortune. Oh! ne me dites rien, soyez discret en amour, c'est un devoir. Quant à moi, mon nom est Jacques Aubry ; mon état, écolier, et je m'en vais de ce pas à un rendez-vous avec mon amante, Gervaise Philipot, une jolie fille, mais entre nous d'une vertu bien terrible, mais qui cependant a fait naufrage devant une bague ; il est vrai que cette bague était un joyau, un joyau d'un merveilleux travail, une ciselure de Benvenuto Cellini, rien que cela !

Jusque-là, le vicomte de Marmagne avait à peine écouté les confidences de l'importunt discoureur, et s'était bien gardé de lui répondre. Mais au nom de Benvenuto Cellini toute son attention se réveilla.

— Une ciselure de Benvenuto Cellini ! Diable ! C'est un présent un peu bien royal pour un écolier.

— Oh ! vous comprenez, mon cher baron.... Êtes-vous baron, comte ou vicomte?

— Vicomte, dit Marmagne en se mordant les lèvres de l'impertinente familiarité que l'écolier se permettait avec lui, mais voulant savoir s'il ne pourrait pas en tirer quelque chose.

— Vous comprenez bien, mon cher vicomte, que je ne l'ai pas acheté, Non, quoique artiste, je ne mets pas mon argent à ces bagatelles. C'est Benvenuto qui m'en a gratifié en remerciment de ce que je lui ai donné un coup de main dimanche dernier pour enlever le Grand-Nesle au prévôt.

— Ainsi, vous êtes l'ami de Cellini ? demanda Marmagne.

— Son plus intime, vicomte, et je m'en fais gloire. Entre nous, c'est à la vie, à la mort, voyez-vous. Vous le connaissez sans doute aussi, vous ?

— Oui.

— Vous êtes bien heureux. Un génie sublime, n'est-ce pas, mon cher ? Pardon, je vous dis: mon cher, c'est façon de parler, et puis d'ailleurs je crois que je suis gentilhomme aussi, moi ; ma mère du moins le disait à mon père chaque fois qu'il la battait. Je suis donc, comme je vous le disais, l'admirateur, le confident, le frère, du grand Benvenuto Cellini, et par conséquent ami de ses amis, ennemi de ses ennemis, car il ne manque pas d'ennemis mon sublime orfèvre. D'abord madame d'Etampes, puis le prévôt de Paris, un vieux cuistre; puis un certain Marmagne, un grand flandrin que vous connaissez peut-être, et qui veut, à ce que l'on dit, s'emparer du Grand-Nesle. Ah! pardieu ! il sera bien reçu !

— Benvenuto se doute donc de ses prétentions ? demanda Marmagne, qui commençait à prendre un grand intérêt à la conversation de l'écolier.

— On l'a prévenu ; mais... chut ! il ne faut pas le dire, afin que le susdit Marmagne reçoive la correction qu'il mérite.

— D'après ce que je vois, alors, Benvenuto se tient sur ses gardes ? reprit le vicomte.

— Sur ses gardes ? d'abord Benvenuto y est toujours. Il a manqué je ne sais combien de fois d'être assassiné dans son pays, et, Dieu merci ! il s'en est toujours bien tiré.

— Et qu'entendez-vous pas sur ses gardes ?

— Oh ! je n'entends pas qu'il a garnison, comme ce vieux poltron de prévôt; non, non, au contraire : il est même tout seul, à l'heure qu'il est, attendu que les compagnons sont allés se réjouir à Vanvres. Je devais même aller faire aujourd'hui une partie de paume avec lui, ce cher Benvenuto. Malheureusement Gervaise s'est trouvée en concurrence avec mon grand orfèvre, et naturellement, comme vous comprenez bien, j'ai donné la préférence à Gervaise.

— En ce cas, je vais vous remplacer, dit Marmagne.

— Eh bien ! allez-y, vous ferez une action méritoire ; allez-y, mon vicomte, et dites de ma part à mon ami Benvenuto qu'il aura ma visite ce soir. Vous savez : trois coups un peu forts, c'est le signal. Il a adopté cette précaution à cause de ce grand escogriffe de Marmagne, qu'il suppose disposé à lui jouer quelque mauvais tour. Est-ce que vous le connaissez, ce vicomte de Marmagne?

— Non.

— Ah ! tant pis ! vous m'auriez donné son signalement.

— Pourquoi faire?

— Afin, si je le rencontre, de lui proposer une partie de bâton ; je ne sais pas pourquoi, mais sans jamais l'avoir vu, vous saurez, mon cher, que je l'abomine tout particulièrement, votre Marmagne, et que si jamais il me tombe sous la main, je compte le vergeter de la bonne façon. Mais pardon, nous voilà aux Augustins, et je suis forcé de vous quitter.— Ah! à propos, comment vous nommez-vous, mon cher ?

Le vicomte s'éloigna comme s'il n'avait point entendu la question.

— Ah ! ah ! dit Jacques Aubry, le regardant s'éloigner; il paraît, mon cher vicomte, que nous désirons garder l'incognito : voilà de la plus pure chevalerie ou je ne m'y connais pas. Comme vous voudrez, mon cher vicomte, comme vous voudrez.

Et Jacques Aubry, les mains dans ses poches et en se dandinant comme d'habitude, prit en sifflotant un air de basoche la rue du Battoir, au bout de laquelle demeurait Gervaise.

Quant au vicomte de Marmagne, il continua son chemin vers le Grand-Nesle.

En effet, comme l'avait dit Ascanio, Benvenuto se trouvait seul : Ascanio était allé rêver je ne sais où, Catherine visitait une de ses amies avec dame Ruperte, et les compagnons faisaient la Saint-Eloi à Vanvres.

Le maître était dans le jardin, travaillant au modèle en terre de sa statue gigantesque de Mars, dont la tête colossale regardait par dessus les toits du Grand-Nesle et pouvait voir le Louvre, quand le petit Jehan, qui ce jour-là était de garde à la porte, trompé par la manière de frapper de Marmagne, et le prenant pour un ami, l'introduisit avec ses deux sbires.

Si Benvenuto ne travaillait comme Titien, la cuirasse sur le dos, il travaillait au moins comme Salvator Rosa, l'épée au côté et l'escopette à la main. Marmagne vit donc qu'il n'avait pas gagné grand'chose à surprendre Cellini, puisqu'il avait surpris un homme armé, voilà tout.

Le vicomte n'en essaya pas moins de masquer sa poltronerie d'impudence, et comme Cellini, de ce ton impératif qui ne permettait pas de retard dans la réponse, lui demandait dans quelle intention il se présentait chez lui :

— Je n'ai pas affaire à vous, dit-il ; je m'appelle le vicomte de Marmagne ; je suis secrétaire du roi, et voici un ordre de Sa Majesté, ajouta-t-il en élevant un papier au-dessus de sa tête, qui me concède la concession d'une partie du Grand-Nesle ; je viens donc prendre mes dispositions pour faire arranger à mon gré la portion de l'hôtel qui m'est allouée et que j'habiterai désormais.

Et disant cela, Marmagne, suivi toujours de ses deux sbires, s'avança vers la porte du château.

Benvenuto mit la main sur son escopette, qui, ainsi que nous l'avons dit, était toujours à sa portée, et d'un seul bond se trouva au haut du perron et en avant de la porte.

— Halte-là ! s'écria-t-il d'une voix terrible. Et étendant le bras droit vers Marmagne : Un pas de plus, et vous êtes mort !

Le vicomte s'arrêta tout court en effet, quoique d'après les préliminaires on s'attende peut-être à un combat acharné.

Mais il est des hommes qui ont le don d'être formidadables. On ne sait quelle terreur émane de leur regard, de leur geste, de leur pose, comme du regard, du geste et de la pose du lion. Leur air souffle l'épouvante ; on sent leur force tout d'abord et de loin. Ils frappent du pied, ils serrent les poings, ils froncent les sourcils, leurs narines se gonflent, et les plus déterminés hésitent. Une bête sauvage dont on attaque les petits n'a qu'à hérisser ses poils et respirer bruyamment pour que l'on tremble. Les hommes dont nous parlons sont des dangers vivans. Les vaillans reconnaissent en eux leurs pareils, et malgré leur secrète émotion, vont droit à eux. Mais les faibles, mais les timides, mais les lâches tremblent et reculent à leur aspect.

Or, Marmagne, comme on a pu le deviner, n'était pas un vaillant, et Benvenuto avait tout l'air d'un danger.

Aussi, quand le vicomte entendit la voix du redoutable orfèvre, et le vit étendre vers lui son geste d'empereur, il comprit que l'escopette, l'épée et le poignard dont il était armé, étaient sa mort et celle de ses deux sbires.

De plus, en comprenant que son maître était menacé, le petit Jehan s'était saisi d'une pique.

Marmagne sentit que c'était partie manquée, et qu'il serait trop heureux s'il se tirait maintenant sain et sauf du guêpier où il s'était fourré.

— C'est bien ! c'est bien ! dit-il, messire orfèvre. Tout ce que nous voulions, c'était de savoir si vous étiez disposé ou non à obéir aux ordres de Sa Majesté. Vous méprisez ces ordres, vous refusez de leur faire droit ! A la bonne heure ! Nous nous adresserons à qui saura bien vous les faire exécuter. Mais n'espérez pas que nous vous ferons l'honneur de nous commettre avec vous. Bonsoir !

— Bonsoir ! dit Benvenuto en riant de son large rire. Jehan, reconduis ces messieurs.

Le vicomte et les deux sbires sortirent honteusement du Grand-Nesle, intimidés par un homme et reconduit par un enfant.

Ce fut à cette triste fin qu'aboutit ce souhait du vicomte : Si je pouvais trouver Benvenuto seul !

Comme il avait été trompé plus rudement par le sort dans ses vœux que Jacques Aubry et Scozzone, qui eux du moins n'avaient pas vu d'abord et ne voyaient même pas encore l'ironie du destin, notre valeureux vicomte était furieux.

— Madame d'Etampes avait donc raison, disait-il à part lui, et je me vois forcé de suivre l'avis qu'elle me donnait : il me faut briser mon épée et affiler mon poignard; ce diable d'homme est bien tel qu'on le dit, fort peu endurant et du tout commode. J'ai vu clair et net dans ses yeux que si je faisais un pas de plus, j'étais mort ; mais en toute partie perdue il y a une revanche. Tenez-vous bien, maître Benvenuto ! tenez-vous bien !

Et il s'en prit à ses bravi, gens éprouvés pourtant, qui n'avaient pas mieux demandé que de gagner honnêtement leur argent en tuant on en se faisant tuer, et qui, en se retirant, avaient seulement obéi aux ordres de leur maître. Les bravi lui promirent d'être plus heureux dans une embuscade ; mais comme Marmagne, pour mettre son honneur à couvert, prétendait que l'échec qu'il avait éprouvé venait de leur fait, il leur annonça que dans cette embuscade il ne les accompagnerait pas, et qu'ils s'en tireraient à eux seuls comme ils pourraient. C'était bien ce qu'ils désiraient le plus.

Puis, après leur avoir recommandé le silence sur cette équipée, il se rendit chez le prévôt de Paris, et lui dit que définitivement il avait jugé plus sûr, pour écarter tout soupçon, de retarder la punition de Benvenuto jusqu'au jour où, chargé de quelque somme d'argent ou de quelque ouvrage précieux, il se hasarderait, ce qui lui arrivait souvent, dans une rue déserte et écartée. Ainsi, l'on croirait que Benvenuto avait été assassiné par des voleurs.

Maintenant, il nous reste à voir comment les souhaits de madame d'Etampes, d'Ascanio et de Cellini furent aussi exaucés par des douleurs.

XVI.

UNE COUR.

Cependant Ascanio avait fini le dessin de son lis, et, soit par curiosité d'esprit, soit par cet attrait qui attire les malheureux vers ceux qui les plaignent, Ascanio s'était aussitôt acheminé vers l'hôtel d'Etampes. Il était deux heures de l'après-midi à peu près, et justement à cette heure la duchesse trônait environnée d'une véritable cour ; mais comme au Louvre pour Cellini, des ordres avaient été donnés à l'hôtel d'Etampes pour Ascanio. Ascanio fut donc introduit à l'instant même dans une salle d'attente, puis on alla prévenir la duchesse. La duchesse tressaillit de joie en songeant que le jeune homme allait la voir dans toute sa splendeur et donna tout bas quelques ordres à Isabeau, qui s'était chargée auprès d'elle du message. En conséquence, Isabeau vint retrouver Ascanio, et le prenant par la main sans rien dire, elle le fit entrer dans un corridor, souleva une tapisserie et le poussa doucement en avant. Ascanio se trouva dans le salon de réception de la duchesse, derrière le fauteuil de la souveraine du lieu, qui le devinant près d'elle plus encore au frémissement de toute sa personne qu'au froissement de la tapisserie, lui donna par dessus son épaule, que dans la position où il était Ascanio effleurait presque des lèvres, sa belle main à baiser.

La belle duchesse était, comme nous l'avons dit, entourée d'une véritable cour. A sa droite était assis le duc de Médina-Sidonia, ambassadeur de Charles-Quint; monsieur de Montbrion, gouverneur de Charles d'Orléans, le second fils du roi, était à sa gauche; le reste de la compagnie se tenait en cercle à ses pieds.

Avec les principaux personnages du royaume, hommes de guerre, hommes d'état, magistrats, artistes, il y avait encore là les chefs du parti protestant, que madame d'Etampes favorisait en secret ; tous grands seigneurs courtisés et qui s'étaient faits courtisans de la favorite. C'était un mouvement splendide et dont le premier aspect éblouissait. La conversation s'animait de toutes sortes de railleries sur Diane de Poitiers, la maîtresse du Dauphin et l'ennemie de madame d'Etampes. Mais Anne ne prenait part à cette petite guerre de quolibets que par quelques mots rapidement jetés au hasard, comme ; « Allons, allons, messieurs, pas de médisance sur Diane, Endymion se fâcherait ; » ou bien : « Cette pauvre madame Diane, elle se mariait le jour de ma naissance. »

A part ces éclairs dont elle illumine la causerie, madame d'Etampes ne parle guère qu'à ses deux voisins ; elle le fait à demi-voix, d'une façon très animée, et, non point tellement bas d'ailleurs qu'elle ne puisse être entendue d'Ascanio, humble et perdu parmi tant d'illustres gentilshommes.

— Oui, monsieur de Montbrion, disait confidentiellement la belle duchesse à son voisin de gauche, il faut que nous fassions de votre élève un admirable prince ; le véritable roi de l'avenir, c'est lui, voyez-vous. Je suis ambitieuse pour ce enfant, et je lui taille en ce moment une souveraineté indépendante, dans le cas où Dieu nous reprendrait son père. Henri II, pauvre sire, entre nous, sera le roi de France, soit. Notre roi à nous sera un roi français, nous laisserons à son aîné madame Diane et Paris. Mais nous emporterons avec nous, avec notre Charles, l'esprit de Paris. La cour sera où je serai, monsieur de Montbrion ; je déplacerai le soleil, nous aurons les grands peintres comme le Primatice, les charmans poètes comme Clément Marot, qui s'agite là-bas dans son coin sans rien dire, preuve certaine qu'il voudrait nous dire des vers. Tous ces gens-là sont au fond plus vaniteux qu'intéressés et plus avides de gloire que d'argent. Ce ne sera pas celui qui aura les plus grandes richesses, mais qui donnera les plus intarissables louanges qui les aura. Et celui qui les aura sera toujours grand, attendu qu'ils feraient l'éclat d'une bourgade où ils rayonneraient. Le dauphin n'aime que les tournois : eh bien ! il gardera les lances et les épées et nous prendrons, nous, les plumes et les pinceaux. Oh ! soyez tranquille, M. de Montbrion, je ne me laisserai jamais primer par la Diane, reine en expectative. Qu'elle attende patiemment sa royauté du temps et du hasard ; moi, je me serai fait deux fois la mienne. Qu'est-ce que vous dites du duché de Milan ? Vous ne seriez point là très éloigné de vos amis de Genève : car je sais que les nouvelles doctrines d'Allemagne ne vous laissent pas indifférent. Chut ! nous reparlerons de cela, et je vous dirai des choses qui vous surprendront. Tant pis ; pourquoi madame Diane s'est-elle fait la protectrice des catholiques? Elle protège, je proteste ; c'est tout simple.

Puis avec un geste impératif et un regard profond, madame d'Etampes ferma ses confidences sur ce mot, qui étourdit le gouverneur de Charles-Quint d'Orléans. Il voulut cependant répondre, mais la duchesse s'était déjà retournée vers le duc de Medina-Sidonia.

Nous avons dit qu'Ascanio entendait tout.

— Eh bien ! monsieur l'ambassadeur, dit madame d'Etampes, l'empereur se décide-t-il enfin à traverser la France? Il ne peut guère s'en tirer autrement, à vrai dire, et un filet vaut toujours mieux qu'un abîme par mer. Son cousin Henri VIII le ferait enlever sans scrupule, et s'il échappe à l'Anglais, il tombe dans les mains du Turc ; par terre, les princes protestants s'opposeraient à son passage. Que faire? Il faut passer par la France, ou bien, cruel sacrifice! renoncer à châtier la rébellion des Gantois, ses chers compatriotes. Car il est bourgeois de Gand, notre grand empereur Charles. On a pu s'en apercevoir, au reste, au peu de respect qu'il a gardé dans l'occasion pour la Majesté Royale. Ce sont ces souvenirs-là qui le rendent aujourd'hui timide et circonspect, monsieur de Medina. Oh ! nous le comprenons bien ; il craint que le roi de France ne venge le prisonnier de l'Espagne, et que le prisonnier de Paris ne paie le reste de la rançon due par le captif de l'Escurial. Oh ! mon Dieu ! qu'il se rassure ; s'il ne comprend pas notre loyauté chevaleresque, il en a du moins entendu parler, je l'espère.

— Sans doute, madame la duchesse, dit l'ambassadeur, nous connaissons la loyauté de François Ier abandonné à lui-même ; mais nous craignons...

Le duc s'arrêta.

— Vous craignez les donneurs d'avis, n'est-ce pas, reprit la duchesse. Hein ! oui, oui ; oh ! je sais bien qu'un avis qui sortirait d'une jolie bouche, qu'un avis qui prendrait une forme spirituelle et railleuse, ne manquerait pas de pouvoir sur l'esprit du roi. C'est à vous d'aviser à cela, monsieur l'ambassadeur, et de prendre vos précautions. Après tout, vous devez avoir pleins pouvoirs, ou à défaut de pleins pouvoirs quelque petit blanc-seing où l'on peut mettre beaucoup de choses en peu de mots. Nous savons comment cela se passe. Nous avons étudié la diplomatie, et j'avais même demandé de ne pas faire de moi un ambassadeur aussi, attendu que je me crois un goût tout à fait déterminé pour les négociations. Oui, je sens bien qu'il serait pénible à Charles-Quint de livrer un morceau de son empire pour dégager sa personne ou pour assurer son inviolabilité. D'un autre côté, la Flandre est un des beaux fleurons de sa couronne ; c'est l'héritage tout entier de son aïeule maternelle, Marie de Bourgogne, et il est dur de renoncer d'un trait de plume au patrimoine de ses ancêtres, quand le patrimoine, après avoir fait un grand duché, pourrait faire une petite monarchie. Mais de quoi vais-je parler là, bon Dieu ! moi qui ai horreur de la politique, car on assure que cela enlaidit les femmes, bien entendu. Je laisse de temps en temps, c'est vrai, tomber sans y faire attention quelques mots sur les affaires d'Etat, mais si Sa Majesté insiste et veut savoir plus à fond ma pensée, je la supplie de m'épargner ces ennuis, et je prends même parfois le parti de m'enfuir et de la laisser rêver. Vous me direz, vous qui êtes un habile diplomate et qui connaissez les hommes, que ce sont précisément ces mots jetés en l'air qui germent dans les esprits de la trempe de celui du roi, et que ces mots, que l'on croirait emportés par le vent, ont presque toujours plus d'influence qu'un long discours qu'on n'écoute pas. C'est possible, monsieur le duc de Medina, c'est possible ; moi je ne suis qu'une pauvre femme tout occupée de colifichets et de bagatelles, et vous vous entendez mille fois mieux que moi à toutes ces choses graves ; mais le lion peut avoir besoin de la fourmi, la barque peut sauver l'équipage. Nous sommes sur la terre pour nous entendre, monsieur le duc, et il ne s'agit que de s'entendre.

— Si vous vouliez, madame, dit l'ambassadeur, ce serait chose vite faite.

— Qui donne aujourd'hui reçoit demain, continua la duchesse sans répondre directement ; moi, mon instinct de femme me portera toujours à conseiller à François Ier des actions grandes et généreuses, mais souvent l'instinct tourne le dos à la raison. Il faut songer aussi à l'intérêt, à l'intérêt de la France, bien entendu. Mais j'ai confiance en vous, monsieur de Medina ; je vous demanderai avis, et, somme toute, je crois que l'empereur fera bien de se risquer sur la parole du roi.

— Ah ! si vous étiez pour nous, madame, il n'hésiterait pas.

— Maître Clément Marot, dit la duchesse, sans paraître avoir entendu l'exclamation de l'ambassadeur, en rompant brusquement l'entretien ; maître Clément Marot, n'avez-vous point par hasard quelque gentil madrigal, quelque sonnet bien sonnant à nous dire ?

— Madame, dit le poëte, sonnets et madrigaux sont sous vos pas fleurs naturelles et qui poussent au soleil de vos beaux yeux ; aussi viens-je de trouver un dizain rien qu'en les regardant.

— Vraiment, maître ? eh bien ! nous vous écoutons. Ah ! messire le prévôt, soyez le bienvenu et pardonnez-moi de ne vous avoir pas vu tout d'abord ; avez-vous des nouvelles de votre gendre futur notre ami le comte d'Orbec ?

— Oui, madame, répondit messire d'Estourville, il me mande qu'il doit avancer son retour, et nous le verrons sous peu, j'espère.

Un soupir à demi étouffé fit tressaillir madame d'Etampes ; mais sans se retourner vers celui qui l'avait poussé :

— Il sera le bienvenu pour tous. Eh bien ! vicomte de Marmagne, continua-t-elle, avez-vous retrouvé le fourreau de votre poignard ?

— Non, madame ; mais je suis sur la trace, et je sais où et comment le retrouver maintenant.

— Bonne chance alors, M. le vicomte, bonne chance. Etes-vous prêt, maître Clément? nous sommes tout oreilles.

— C'est sur le duché d'Etampes, dit Clément Marot.

Un murmure d'approbation se fit entendre, et le poëte commença d'une voix précieuse le dizain suivant :

> Ce plaisant val que l'on nomme Tempé,
> Dont mainte histoire est encore embellie,
> Arrosé d'eau, si doux, si attrempé,
> Sachez que plus il n'est en Thessalie :
> Jupiter, roi qui les cœurs gagne et lie,
> L'a de Thessalie en France remué,
> Et quelque peu son propre nom mué,
> Car pour Tempé veut qu'Etampes s'appelle ;
> Ainsi lui plaît, ainsi l'a situé
> Pour y loger de France la plus belle.

Madame d'Etampes applaudit des mains et du sourire, et toutes les mains et toutes les lèvres applaudirent après elle.

— Allons ! dit-elle, je vois qu'en même temps que Tempé Jupiter a transporté Pindarus en France.

Ce disant, la duchesse se leva, et tout le monde se leva

avec elle. Cette femme avait raison de se croire la véritable reine. Aussi, ce fut avec un geste de reine qu'elle prit congé de tous les assistans, et ce fut comme une reine que tous saluèrent en se retirant.

— Restez-là, dit-elle à voix basse à Ascanio.

Ascanio obéit.

Mais quand tout le monde fut dehors, ce ne fut plus la reine dédaigneuse et hautaine, ce fut la femme humble et passionnée d'Etampes qui se retourna vers le jeune homme.

Ascanio, né dans l'obscurité, élevé loin du monde, dans le demi-jour presque claustral de l'atelier, Ascanio, hôte inaccoutumé des palais, où rarement il avait suivi son maître, était déjà étourdi, troublé, ébloui par cette lumière, ce mouvement, cette conversation. Son esprit avait éprouvé quelque chose comme un vertige, quand il avait entendu madame d'Etampes parler si simplement ou plutôt si coquettement de projets si graves, et assembler dans une phrase familière les destins des rois et la fortune des royaumes. Cette femme venait, comme la Providence, de faire à chacun, en quelque sorte, sa part de douleurs et de joie, elle avait de la même main secoué des chaînes et laissé tomber des couronnes. Et cette souveraine des plus hautes choses de la terre, si fière avec ses nobles flatteurs, revenait à lui non seulement avec le doux regard d'une femme qui aime, mais encore avec l'air suppliant de l'esclave qui craint. Tout à coup, de simple spectateur Ascanio devenait le principal personnage de la pièce.

Au reste, la coquette duchesse avait habilement calculé et ménagé cet effet. Ascanio sentit l'empire que cette femme prenait malgré lui, non pas par son cœur, mais sur sa pensée, et comme un enfant qu'il était, il s'arma de froideur et de sévérité, pour cacher son trouble. Puis entre lui et la duchesse, peut-être avait-il vu passer comme une ombre sa chaste Colombe, avec sa robe blanche et son front lumineux.

XVII.

AMOUR PASSION.

— Madame, dit Ascanio à la duchesse d'Etampes, vous m'avez demandé un lis, vous le rappelez-vous ? vous m'avez ordonné de vous en apporter le dessin aussitôt que ce dessin serait fini. Je l'ai achevé ce matin et le voilà.

— Nous avons le temps, Ascanio, dit la duchesse avec un sourire et une voix de syrène. Asseyez-vous donc. Eh bien ! mon gentil malade, votre blessure?

— Je suis maintenant tout à fait guéri, madame, répondit Ascanio.

— Guéri à l'épaule ; mais là, dit la duchesse en posant sa main sur le cœur du jeune homme avec un geste plein de grâce et de sentiment.

— Je vous supplie, madame, d'oublier toutes ces folies, dont je m'en veux d'avoir importuné Votre Seigneurie.

— Oh ! mon Dieu ! qu'est-ce donc que cet air contraint ? qu'est-ce que ce front rembruni ? qu'est-ce que cette voix sévère? Tous ces hommes vous ennuyaient, n'est-ce pas, Ascanio ? et moi, donc! je los hais, je les abhorre ; mais je les crains. Oh ! que j'avais hâte d'être seule avec vous ; aussi avez-vous vu comme je les ai lestement congédiés ?

— Vous avez raison, madame ; je me sentais déplacé dans une si noble compagnie, moi, pauvre artiste, venu tout simplement pour vous montrer ce lis.

— Eh ! mon Dieu ! tout à l'heure, Ascanio, continua la duchesse en secouant la tête. Vous êtes bien froid et bien sombre avec une amie. L'autre jour vous avez été si expansif et si charmant ! D'où vient ce changement, Ascanio ? Sans doute de quelque discours de votre maître, qui me veut me souffrir. Comment l'écoutez-vous sur mon compte, Ascanio ? Voyons, soyez franc : vous avez parlé de moi avec lui, n'est-ce pas ? et il vous a dit qu'il était dangereux de se fier à moi ; que l'amitié que je vous avais montrée cachait quelque piège ; il vous a dit, répondez ! que je vous détestais, peut-être ?

— Il m'a dit que vous m'aimiez, madame, répondit Ascanio en regardant fixement la duchesse.

Madame d'Etampes resta un instant muette sous le coup des mille pensées qui se heurtèrent dans son âme. Elle avait souhaité sans doute qu'Ascanio connût son amour, mais elle aurait voulu du temps pour l'y préparer et pour détruire peu à peu, sans y paraître intéressée, sa passion pour Colombe. Maintenant que l'embuscade dressée par elle était découverte, elle ne pouvait plus vaincre qu'ouvertement et dans une bataille en plein soleil. Elle s'y décida en une seconde.

— Eh bien ! oui ! dit-elle, je t'aime. Est-ce un crime ? est-ce même une faute, et peut-on commander à son amour ou à sa haine ? Tu n'aurais jamais su que je t'aimais. Car à quoi bon te le dire, puisque tu en aimes une autre ? Mais cet homme t'a tout révélé, il t'a montré mon cœur, il a bien fait, Ascanio. Regardes-y donc, et tu y verras une adoration si profonde que tu en seras touché. Et maintenant, à ton tour, entends-tu bien, Ascanio, il faut que tu m'aimes.

Anne d'Etampes, nature supérieure et forte, dédaigneuse par pénétration, ambitieuse par ennui, avait eu jusque-là plusieurs amans, mais pas un amour. Elle avait séduit le roi, l'amiral Brion l'avait surprise, le comte de Longueval lui avait plu, mais dans toutes ces intrigues la tête avait toujours joué le rôle du cœur. Enfin elle trouvait un jour cet amour jeune et vrai, tendre et profond, tant de fois appelé, toujours inconnu, et cette fois une autre femme e lui disputait. Ah ! tant pis pour cette femme ! Elle ne savait pas à quelle passion implacable elle avait à faire. Toute la résolution, toute la violence de son âme, Anne devait les apporter dans sa tendresse. Cette femme ne savait pas encore quelle fatalité ce pouvait être que d'avoir la duchesse d'Etampes pour rivale, la duchesse d'Etampes qui voulait son Ascanio à elle seule, et qui, d'un regard, d'un mot, d'un geste, pouvait, telle était sa puissance, briser tout ce qui se trouverait entre elle et lui. Or, désormais le sort en était jeté, l'ambition, la beauté de la maîtresse du roi n'allaient plus servir qu'à son amour pour Ascanio et à sa jalousie contre Colombe.

Pauvre Colombe, en ce moment courbée sur sa tapisserie, assise à son rouet ou agenouillée devant son prie-Dieu !

Pour Ascanio, en présence d'un amour si franc et si redoutable, il se sentait en même temps fasciné, entraîné, effrayé. Benvenuto l'avait dit, et Ascanio le comprenait maintenant, il ne s'agissait plus là d'un caprice ; mais il lui manquait non pas la force qui lutte, mais l'expérience qui trompe et soumet. Il avait vingt ans à peine, il était trop candide pour résister : il s'imagina, pauvre enfant, que le souvenir de Colombe évoqué, que le nom de la naïve jeune fille prononcé lui serait une arme offensive et défensive, un glaive et une égide, tandis qu'au contraire il allait enfoncer le trait plus avant dans le cœur de madame d'Etampes, qu'un amour sans rivalité et sans lutte eût peut-être bientôt lassée.

— Allons, Ascanio, reprit avec plus de calme la duchesse, voyant que le jeune homme se taisait, effrayé peut-être des paroles qu'elle avait dites, oublions pour aujourd'hui mon amour, qu'un mot imprudent de vous a mal à propos réveillé. Ne pensons actuellement qu'à vous. Oh ! je vous aime plus pour vous que pour moi, je vous le jure. Je veux illuminer votre vie comme vous avez fait de la mienne. Vous êtes orphelin, ayez-moi pour mère. Vous avez entendu ce que je disais à Montbrion et à Medina, et vous aurez cru que j'étais tout à l'ambition. C'est vrai, je suis ambitieuse, mais pour vous seul. Depuis combien de temps est-ce que j'ai rêvé ce projet de créer à un fils de France un duché indépendant au cœur de l'Italie ? Depuis que je vous aime. Si je suis reine là-bas, qui sera le véritable roi? Vous. Pour vous, je changerai de place empire et royaume! Ah! vous ne me connaissez pas, Ascanio, vous ne savez pas quelle femme je suis. Vous le voyez bien, je vous dis la vérité toute pure, je vous déroule mes projets tout entiers. A votre tour, voyons, faites-moi vos confidences, Ascanio. Quels sont vos souhaits, que je les accomplisse! quelles sont vos passions, que je les serve!

— Madame, je veux être aussi franc et aussi loyal que vous, je veux vous dire la vérité comme vous me l'avez dite. Je ne désire rien, je ne souhaite rien, je ne veux rien que l'amour de Colombe.

— Mais puisqu'elle ne t'aime pas, m'as-tu dit toi-même!

— Je désespérais l'autre jour, c'est vrai. Mais aujourd'hui, qui sait!... Ascanio baissa les yeux et la voix: Vous m'aimez bien, vous, dit-il.

La duchesse demeura atterrée devant cette grande vérité devinée par l'instinct de la passion. Il y eut un moment de silence; mais ce moment lui suffit pour se remettre.

— Ascanio, dit-elle, ne parlons pas aujourd'hui des choses du cœur. Je vous en ai prié déjà, je vous en prie encore. Voyons, l'amour, pour vous autres hommes, n'est pas toute la vie. N'avez-vous jamais, par exemple, souhaité les honneurs, la richesse, la gloire?

— Oh! si! si! depuis un mois je les souhaite ardemment, répondit Ascanio, toujours entraîné malgré lui vers une pensée constante.

Il y eut une nouvelle pause.

— Aimez-vous l'Italie? continua Anne avec effort.

— Oui, madame, répondit Ascanio. Là-bas, il y a des orangers fleuris sous lesquels la causerie est si douce! Là-bas, l'air bleu entoure, caresse et pare si bien les sereines beautés.

— Oh! t'emporter là, à moi, à moi seule! Être tout pour toi, comme tu serais tout pour moi! Mon Dieu, mon Dieu! s'écria la duchesse, ramenée, elle aussi, invinciblement à son amour. Mais aussitôt, craignant de t'effrayer encore Ascanio, elle se reprit et continua: Je croyais, dit-elle, qu'avant tout vous aimiez l'art.

— Avant tout, j'aime. Aimer! dit Ascanio. Oh! ce n'est pas moi, c'est mon maître Cellini qui donne à ses créations tout son être. Le grand, l'admirable, le sublime artiste, c'est lui. Moi, je ne suis qu'un pauvre apprenti, et voilà tout. Je l'ai suivi en France, non pas pour gagner des richesses, non pas pour acquérir de la gloire, mais parce que je l'aimais, voilà tout, et qu'il est impossible de me séparer de lui, car à cette époque, il était tout pour moi. Moi, je n'ai pas de volonté personnelle, je n'ai point de force indépendante. Je me suis fait orfèvre pour lui plaire et parce qu'il le souhaitait, comme je me suis fait ciseleur parce qu'il était enthousiaste des ciselures fines et délicates.

— Eh bien! dit la duchesse, écoute: vivre en Italie, tout-puissant, presque roi; protéger les artistes, Cellini tout le premier; lui donner du bronze, de l'argent, de l'or à ciseler, à fondre, à mouler; aimer et être aimé par dessus tout cela; dites, Ascanio, n'est-ce pas un beau rêve?

— C'est le paradis, madame, si c'est Colombe que j'aime et dont je suis aimé.

— Encore Colombe, toujours Colombe! s'écria la duchesse. Soit donc, puisque ce sujet revient toujours obstinément dans nos paroles et dans nos âmes; puisque ta Colombe est là en tiers avec nous, sans cesse devant tes yeux, sans cesse dans ton cœur, parlons d'elle et de moi franchement et sans hypocrisie: elle ne t'aime pas, tu le sais bien.

— Oh! non, je ne le sais plus, madame.

— Mais puisqu'elle en épouse un autre! s'écria la duchesse.

— Son père la force peut-être, répondit Ascanio.

— Son père la force! Et crois-tu, si tu m'aimais comme tu l'aimes; crois-tu, si j'étais à sa place, qu'il existerait au monde une force, une volonté, une puissance, qui nous séparerait l'un de l'autre? Oh! je quitterais tout, je fuirais tout, j'accourrais à toi, je te donnerais à garder mon amour, mon honneur, ma vie! Non, non, je te dis qu'elle ne t'aime pas, et maintenant, veux-tu que je te dise quelque chose de plus encore, c'est que tu ne l'aimes pas non plus, toi!

— Moi! moi! ne pas aimer Colombe! Je crois que vous avez dit que je ne l'aimais pas, madame?

— Non, tu ne l'aimes pas. Tu te trompes toi-même. A ton âge, on prend pour de l'amour le besoin d'aimer. Si tu m'avais vue la première, c'était moi que tu aimais au lieu d'elle. Oh! quand j'y pense à cela, que tu pouvais m'aimer! Mais non, non! il vaut mieux que tu me choisisses. Je ne connais pas cette Colombe, elle est belle, elle est pure, elle est tout ce que tu voudras; mais ces jeunes filles, elles ne savent pas aimer. Ce n'est pas ta Colombe qui te dirait ce que je viens de te dire, moi que tu dédaignes; elle aurait trop de vanité, trop de réserve, trop de honte peut-être. Mais moi, mon amour est simple et parle simplement. Tu me méprises, tu trouves que j'oublie mon rôle de femme, tout cela parce que je ne suis pas dissimulée. Un jour, quand tu connaîtras mieux le monde, lorsque tu auras puisé si profondément dans la vie que tu en seras arrivé aux douleurs, alors, tu reviendras de ton injustice; alors, tu m'admireras. Mais je ne veux pas être admirée, Ascanio, je veux être aimée. Je te le répète, Ascanio, si je t'aimais moins, je pourrais être fausse, habile, coquette; mais je t'aime trop pour te séduire. Je veux recevoir ton cœur, je ne veux pas le dérober. A quoi aboutira ton amour pour cette enfant? Réponds. Tu souffriras, cher bien-aimé, et voilà tout. Moi, je puis te servir en beaucoup de choses. J'ai souffert pour deux d'abord, et Dieu permettra peut-être que mon surplus de souffrance te soit compté; et puis ma richesse, mon pouvoir, mon expérience, je mets tout à tes genoux. J'ajouterai ma vie à la tienne, je t'épargnerai toutes sortes d'erreurs et de corruptions. Pour arriver à la fortune et même à la gloire, il faut souvent qu'un artiste devienne bas, rampant, vil. Tu n'auras rien à craindre de tout cela avec moi. Je t'élèverai sans cesse, je serai ton marchepied. Avec moi, tu resteras le fier, le noble, le pur Ascanio.

— Et Colombe! Colombe, madame! n'est-elle pas aussi une perle immaculée?

— Mon enfant, crois-moi, répondit la duchesse passant de l'exaltation à la mélancolie. Ta candide, ton innocente Colombe, te fera une existence aride et monotone. Vous êtes trop divins tous deux; Dieu n'a pas fait les anges pour les unir les uns aux autres, mais pour rendre meilleurs les méchans.

Et la duchesse dit tout cela avec une action si éloquente, avec une voix si pleine de sincérité, qu'Ascanio se sentit enveloppé malgré lui d'un sentiment de tendre pitié.

— Hélas! madame, lui dit-il, je vois que je suis bien aimé par vous, et j'en suis bien tendrement ému; mais c'est encore meilleur d'aimer!

— Oh! comme c'est vrai comme c'est vrai, ce que tu dis là! J'aime mieux tes dédains que les plus douces paroles du roi. Oh! j'aime pour la première fois; pour la première fois, je te le jure!

— Et le roi! vous ne l'aimez donc pas, madame?

— Non! je suis sa maîtresse sans qu'il soit mon maître.

— Mais il vous aime encore, lui!

— Mon Dieu! s'écria Anne en regardant fixement Ascanio et en enfermant les deux mains du jeune homme dans les siennes; mon Dieu! serais-je assez heureuse pour que tu fusses jaloux! Est-ce que le roi te porterait ombrage? Écoute: j'ai été jusqu'à présent pour toi la duchesse, riche, noble, puissante, t'offrant de remuer des couronnes et de bouleverser des trônes. Aimes-tu mieux la pauvre femme simple, solitaire, hors du monde, avec une simple robe blanche et une fleur des champs dans ses cheveux? Aimes-tu mieux cela, Ascanio? Quittons Paris, le monde, la cour. Partons, réfugions-nous dans un coin de ton Italie, sous les hauts pins de Rome, près de ton beau golfe napolitain. Me voilà; je suis prête. Oh! Ascanio, Ascanio, cela flattet-il véritablement ton orgueil que je te sacrifie un amant couronné ?

— Madame, dit Ascanio, qui sentait malgré lui fondre son cœur à la flamme d'un si grand amour ; madame, j'ai le cœur trop fier et trop exigeant : vous ne pouvez pas me donner le passé.

— Le passé ! Oh ! vous voilà vous autres hommes, toujours cruels ! Le passé ! Mais une malheureuse femme devrait-elle répondre de son passé, quand ce sont presque toujours des événemens et des choses plus forts qu'elle qui ont fait ce passé ? Suppose qu'une tempête t'enlève, qu'un tourbillon t'emporte vers l'Italie ; quand tu reviendras dans un an, dans deux ans, dans trois ans, en voudras-tu à ta Colombe, que tu aimes tant aujourd'hui, de ce qu'elle aura obéi à ses parens, de ce qu'elle aura épousé le comte d'Orbec ? Lui en voudras-tu de sa vertu ? la puniras-tu d'avoir obéi à un des commandemens de Dieu ? Et si elle n'a pas ton souvenir, suppose qu'elle ne t'ait pas connu ; si lassée d'ennuis, écrasée de douleurs, oubliée un instant de Dieu, elle a voulu avoir quelque idée de ce paradis dont on lui a fermé la porte et qu'on appelle l'amour ; si elle a aimé un autre que son mari qu'elle ne pouvait aimer ; si dans un moment de délire elle a donné son âme à une âme, — voilà une femme perdue à tes yeux, déshonorée dans ton cœur ; voilà une femme qui ne pourra plus jamais espérer ce bonheur, parce qu'elle n'aura plus son passé à te donner en échange de ton cœur ! Oh ! je le répète, voilà qui est injuste, voilà qui est cruel !

— Madame...

— Qui te dit que ce n'est pas là mon histoire ? Ecoute donc ce que je te dis, crois donc ce que je t'affirme. Je te répète que j'ai souffert pour deux. Eh bien ! à cette femme qui a souffert, Dieu pardonne, et toi tu ne pardonnes pas. Tu ne comprends pas qu'il est plus grand, qu'il est plus beau, de se relever de l'abîme après y être tombé, que de passer près de l'abîme sans le voir, le bandeau du bonheur sur les yeux. Oh ! Ascanio, Ascanio ! je t'avais cru meilleur que les autres, parce que tu étais jeune, parce que tu étais plus beau...

— Oh ! madame !

— Tends-moi la main, Ascanio, et d'un bond je m'élancerai du fond de l'abîme jusque sur ton cœur. Le veux-tu ? Demain j'aurai rompu avec le roi, avec la cour, avec le monde. Oh ! je suis vaillante en amour, va ! Et d'ailleurs je ne veux pas me faire plus grande que je ne suis. Je te sacrifierai bien peu de chose. crois-moi. Tous ces hommes ne valent pas un de tes regards. Mais si tu m'en croyais, cher enfant, tu me laisserais garder mon autorité et continuer mes projets sur toi et pour toi. Je te ferais grand, et ces autres hommes vous passez par l'amour pour arriver à la gloire ; vous êtes ambitieux, tôt ou tard, mais vous l'êtes enfin. Quant à l'amour du roi, ne t'en inquiète pas : je le détournerai sur quelque autre à qui il donnera son cœur, tandis que moi je garderai son esprit. Choisis donc, Ascanio. Puissant par moi et avec moi, ou moi humble par toi et avec toi. Tiens, tout à l'heure, tu le sais, j'étais là sur ce fauteuil, et les plus puissans de la cour étaient à mes pieds. Assieds-toi à ma place, je le veux ; assieds-toi, et c'est moi qui me mets aux tiens. Oh ! que je suis bien là, Ascanio ! Oh ! que j'ai de bonheur à te voir et à te regarder ! Tu pâlis, Ascanio ! Oh ! si tu voulais seulement me dire que tu m'aimeras un jour, plus tard, bien plus tard !

— Madame ! madame ! s'écria Ascanio en cachant sa tête dans ses mains et en fermant à la fois ses yeux et ses oreilles, tant il sentait que la vue et l'accent de la sirène le fascinaient.

— Ne m'appelle pas madame, ne m'appelle pas non plus Anne, dit la duchesse en écartant les mains du jeune homme ; appelle-moi Louise. C'est mon nom aussi, mais un nom que personne ne m'a donné, un nom qui sera à toi seul. Louise ! Louise !... Ascanio, ne trouves-tu donc pas que c'est un doux nom ?

— J'en sais un plus doux encore, dit Ascanio.

— Oh ! prends garde, Ascanio ! s'écria la lionne blessée ; si tu me fais trop souffrir aussi, peut-être arriverai-je à te haïr autant que je t'aime !

— Mon Dieu ! madame, répondit le jeune homme secouant la tête comme pour écarter le prestige ; mon Dieu ! c'est vous qui confondez ma raison et qui bouleversez mon âme ! Ai-je le délire ? ai-je la fièvre ? Suis-je en proie à un rêve ? Si je vous dis des paroles dures, pardonnez-moi, c'est pour me réveiller moi-même. Je vous vois là, à mes pieds, vous belle, vous adorée, vous reine ! Il n'est pas possible qu'il y ait de pareilles tentations, si ce n'est pour perdre les âmes. Oh ! oui, vous l'avez dit, vous êtes dans un abîme ; mais au lieu d'en sortir vous-même, vous m'y attirez ; au lieu de remonter avec moi, vous voulez me précipiter avec vous. Ah ! ne mettez pas ma faiblesse à une pareille épreuve !

— Il n'y a là ni épreuve, ni tentation, ni rêve : il y a pour nous deux une resplendissante réalité ; je t'aime, Ascanio, je t'aime !

— Vous m'aimez, mais vous vous repentirez dans l'avenir de cet amour, mais vous me reprocherez un jour ce que vous aurez fait dans ma vie ou ce que j'aurai défait dans la vôtre.

— Ah ! tu ne me connais pas, s'écria la duchesse, si tu me crois assez faible pour me repentir ! Tiens, veux-tu une garantie ?

Et Anne alla vivement s'asseoir devant une table sur laquelle il y avait de l'encre et du papier, et saisissant une plume, elle écrivit à la hâte quelques mots.

— Tiens, dit-elle, et doute encore, si tu l'oses.

Ascanio prit le papier et lut :

« Ascanio, je t'aime, suis-moi où je vais, ou laisse-moi te suivre où tu iras.   Anne d'Heilly. »

— Oh ! cela ne se peut pas, madame ! il me semble que mon amour serait une honte pour vous.

— Une honte ! s'écria la duchesse. Est-ce que je connais la honte, moi ! j'ai trop d'orgueil pour cela. Mon orgueil, c'est ma vertu à moi !

— Ah ! j'en sais une plus douce et plus sainte, dit Ascanio, se rattachant au souvenir de Colombe par un effort désespéré.

Le coup porta en plein cœur. La duchesse se leva debout toute frémissante d'indignation.

— Vous êtes un enfant entêté et cruel, Ascanio, dit-elle d'une voix entrecoupée ; j'aurais voulu vous épargner bien des souffrances ; mais je vois que la douleur seule peut vous apprendre la vie. Vous me reviendrez, Ascanio, vous me reviendrez blessé, saignant, déchiré, et vous saurez alors ce que vaut votre Colombe et ce que je valais. Je vous pardonnerai d'ailleurs, parce que je vous aime : mais d'ici là il se passera de terribles choses ! Au revoir.

Et madame d'Étampes sortit tout effarouchée de haine et d'amour, oubliant qu'elle laissait aux mains d'Ascanio ces deux lignes qu'elle avait écrites dans un moment de délire.

XVIII.

AMOUR RÊVE.

Dès qu'Ascanio fut hors de la présence de madame d'Etampes, la prestigieuse influence que répandait cette femme se dissipa, et il vit clair en lui et autour de lui. Or, il se souvenait de deux choses qu'il avait dites. Colombe pouvait l'aimer puisque la duchesse d'Étampes l'aimait. Dès lors sa vie ne lui appartenait plus, son instinct l'avait bien servi en lui soufflant ces deux idées, mais en lui inspirant de les dire il l'avait trompé. Si l'âme honnête et droite du jeune homme avait pu se résoudre à la dissimulation, tout était sauvé, mais il avait mis sur ses gardes l'amère et formidable duchesse. Maintenant c'était une guerre d'autant plus terrible qu'elle ne menaçait que Colombe.

Toutefois cette scène ardente et périlleuse avec Anne servit Ascanio en quelque chose. Il en rapportait je ne sais quelle exaltation et quelle confiance. Sa pensée, enivrée du spectacle auquel elle avait assisté ainsi que de ses propres efforts, était en train d'activité et d'audace ; si bien qu'il résolut bravement de savoir à quoi s'en tenir sur ses espérances, et de pénétrer dans l'âme de Colombe, dût-il n'y trouver que l'indifférence. Si véritablement Colombe aimait le comte d'Orbec, à quoi bon lutter contre madame d'Etampes? Elle pourrait bien faire ce qu'elle voudrait d'une existence rebelle, rebutée, désolée, perdue. Il serait ambitieux, il deviendrait sombre et méchant, qu'importe? Mais avant tout il fallait ne pas s'en tenir au doute et entrer d'un pas déterminé au fond de sa destinée. En ce cas, l'engagement de madame d'Etampes lui répondait de l'avenir.

Ascanio prenait cette décision en revenant le long du quai et en regardant le soleil qui se couchait flamboyant derrière la tour de Nesle toute noire. Arrivé à l'hôtel, sans plus tarder ni hésiter, il alla d'abord chercher quelques bijoux, puis vint résolument frapper quatre coups à la porte du Petit-Nesle.

Dame Perrine par bonheur se trouvait aux environs. Saisie d'étonnement et de curiosité, elle se hâta d'aller ouvrir. Toutefois, en voyant l'apprenti, elle se crut obligée de lui faire froide mine.

— Ah ! c'est vous, monsieur Ascanio, dit-elle ; que demandez-vous ?

— Je demande, ma bonne dame Perrine, à montrer tout de suite ces joyaux à mademoiselle Colombe. Est-elle au jardin ?

— Oui, dans son allée. Mais attendez-moi donc, jeune homme !

Ascanio, qui n'avait pas oublié le chemin, marchait rapidement sans penser à la gouvernante.

— Voyons, au fait, se dit celle-ci en s'arrêtant pour se livrer à de profondes réflexions, je crois que le mieux est de ne pas les rejoindre et de laisser Colombe libre de choisir ses emplettes et ses cadeaux. Il ne sied pas que je sois là si, comme c'est probable, elle me destine à part pour moi quelque petit présent. J'arriverai quand elle aura seule terminé ses achats, et alors, j'aurais certes bien mauvaise grâce à refuser. C'est cela, restons et ne gênons pas son bon cœur, à cette chère enfant.

On voit que la brave dame s'entendait en délicatesse.

Colombe, depuis dix jours, n'en était plus à se demander si Ascanio était devenue sa plus chère pensée. L'ignorante et pure enfant ne savait pas ce que c'était que l'amour, mais l'amour remplissait son cœur. Elle se disait qu'il y avait du mal à se complaire dans ces rêves ; mais elle se donnait pour excuse qu'elle ne reverrait certainement plus Ascanio, et qu'elle n'aurait pas la consolation de se justifier à ses yeux.

Sous ce prétexte, elle passait toutes ses soirées sur le banc où elle l'avait vu assis près d'elle, et là elle lui parlait, elle l'écoutait, elle concentrait toute son âme dans ce souvenir ; puis, quand l'ombre s'épaississait et que la voix de dame Perrine exigeait qu'on se retirât, la jolie rêveuse revenait à pas lents, et rappelée à elle-même se souvenait alors, mais alors seulement, des ordres de son père, du comte d'Orbec, et du temps qui marchait. Ses insomnies étaient cruelles, mais pas assez pour effacer le charme de ses visions du soir.

Ce soir-là, comme à l'ordinaire, Colombe était en train de faire revivre l'heure délicieuse passée auprès d'Ascanio, quand relevant les yeux elle jeta un cri.

Il était debout devant elle, la contemplant en silence.

Il la trouvait changée, mais plus belle. La pâleur et la mélancolie allaient bien à sa figure idéale. Elle paraissait appartenir encore moins à la terre. Aussi Ascanio, en l'admirant plus charmante que jamais, retomba dans les modestes appréhensions que l'amour de madame d'Etampes avait un moment dissipées. Comment cette céleste créature pourrait-elle jamais l'aimer ?

Ils étaient en face l'un de l'autre, ces deux admirables enfans qui s'aimaient depuis si longtemps sans se le dire, et qui s'étaient déjà tant fait souffrir. Ils devaient sans doute, en se retrouvant en présence, franchir en une minute l'espace qu'ils avaient séparément parcouru pas à pas dans leurs rêveries. Ils pouvaient maintenant s'expliquer tout d'abord, se trouver cœur à cœur tout de suite, et laisser éclater dans un premier élan de joie tous leurs sentimens jusque-là si péniblement comprimés.

Mais ils étaient tous deux trop timides pour cela, et bien que leur émotion en se revoyant les trahît l'un et l'autre, ce ne fut qu'après un détour que leurs âmes d'anges se rejoignirent.

Colombe, muette et rougissante, s'était levée par un mouvement soudain. Ascanio, pâle d'émotion, contenait d'une main tremblante les battemens de son cœur.

Ils prirent tous deux à la fois la parole, lui pour dire : — Pardon, mademoiselle, vous m'aviez permis de vous montrer quelques bijoux ; elle, en disant : — Je vois avec joie que vous êtes entièrement remis, monsieur Ascanio.

Ils s'interrompirent en même temps, mais quoique leurs douces voix se fussent mêlées, ils avaient parfaitement entendu l'un et l'autre, car Ascanio, enhardi par le sourire involontaire que naturellement l'incident amena sur les lèvres de la jeune fille, répondit avec un peu plus d'assurance :

— Vous avez donc la bonté de vous rappeler encore que j'ai été blessé ?

— Et nous avons été inquiètes et étonnées de ne pas vous revoir, dame Perrine et moi, reprit Colombe.

— Je voulais ne plus revenir.

— Et pourquoi donc ?

Ascanio à ce moment décisif fut contraint de s'appuyer contre un arbre, puis il rassembla toutes ses forces et tout son courage, et d'une voix haletante il dit :

— Je puis maintenant vous l'avouer : je vous aimais.

— Et maintenant ?

Ce cri échappa à Colombe ; il eût dissipé tous les doutes d'un plus habile qu'Ascanio ; il ranima seulement un peu ses espérances.

— Maintenant, hélas ! continua-t-il, j'ai mesuré la distance qui nous sépare, je sais que vous êtes l'heureuse fiancée d'un noble comte.

— Heureuse ! interrompit Colombe en souriant amèrement.

— Comment ! vous n'aimeriez pas le comte, grand Dieu ! Oh ! parlez, est-ce qu'il n'est pas digne de vous ?

— Il est riche, il est puissant, il est bien au-dessus de moi ; mais l'avez-vous vu déjà ?

— Non, et j'ai craint d'interroger. D'ailleurs je ne sais pourquoi, mais j'avais la certitude qu'il était jeune et charmant et qu'il vous plaisait.

— Il est plus âgé que mon père, et il me fait peur, dit Colombe en cachant son visage sous ses mains avec un geste de répulsion dont elle ne fut pas maîtresse.

Ascanio, éperdu de joie, tomba à genoux, les mains jointes, pâle et les yeux à demi fermés, mais un regard sublime rayonnait sous sa paupière, et un sourire beau à réjouir Dieu s'épanouissait sur ses lèvres décolorées.

— Qu'avez-vous, Ascanio ? dit Colombe effrayée.

— Ce que j'ai ! s'écria le jeune homme, trouvant dans l'excès de sa joie l'audace que lui avait d'abord donné la douleur ; ce que j'ai ! mais je t'aime, Colombe !

— Ascanio ! Ascanio ! murmura Colombe avec un accent de reproche et de plaisir, tendre, il est vrai, comme un aveu.

Mais ils s'étaient entendus ; leurs cœurs s'étaient mêlés, et avant qu'ils s'en fussent aperçus, leurs lèvres s'étaient confondues.

— Mon ami, dit Colombe en repoussant doucement Ascanio.

Ils se regardèrent ainsi comme en extase; les deux anges se reconnaissaient. La vie n'a pas deux de ces momens-là.

— Ainsi, reprit Ascanio, vous n'aimez pas le comte d'Orbec, vous pouvez m'aimer.

— Mon ami, dit Colombe de sa voix grave et douce, mon père seul jusqu'ici m'avait baisée au front, et bien rarement, hélas ! Je suis une enfant ignorante et qui ne sait rien de la vie ; mais j'ai senti au frémissement que votre baiser a causé en moi que c'était mon devoir de n'appartenir désormais qu'à vous ou au ciel. Oui, s'il en était autrement, je suis sûre qu'il y aurait crime ! Vos lèvres m'ont sacrée votre fiancée et votre femme, et mon père lui-même me dirait Non, que je croirais seulement la voix de Dieu, qui dit en moi Oui. Voici donc ma main, qui est à vous.

— Anges du paradis, écoutez-la et enviez-moi! s'écria Ascanio.

L'extase ne se peint ni ne se raconte. Que ceux qui peuvent se souvenir se souviennent. Il est impossible de rapporter les paroles, les regards, les serremens de mains de ces deux purs et beaux enfants. Leurs âmes blanches se mêlaient comme deux sources bien limpides se confondant, sans changer de nature et de couleur. Ascanio n'effleura pas de l'ombre d'une pensée mauvaise le front chaste de sa bien-aimée ; Colombe s'appuyait confiante sur l'épaule de son fiancé. La vierge Marie les eût regardés d'en haut qu'elle n'eût pas détourné la tête.

Quand on commence à aimer, on se hâte de faire tenir dans son amour tout ce qu'on peut de sa vie, présent, passé, avenir. Dès qu'ils purent parler, Ascanio et Colombe se racontèrent toutes leurs douleurs, toutes leurs espérances des derniers jours. C'était charmant. L'un pouvait dire l'histoire de l'autre. Ils avaient bien souffert, et en se rappelant leurs souffrances tous deux souriaient.

Mais ils en viennent à parler de l'avenir et alors ils deviennent sérieux et tristes. Qu'est-ce que Dieu leur gardait pour le lendemain ? Selon les lois divines ils étaient faits l'un pour l'autre ; mais les convenances humaines déclaraient leur union mal assortie, monstrueuse. Que faire ? Comment persuader au comte d'Orbec de renoncer à sa femme ? au prévôt de Paris de donner sa fille à un artisan ?

— Hélas ! mon ami, dit Colombe, je vous promettais de n'appartenir qu'à vous ou au ciel, je vois bien que c'est au ciel que j'appartiendrai,

— Non, dit Ascanio, c'est à moi. Deux enfans comme nous ne pourraient seuls remuer tout un monde, mais je parlerai à mon cher maître, à Benvenuto Cellini. C'est celui-là qui est puissant, Colombe, et qui voit de haut toutes choses ! Oh ! il agit sur la terre comme Dieu doit ordonner dans le ciel, et tout ce que sa volonté a marqué il l'accomplit. Il te donnera à moi. Je ne sais pas comment il fera, mais j'en suis sûr. Les obstacles, il les aime. Il parlera à François Ier, il convaincra ton père. Benvenuto comblerait des abîmes. La seule chose qu'il n'aurait pu faire, tu l'as faite sans qu'il s'en mêlât, toi, tu m'as aimé. Le reste doit être simple. Vois-tu, ma bien-aimée, à présent, je crois aux miracles.

— Cher Ascanio, vous espérez, j'espère. Voulez-vous que, de mon côté, je tente quelque chose ? parlez. Il est quelqu'un qui peut tout sur l'esprit de mon père. Voulez-vous que j'écrive à madame d'Etampes ?

— Madame d'Etampes ! s'écria Ascanio. Mon Dieu ! je l'avais oubliée !

Alors Ascanio, très simplement et sans aucune fatuité, raconta comment il avait vu la duchesse, comment elle l'avait aimé, comment le jour même, une heure auparavant, elle s'était déclarée l'ennemie mortelle de celle qu'il aimait ; mais quoi ! la tâche de Benvenuto en serait un peu plus difficile, voilà tout. Ce n'était pas un adversaire de plus qui l'effraierait.

— Mon ami, dit Colombe, vous avez foi en votre maître; moi, j'ai foi en vous. Parlez à Cellini le plus tôt que vous pourrez, et qu'il dispose de notre sort.

— Dès demain je lui confierai tout. Il m'aime tant ! il me comprendra tout de suite. Mais, qu'as-tu, ma Colombe ? Te voilà toute triste !

Chaque phrase du récit d'Ascanio avait fait sentir à Colombe son amour en appuyant sur son cœur la pointe de la jalousie, et plus d'une fois elle avait serré convulsivement la main d'Ascanio qu'elle tenait dans les siennes.

— Ascanio, elle est belle, madame d'Etampes ; elle est aimée d'un grand roi. N'a-t-elle laissé dans votre esprit aucune impression, mon Dieu !

— Je t'aime ! dit Ascanio.

— Attendez-moi là, fit Colombe.

Elle revint un instant après avec un beau lis frais et blanc.

— Ecoute, dit-elle, quand tu travailleras au lis d'or et de pierreries de cette femme, regarde quelquefois les simples lis du jardin de ta Colombe.

Et aussi coquettement que madame d'Etampes l'eût pu faire, elle mit sur la fleur un baiser et la donna à l'apprenti.

En ce moment dame Perrine apparut au bout de l'allée.

— Adieu et au revoir ! dit précipitamment Colombe en posant sa main sur les lèvres de son amant, d'un geste furtif et plein de grâce.

La gouvernante s'approcha d'eux.

— Eh bien ! mon enfant, dit-elle à Colombe, avez-vous bien grondé le fugitif et choisi de beaux bijoux.

— Tenez, dame Perrine, dit Ascanio en mettant dans la main de la bonne dame la boîte de joyaux qu'il avait apportée, mais qu'il n'avait pas même ouverte, nous avons décidé, mademoiselle Colombe et moi, que vous choisiriez vous-même là-dedans ce qui vous conviendrait le mieux, et que je reviendrais demain reprendre les autres.

Là dessus il s'enfuit avec sa joie, jetant à Colombe un dernier regard qui lui disait tout ce qu'il avait à lui dire.

Colombe, de son côté, les mains en croix sur sa poitrine comme pour y renfermer le bonheur qu'elle contenait, resta immobile, pendant que dame Perrine faisait un choix parmi les merveilles qu'avait apportées Ascanio.

Hélas ! la pauvre enfant fut terriblement réveillée de ses doux songes.

Une femme se présenta, accompagnée d'un des hommes du prévôt.

— Monseigneur le comte d'Orbec, qui revient après-demain, dit cette femme, me met dès aujourd'hui au service de madame. Je suis au courant des plus nouvelles et des plus belles façons d'habits, et j'ai reçu l'ordre de monseigneur le comte et de messire le prévôt de confectionner à madame une magnifique robe de brocart, madame la duchesse d'Etampes devant présenter madame à la reine le jour du départ de Sa Majesté pour Saint-Germain, c'est-à-dire dans quatre jours.

Après la scène que nous venons de mettre sous les yeux du lecteur, on devine quelle désespérante impression cette double nouvelle produisit sur Colombe.

XIX.

AMOUR IDÉE.

Le lendemain, au jour naissant, Ascanio, déterminé à remettre entre les mains du maître sa destinée, se dirigea vers la fonderie, où Cellini travaillait tous les matins. Mais au moment où il allait frapper à la porte de la chambre que Benvenuto appelait sa cellule, il entendit la voix de Scozzone. Il pensa que sans doute elle posait, et se retira discrètement pour revenir un peu après. En attendant, il se mit à se promener dans le jardin du Grand-Nesle, et à réfléchir à ce qu'il dirait à Cellini, à ce que probablement Cellini lui dirait.

Cependant Scozzone ne posait pas le moins du monde. Elle n'avait même jamais mis le pied dans la cellule, où personne, au grand désespoir de sa curiosité, n'avait encore pénétré, et où Benvenuto ne souffrait pas qu'on le dérangeât. Aussi, la colère du maître fut terrible, lorsqu'en se retournant, il vit derrière lui Catherine, ouvrant plus grands que jamais ses grands yeux éveillés. Le désir de voir de l'indiscrète trouvait d'ailleurs peu à se satisfaire. Quelques dessins sur les murs, un rideau vert devant la fenêtre, une statue d'Hébé commencée, et une collection d'outils de sculpteur, formaient tout l'ameublement de la chambre.

— Qu'est-ce que tu veux, petit serpent? qu'est-ce que tu viens faire ici? Pour Dieu! tu me poursuivras donc jusqu'en enfer! s'était écrié Benvenuto à la vue de Catherine.

— Hélas! maître, dit Scozzone en faisant sa plus douce voix, je vous assure que je ne suis pas un serpent. J'avoue que pour ne pas vous quitter, je vous suivrais volontiers, s'il le fallait, jusqu'en enfer, et je viens ici parce que c'est le seul endroit où l'on puisse vous parler en secret.

— Eh bien! dépêche! qu'as-tu à me dire?

— Oh! mon Dieu! Benvenuto, dit Scozzone apercevant la statue ébauchée, quelle admirable figure! C'est votre Hébé. Je ne la croyais pas aussi avancée; qu'elle est belle!

— N'est-ce pas? fit Benvenuto.

— Oh! oui, bien belle, et je conçois que vous n'ayez pas voulu me faire poser pour cette nature-là. Mais qui donc vous a servi de modèle? continua Scozzone inquiète. Je n'ai vu entrer ni sortir aucune femme.

— Tais-toi. Voyons, chère petite, ce n'est pas assurément pour parler sculpture que tu es venue.

— Non, maître, c'est à propos de notre Pagolo. Eh bien! je vous ai obéi, Benvenuto. Il a profité de votre absence, hier au soir, pour m'entretenir de son éternel amour, et selon vos ordres, je l'ai écouté jusqu'au bout.

— Ah! oui-da! le traître! Et qu'est-ce qu'il te disait?

— Ah! il est à mourir de rire, et je voudrais pour je ne sais quoi que vous eussiez été là. Notez que pour ne laisser prise à aucun soupçon, il achevait, tout en me parlant, l'hypocrite, le fermoir d'or que vous lui avez donné à faire, et la lime qu'il tenait à la main n'ajoutait pas peu au pathétique de ses discours. « Chère Catherine, disait-il, je meurs d'amour pour vous; quand donc aurez-vous pitié de mon martyre! Un mot, ne vous demande qu'un mot. Voyez enfin à quoi je m'expose pour vous: si je n'avais pas fini ce fermoir, le maître se douterait de quelque chose, et s'il se doutait de quelque chose, il me tuerait sans miséricorde; mais je brave tout pour vos beaux yeux. Jésus! ce maudit ouvrage n'avance pas. Enfin, Catherine, à quoi cela vous sert-il d'aimer Benvenuto? Je ne vous en sais plus de gré, il est toujours indifférent pour vous. Et moi je vous aimerais d'un amour si ardent et si prudent à la fois! Personne ne s'en apercevrait, vous ne seriez jamais compromise, allez! et vous pourriez compter sur ma discrétion à toute épreuve. Tenez, ajouta-t-il enhardi par mon silence, j'ai déjà trouvé un asile sûr et caché profondément où je pourrais vous entretenir sans crainte. » — Ah! ah! vous ne devineriez jamais, Benvenuto, la cachette que le sournois avait choisie. Je vous le donne en cent, en mille; il n'y a que ces fronts baissés et ces yeux en dessous pour découvrir de pareils coins: il voulait loger nos amours, savez-vous où? dans la tête de votre grande statue de Mars. On y peut monter, dit-il, avec une échelle. Il assure qu'il y a là une fort jolie chambre où l'on n'est aperçu de personne, tout en ayant sur la campagne une vue magnifique.

— L'idée est triomphante, en effet, dit Benvenuto en riant; et qu'as-tu répondu à cela, Scozzone?

— J'ai répondu par un grand éclat de rire que je n'ai jamais pu retenir, et qui a fort désappointé mons Pagolo. Il est parti de là pour être très touchant, pour me reprocher de n'avoir pas de cœur et de vouloir sa mort, etc., etc.

Tout en s'escrimant du marteau et de la lime, il m'en a dit comme ça pendant une demi-heure, car il est joliment bavard quand il s'y met.

— Et finalement que lui as-tu répondu, Scozzone?

— Ce que je lui ai répondu? Au moment où vous frappiez à la porte, et où il posait sur la table son fermoir, enfin terminé, je lui ai pris gravement la main et je lui ai dit: « Pagolo, vous avez parlé comme un bijou! » C'est ce qui fait qu'en rentrant vous lui avez trouvé l'air si bête.

— Eh bien! tu as eu tort, Scozzone: il ne fallait pas le décourager ainsi.

— Vous m'avez dit de l'écouter, je l'ai écouté. Si vous croyez que ce soit déjà si facile que d'écouter les beaux garçons! Et s'il arrive un beau jour quelque malheur?

— Tu ne dois pas seulement l'entendre, mon enfant, il faut que tu lui répondes, c'est indispensable à mon plan. Parle-lui d'abord sans colère, puis avec indulgence, et puis avec complaisance. Quand tu en seras là, je te dirai ce qu'il faudra faire.

— Mais cela peut mener loin, savez-vous? Vous devriez être là, du moins.

— Sois tranquille, Scozzone, je paraîtrai au moment nécessaire. Tu n'as qu'à te reposer sur moi et suivre exactement mes instructions. Va maintenant, chère petite, et laisse-moi travailler.

Catherine sortit en sautant et en riant d'avance du bon tour que Cellini allait jouer à Pagolo, et dont elle ne pouvait néanmoins deviner le premier mot.

Cependant Benvenuto, quand elle fut partie, ne s'était pas remis à travailler comme il lui avait dit : il avait couru précipitamment à la fenêtre qui donnait obliquement sur le jardin du Petit-Nesle, et était resté là comme en contemplation. Un coup frappé à la porte l'arracha brusquement à sa rêverie.

— Grêle et tempête! s'écria-t-il furieux, qui est là encore? et ne peut-on me laisser en paix, mille démons!

— Pardon, mon maître, dit la voix d'Ascanio; mais si je vous dérange, je vais me retirer.

— Quoi! c'est toi, mon enfant! Non, non, certes, tu ne me déranges jamais. Qu'y a-t-il donc et que me veux-tu?

Benvenuto s'empressa d'aller ouvrir lui-même à son élève chéri.

— Je trouble votre solitude et votre travail, dit Ascanio.

— Non, Ascanio: tu es toujours le bienvenu, toi.

— Maître, c'est que j'ai un secret à vous confier, un service à vous demander.

— Parle. Veux-tu ma bourse? veux-tu mon bras? veux-tu ma pensée?

— J'aurai peut-être besoin de tout cela, cher maître.

— Tant mieux! Je suis à toi corps et âme, Ascanio. Moi aussi, d'ailleurs, j'ai une confession à te faire, oui, une confession, car sans être, je crois, coupable, j'aurai des remords jusqu'à ce que tu m'aies absous. Mais parle le premier.

— Eh bien! maître... Mais, grand Dieu! qu'est-ce donc que cette ébauche! s'écria Ascanio en s'interrompant.

Il venait d'apercevoir la statue commencée d'Hébé, et dans la statue commencée, il venait de reconnaître Colombe.

— C'est Hébé, reprit Benvenuto, dont les yeux brillèrent; c'est la déesse de la jeunesse. La trouves-tu belle, Ascanio?

— Oh! miraculeuse! Mais ces traits, enfin, je les connais, ce n'est pas une illusion!

— Indiscret! Puisque tu lèves à demi le voile, il faut donc que je l'arrache tout à fait, et il paraît que ta confidence ne viendra décidément qu'après la mienne. Eh bien! assieds-toi là, Ascanio, tu vas lire à livre ouvert dans mon cœur. Tu as besoin de moi, dis-tu; j'ai aussi besoin que tu m'entendes. Il suffira que tu saches tout pour que je sois soulagé d'un grand poids.

Ascanio s'assit, plus pâle que le condamné à qui on va lire son arrêt de mort.

— Tu es Florentin, Ascanio, et je n'ai pas besoin de te

demander si tu sais l'histoire de Dante Alighieri. Un jour il vit passer dans la rue une enfant appelée Béatrix, et il l'aima. Cette enfant mourut et il l'aima toujours, car c'est son âme qu'il aimait, et les âmes ne meurent pas; seulement, il lui ceignit la tête d'une couronne d'étoiles, et il la plaça dans le paradis. Cela fait, il se mit à approfondir les passions, à sonder toute poésie et toute philosophie, et quand, purifié par la souffrance et la pensée, il arriva aux portes du ciel, où Virgile, c'est-à-dire la sagesse, devait le quitter, il ne s'arrêta pas faute de guide, car il retrouva là sur le seuil Béatrix, c'est-à-dire l'amour, qui l'attendait.

Ascanio, j'ai eu aussi ma Béatrix, morte comme l'autre, comme l'autre adorée. Ç'a été jusqu'ici un secret entre Dieu, elle et moi. Je suis faible aux tentations; mais dans toutes les passions impures que j'ai traversées, mon adoration est restée intacte. J'avais placé ma lumière trop haut pour que la boue pût l'atteindre. L'homme se jetait insoucieusement à travers les plaisirs, l'artiste restait fidèle à ses mystérieuses fiançailles, et si j'ai fait quelque chose de bien, Ascanio, si l'inerte matière, argent ou argile, sait prendre sous mes doigts forme et vie, si j'ai parfois réussi à mettre de la beauté dans le marbre et de la vie dans le bronze, c'est que ma rayonnante vision m'a toujours depuis vingt ans conseillé, soutenu, éclairé.

Mais je ne sais, Ascanio, il y a peut-être des différences entre le poëte et l'orfévre, entre le ciseleur des idées et le ciseleur de l'or. Dante rêve; j'ai besoin de voir. Le nom de Marie lui suffit; il me faut à moi le visage de la madone. On devine ses créations; on touche les miennes. Voilà peut-être pourquoi ma Béatrix n'était pas assez ou plutôt était trop pour moi, sculpteur. L'esprit me remplissait, mais j'étais forcé de trouver la forme. La femme angélique qui brillait sur ma vie avait été belle sans doute, belle surtout par le cœur, mais elle ne réalisait pas ce type de la beauté éternelle que je me figurais. Je me voyais contraint de chercher ailleurs, d'inventer.

Maintenant, dis-moi, Ascanio, crois-tu que si cet idéal de sculpteur s'était présenté à moi vivant, sur la terre, et si je lui avais donné place dans mes adorations, j'eusse été ingrat et infidèle à mon idéal de poëte? crois-tu qu'alors mon apparition céleste ne me visiterait pas, et que l'ange serait jaloux de la femme? Le crois-tu? C'est à toi que je le demande, Ascanio, et tu sauras un jour pourquoi je t'adresse cette question plutôt qu'à tout autre, pourquoi je tremble en attendant ta réponse, comme si c'était ma Béatrix qui me répondit.

— Maître, dit gravement et tristement Ascanio, je suis bien jeune pour avoir un avis sur ces hautes idées; pourtant je pense au fond du cœur que vous êtes un de ces hommes choisis que Dieu mène, et que ce que vous trouvez sur votre chemin, ce n'est pas le hasard, c'est Dieu qui l'y a mis.

— C'est là ta croyance, n'est-ce pas vrai, Ascanio? Tu es d'avis que l'ange terrestre, mon beau souhait réalisé, serait envoyé par le Seigneur, et que l'autre ange divin n'aurait pas à se courroucer de mon abandon. Eh bien! je puis te dire alors que j'ai trouvé mon rêve, qu'il vit, que je le vois, que je le touche presque. Ascanio, le modèle de toute beauté, de toute pureté, ce type de la perfection infinie à laquelle nous autres artistes nous aspirons, il est près de moi, il respire, je puis chaque jour l'admirer. Ah! tout ce que j'ai fait jusqu'ici ne sera rien auprès de ce que je ferai. Cette Hébé que tu trouves belle et qui est, de vrai, mon chef-d'œuvre, ne me satisfait pas encore; mon songe animé est debout à côté de son image, et me semble cent fois plus magnifique; mais je l'atteindrai! je l'atteindrai! Ascanio, mille blanches statues, qui toutes lui ressemblent, se dressent et marchent déjà dans ma pensée. Je les vois, je les pressens, et elles écloront quelque jour.

A présent, Ascanio, veux-tu que je te fasse voir mon beau génie inspirateur? il doit être encore là près de nous. Chaque matin, à l'heure où le soleil se lève là-haut, il me luit en bas. Regarde.

Benvenuto écarta le rideau de la fenêtre et désigna du doigt à l'apprenti le jardin du Petit-Nesle.

Dans sa verte allée, Colombe, la tête inclinée sur sa main étendue, marchait à pas lents.

— Qu'elle est belle, n'est-ce pas? dit Benvenuto en extase; Phidias et le vieux Michel-Ange n'ont rien créé de plus pur, et les antiques égalent tout au plus cette jeune et gracieuse tête. Qu'elle est belle!

— Oh! oui, bien belle! murmura Ascanio, qui était retombé assis sans force et sans pensée.

Il y eut une minute de silence pendant laquelle Benvenuto contemplait sa joie, et pendant laquelle Ascanio mesurait sa douleur.

— Mais enfin, maître, hasarda avec effroi l'apprenti, où vous mènera cette passion d'artiste? Que prétendez-vous faire?

— Ascanio, reprit Cellini, celle qui est morte n'a pas été et ne pouvait être à moi. Dieu me l'a montrée seulement, et ne m'a pas mis au cœur d'amour humain pour elle. Chose étrange! il ne m'a même fait sentir ce qu'elle était pour moi que lorsqu'il l'a eu retirée de ce monde. Elle n'est dans ma vie qu'un ressouvenir, une vague image entrevue. Mais si tu m'as bien compris, Colombe tient de plus près à mon existence, à mon cœur; j'ose l'aimer, elle; j'ose me dire : elle sera à moi!

— Elle est la fille du prévôt de Paris, dit Ascanio tremblant.

— Et quand elle serait la fille d'un roi, Ascanio, je sais ce que peut ma volonté. J'ai atteint à tout ce que j'ai voulu, et je n'ai jamais rien voulu plus ardemment. J'ignore comment je parviendrai à mon but, mais il faut qu'elle soit ma femme, vois-tu!

— Votre femme! Colombe, votre femme!

— Je m'adresserai à mon grand souverain, continua Benvenuto; je lui peuplerai, s'il veut, le Louvre et Chambord de statues. Je couvrirai ses tables d'aiguières et de candélabres, et quand pour tout prix je lui demanderai Colombe, il ne serait pas François Ier s'il me la refusait. Oh! j'espère, Ascanio, j'espère! J'irai le trouver au milieu de toute sa cour réunie. Tiens, dans trois jours, quand il partira pour Saint-Germain, tu viendras avec moi. Nous lui porterons la salière en argent que j'ai achevée, et les dessins pour une porte de Fontainebleau. Tous admireront, car c'est beau, et il admirera, il s'étonnera plus que les autres. Eh! ces surprises, je les lui renouvellerai toutes les semaines. Je n'ai jamais senti en moi une force plus féconde et plus créatrice. Jour et nuit mon cerveau bout; cet amour, Ascanio, m'a multiplié à la fois et rajeuni. Quand François Ier verra ses souhaits réalisés aussitôt que conçus, ah! je ne demanderai plus, j'exigerai; il me fera grand et je me ferai riche, et le prévôt de Paris, tout prévôt qu'il est, sera honoré de mon alliance. Eh! mais, vraiment je deviens fou, Ascanio! A ces idées je ne suis plus maître de moi. Elle à moi! Rêves du ciel! Comprends-tu, Ascanio! Elle à moi! Embrasse-moi, mon enfant, car depuis que je t'ai tout avoué, j'ose écouter mes espérances. Je me sens maintenant le cœur plus tranquille; tu as comme légitimé ma joie. Ce que je te dis là, tu le comprendras un jour. En attendant, il me semble que je t'aime plus depuis que tu as reçu ma confidence; tu es bon de m'avoir entendu. Embrasse-moi, cher Ascanio!

— Mais vous ne pensez pas, maître, qu'elle ne vous aime peut-être pas, elle.

— Oh! tais-toi, Ascanio! j'y ai pensé, et je me suis pris à envier ta beauté et ta jeunesse. Mais ce que tu disais des desseins prévoyants de Dieu me rassure. Elle m'attend. Qui aimerait-elle? quelque fat de la cour, indigne d'elle! D'ailleurs, quel que soit celui qu'on lui destine, je suis aussi bon gentilhomme que lui, et j'ai le génie de plus.

— Le comte d'Orbec, dit-on, est son fiancé.

— Le comte d'Orbec? Tant mieux! je le connais. Il est trésorier du roi, et c'est chez lui que je vais prendre soit l'or et l'argent nécessaires à mes travaux, soit les sommes que la bonté de Sa Majesté m'assigne. Le comte d'Orbec, un vieux ladre, rechigné et usé, cela ne compte pas, et il n'y aura pas de gloire à supplanter un animal pareil. Va, c'est moi qu'elle aime, Ascanio, non à cause de moi, mais à cause d'elle-même, parce que je serai comme la preuve de sa beauté, parce qu'elle se verra comprise, adorée, immortalisée. D'ailleurs, j'ai dit : Je le veux! et chaque fois que j'ai dit ce mot, je te le répète, j'ai réussi. Il n'est pas de puissance humaine qui tienne contre l'énergie de ma passion. J'irai, comme toujours, droit à mon but avec l'inflexibilité du destin. Elle sera à moi, te dis-je, dussé-je bouleverser le royaume, et si par hasard quelque rival me voulait barrer le chemin, démonio ! tu me connais, Ascanio, gare à lui ! je le tuerais de cette main qui serre la tienne. Mais, mon Dieu ! Ascanio, pardonne-moi. Égoïste que je suis, j'oublie que toi aussi tu as un secret à me confier, un service à réclamer de moi. Je ne m'acquitterai jamais envers toi, cher enfant, mais parle enfin, parle. Pour toi aussi, ce que je veux je le puis.

— Vous vous trompez, maître, il est des choses qui ne sont au pouvoir que de Dieu, et je sais maintenant que je ne dois plus compter que sur lui. Je laisserai donc mon secret entre ma faiblesse et sa puissance.

Ascanio sortit.

Quant à Cellini, à peine Ascanio eut-il refermé la porte, qu'il tira le rideau vert, et approchant son chevalet de la fenêtre, il se remit à modeler son Hébé, le cœur rempli de joie présente et de sécurité à venir.

XX.

LE MARCHAND DE SON HONNEUR.

C'est le jour où Colombe doit être présentée à la reine.

Nous sommes dans une des salles du Louvre ; toute la cour est rassemblée. Après la messe, on doit partir pour Saint-Germain, et l'on n'attend plus que le roi et la reine pour passer dans la chapelle. Hormis quelques dames assises, tout le monde se tient debout et marche en causant : les robes de soie et de brocard se froissent, les épées se heurtent, les regards tendres ou haineux se croisent, on échange toutes sortes de rendez-vous de combat ou d'amour ; c'est une cohue étourdissante, un tourbillon splendide ; les habits sont superbes et taillés à la dernière mode ; les visages sont adorables ; sur la riche et amusante variété des costumes se détachent les pages, vêtus à l'italienne ou à l'espagnole, debout, immobiles, le poing sur la hanche et l'épée au côté. C'est un tableau plein d'éclat, de vivacité, de magnificence, dont tout ce que nous pourrions dire ne serait qu'une bien faible et bien pâle copie. Faites revivre tous ces cavaliers élégans et railleurs, rendez l'existence à toutes ces dames vives et galantes de Brantôme et de l'Heptaméron, mettez dans leur bouche cet idiome prompt, savant, naïf, et si éminemment français du seizième siècle, et vous aurez une idée de cette charmante cour, surtout si vous vous rappelez le mot de François Ier : Une cour sans dames c'est une année sans printemps ou un printemps sans fleurs. Or, la cour de François Ier était un printemps éternel où brillaient les plus belles et les plus nobles fleurs de la terre.

Après le premier éblouissement causé par la confusion et le bruit, et lorsqu'on pouvait séparer les groupes, il était aisé de s'apercevoir qu'il y avait deux camps dans la foule : l'un, distingué par les couleurs lilas, était celui de madame d'Etampes ; l'autre, qui portait les couleurs bleues, était celui de Diane de Poitiers ; les partisans secrets de la réforme appartenaient au premier parti, les catholiques purs au second. Dans ce dernier, on remarquait la figure plate et insignifiante du dauphin ; on voyait la figure blonde, spirituelle et enjouée de Charles d'Orléans, second fils du roi, courir dans les rangs de l'autre. Compliquez ces oppositions politiques et religieuses de jalousies de femmes et de rivalités d'artistes, et vous aurez un ensemble assez satisfaisant de haines qui vous expliquera, si vous vous en étonnez, une foule de coups d'œil dédaigneux et de gestes menaçans que ne peuvent même dérober aux regards de l'observateur les dissimulations courtisanesques.

Les deux ennemies, Diane et Anne, étaient assises aux deux bouts opposés de la salle, et pourtant, malgré la distance, chaque raillerie ne mettait pas cinq secondes à passer de la bouche de l'une aux oreilles de l'autre, et la riposte, ramenée par les mêmes courriers, revenait aussi vite par le même chemin.

Au milieu de tous ces mots spirituels et parmi tous ces seigneurs habillés de velours et de soie, se promenait encore, indifférent et grave dans sa longue robe de docteur, Henri Estienne, attaché de cœur au parti de la Réforme, tandis qu'à deux pas de lui et non moins oublieux de tout ce qui l'entourait, se tenait debout Pierre Strozzi, pâle et mélancolique, réfugié de Florence, qui, appuyé contre une colonne, regardait sans doute dans son cœur la patrie absente, où il ne devait rentrer que prisonnier, et où il ne devait plus avoir de repos que dans la tombe. Il va sans dire que le noble réfugié italien, parent par les femmes de Catherine de Médicis, tient profondément au parti catholique.

Puis passent, en parlant de graves affaires d'état et en s'arrêtant souvent en face l'un de l'autre, comme pour donner plus de poids à leur conversation, le vieux Montmorency, à qui le roi vient de donner il n'y a pas deux ans encore la charge de connétable, vacante depuis la disgrâce de Bourbon, et le chancelier Poyet, tout fier de l'impôt de la loterie, qu'il vient d'établir, et de l'ordonnance de Villers-Coterets, qu'il vient de contresigner (1).

Sans se fondre dans aucun groupe, sans se mêler à aucune conversation, le bénédictin et cordelier François Rabelais, au sourire armé de dents blanches, furetait, observait, écoutait, raillait, tandis que Triboulet, le bouffon favori de Sa Majesté, roulait entre les jambes des passans sa bosse et ses calomnies, profitant de sa taille de basset pour mordre çà et là sans danger, sinon sans douleur.

Quant à Clément Marot, splendide dans un habit tout neuf de valet de chambre du roi, il semblait tout aussi gêné que le jour de sa réception à l'hôtel d'Etampes. Evidemment il avait en poche et cherchait à placer sous forme d'impromptu quelque dizain nouveau-né, quelque sonnet orphelin. En effet, hélas ! on le sait, l'inspiration vient d'en haut et on n'en est pas le maître. Une ravissante idée lui était poussée naturellement dans l'esprit sur le nom de madame Diane. Il avait lutté, mais la muse n'est point une amante, c'est une maîtresse : les vers s'étaient faits tous seuls, les rimes s'étaient emmanchées l'une à l'autre, il ne savait par quelle magie. Bref, ce malheureux dizain le tourmentait plus que nous ne saurions dire. Il était dévoué à madame d'Etampes, sans doute, et à Marguerite de Navarre, c'était incontestable ; le parti protestant était celui vers lequel il penchait, cela ne faisait aucun doute. Peut-être même cherchait-il quelque épigramme contre madame

---

(1) Ce fut effectivement à Villers-Coterets, petite ville du département de l'Aisne, où François Ier avait un château, que fut signée la fameuse ordonnance qui décida que les actes des cours souveraines cesseraient d'être écrits en latin et seraient désormais rédigés dans la langue nationale. Ce château existe encore, quoique fort déchu de sa splendeur antique, et surtout étrangement détourné de sa destination première. Commencé par François Ier, qui y sculpta ses salamandres, il fut achevé par Henri II, qui y grava son chiffre et celui de Catherine de Médicis. On peut encore voir ces deux lettres, chefs d'œuvre de Renaissance, réunies, écoutez bien cela ! car l'esprit du temps est tout entier dans ce fait lapidaire : réunies par un lac d'amour qui enveloppe en même temps le croissant de Diane de Poitiers. Charmante, mais, on en conviendra, singulière trilogie, qui se compose du chiffre et des armes du mari, de la femme et **de la maîtresse.**

Diane, lorsque ce malheureux madrigal en son honneur était venu; mais enfin il était venu. Comment maintenant s'empêcher, une fois des vers superbes produits dans son cerveau en l'honneur d'une catholique, comment, malgré son ardeur pour la cause protestante, se retenir de les confier tout bas à quelque ami lettré?

C'est ce que fit l'infortuné Marot. Mais l'indiscret cardinal de Tournon, dans le sein duquel il déposa ses vers, les trouva si beaux, si splendides, si magnifiques, que malgré lui il les repassa à M. le duc de Lorraine, lequel en parla incontinent à madame Diane. Il se fit à l'instant même dans le parti bleu un grand chuchotement, au milieu duquel Marot fut appelé, requis, sommé de venir les dire. Les lilas, en voyant Marot fendre la foule et s'approcher de madame Diane, s'avancèrent de leur côté et se pressèrent autour du poëte, tout à la fois ravi et épouvanté. Enfin la duchesse d'Etampes elle-même se leva curieusement pour voir, dit-elle, comment ce maraud de Marot, qui avait tant d'esprit, s'y prendrait pour louer madame Diane.

Le pauvre Clément Marot, au moment où il allait commencer, après s'être incliné devant Diane de Poitiers, qui lui souriait, se détourna légèrement pour jeter un coup d'œil autour de lui, et vit madame d'Etampes qui souriait aussi; mais le sourire de l'une était gracieux, et le sourire de l'autre était terrible. Aussi Marot, grillé d'un côté et gelé de l'autre, ne dit-il que d'une voix tremblante et mal assurée les vers suivans:

>   Etre Phœbus bien souvent je désire,
>   Non pour connaître herbes divinement,
>   Car la douleur que mon cœur veut occire
>   Ne se guérit par herbe aucunement.
>   Non pour avoir ma place au firmament,
>   Non pour son arc encontre Amour laisir,
>   Car à mon roi ne veux être rebelle,
>   Etre Phœbus seulement je désir,
>   Pour être aimé de Diane la belle.

A peine Marot eut-il prononcé la dernière syllabe de ce gracieux madrigal, que les bleus éclatèrent en applaudissemens, tandis que les lilas gardèrent un silence mortel. Clément Marot, enhardi par l'approbation et froissé par la critique, alla bravement présenter son chef-d'œuvre à Diane de Poitiers.

— A Diane la belle, dit-il à voix basse en s'inclinant devant elle ; vous comprenez, madame : la belle, la belle par excellence et sans comparaison.

Diane le remercia par le plus doux regard, et Marot s'éloigna.

— On peut faire des vers à une belle après en avoir fait à la plus belle, dit une façon d'excuse le pauvre poëte en passant près de madame d'Etampes; vous vous souvenez:
— de France la plus belle.

Anne répondit par un regard foudroyant.

Deux groupes de notre connaissance s'étaient tenus à l'écart de cet incident : c'était, d'une part, Ascanio avec Cellini. Benvenuto avait la faiblesse de préférer la *Divina Comedia* aux concetti. L'autre groupe se composait du comte d'Orbec, du vicomte de Marmagne, de messire d'Estourville et de Colombe. Quoi il avait supplié son père de ne pas se mêler à cette foule, qu'elle voyait pour la première fois et qui ne lui causait que de l'épouvante. Le comte d'Orbec, par galanterie, n'avait pas voulu quitter sa fiancée, que le prévôt allait présenter après la messe à la reine.

Ascanio et Colombe, quoique bien troublés, s'étaient vus tout de suite et se regardaient de temps en temps à la dérobée. Ces deux purs et timides enfans, élevés dans la solitude, qui fait les grands cœurs, se seraient trouvés bien isolés et bien perdus dans cette foule élégante et corrompue s'ils n'avaient pu s'apercevoir et se raffermir l'un l'autre par le regard.

Ils ne s'étaient pas revus, du reste, depuis le jour de l'aveu. Ascanio avait en vain tenté dix fois d'entrer au Petit-Nesle. La servante nouvelle donnée à Colombe par le comte d'Orbec s'était toujours présentée à la place de dame Perrine quand il avait frappé, et l'avait congédié sévèrement. Ascanio n'était ni assez riche ni assez hardi pour essayer de gagner cette femme. D'ailleurs, il n'avait à apprendre à sa bien-aimée que de tristes nouvelles qu'elle saurait toujours trop tôt. Ces tristes nouvelles étaient l'aveu que lui avait fait le maître de son amour pour Colombe, et la nécessité où ils étaient, non-seulement de se passer désormais de son appui, mais d'avoir même peut-être à lutter contre lui.

Quant au parti à prendre, Ascanio, ainsi qu'il l'avait dit à Cellini, sentait que Dieu seul pouvait maintenant le sauver. Aussi, réduit à ses seules ressources, le jeune homme avait-il naïvement résolu de chercher à adoucir et à toucher madame d'Etampes. Quand un espoir sur lequel on a compté vous manque, on est porté à se rejeter sur les secours les plus désespérés. La toute-puissante énergie de Benvenuto non-seulement faisait défaut à Ascanio, mais se tournerait sans doute contre lui. Ascanio allait donc, confiant parce qu'il était jeune, invoquer ce qu'il croyait avoir vu de grandeur, de générosité et de tendresse dévouée dans la duchesse, pour tâcher d'intéresser à sa souffrance la pitié de celle dont il était aimé. Après quoi, si cette dernière et fragile branche échappait à sa main, que pouvait-il, lui pauvre enfant faible et seul, sinon laisser faire et attendre? Voilà donc pourquoi il avait suivi Benvenuto à la cour.

La duchesse d'Etampes était retournée à sa place. Il se mêla à ses courtisans, arriva derrière elle et parvint jusqu'à son fauteuil. En se retournant elle le vit.

— Ah! c'est vous, Ascanio, dit-elle assez froidement.

— Oui, madame la duchesse. J'accompagne ici mon maître Benvenuto, et si j'ose m'approcher de vous, c'est qu'ayant laissé l'autre jour à l'hôtel d'Etampes le dessin du lis que vous avez eu la bonté de me commander, je voudrais bien savoir si vous n'en êtes pas trop mécontente.

— Non, en vérité, je l'ai trouvé fort beau, dit madame d'Etampes un peu adoucie, et des connaisseurs à qui je l'ai montré, et notamment monsieur de Guise, que voici, ont été tout à fait de mon avis ; seulement l'exécution sera-t-elle aussi parfaite que le dessin? et dans le cas où vous croiriez pouvoir en répondre, mes pierreries suffiront-elles?

— Oui, madame, je l'espère ; néanmoins, j'aurais voulu mettre au pistil du collier un gros diamant qui y tremblerait comme une goutte de rosée, mais ce serait une dépense trop considérable peut-être dans un travail confié à un humble artiste comme je suis.

— Oh! nous pouvons faire cette dépense, Ascanio.

— C'est qu'un diamant de cette grosseur vaudrait peut-être deux cent mille écus, madame.

— Eh bien! nous y aviserons. Mais, ajouta la duchesse en baissant la voix, rendez-moi un service, Ascanio.

— Je suis à vos ordres, madame.

— Tout à l'heure, en allant écouter les fadeurs de ce Marot, j'ai aperçu à l'autre extrémité le comte d'Orbec. Informez-vous de lui, s'il vous plaît, et dites-lui que je désire lui parler.

— Quoi! madame... fit Ascanio, pâlissant au nom du comte.

— Ne disiez-vous pas que vous étiez à mes ordres! reprit avec hauteur madame d'Etampes. D'ailleurs, si je vous prie de cette commission, c'est que vous êtes intéressé à l'entretien que je veux avoir d'Orbec et qui pourra vous donner à réfléchir, si cependant les amoureux réfléchissent jamais.

— Je vais vous obéir, madame, dit Ascanio, tremblant de mécontenter celle dont il attendait son salut.

— Bien. Veuillez en parlant au comte parler italien, j'ai mes raisons pour cela, et revenez avec lui vers moi.

Ascanio, pour ne pas aigrir davantage et ne pas heurter de nouveau sa redoutable ennemie, s'éloigna et demanda à un jeune seigneur aux rubans lilas s'il avait vu le comte d'Orbec et où il était.

— Tenez, lui fut-il répondu, c'est ce vieux singe qui cause là-bas avec le prévôt de Paris, et qui se tient près de cette adorable fille.

L'adorable fille était Colombe, que tous les muguets admiraient avec curiosité. Pour le vieux singe, il parut en effet à Ascanio aussi repoussant qu'un rival eût pu le désirer. Mais après un instant donné à cet examen, il s'approcha de lui, l'aborda au grand étonnement de Colombe, et l'invita en italien à le suivre auprès de madame d'Etampes. Le comte s'excusa auprès de sa fiancée et de ses amis, et se hâta de se rendre aux ordres de la duchesse, suivi d'Ascanio, qui ne s'éloigna pas cependant sans rassurer par un coup d'œil d'intelligence la pauvre Colombe, toute troublée à l'audition de cet étrange message, et surtout à la vue du messager.

— Ah! bonjour, comte, dit madame d'Etampes en apercevant d'Orbec, je suis charmée de vous voir, car j'ai des choses d'importance à vous dire. Messieurs, ajouta-t-elle, en s'adressant à ceux qui l'entouraient, nous avons encore sans doute un bon quart d'heure à attendre Leurs Majestés; si vous le permettez, je profiterai de ce temps pour entretenir mon vieil ami le comte d'Orbec.

Tous les seigneurs empressés autour de la duchesse se hâtèrent de s'éloigner discrètement sur ce congé sans façon, et la laissèrent seule avec le trésorier du roi dans une de ces vastes embrasures de croisées comme nos salons d'aujourd'hui. Ascanio allait faire comme les autres, mais, sur un signe de la duchesse, il resta.

— Qu'est-ce que ce jeune homme? demanda le comte.

— Un page italien qui n'entend pas un mot de français; aussi vous pouvez parler devant lui, c'est exactement comme si nous étions seuls.

— Eh bien! madame, reprit d'Orbec, j'ai obéi, j'espère, aveuglément à vos ordres sans même en rechercher les motifs. Vous m'avez exprimé le désir de voir ma future femme présentée aujourd'hui à la reine: Colombe est ici avec son père; mais, maintenant que j'ai agi selon votre désir, j'avoue que je voudrais le comprendre; est-ce trop demander, madame, que de vous demander une petite explication?

— Vous êtes le plus dévoué parmi mes fidèles, d'Orbec; heureusement qu'il me reste beaucoup à faire pour vous, et encore je ne sais pas si je pourrai jamais m'acquitter; pourtant j'y tâcherai. Cette charge de trésorier du roi que je vous ai donnée n'est que la pierre d'attente sur laquelle je veux bâtir votre fortune, comte.

— Madame! fit d'Orbec en s'inclinant jusqu'à terre.

— Je vais donc vous parler à cœur ouvert; mais avant tout, que je vous fasse compliment. J'ai vu votre Colombe tout à l'heure; elle est vraiment ravissante; un peu gauche, c'est un charme de plus. Cependant, entre nous, j'ai beau chercher, je vous connais, et, là, je ne vois pas dans quel but, vous, homme grave, prudent et médiocrement entiché, j'imagine, de fraîcheur et de beauté, vous faites ce mariage-là; je dis dans quel but, car nécessairement il y a quelque chose là-dessous, et vous n'êtes pas homme à marcher au hasard.

— Dame! il faut faire une fin, madame; et puis, le père est un vieux drôle qui laissera des écus à sa fille.

— Mais quel âge a-t-il donc?

— Eh! quelque cinquante-cinq ou six ans.

— Et vous, comte?

— Oh! à peu près le même âge, mais il est si usé, lui.

— Je commence à comprendre et à vous reconnaître. Je savais bien que vous étiez au dessus d'un sentiment vulgaire, et que les agrémens de cette petite n'étaient pas ce qui vous avait séduit.

— Fi donc! madame, je n'y ai seulement pas songé; elle eût été laide que c'eût été la même chose; elle est jolie, tant mieux.

— Oh! à la bonne heure, comte, sinon je désespérais de vous.

— Et maintenant que vous m'avez retrouvé, madame, daignerez-vous m'apprendre...

— Oh! c'est que pour vous je fais de beaux rêves, interrompit la duchesse. Ce que je voudrais vous voir, d'Orbec, le savez-vous, c'est la place de Poyet, que je déteste, fit la duchesse en jetant un coup d'œil de haine sur le chancelier, qui se promenait toujours avec le connétable.

— Quoi! madame, une des plus immenses dignités du royaume!

— Eh! n'êtes-vous donc pas vous-même un homme éminent, comte! Mais, hélas! mon pouvoir est si précaire, je règne sur le bord d'un abîme. Tenez, en ce moment, je suis d'une inquiétude mortelle. Le roi a pour maîtresse la femme d'un homme de rien, d'un justicier, d'un nommé Féron. Si cette femme était ambitieuse, nous serions perdus. J'aurais dû aussi prendre l'initiative sur ce caprice de François Ier. Ah! je ne retrouverai jamais non plus cette petite duchesse de Brissac que j'avais donnée à Sa Majesté: une femme douce et faible, une enfant. Je la pleurerai toujours: elle n'était pas dangereuse celle-là, elle ne parlait au roi que de mes perfections. Pauvre Marie! elle avait pris toutes les charges de ma position et m'en laissait tous les bénéfices. Mais cette Féronnière, comme ils l'appellent, il faudrait à toute force en distraire François Ier. Moi, hélas! j'ai épuisé tout mon arsenal de séductions, et j'en suis réduite aux derniers retranchemens, l'habitude.

— Comment, madame?

— Oh! mon Dieu! oui, je n'occupe plus guère que l'esprit, le cœur est ailleurs; j'aurais bien besoin, vous comprenez, d'une auxiliaire. Où la trouver? une amie toute dévouée, toute sincère, dont je sois sûre. Ah! je la paierais de tant d'or et de tant d'honneur! Cherchez-moi-la donc, d'Orbec. Vous ne savez pas combien, chez notre souverain, le roi et l'homme se touchent de près, et où l'homme peut entraîner le roi. Si nous étions deux, non deux rivales mais deux alliées, non pas deux maîtresses mais deux amies; si nous tenions, l'une François, l'autre François Ier, la France serait à nous, comte, et dans quel moment! quand Charles-Quint vient se jeter de lui-même dans nos filets, quand on pourra le rançonner à l'aise et profiter de son imprudence pour se ménager en cas d'événement un avenir magnifique. Je vous expliquerai mes desseins, d'Orbec. Cette Diane qui vous plaît tant n'aurait plus prise un jour sur notre fortune, et le chevalier de France pourrait devenir... Mais voici le roi.

Telle était la façon de madame d'Etampes: elle expliquait rarement, elle laissait deviner; elle semait dans les esprits des résolutions et des idées, elle laissait travailler l'avarice, l'ambition, la perversité naturelles, puis elle savait s'interrompre à propos.

Grand art qu'on ne saurait trop recommander à beaucoup de poètes et à nombre d'amans.

Aussi le comte d'Orbec, âpre au gain et aux honneurs, rompu et corrompu, avait parfaitement compris la duchesse, car plus d'une fois durant l'entretien les regards d'Anne s'étaient dirigés du côté de Colombe. Pour Ascanio, sa droite et généreuse nature n'avait pu sonder jusqu'au fond ce mystère d'iniquité et d'infamie, mais il ressentait vaguement que cette conversation étrange et sombre cachait un danger terrible pour sa bien-aimée, et il considérait madame d'Etampes avec épouvante.

Un huissier annonça le roi et la reine. En un instant tout le monde fut debout et le chapeau à la main.

— Dieu vous garde! messieurs, dit en entrant François Ier. Il faut que je vous annonce tout de suite une grande nouvelle. Notre cher frère l'empereur Charles-Quint est à l'heure où je vous parle en route pour la France, s'il n'y est déjà entré. Préparons-nous, messieurs, à l'accueillir dignement. Je n'ai pas besoin de rappeler à ma féale noblesse à quoi cette grande hospitalité l'oblige. Nous avons montré au camp du Drap d'Or que nous savions recevoir également les rois. Dans moins d'un mois Charles-Quint sera au Louvre.

— Et moi, messieurs, dit la reine Eléonore de sa voix douce, je vous remercie d'avance pour mon royal frère de l'accueil que lui ferez.

On répondit par les cris de Vive le roi ! Vive la reine ! Vive l'empereur !

En ce moment, quelque chose de frétillant passa entre les jambes des courtisans et s'avança jusqu'au roi, c'était Triboulet.

— Sire dit le bouffon, voulez-vous me permettre de dédier à Votre Majesté un ouvrage que je vais faire imprimer ?

— Avec grand plaisir, bouffon, répondit le roi ; mais encore faut-il que je connaisse quel est le titre de cet ouvrage et que je sache le point où il en est.

— Sire, cet ouvrage aura pour titre l'Almanach des fous, et contiendra la liste des plus grands insensés que la terre aura jamais portés. Quant à savoir où il en est, j'ai déjà inscrit sur la première page le nom du roi des fous passés et à venir.

— Et quel est cet illustre confrère que tu me donnes pour cousin et que tu choisis pour monarque ? demanda François Ier.

— Charles-Quint, sire, répondit Triboulet.

— Comment Charles-Quint ! s'écria le roi. — Lui-même !

— Et pourquoi Charles-Quint ?

— Parce qu'il n'y a que Charles-Quint au monde qui, vous ayant tenu prisonnier à Madrid, comme il l'a fait, soit assez fou pour traverser le royaume de Votre Majesté.

— Mais s'il y passe sans accident cependant au milieu de mon royaume ? répliqua François Ier.

— Alors, répondit Triboulet, je lui promets d'effacer son nom pour mettre un autre nom à sa place.

— Et quel sera ce nom ? demanda le roi.

— Le vôtre, sire ; car en le laissant passer, vous aurez encore été plus fou que lui.

Le roi éclata de rire. Les courtisans firent chorus. La pauvre Éléonore seule pâlit.

— Eh bien ! dit François, mets donc mon nom à l'instant même à la place de celui de l'empereur, car j'ai donné ma parole de gentilhomme et je la tiendrai. Quand à la dédicace, je l'accepte, et voilà le prix du premier exemplaire qui paraîtra.

A ces mots, François Ier tira une bourse pleine de sa poche et la jeta à Triboulet, qui la reçut entre ses dents et s'éloigna à quatre pattes en grommelant comme fait un chien qui emporte un os.

— Madame, dit à la reine le prévôt de Paris en s'avançant avec Colombe, Votre Majesté veut-elle me permettre de profiter de ce moment de joie pour lui présenter sous d'heureux auspices ma fille Colombe, qu'elle a daigné agréer au nombre de ses dames d'honneur ?

La bonne reine adressa quelques mots de félicitations et d'encouragement à la pauvre Colombe confuse, que le roi, pendant ce temps, regardait avec admiration.

— Foi de gentilhomme ! messire le prévôt, dit François Ier en souriant, savez-vous que c'est un crime de haute trahison d'avoir aussi longtemps enfoui et tenu hors de nos regards une semblable perle, laquelle doit faire si bien dans la couronne de beautés qui entoure la majesté de notre reine. Si vous n'êtes pas puni de cette félonie, sire Robert, rendez-en grâce à la muette intercession de ces beaux yeux baissés.

Puis, le roi fit un salut gracieux à la charmante fille et passa suivi de toute la cour pour se rendre à la chapelle.

— Madame, dit le duc de Médina-Sidonia en offrant la main à la duchesse d'Étampes, nous laisserons s'il vous plaît passer la foule, et nous resterons un peu en arrière; nous serions ici mieux que partout ailleurs pour deux mots importans que j'aurais à vous dire en secret.

— Je suis tout à vous, monsieur l'ambassadeur, répondit la duchesse. Ne vous éloignez pas, comte d'Orbec : vous pouvez tout dire, monsieur de Medina, devant ce vieil ami, qui est un second moi-même, et devant ce jeune homme, qui ne parle qu'italien.

— Leur discrétion doit vous importer autant qu'à moi, madame, et du moment où vous en êtes sûre... Mais nous voici seuls et je vais aller droit au but sans détour et sans éticences. Vous voyez que Sa Majesté Sacrée s'est décidée à traverser la France et qu'elle y a même probablement déjà mis le pied ; elle sait pourtant qu'elle y marchera entre deux haies d'ennemis ; mais elle compte sur la chevalerie du roi ; vous-même vous lui avez conseillé cette confiance, madame, et je conviendrai franchement avec vous que, plus puissante que tel ou tel ministre en titre, vous avez assez d'empire sur François Ier pour faire à votre gré votre avis bon ou mauvais, leurre ou garantie. Mais pourquoi vous tourneriez-vous contre nous ? ce n'est ni l'intérêt de l'Etat ni le vôtre.

— Achevez, monseigneur ; vous n'avez pas tout dit, je pense ?

— Non, madame. Charles-Quint est le digne successeur de Charlemagne, et ce qu'un allié déloyal pourrait exiger de lui comme rançon, il veut le donner comme présent, et ne laisser sans récompense ni l'hospitalité ni le conseil.

— A merveille ! et ce sera agir avec grandeur et prudence.

— Le roi François Ier a toujours ardemment désiré le duché de Milan, madame ; eh bien ! cette province, éternel sujet de guerre entre la France et l'Espagne, Charles-Quint consentira à la céder à son beau-frère moyennant une redevance annuelle.

— Je comprends, interrompit la duchesse : les finances de l'empereur sont assez bas, on le sait ; d'autre part, le Milanais est ruiné par vingt guerres, et Sa Majesté Sacrée ne serait pas fâchée de transporter sa créance d'un débiteur pauvre à un débiteur opulent. Je refuse, monsieur de Medina, car vous comprenez vous-même qu'une pareille proposition n'est pas acceptable.

— Mais, madame, des ouvertures ont été déjà faites au roi au sujet de cette investiture, et Sa Majesté en a paru charmée.

— Je le sais ; mais, moi, je refuse. Si vous pouvez vous passer de moi, tant mieux pour vous.

— Madame, l'empereur tient singulièrement à vous savoir de son parti, et tout ce que vous pourriez souhaiter...

— Mon influence n'est pas marchandise qu'on vende et qu'on achète, monsieur l'ambassadeur.

— Oh ! madame, qui dit cela ?

— Écoutez, vous m'assurez que votre maître désire mon appui, et entre nous il a raison. Eh bien ! pour le lui assurer je lui demande moins qu'il n'offre : suivez-moi bien. Voilà ce qu'il devra faire. Il promettra à François Ier l'investiture du duché de Milan, puis une fois hors de France il se souviendra du traité de Madrid violé et oubliera sa promesse.

— Quoi ! madame, mais ce sera la guerre !

— Attendez donc, monsieur de Medina. Sa Majesté criera et menacera, en effet. Alors Charles consentira à ériger en état indépendant le Milanais, et le donnera, mais libre de redevances, à Charles d'Orléans, second fils du roi : de cette façon l'empereur n'agrandira pas un rival. Cela vaut bien quelques écus, et je pense que vous n'avez rien à dire contre, monseigneur. Quant à ce que je puis souhaiter personnellement, vous comme disiez tout à l'heure, si Sa Majesté Sacrée entre dans mes desseins, elle laissera tomber devant moi, à notre première entrevue, un caillou plus ou moins brillant que je ramasserai, s'il en vaut la peine, et que je garderai en souvenir de la glorieuse alliance contractée avec le successeur des Césars, roi d'Espagne et des Indes, et moi.

La duchesse d'Étampes se pencha à l'oreille d'Ascanio, effrayé des sombres et mystérieux projets comme le duc de Medina en était inquiet, comme le comte d'Orbec en paraissait charmé.

— Tout cela pour toi, Ascanio, dit-elle tous bas à l'apprenti. Pour gagner ton cœur, je perdrais la France. Eh bien ! monsieur l'ambassadeur, reprit-elle à voix haute, quelle est votre réponse ?

— L'empereur seul peut prendre une décision sur un sujet de cette gravité, madame ; néanmoins, tout me porte à croire qu'il acceptera un arrangement qui m'effraie presque, tant il me semble avantageux pour nous.

— Si cela peut vous rassurer, je vous dirai qu'au fond il l'est aussi pour moi, et voilà pourquoi je m'engage à le faire accepter par le roi. Nous autres femmes, nous avons aussi notre politique, plus profonde parfois que la vôtre. Mais je puis vous jurer que mes projets ne sont en rien dangereux pour vous ; et réfléchissez, en quoi pourraient-ils l'être ? En attendant d'ailleurs la résolution de Charles-Quint, monsieur de Medina, vous pouvez être sûr que je ne laisserai pas échapper une occasion d'agir contre lui, et que j'engagerai de toutes mes forces Sa Majesté à le retenir prisonnier.

— Eh quoi ! madame, est-ce là un commencement d'alliance ?

— Allons donc, monsieur l'ambassadeur. Comment ? un homme d'Etat tel que vous ne voit-il pas que l'essentiel est d'écarter de moi tout soupçon de séductions, et que prendre ouvertement votre cause ne serait le moyen de la perdre ? D'ailleurs, je n'entends pas qu'on me puisse jamais trahir ou dénoncer. Laissez-moi être votre enn-mie, monsieur le duc, laissez-moi parler contre vous. Que vous importe ? Ne savez-vous pas ce qu'on fait avec les mots, mon Dieu ! Si Charles-Quint refuse mon traité, je dirai au roi : « Sire, fiez-vous-en à mes instincts généreux de femme. Vous ne devez pas reculer devant de justes et nécessaires représailles. » Et si l'empereur accepte, je dirai : « Sire, croyez-en mon habileté féminine, c'est-à-dire féline ; il faut vous résigner à une infamie utile. »

— Ah ! madame, dit le duc de Medina en s'inclinant devant la duchesse, quel dommage que vous soyez une reine ! vous auriez fait un si parfait ambassadeur !

Sur quoi le duc prit congé de madame d'Etampes et s'éloigna, ravi de la tournure inattendue qu'avaient prise les négociations.

— A mon tour de parler nettement et sans ambages, dit la duchesse au comte d'Orbec quand elle fut seule avec Ascanio et lui. Maintenant, comte, vous savez trois choses : la première, c'est qu'il est important pour mes amis et pour moi que mon pouvoir soit en ce moment consolidé et à l'abri de toute atteinte ; la seconde, c'est que, une fois cet événement traversé, nous n'aurons plus à redouter l'avenir, que Charles d'Orléans continuera François Ier, et que le duc de Milan, que j'aurai fait ce qu'il sera, me devra plus de reconnaissance que le roi de France, qui m'a faite ce que je suis ; la troisième, c'est que la beauté de votre Colombe a vivement frappé Sa Majesté. Eh bien ! comte, je m'adresse à l'homme supérieur que n'atteignent pas les préjugés vulgaires. Vous tenez en cet instant votre sort dans vos mains : voulez-vous que le trésorier d'Orbec succède au chancelier Poyet, ou, tenez, en termes positifs, voulez-vous que Colombe d'Orbec succède à Marie de Brissac ?

Ascanio fit un mouvement d'horreur que n'aperçut pas d'Orbec, qui échangeait un regard odieusement malicieux avec le regard profond de madame d'Etampes.

— Je veux être chancelier, répondit-il simplement.

— Bon ! nous sommes donc sauvés ; mais le prévôt ?

— Eh ! eh ! reprit le comte, vous lui trouverez bien quelque bel office ; qu'il soit seulement plutôt lucratif qu'honorifique, je vous prie ; je retrouverai le tout quand le vieux podagre s'en ira.

Ascanio ne put se contenir plus longtemps.

— Madame ! fit-il d'une voix éclatante en s'avançant.

Il n'eut pas le temps de continuer, le comte n'eut pas le temps de s'étonner, la porte s'ouvrit à deux battants : toute la cour rentrait.

Madame d'Etampes saisit violemment la main d'Ascanio, se rejeta brusquement en arrière avec lui, et, de sa voix contenue mais vibrante, lui dit à l'oreille :

— Eh bien ! jeune homme, vois-tu maintenant comment on devient la concubine d'un roi, et où parfois, malgré nous, la vie nous mène ?

Elle se tut. Au milieu de ces paroles graves, la bonne humeur et les saillies du roi et des courtisans firent pour ainsi dire irruption.

François Ier était radieux, Charles-Quint allait venir. Il y aurait des réceptions, des fêtes, des surprises, un beau rôle à jouer. Le monde entier aurait les yeux fixés sur Paris et son roi. Attentif au drame intéressant dont lui François Ier tiendrait tous les fils, il y pensait avec une joie d'enfant. C'était sa nature de prendre ainsi toutes choses par le côté brillant plutôt que par le côté sérieux, de viser avant tout à l'effet, de voir dans les batailles des tournois, et dans la royauté un art. Splendide esprit aux idées aventureuses, étranges, poétiques, François Ier fit de son règne une représentation théâtrale et du monde une salle de spectacle.

Ce jour-là, à la veille d'éblouir un rival et l'Europe, il était d'une clémence et d'une aménité plus charmantes que jamais.

Aussi, comme rassuré par ce gracieux visage, Triboulet vint-il rouler à ses pieds au moment où il franchissait la porte.

— Oh ! sire, oh ! sire, s'écria lamentablement le bouffon, je viens vous faire mes adieux, il faut que Votre Majesté se résigne à me perdre ; aussi j'en pleure plus pour elle que pour moi. Que va devenir Votre Majesté sans son pauvre Triboulet, qu'elle aime tant !

— Quoi ! vas-tu me quitter, fou, au moment où il n'y qu'un bouffon pour deux rois ?

— Oui, sire, au moment où il y aura deux rois pour un bouffon.

— Mais je n'entends pas cela Triboulet. Tu resteras, je te l'ordonne.

— Hélas ! oui. Faites donc part du décret royal à monsieur de Vieilleville, à qui j'ai dit ce qu'on dit de sa femme, et qui pour une chose si simple m'a juré qu'il m'arracherait les oreilles d'abord et l'âme ensuite... si j'en ai une, toutefois, a ajouté l'impie, à qui Votre Majesté devrait bien faire couper la langue pour un semblable blasphème.

— Va, va ! reprit le roi, sois tranquille, mon pauvre fou, celui qui t'ôterait la vie serait bien sûr d'être pendu un quart d'heure après.

— Oh ! sire, si cela vous était égal ?

— Eh bien ! quoi ?

— Faites le pendre un quart d'heure avant. J'aime mieux cela.

Tous de rire, et le roi plus que tous. Puis, continuant de s'avancer, il trouva sur son passage Pierre Strozzi, le noble exilé.

— Seigneur Pierre Strozzi, lui dit-il, il y a bien longtemps, ce me semble, trop longtemps que vous nous avez demandé des lettres de naturalisation ; c'est une honte pour nous qu'après avoir si vaillamment combattu dans le Piémont pour les Français et en Français, vous n'apparteniez pas encore à notre patrie par le courage, puisque votre patrie par la naissance vous renie. Ce soir, seigneur Pierre, messire Le Maçon, mon secrétaire, vous expédiera vos lettres de naturalisation. Ne me remerciez pas ; il faut que Charles-Quint vous trouve Français, pour mon honneur et pour le vôtre... — Ah ! c'est vous, Cellini, et vous ne venez jamais les mains vides : que portez-vous là sous le bras, mon ami ? Mais attendez un moment ; il ne sera pas dit, foi de gentilhomme ! que je ne vous aie jamais devancé en magnificence : Messire Antoine Le Maçon, vous joindrez aux lettres de naturalisation du grand Pierre Strozzi celles de mon ami Benvenuto, et vous les lui porterez sans frais chez lui : un orfèvre ne trouve pas cinq cents ducats aussi aisément qu'un Strozzi.

— Sire, dit Benvenuto ; je rends grâce à Votre Majesté, mais qu'elle me pardonne mon ignorance : qu'est-ce que ces lettres de naturalisation ?

— Quoi ! dit gravement Antoine Le Maçon, tandis que le roi riait comme un fou de la question, ne savez-vous pas, maître Benvenuto, que des lettres de naturalisation sont le plus grand honneur que Sa Majesté puisse accorder à un étranger ; que par là vous devenez Français ?

— Je commence à comprendre ; sire, et je vous remercie, dit Cellini ; mais excusez-moi : j'étais déjà de cœur sujet de Votre Majesté, à quoi servent ces lettres ?

— A quoi ces lettres servent ? dit François Ier, dont la joyeuse humeur continuait ; elles servent, Benvenuto, à ce que maintenant que vous voici Français, je puis vous faire seigneur du Grand-Nesle, ce qui ne m'était pas permis auparavant. Messire Le Maçon, vous joindrez la donation définitive du château aux lettres de naturalisation. Comprenez-vous maintenant, Benvenuto, à quoi servent les lettres de naturalisation ?

— Oui sire, et merci, merci mille fois ! On dirait que nos deux cœurs s'entendent sans se parler, car cette grâce que vous me faites aujourd'hui est comme un acheminement à une immense faveur que j'oserai peut-être vous demander un jour ou qui en fait pour ainsi dire partie.

— Tu sais ce que je t'ai promis, Benvenuto. Apporte-moi mon Jupiter et demande.

— Oui, je l'espère à bon souvenir, et j'espère qu'elle aura bonne parole. Oui, Votre Majesté peut exaucer le vœu qui tient en quelque sorte à ma vie, et déjà, par un royal et sublime instinct, vous venez de rendre l'accomplissement de ce vœu plus facile.

— Il sera fait, mon grand orfévre, selon votre désir ; mais en attendant, vous allez nous faire voir d'abord ce que vous tenez là dans vos mains.

— Sire, c'est une salière d'argent pour accompagner le vase et le bassin.

— Montrez-moi vite cela, Benvenuto.

Le roi examina attentivement et silencieusement comme toujours le merveilleux ouvrage que lui présentait Cellini.

— Quelle bévue ! dit-il enfin, quel contre-sens !

— Quoi ! sire, s'écria Benvenuto au comble du désappointement, Votre Majesté serait si peu satisfaite.

— Eh ! sans doute, monsieur. Comment, vous me gâtez une si belle idée en argent : c'est en or qu'il fallait m'exécuter cela, Cellini, et j'en suis fâché pour vous, mais vous la recommencerez.

— Hélas ! sire, dit mélancoliquement Benvenuto, ne soyez pas si ambitieux pour nos pauvres ouvrages. C'est la richesse de la matière qui perdra, j'en ai bien peur, ces chers trésors de ma pensée. Mieux vaut pour une gloire durable travailler l'argile que l'or, sire, et nos noms ne vivent guère, à nous autres orfévres. Sire, les nécessités sont parfois cruelles, les hommes cupides et stupides ; et qui sait si telle coupe d'argent de moi dont Votre Majesté donnerait dix mille ducats, on ne la fondra pas pour dix écus ?

— Allons donc, croyez-vous que le roi de France aille jamais mettre en gage chez les Lombards les salières de sa table !

— Sire, l'empereur de Constantinople a bien mis en gage chez les Vénitiens la couronne d'épines de Notre-Seigneur.

— Mais un roi de France la dégagea, monsieur !

— Oui, je le sais ; cependant songez aux dangers, aux révolutions, aux exils ! Je suis d'un pays où les Médicis ont été chassés et rappelés trois fois, et il n'y a que les rois qui, comme Votre Majesté, se font une gloire, à qui on ne puisse enlever leur bien.

— N'importe, Benvenuto, n'importe, je voux ma salière en or, et mon trésorier va vous compter aujourd'hui mille écus d'or de vieux poids pour cela. Vous entendez, comte d'Orbec, aujourd'hui même, car je ne veux pas que Cellini perde une minute. Adieu Benvenuto, continuez ; le roi pense au Jupiter ; adieu, messieurs, pensez à Charles-Quint.

Pendant que François Ier descendait l'escalier pour aller rejoindre la reine, qui était déjà en voiture et qu'il accompagnait à cheval, divers mouvemens eurent lieu que nous ne devons pas omettre.

Benvenuto s'approcha d'abord du comte d'Orbec et lui dit :—Veuillez tenir cet or à ma disposition, messire le trésorier. Je vais obéir aux ordres de Sa Majesté, aller chercher sur-le-champ un sac chez moi, et je serai chez vous dans une demi-heure. Le comte s'inclina en signe d'acquiescement, et Cellini sortit seul, après avoir vainement cherché Ascanio des yeux.

Dans le même temps Marmagne parlait bas au prévôt, qui tenait toujours la main de Colombe.

— Voici une occasion magnifique, lui disait-il, et je cours prévenir mes hommes. Vous, dites à d'Orbec de retenir le plus longtemps possible le Benvenuto.

Là dessus il disparut, et messire d'Estourville s'approcha du comte d'Orbec, auquel il parla à l'oreille, puis il ajouta tout haut :

— Pendant ce temps, moi, comte, je reconduirai Colombe à l'hôtel de Nesle.

— Bien, fit d'Orbec, et venez m'annoncer le résultat ce soir.

Ils se séparèrent, et le prévôt reprit en effet lentement avec sa fille le chemin du Petit-Nesle, suivis à leur insu par Ascanio, qui ne les avait pas perdus de vue une minute, et qui regardait de loin avec amour marcher sa Colombe.

Cependant le roi mettait le pied à l'étrier ; il montait un admirable alezan, son favori, un présent de Henri VIII.

— Nous allons, dit-il, faire une longue route ensemble aujourd'hui,

Gentil, joli petit cheval,
Bon à monter, doux à descendre....

— Ma foi ! voilà toujours les deux premiers d'un quatrain, ajouta François Ier ; trouvez-moi les autres, voyons, Marot, ou bien, vous, maître Melin de Saint-Gelais ?

Marot se gratta la tête, mais Saint-Gelais le prévint et avec un bonheur et une promptitude inouïs continua ;

Sans que tu sois un Bucéphal,
Tu portes plus grand qu'Alexandre !

Les applaudissemens éclatèrent de toutes parts, et le roi, déjà à cheval, envoya de sa main un salut de remercîment tout gracieux au poète si bien et si vite inspiré.

Pour Marot, il rentra au logis de Navarre plus bourru que jamais.

— Je ne sais ce qu'ils avaient à la cour, grommelait-il mais ils étaient tous stupides aujourd'hui.

XXI.

QUATRE VARIÉTÉS DE BRIGANDS.

Benvenuto repassa la Seine en toute hâte, et prit chez lui non pas un sac, comme il avait dit au comte d'Orbec, mais un petit cabas que lui avait donné à Florence une de ses cousines qui était religieuse ; puis, comme il tenait à terminer cette affaire le jour même, et qu'il était déjà deux heures de l'après-midi, sans attendre Ascanio qu'il avait perdu de vue, ni ses ouvriers qui étaient allés dîner, il reprit le chemin de la rue Froid-Manteau, où demeurait le comte d'Orbec, et bien que quelque attention qu'il regardât autour de lui, il ne vit rien en allant qui pût lui causer la moindre inquiétude.

Quand il arriva chez le comte d'Orbec, celui-ci lui dit qu'il ne pouvait toucher son or tout de suite, attendu qu'il y avait des formalités indispensables à remplir, un notaire à appeler, un contrat à rédiger ; le comte s'excusa d'ailleurs avec mille politesses, car il savait Cellini peu patient de sa nature, l'enveloppa avec tant de formes si prévenantes, qu'il n'y eut pas moyen de se fâcher, et que Benvenuto, qui croyait à la vérité de ces empêchemens, se résigna à attendre.

Seulement Cellini voulut profiter de ce retard pour faire venir quelques-uns de ses ouvriers qui l'accompagneraient au retour et l'aideraient à porter son or. D'Orbec s'empressa d'envoyer à l'hôtel de Nesle un de ses domestiques pour les prévenir ; puis il entama la conversation sur les travaux de Cellini, sur la faveur que le roi lui témoignait, sur toutes choses enfin capables de faire prendre patience à Benvenuto, d'autant moins soupçonneux qu'il n'avait aucune raison d'en vouloir au comte, ni qu'il ne supposait pas que le comte eût des motifs d'être son ennemi. Il y avait bien son désir de le supplanter près de Colombe, mais personne ne connaissait ce désir qu'Ascanio et lui. Il répondit donc assez gracieusement aux avances du trésorier.

Il fallut ensuite du temps pour choisir l'or au titre où le roi avait désiré qu'il fût donné. Le notaire fut très lent à venir. On ne dresse pas un contrat en une minute. Bref, lorsque, les dernières politesses échangées, Benvenuto se disposait à revenir à l'hôtel, la nuit commençait à tomber ; il s'informa du domestique qu'on avait envoyé pour chercher ses compagnons. Celui-ci répondit qu'ils n'avaient pu venir, mais qu'il porterait volontiers l'or du seigneur orfèvre. La défiance de Benvenuto se réveilla, et il refusa l'offre, si obligeante qu'elle fût.

Il mit l'or dans son petit cabas, puis il passa le bras dans les deux anses, et comme son bras n'y entrait qu'avec difficulté, l'or était bien enfermé, et il le portait beaucoup plus aisément que s'il eût été dans un sac. Il avait sous ses habits une bonne cotte de mailles à manches, une courte épée au côté, et un poignard dans sa ceinture ; il se mit donc en route d'un pas pressé, mais ferme. Cependant, avant de partir, il avait cru s'apercevoir que plusieurs valets parlaient bas entre eux et sortaient précipitamment, mais ils avaient affecté de ne pas prendre le même chemin que lui.

Aujourd'hui que l'on va du Louvre à l'Institut par le pont des Arts, le chemin qu'avait à faire Benvenuto ne serait plus qu'une enjambée, mais à cette époque c'était un voyage. En effet, il lui fallait, en partant de la rue Froid-Manteau, remonter le quai jusqu'au Châtelet, prendre le pont aux Meuniers, traverser la Cité par la rue Saint-Barthélemy, aborder sur la rive gauche par le pont Saint-Michel, et de là redescendre par le quai désert jusqu'à l'hôtel du Grand-Nesle. Qu'on ne s'étonne pas qu'à cette époque de larronneurs et de tire-laines, Benvenuto, malgré tout son courage, conçût quelques inquiétudes pour une somme aussi considérable que celle qu'il portait sous le bras. Au reste, si le lecteur veut précéder avec nous Benvenuto de quelques centaines de pas, il verra que ces inquiétudes n'étaient pas sans fondement.

Depuis une heure environ l'ombre avait commencé à épaissir, quatre hommes d'assez mauvaise mine, enveloppés de grands manteaux, s'étaient postés sur le quai des Augustins à la hauteur de l'église. La grève était bordée seulement de murs à cet endroit, et absolument déserte en ce moment. Ces hommes, pendant leur station, ne virent passer que le prévôt, qui revenait de conduire Colombe au Petit-Nesle, et qu'ils saluèrent avec le respect qui est dû aux autorités.

Ils causaient à voix basse et le chapeau sur les yeux dans un renfoncement formé par l'église. Deux d'entre eux nous sont déjà connus : c'étaient les bravi employés par le vicomte de Marmagne dans l'expédition malheureuse contre le Grand-Nesle ; ils se nommaient Ferrante et Fracasso. Leurs deux compagnons, qui gagnaient leur vie au même honorable métier, s'appelaient Procope et Maledent. Afin que la postérité, comme elle fait depuis trois mille ans pour le vieil Homère, ne se dispute pas sur la patrie de ces quatre vaillants capitaines, nous ajouterons que Maledent était Picard, Procope Bohémien, et que Ferrante et Fracasso avaient vu le jour sous le beau ciel de l'Italie. Quant à leurs qualités distinctes en temps de paix, Procope était un juriste, Ferrante un pédant, Fracasso un rêveur, et Maledent un imbécile. On voit que notre qualité de Français ne nous aveugle pas sur le compte du seul de ces quatre industriels qui soit notre compatriote.

Au combat tous quatre était des démons.

Voici maintenant la conversation édifiante et amicale qu'ils tenaient entre eux, écoutons-la. Nous pourrons y apprendre quels hommes ils étaient et quels dangers menaçaient au juste notre ami Benvenuto.

— Au moins, Fracasso, disait Ferrante, nous ne serons pas empêtrés aujourd'hui de ce grand rougeâtre de vicomte, et nos pauvres épées pourront sortir du fourreau sans qu'il nous crie : En retraite ! lo lâche, et sans qu'il nous force à nous enfuir.

— Oui, mais, répondit Fracasso, puisqu'il nous laisse tout le péril du combat, ce dont je le remercie, il devrait nous laisser tout le profit. De quel droit de diable roussi se réserve-t-il pour sa part 500 écus d'or ? Je sais bien que les 500 qui restent font une assez jolie prime. Cent vingt-cinq pour chacun de nous, c'est honorable, et dans les temps difficiles je me suis vu parfois dans la nécessité de tuer un homme pour deux écus.

— Pour deux écus ! Sainte-Vierge ! s'écria Maledent ; oh ! fi donc ! c'est gâter le métier. Ne dites pas de pareilles choses quand je suis avec vous, car quelqu'un qui nous entendrait pourrait nous confondre l'un avec l'autre, mon cher.

— Que veux-tu, Maledent ! dit Fracasso avec mélancolie, la vie a des passes fâcheuses, et il y a des heures où l'on tuerait un homme pour un morceau de pain. Mais revenons à notre objet. Il me semble, mes bons amis, que deux cent cinquante écus valent de moitié mieux que cent vingt-cinq. Si, après avoir tué notre homme, nous refusions de rendre nos comptes à ce grand voleur de Marmagne ?

— Mon frère, reprit gravement Procope, vous oubliez que ce serait manquer à notre traité ; ce serait frustrer un client, et il faut de la loyauté en tout. Nous remettrons au vicomte les cinq cents écus d'or convenus, jusqu'au dernier, c'est mon avis. Mais, *distinguamus* : quand il les aura empochés et qu'il nous aura reconnus pour honnêtes gens, je ne vois pas qui peut nous empêcher de tomber sur lui et de les lui reprendre.

— Bien trouvé ! dit doctoralement Ferrante, Procope a toujours eu beaucoup de probité jointe à beaucoup d'imagination.

— Mon Dieu ! cela tient à ce que j'ai un peu étudié le droit, fit modestement Procope.

— Mais, continua Ferrante avec le ton pédant qui lui était habituel, ne nous embrouillons pas dans nos desseins. *Rectè ad terminum eamus.* Que le vicomte dorme tranquille sur les deux oreilles ! il aura son tour : il s'agit pour le moment de cet orfèvre florentin : on veut pour plus grande sécurité que nous soyons quatre à l'estafiler. A la rigueur un seul eût pu faire la besogne et empocher la somme, mais la capitalisation est une plaie sociale, et mieux vaut que le bénéfice soit partagé entre plusieurs amis. Seulement, dépêchons-le promptement et proprement, ce n'est pas un homme ordinaire, comme nous avons pu le voir, Fracasso et moi. Résignons-nous donc, pour plus de sûreté, à l'attaquer tous quatre à la fois, il ne peut maintenant tarder à venir. Attention ! du sang-froid, bon pied, bon œil, et prenez garde aux bottes à l'italienne qu'il ne manquera pas de vous pousser.

— On sait ce que c'est, Ferrante, dit Maledent d'un air dédaigneux, pas plus de recevoir un coup d'épée, qu'il soit d'estoc ou de taille. Une fois j'avais pénétré de nuit, pour affaires personnelles, dans un château du Bourbonnais Surpris par le matin avant de les avoir complètement terminées, je pris la résolution forcée de me cacher jusqu'à la nuit suivante ; rien ne me parut plus propre à cet effet que l'arsenal du château : il y avait là force panoplies et trophées, casques, cuirasses, brassards et cuissards, targes et écus. J'enlevai le pieu qui soutenait une de ces armures, je me glissai à sa place et je demeurai là debout, visière baissée, immobile sur mon piédestal.

— C'est fort intéressant, interrompit Ferrante ; continue, Maledent, à quoi peut-on mieux employer l'attente d'un exploit, qu'au récit de quelques autres faits de guerre ? Continue.

— Je ne savais pas, poursuivit Maledent, que cette maudite armure servait aux fils du château pour s'exercer à faire des armes. Mais bientôt deux grands gaillards de vingt ans entrèrent, détachèrent chacun une lance et une épée, et commencèrent à s'escrimer de tout leur cœur sur ma carapace. Eh bien ! mes amis, vous me croirez si vous voulez, sous tous leurs coups d'épée et de lance, je n'ai pas bougé, je suis resté droit et ferme comme si j'étais véritablement de bois et vissé à ma base. Par bonheur, les jeunes drôles n'étaient pas de première force. Le père survint, les exhortant bien à viser au défaut de ma cuirasse; mais saint Malédent, mon patron, que j'invoquais tout bas, détournait les coups. Enfin, ce diable de père, pour montrer à ses petits comment on enlevait une visière, prit une lance, et du premier coup mit à découvert mon visage pâle et défait. Je me crus perdu.

— Pauvre ami ! dit mélancoliquement Fracasso, on le serait à moins.

— Bah ! figurez-vous que, comme je viens de vous le raconter, me voyant pâle et défait, ils eurent la bêtise de me prendre pour le fantôme de leur bisaïeul; si bien que voilà le père et les fils qui s'enfuient à toutes jambes et comme si le diable les emportait. Ma foi ! que voulez-vous que je vous dise ? je leur ai tourné le dos et j'en ai fait autant de mon côté; mais c'est égal, vous voyez que pour ma part je suis solide.

— Oui, mais l'essentiel dans notre état, l'ami Malédent, dit Procope, ce n'est pas seulement de bien recevoir les coups, c'est de les bien donner. Le beau, c'est que la victime tombe sans même pousser un cri. Tiens, dans une de mes tournées en Flandre, j'avais à débarrasser une de mes pratiques de quatre de ses amis intimes qui voyageaient en compagnie. Il voulut d'abord m'adjoindre trois camarades, mais je dis que je me chargerais de la chose tout seul ou que je ne m'en chargerais pas du tout. Il fut donc convenu que j'agirais comme je l'entendais, et pourvu que je livrasse quatre cadavres, j'aurais quatre parts. Je savais la route qu'ils suivaient : je les attendis donc dans une hôtellerie où ils devaient nécessairement passer.

L'hôtelier avait été de la partie autrefois ; il l'avait quittée pour se faire aubergiste, ce qui était un moyen de continuer à détrousser les voyageurs sans rien craindre ; mais il avait encore quelques bons sentiments, de sorte que je n'eus pas grand'peine à le mettre dans mes intérêts moyennant un dixième de la prime. Ceci convenu, nous attendîmes nos quatre cavaliers, qui bientôt parurent au détour du chemin et mirent pied à terre devant l'auberge, s'apprêtant à y remplir leurs estomacs et à y panser leurs chevaux. L'hôtelier leur dit alors que son écurie était si petite qu'à moins d'y entrer l'un après l'autre ils ne pourraient s'y remuer et s'y gêneraient mutuellement. Le premier qui entra fut si lent à sortir que le second, impatienté, alla voir un peu ce qu'il faisait. Celui-ci ne tarda pas moins lui-même à reparaître. Sur ce, le troisième, fatigué d'attendre, s'introduisit à son tour, et tant au bout de quelque temps, comme le quatrième s'étonnait de leur lenteur à tous :

— Ah ! je vois ce que c'est, dit mon hôte, comme l'écurie est extrêmement petite, les trois sortis sont la porte de derrière. Ces mots encouragèrent mon dernier à rejoindre ses compagnons et moi, car vous devinez bien que j'étais dans l'écurie ; mais comme la chose ne pouvait plus avoir d'inconvénient, je laissai à celui-là la satisfaction de pousser un petit cri, pour dire adieu à ce monde. En droit romain, Ferrante, cela ne pourrait-il pas s'appeler *trucidatio per divisionem necis*. Mais, ah çà ! ajouta Procope en s'interrompant, notre homme n'arrive toujours pas ! Pourvu qu'il ne lui soit rien advenu ! Il va faire nuit noire tout à l'heure.

— *Suadentque cadentia sidera somnos*, ajouta Fracasso. Et à ce propos, mes amis, prenez garde que dans l'obscurité ce Benvenuto ne s'avise d'un tour que j'ai une fois pratiqué moi-même : c'était dans mes promenades sur les bords du Rhin. J'ai toujours aimé les bords du Rhin, le paysage y est à la fois pittoresque et mélancolique. Le Rhin, c'est le fleuve des rêveurs. Je rêvais donc sur les bords du Rhin, et voici quel était le sujet de mes rêveries :

Il s'agissait d'envoyer de vie à trépas un seigneur nommé Schreckenstein, si j'ai bonne mémoire. Or, la chose n'était pas aisée, car il ne sortait jamais que bien accompagné. Voilà le plan auquel je m'arrêtai :

Je m'habillai de la même façon que lui, et par une soirée sombre je l'attendis de pied ferme, lui et sa troupe. Quand je vis leur masse noire se détacher dans la nuit solitaire et obscure, *obscuri sub nocte*, je me jetai en désespéré sur Schreckenstein, qui marchait un peu en avant ; mais j'eus l'habileté d'abord de lui enlever de sa tête son chapeau à plumes, et puis de changer de position avec lui et de me tourner du côté où il aurait dû se trouver lui-même. Là-dessus je l'étourdis d'un grand coup du pommeau de mon épée, et je me mis à crier au milieu du tumulte, du bruit des lames et des cris des autres : — A moi ! à moi ! Sus aux brigands ! — Si bien que les hommes de Schreckenstein tombèrent furieux sur leur maître et le laissèrent mort sur la place, tandis que je me glissais dans le taillis. L'honnête seigneur put se dire du moins qu'il avait été tué par des amis.

— Le coup était hardi, reprit Ferrante, mais si je jetais un regard en arrière sur ma jeunesse évanouie, je pourrais y trouver un exploit encore plus audacieux. J'avais affaire comme toi, Fracasso, à un chef de partisans toujours bien monté et escorté. C'était dans une forêt des Abruzzes : j'allai me poster sur le passage de l'individu, et grimpant sur un chêne énorme, je me couchai sur une grosse branche qui traversait le chemin, et j'attendis en rêvant. Le soleil se levait, et ses premiers rayons tombaient en longs filets de pâle lumière à travers les rameaux moussus; l'air du matin circulait frais et vif et sillonné de chansons d'oiseaux; tout à coup...

— Chut ! interrompit Procope, j'entends des pas : attention ! c'est notre homme.

— Bon ! murmura Malédent, en jetant autour de lui un regard furtif ; tout est désert et silencieux aux alentours; la chance est pour nous.

Ils redevinrent immobiles et muets : on ne distinguait pas leurs brunes et terribles figures dans l'ombre crépusculaire, mais on voyait leurs yeux brillans, leurs mains frémissantes sur les rapières, leur pose d'attente effarée : ils formaient dans ces demi-ténèbres un groupe saisissant et fièrement campé, que le pinceau de Salvator Rosa seul pourrait reproduire heureusement.

C'était en effet Benvenuto qui s'avançait d'un pas rapide. Benvenuto, qui, ainsi que nous l'avons dit, avait conçu quelque soupçon, et qui de son regard perçant sondait prudemment l'obscurité devant lui. D'ailleurs, habitué à l'obscurité, il put voir à vingt pas les quatre bandits sortir de leur embuscade, et avant qu'ils fussent sur lui il eut le temps de couvrir son cabas de sa cape, et de mettre l'épée à la main. En outre, avec le sang-froid qui ne ne l'abandonnait jamais, il prit le soin de s'adosser contre le mur de l'église, et vit ainsi de face tous ses assaillans.

Ils l'attaquèrent vivement; pas moyen de s'enfuir, inutile de crier, le combat était à plus de cinq cents pas; mais Benvenuto n'en était pas à son apprentissage en fait d'armes; il reçut les bandits avec vigueur.

Tout en estocadant, comme sa pensée restait parfaitement libre, une idée lui traversa l'esprit comme un éclair : évidemment ce guet-apens n'était dirigé que contre lui, Benvenuto. S'il pouvait parvenir à donner le change à ses assassins, il était sauvé. Il se mit donc, sous le fer de leurs épées, à les railler de leur prétendue méprise.

— Ah ! que vous prend-il donc mes braves? Etes-vous fous? que prétendez-vous gagner avec un pauvre militaire comme moi? Est-ce à ma cape que vous en voulez? Est-ce mon épée qui vous tente? Attend, attends, tout ! gare à tes oreilles, sangdieu ! Si vous en voulez à ma brave lame, il faut la gagner; mais, pour des voleurs qui n'en paraissent pas à leur coup d'essai, vous n'avez pas bon nez, mes enfans.

Et ce disant, il les pressait lui-même au lieu de reculer devant eux, mais ne quittant son mur que d'un ou deux pas pour revenir s'y adosser aussitôt, frappant continuellement d'estoc et de taille, et ayant soin de se découvrir plusieurs fois, afin que s'ils avaient été prévenus par les domestiques du comte d'Orbec, qu'il avait vu s'éloigner, et qui l'avaient vu compter l'or, ils s'imaginassent qu'il n'avait point cet or sur lui. En effet, l'assurance de ses paroles et son aisance à manier l'épée avec mille écus d'or sous le bras, jetèrent des doutes dans l'esprit des bravi.

— Ah çà! est-ce que réellement nous nous tromperions, Ferrante? dit Fracasso.

— J'en ai peur. L'homme me semblait moins grand, ou si c'est lui, il n'a pas l'or et ce damné vicomte nous a dupés.

— Moi, de l'or? s'écriait Benvenuto, tout en s'escrimant de la meilleure grâce. Je n'ai d'or qu'une poignée en cuivre dédoré, mais si vous l'ambitionnez, mes enfans, vous la paierez plus cher que si elle était d'or et qu'elle appartînt à un autre, je vous en préviens.

— Au diable! dit Procope, c'est véritablement un militaire. Est-ce qu'un orfèvre ferait des armes de cette force? Essoufflez-vous si cela vous convient, vous autres; moi je ne me bats pas pour la gloire.

Et Procope commença de se retirer en grondant, tandis que l'attaque des autres se ralentissait à la fois de leur doute et de son absence. Benvenuto, plus mollement harcelé, en profita pour se dégager et pour se diriger vers l'hôtel, en rompant devant ses ennemis, mais sans cesser de se battre et de leur tenir tête. Le rude sanglier traînait avec lui les chiens vers son bouge.

— Allons, allons, venez avec moi, mes braves, disait Benvenuto; accompagnez-moi jusqu'à l'entrée du Pré-aux-Clercs, à la Maison-Rouge, chez mon infante qui m'attend ce soir, et dont le père vend du vin. La route n'est pas sûre, à ce que l'on dit, et je ne serai point fâché d'avoir une escorte.

Sur cette plaisanterie, Fracasso renonça aussi à la poursuite et alla rejoindre Procope.

— Nous sommes des fous, Ferrante! dit Maledent; ce n'est point là ton Benvenuto! va!

— Si! si! au contraire, c'est lui-même, s'écria Ferrante, qui venait enfin d'apercevoir le cabas enflé d'argent sous le bras de Benvenuto, dont un mouvement trop brusque avait dérangé le manteau.

Mais il était trop tard. L'hôtel n'était plus qu'à une cinquantaine de pas, et Benvenuto, de sa voix puissante, s'était mis à crier dans le silence et dans la nuit : « A moi, de l'hôtel de Nesle! au secours! à moi! » Fracasso eut à peine le temps de revenir sur ses pas, Procope d'accourir de loin, Ferrante de redoubler d'efforts avec Maledent; les ouvriers qui attendaient leur maître étaient sur le qui-vive. La porte du château s'ouvrit donc au premier cri, et l'énorme Herman, le petit Jehan, Simon-le-Gaucher et Jacques Aubry, s'élancèrent armés de piques.

A cette vue les bravi s'enfuirent.

— Attendez donc, mes chers petits! criait Benvenuto aux fuyards; ne voulez-vous donc pas m'escorter encore un peu? Oh! les maladroits! qui n'ont pu prendre à un homme seul mille écus d'or qui lui fatiguaient le bras!

En effet, les brigands n'avaient réussi qu'à faire à leur ennemi une légère égratignure à la main, et ils se sauvaient tout penauds, tandis que de son côté Fracasso se sauvait hurlant. Le pauvre Fracasso, dans les derniers coups, avait eu l'œil droit emporté, accident dont il resta borgne le reste de ses jours, ce qui rembrunit encore la teinte de mélancolie qui formait le caractère saillant de sa physionomie pensive.

— Or çà, mes enfans, dit Benvenuto à ses compagnons, quand le bruit des pas des bravi se fut perdu dans le lointain, il s'agit d'aller souper après ce bel exploit. Venez tous boire à ma délivrance, mes chers sauveurs! Mais, vrai Dieu! je ne vois pas Ascanio parmi vous. Où donc est Ascanio?

En effet, on se rappelle qu'Ascanio avait quitté le maître en sortant du Louvre.

— Moi, je sais où il est, dit le petit Jehan.

— Et où est-il, mon enfant? demanda Benvenuto.

— Au fond du jardin du Grand-Nesle, où il se promène depuis une demi-heure; nous avons été, l'écolier et moi, pour causer avec lui, mais il nous a priés de le laisser seul.

— C'est étrange! se dit Benvenuto. Comment n'a-t-il pas entendu mon cri? Comment n'est-il pas accouru avec les autres? Ne m'attendez pas et soupez sans moi, enfans, dit Benvenuto à ses compagnons. Ah! te voilà, Scozzone.

— Oh! mon Dieu! que me dit-on? que l'on a voulu vous assassiner, maître.

— Oui, oui, il y a eu quelque chose comme cela.

— Jésus! s'écria Scozzone.

— Ce n'est rien, ma bonne fille, ce n'est rien, répéta Benvenuto pour rassurer la pauvre Catherine qui était devenue pâle comme la mort. Maintenant il s'agit de monter du vin et du meilleur pour ces braves garçons. Prends les clefs de la cave à dame Ruperte, Scozzone, et choisis-le de ta main.

— Mais vous n'allez pas sortir de nouveau! dit Scozzone.

— Non, sois tranquille, je vais retrouver Ascanio qui est dans le jardin du Grand-Nesle; j'ai à causer avec lui d'affaires graves.

Les compagnons de Scozzone rentrèrent dans l'atelier, et Benvenuto s'achemina vers la porte du jardin.

La lune se levait en ce moment, et le maître vit bien distinctement Ascanio; mais, au lieu de se promener, le jeune homme grimpait à une échelle adossée contre le mur du Petit-Nesle. Arrivé au faîte, il enjamba la muraille, tira l'échelle à lui, la fit passer de l'autre côté, et disparut.

Benvenuto passa la main devant ses yeux comme fait un homme qui ne peut croire à ce qu'il voit; puis, prenant une résolution subite, il alla droit à sa fonderie, monta dans sa cellule, enjamba la croisée, et d'un saut calculé se trouva sur le mur du Petit-Nesle; alors, s'aidant d'une vigne qui étendait là ses branches noueuses, il se laissa tomber sans bruit dans le jardin de Colombe; il avait plu le matin, et l'humidité de la terre amortissait le bruit des pas de Benvenuto.

Il colla alors son oreille contre le sol et interrogea le silence sans résultat pendant plusieurs minutes. Enfin quelques chuchotemens qu'il entendit dans le lointain le guidèrent; il se releva aussitôt et se mit à s'avancer avec précaution en tâtonnant et en s'arrêtant à chaque pas. Bientôt des voix devint plus distinct. Benvenuto se dirigea du côté d'où venait le bruit; enfin, arrivé à la seconde allée qui traversait le jardin, il reconnut ou plutôt devina dans les ténèbres Colombe vêtue d'une robe blanche et assise près d'Ascanio sur le banc que nous connaissons déjà. Les deux enfans parlaient d'une voix basse, mais animée et distincte.

Caché par un massif d'arbres, Benvenuto s'approcha d'eux et écouta.

XXII.

LE SONGE D'UNE NUIT D'AUTOMNE.

C'était par une belle soirée d'automne, calme et transparente. La lune avait chassé presque tous les nuages, et ceux qui restaient encore au ciel glissaient éloignés les uns des autres sur un fond bleu semé d'étoiles. Autour du groupe qui causait et écoutait dans le jardin du Petit-Nesle, tout était calme et silencieux, mais en eux tout était troublé et frémissant.

— Ma bien-aimée Colombe, disait Ascanio, tandis que Benvenuto, debout derrière lui, froid et pâle, ne croyait pas entendre ces paroles avec son oreille mais avec son cœur, ma fiancée chérie, que suis-je venu faire, hélas! dans votre destinée? Quand vous saurez tout ce que je vous apporte de malheur et d'épouvante, vous allez me maudire de m'être fait le messager de pareilles nouvelles.

— Vous vous trompez, mon ami, répondit Colombe : quoi que vous puissiez me dire, je vous bénirai, car je vous regarde comme venant de la part de Dieu. Je n'ai jamais entendu la voix de ma mère, mais je sens que je l'eusse écoutée comme je vous écoute. Parlez donc, Ascanio, et si vous avez des choses terribles à m'apprendre, eh bien! votre voix me consolera déjà un peu de ce que vous me direz.

— Appelez donc à votre aide tout votre courage et toutes vos forces, dit Ascanio.

Et il lui raconta ce qui s'était passé, lui présent, entre madame d'Etampes et le comte d'Orbec ; il exposa tout ce complot, mélange de trahison contre l'intérêt d'un royaume et de projets contre l'honneur d'un enfant; il endura le supplice d'expliquer à cette âme ingénue et tout étonnée du mal le traité infâme du trésorier ; il dut faire comprendre à cette jeune fille, pure au point de ne pas même rougir à ses paroles, les cruels raffinements de haine et d'ignominie que l'amour blessé avait inspirés à la favorite. Tout ce que Colombe put nettement concevoir, c'est que son amant était pénétré de dégoût et de terreur, et, pauvre lierre qui n'avait d'autre appui que l'arbrisseau auquel elle s'était attachée, elle trembla et frissonna comme lui.

— Ami, lui dit-elle, il faut révéler à mon père tout cet affreux dessein contre mon honneur. Mon père ne se doute pas de notre amour, mon père vous doit la vie, mon père vous écoutera. Oh ! soyez tranquille, il arrachera ma destinée aux mains du comte d'Orbec.

— Hélas ! fit pour toute réponse Ascanio.

— Oh! mon ami! s'écria Colombe, qui comprit tout ce que contenait de douleur l'exclamation de son amant; oh! soupçonneriez-vous mon père d'une si odieuse complicité? Ce serait mal, Ascanio. Non, mon père ne sait rien, ne se doute de rien, j'en suis sûre, et bien qu'il ne m'ait jamais témoigné une grande tendresse, il ne voudrait pas me voir tremper de sa propre main dans la honte et dans le malheur.

— Pardon, Colombe, reprit Ascanio, mais c'est que votre père n'est point habitué à voir le malheur dans la fortune, c'est qu'un titre lui cacherait une honte, c'est que son orgueil de courtisan vous croirait plus heureuse maîtresse d'un roi que femme d'un artiste. Je ne dois rien vous cacher, Colombe : le comte d'Orbec disait à madame la duchesse d'Etampes qu'il répondait de votre père.

— Est-il possible, Dieu juste! s'écria la jeune fille. Est-ce que cela s'est jamais vu, Ascanio, des pères qui ont vendu leur enfant?

— Cela s'est vu dans tous les pays et dans tous les temps, mon pauvre ange, et surtout dans ce temps et dans ce pays. Ne vous faites pas le monde à l'image de votre âme et la société à celle de votre vertu. Oui, oui, Colombe, les plus nobles noms de la France ont affermé sans pudeur au libertinage royal la jeunesse et la beauté de leurs femmes et de leurs filles ; c'est chose toute simple à la cour, et votre père, s'il veut se donner la peine de se justifier, ne manquera pas d'illustres exemples. Je te demande pardon, mon aimée, de froisser si brusquement ton âme chaste et sainte au contact de la hideuse réalité ; mais c'est nécessaire, enfin, et il faut bien te montrer l'abîme où l'on te pousse.

— Ascanio, Ascanio ! s'écria Colombe en cachant sa tête sur l'épaule du jeune homme, quoi, mon père se tourne aussi contre moi! Oh! rien que de le répéter j'ai honte! Où donc me réfugier, alors? Oh! dans vos bras, Ascanio ! Oui, c'est à vous de me sauver ! Avez-vous donc parlé à votre maître, à ce Benvenuto si fort, si bon et si grand, à ce que vous m'avez dit, et que j'aime parce que vous l'aimez?

— Ne l'aime pas, ne l'aime pas, Colombe ! s'écria Ascanio.

— Et pourquoi cela? murmura la jeune fille.

— Parce qu'il vous aime, vous, parce qu'au lieu d'un ami sur lequel nous avions cru pouvoir compter, c'est un ennemi que nous allons avoir à combattre ; un ennemi, entendez-vous, et le plus terrible de nos ennemis. Écoutez.

Alors Ascanio raconta à Colombe comment, au moment où il allait tout confier à Benvenuto, celui-ci lui avait révélé son amour idéal, et comment le ciseleur chéri de François Ier, grâce à cette foi de gentilhomme à laquelle le roi n'avait jamais manqué, pouvait obtenir tout ce qu'il demanderait après la fonte de Jupiter. Or, comme on le sait, ce que comptait demander Benvenuto Cellini, c'était la main de Colombe.

— Mon Dieu! il ne nous reste donc plus que vous, dit Colombe en levant ses beaux yeux et ses blanches mains vers le ciel. Tout allié nous devient ennemi, tout port se change pour nous en écueil. Êtes-vous bien certain que nous soyons abandonnés à ce point.

— Oh! que trop certain, dit le jeune homme. Mon maître est aussi dangereux pour nous que votre père, Colombe. Oui, lui, lui, s'écria Ascanio en joignant les mains; lui Benvenuto, mon ami, mon maître, mon protecteur, mon père, mon Dieu ! me voilà presque forcé de le haïr. Et cependant pourquoi lui en voudrais-je, je vous le demande, Colombe? Parce qu'il a subi l'ascendant auquel doit céder tout esprit élevé qui vous rencontrera ; parce qu'il vous aime comme je vous aime. Son crime est le mien, après tout. Seulement, vous, Colombe, vous m'aimez, et je suis absous. Que faire? mon Dieu ! Ah ! depuis deux jours je m'interroge, et je ne sais si je commence à le détester ou si je le chéris toujours. Il vous aime, c'est vrai ; mais il m'a tant aimé, moi aussi ! ma pauvre âme vacille et tremble au milieu de ce trouble comme un roseau dans la tempête. Que fera-t-il, lui? Oh ! je vais d'abord l'informer des desseins du comte d'Orbec, et j'espère qu'il nous en délivrera. Mais après cela, quand nous nous trouverons face à face en ennemis, quand je lui dirai que son élève est son rival, Colombe, sa volonté toute-puissante comme le destin est peut-être aveugle comme lui : il oubliera Ascanio pour ne plus penser qu'à Colombe, il détournera les yeux de l'homme qu'il aima pour ne plus voir que la femme qu'il aime, car je sens aussi qu'entre lui et vous, moi je n'hésiterais pas. Je sens que je sacrifierais sans remords le passé de mon cœur à son avenir, la terre au ciel! Pourquoi agirait-il autrement? il est homme, et sacrifier son amour serait un acte au dessus de l'humanité. Nous lutterons donc l'un contre l'autre, mais comment lui résisterai-je, moi, faible et isolé que je suis? Oh! n'importe, Colombe, quand j'en arriverai un jour à haïr celui que j'ai tant et si longtemps aimé, non, je vous le dis, non, je ne voudrais pas pour tout au monde lui faire endurer le supplice dont il m'a torturé l'autre matin en me déclarant son amour pour vous.

Cependant Benvenuto, immobile comme une statue derrière l'arbre, sentait des gouttes de sueur glacée perler sur son front, et sa main se crisper convulsivement sur son cœur.

— Pauvre Ascanio ! cher ami ! reprit Colombe, vous avez beaucoup souffert déjà et beaucoup à souffrir encore. Pourtant, mon ami, attendons l'avenir avec calme. Ne nous exagérons pas nos douleurs, tout n'est pas désespéré. Pour résister au malheur, pour conjurer notre destinée, nous sommes trois, en comptant Dieu. Vous aimeriez mieux me voir à Benvenuto qu'à Orbec, n'est-ce pas? Mais vous aimeriez encore mieux me voir au Seigneur qu'à Benvenuto ? Eh bien ! je ne suis pas à vous, je ne serai qu'au Seigneur, dites-vous-le bien, Ascanio. Votre femme en ce monde ou votre fiancée pour l'autre. Voilà la promesse que je vous ai faite et que je tiendrai, Ascanio ; soyez tranquille.

— Merci, ange du ciel, merci! dit Ascanio. Oublions donc ce vaste monde qui s'étend à l'entour de nous, et concentrons notre vie dans ce petit bosquet où nous sommes. Colombe, vous ne m'avez pas dit encore que vous m'aimez. Hélas ! il semblerait que vous êtes à moi parce que vous ne pouvez faire autrement.

— Tais-toi, Ascanio, tais-toi donc, dit Colombe, tu vois bien que je cherche à sanctifier mon bonheur en en faisant un devoir. Je t'aime, Ascanio, je t'aime !

Benvenuto n'eut plus la force de rester debout ; il tomba sur ses genoux, appuya sa tête contre l'arbre ; ses yeux hagards se fixaient vaguement dans l'espace, tandis que l'oreille tournée vers les deux jeunes gens, il écoutait avec toute son âme.

— Ma Colombe, répétait Ascanio, je t'aime, et quelque chose me dit que nous serons heureux, et que le Seigneur n'abandonnera pas son plus bel ange. Oh ! mon Dieu, je ne me rappelle plus, au milieu de cette atmosphère de joie qui t'entoure, ce cercle de douleur où je vais rentrer en te quittant.

— Il faut cependant songer à demain, dit Colombe ; aidons-nous, Ascanio, aidons-nous pour que Dieu nous aide. Il ne serait pas loyal, je crois, de laisser ignorer à votre maître Benvenuto notre amour, il s'exposerait peut-être à de graves dangers en luttant contre madame la duchesse d'Etampes et le comte d'Orbec. Cela ne serait pas juste ; il faut l'avertir de tout, Ascanio.

— Je vous obéirai, chère Colombe, car une parole de vous, vous le sentez bien, c'est un ordre. Puis, mon cœur aussi me dit que vous avez raison, raison toujours. Mais le coup que je lui porterai sera terrible. Hélas ! j'en juge d'après mon cœur. Il est possible que son amour pour moi se tourne en haine, il est possible qu'il me chasse. Comment résisterai-je alors, moi étranger, sans appui, sans asile, à d'aussi puissans ennemis que la duchesse d'Etampes et le trésorier du roi ? Qui m'aidera à déjouer les projets de ce couple terrible ? qui voudra s'engager avec moi dans cette guerre inégale ? qui me tendra la main ?

— Moi ! dit derrière les deux jeunes gens une voix profonde et grave.

— Benvenuto ! s'écria l'apprenti, sans même avoir besoin de se retourner.

Colombe jeta un cri et se leva précipitamment. Ascanio regardait le maître indécis entre sa colère et son amitié.

— Oui, c'est moi, Benvenuto Cellini, reprit l'orfévre ; moi que vous n'aimez point, mademoiselle, moi que tu n'aimes plus, Ascanio, et qui viens vous sauver pourtant tous deux.

— Que dites-vous là ? s'écria Ascanio.

— Je dis qu'il faut revenir vous asseoir auprès de moi, car il faut nous entendre. Vous n'avez à m'informer de rien. Je n'ai pas perdu un mot de votre conversation. Pardonnez-moi de l'avoir surprise par hasard, mais vous comprenez : mieux vaut que je sache tout. Vous avez dit des choses tristes et terribles pour moi, mais des choses bonnes aussi. Ascanio a eu quelquefois raison et quelquefois tort. Il est bien vrai, mademoiselle, que je vous aurais disputée à lui. Mais, puisque vous l'aimez, tout est dit, soyez heureux ; il vous a défendu de m'aimer, mais je vous y forcerai bien en vous donnant à lui.

— Cher maître ! s'écria Ascanio.

— Vous souffrez beaucoup, monsieur, dit Colombe en joignant les mains.

— Oh ! merci ! dit Benvenuto, dont les yeux se mouillèrent et qui se contint cependant. Vous voyez cela, vous, que je souffre. Ce n'est pas lui qui s'en serait aperçu, l'ingrat ! Mais rien n'échappe aux femmes. Oui, je ne veux pas vous mentir, je souffre ! C'est tout simple, je vous perds ; mais en même temps je suis heureux de pouvoir vous servir : vous me devrez tout ; cela me console un peu. Tu te trompais, Ascanio : ma Béatrix est jalouse et ne voulait pas de rivale ; c'est toi, Ascanio, qui achèveras la statue d'Hébé. Adieu mon plus beau rêve ! le dernier !

Benvenuto parlait ainsi avec effort, d'une voix brève et saccadée. Colombe se pencha vers lui avec grâce, et mettant sa main dans les siennes, lui dit doucement :

— Pleurez, mon ami, pleurez.

— Oui, vous avez raison, dit Cellini, éclatant en sanglots.

Il resta quelque temps ainsi, debout, pleurant sans rien dire, et tout secoué de tremblemens intérieurs ; sa forte nature se soulageait par ses larmes longtemps comprimées. Ascanio et Colombe regardaient avec respect cette profonde douleur.

— Excepté le jour où je t'ai blessé, Ascanio, excepté le moment où j'ai vu couler ton sang, voilà vingt ans que je n'ai pleuré, dit-il en se remettant ; mais aussi le coup a été affreux ! Tenez, je souffrais tant tout à l'heure derrière ces arbres, que j'ai eu un moment la tentation de me poignarder tout de suite. Ce qui m'a retenu, c'est que vous aviez besoin de moi. Ainsi vous m'avez sauvé la vie. Tout est dans l'ordre, après tout. Ascanio a vingt ans de bonheur à vous donner plus que moi, Colombe. Et puis il est mon enfant ; vous serez bien heureux ensemble, et cela me réjouira comme un père. Benvenuto saura triompher de Benvenuto comme de vos ennemis. C'est notre lot de souffrir, à nous autres créateurs, et de chacune de mes larmes éclora peut-être quelque belle statue, comme de chacune des larmes de Dante a éclaté un sublime chant. Vous le voyez, Colombe, j'en reviens déjà à mon ancien amour, ma sculpture chérie : elle ne m'abandonnera jamais, celle-là. Vous avez bien fait de me faire pleurer ; toute l'amertume de mon cœur s'en est allée avec mes larmes. Je reste triste, mais je suis redevenu bon, et je me distrairai de ma peine en vous sauvant.

Ascanio prit une main du maître et la serra dans les siennes. Colombe prit l'autre et la porta à ses lèvres. Benvenuto respira plus largement qu'il n'avait encore fait, et relevant et secouant la tête :

— Voyons, dit-il, en souriant, ne m'affaiblissez pas, ménagez-moi, mes enfans. Le mieux est de ne jamais reparler de tout ceci. Désormais, Colombe, je serai votre ami, rien de plus ; je serai votre père. Le reste est un songe. Maintenant causons de ce que nous devons faire et des dangers qui vous menacent. Je vous entendais tout à l'heure faire vos projets et dresser vos plans. Vous êtes bien jeunes, mon Dieu ! et vous ne savez guère l'un et l'autre ce que c'est que la vie. Vous vous offrez candidement désarmés aux coups du sort, et vous espérez vaincre la méchanceté, la cupidité, toutes les passions hurlantes avec votre bonté et vos sourires ! chers fous ! allons, je serai fort, rusé, implacable à votre place. J'y suis habitué, moi, mais vous, Dieu vous a créés pour le bonheur et le calme, mes beaux anges, je veillerai à ce que vous remplissiez votre destination.

Ascanio, la colère ne ridera pas ton front blanc ; la douleur, Colombe, ne dérangera pas les lignes pures de ton visage. Je vous prendrai dans mes bras, charmant couple aux doux yeux ; je vous ferai traverser ainsi toutes les fanges et toutes les misères de la vie, et je ne vous déposerai sains et saufs que dans la joie ; et puis je vous regarderai et je serai joyeux en vous. Seulement, il faut que vous ayez en moi une confiance aveugle ; j'ai mes façons d'agir, brusques, étranges, et qui vous effaroucheront peut-être, Colombe. Je me comporte un peu à la manière de l'artillerie, et vais droit au but sans me soucier de ce que je rencontre en chemin. Oui, je regarde plus à la pureté de mes intentions, je le sais, qu'à la moralité de mes moyens. Quand je veux modeler une belle nature, je ne m'inquiète guère si l'argile me salit les doigts. La statue achevée, je me lave les mains, voilà tout. Que votre âme délicate et timorée me laisse donc, mademoiselle, la responsabilité de mes actes devant Dieu ; nous nous comprenons, lui et moi. J'aurai affaire ici à forte partie. Le comte est ambitieux, le prévôt avare, la duchesse adroite. Ils sont tous trois tout-puissans. Vous êtes en leur pouvoir et sous leurs mains, et deux d'entre eux ont sur vous des droits ; il faudra peut-être employer l'astuce et la violence. Mais je ferai en sorte que vous restiez aussi bien qu'Ascanio en dehors d'une lutte indigne de vous. Voyons, Colombe, êtes-vous prête à fermer les yeux et à vous laisser mener ? Quand je vous dirai : « Faites cela, » le ferez-vous ? « Restez-là, » y resterez-vous ? « Allez, » irez-vous ?

— Que dit Ascanio ? demanda Colombe.

— Colombe, répondit l'apprenti, Benvenuto est bon et grand ; il nous aime et nous pardonne le mal que nous lui avons fait. Obéissons-lui, je vous en conjure.

— Ordonnez, maître, dit Colombe, et je vous obéirai, comme si vous étiez l'envoyé de Dieu.

— Bien, mon enfant. Je n'ai plus à vous demander qu'une chose qui vous coûtera peut-être, mais à laquelle il faut vous décider, après quoi votre rôle se bornera à attendre et à laisser faire les événemens et moi. Et pour que vous ayez en moi encore plus de foi tous deux, pour que vous n'hésitiez pas à vous confier à un homme dont la vie peut-être fut souillée, mais dont le cœur est demeuré pur, je vais vous dire l'histoire de ma jeunesse. Hélas ! toutes les histoires se ressemblent, et au fond de chacune siége la douleur. Ascanio, je vais te dire comment ma Béatrix, l'ange dont je t'ai parlé, s'est mêlée à mon existence ; tu sauras qui elle fut, et tu t'étonneras moins sans doute de ma résignation à t'abandonner Colombe quand tu verras que par ce sacrifice je commence seulement à payer à l'enfant la dette de larmes contractée envers la mère. Ta mère ! une sainte du paradis, Ascanio ! Béatrix veut dire bienheureuse ; Stéphana veut dire couronnée.

— Vous m'avez toujours dit, maître, qu'un jour vous m'apprendriez toute cette histoire.

— Oui, reprit Cellini, et le moment est venu de vous la faire connaître. Cela vous donnera plus de confiance encore en moi, Colombe, quand vous saurez toutes les raisons que j'ai d'aimer notre Ascanio.

Alors Benvenuto prenant dans ses mains les mains de ses deux enfans, se mit à raconter ce qui suit de sa voix grave et harmonieuse, sous les étoiles qui scintillaient au ciel, et dans le calme et le silence de cette nuit embaumée.

XXIII.

STÉPHANA.

Il y a vingt ans, j'avais vingt ans comme toi, Ascanio, et je travaillais chez un orfèvre de Florence appelé Raphaël del Moro. C'était un bon ouvrier et qui ne manquait pas de goût, mais il aimait mieux le repos que l'ouvrage, se laissant entraîner aux parties de plaisir avec une facilité désespérante, et pour peu qu'il eût d'argent, débauchant lui-même ceux de l'atelier. Bien souvent je restais seul à la maison à terminer en chantant quelque travail commencé. Je chantais dans ce temps-là comme Scozzone. Tous les fainéans de la ville venaient naturellement demander chez maître Raphaël de l'occupation ou plutôt des plaisirs, car il avait la réputation d'être trop faible pour jamais quereller. Avec ces façons d'agir on ne s'enrichit guère ; aussi était-il toujours à court, et devint-il bientôt l'orfèvre le plus discrédité de Florence.

Je me trompe. Il avait un confrère encore moins achalandé que lui, et qui cependant était d'une noble maison d'artiste. Mais ce n'était pas pour l'inexactitude des paiemens que Gismondo Gaddi était décrié, c'était pour son insigne inhabileté et surtout pour son avarice sordide. Comme tout ce qu'on lui confiait sortait manqué ou gâté de ses mains, et que pas un chaland, à moins qu'il ne fût étranger, ne se hasardait dans sa boutique, ce Gismondo se mit pour vivre à faire l'usure et à prêter à des intérêts énormes aux fils de famille qui escomptaient leur avenir. Ce commerce-là réussit mieux que l'autre, vu que le Gaddi exigeait toujours de bons gages et ne s'engageait dans aucune affaire sans de sûres garanties. A cela près, il était, comme il le disait lui-même, très sage et très tolérant : il prêtait à tout le monde, aux compatriotes et aux étrangers, aux juifs et aux chrétiens. Il eût prêté à saint Pierre sur les clefs du Paradis ; il eût prêté à Satan sur ses propriétés en enfer.

Ai-je besoin de dire qu'il prêtait à mon pauvre Raphaël del Moro, qui mangeait chaque jour son lendemain, et dont l'intègre probité ne s'était jamais démentie. Les relations continuelles d'affaires, l'espèce d'interdiction dont on les frappait, leur voisinage enfin, rapprochèrent les deux orfèvres. Del Moro était pénétré de reconnaissance pour l'obligeance inépuisable de son compère à lui avancer de l'argent. Gaddi estimait profondément un débiteur honnête et commode. Ils étaient, en un mot, les meilleurs amis du monde, et Gismondo n'eût pas manqué pour un empire une des parties dont Raphaël Moro le régalait.

Del Moro était veuf, mais il avait une fille de seize ans appelée Stéphana.

Stéphana, à l'étudier en sculpteur, n'était pas belle, et cependant son premier aspect vous saisissait. Sous son front trop haut et trop peu uni pour celui d'une femme, on voyait pour ainsi dire sourdre la pensée. Ses grands yeux humides et d'un noir velouté vous pénétraient de respect et d'attendrissement en se fixant sur vous. Une pâleur d'ambre voilait toute sa figure d'un nuage qu'éclairait, comme le faible rayon d'une matinée d'automne, un regard triste et charmant. J'oublie une couronne d'abondans cheveux noirs et des mains de reine.

Stéphana se tenait d'ordinaire penchée comme un lis ployé par un vent d'orage. On eût dit d'une statue de la Mélancolie. Lorsqu'elle se relevait, lorsque ses beaux yeux s'animaient, que ses narines se dilataient, que son bras étendu donnait un ordre, on l'eût adorée comme l'archange Gabriel. Elle le ressemblait, Ascanio, mais elle a de moins qu'elle sa faiblesse et sa souffrance. Jamais l'âme immortelle ne s'est plus clairement révélée à mes yeux que dans ce corps frêle, élégant et souple. Del Moro, qui redoutait sa fille presqu'autant qu'il l'aimait, avait coutume de dire qu'il n'avait mis au tombeau que le corps de sa femme, et que Stéphana était l'esprit de la morte.

J'étais dans ce temps-là un jeune homme aventureux, étourdi, ardent. J'aimais avant tout la liberté ; la sève débordait en moi, et je dépensais cette fougue en querelles folles et en folies amours. Je travaillais néanmoins comme je m'amusais, avec passion, et malgré mes boutades, j'étais encore le meilleur ouvrier de Raphaël et le seul qui gagnât quelque argent à la maison. Mais ce que je faisais de bien, je le faisais d'instinct et comme par hasard. J'avais assidûment étudié les antiques. Pendant des jours entiers, j'étais resté penché sur les bas-reliefs et les statues d'Athènes et de Rome, les commentant avec le crayon et le ciseau, et la continuelle fréquentation de ces sublimes sculpteurs anciens m'avait donné la pureté et la sûreté de la forme : mais j'imitais avec bonheur, je ne créais pas. Toutefois, je vous le répète, j'étais sans conteste et sans peine le plus habile et le plus laborieux parmi les compagnons de del Moro. Aussi le secret désir du cher maître était-il, je l'ai su depuis, de me faire épouser sa fille.

Mais je me souciais bien du ménage, ma foi ! j'avais soif d'indépendance, d'oubli et de grand air ; je restais des jours entiers absent de la maison ; je rentrais écrasé de fatigue, et pourtant en quelques heures j'avais rattrapé et dépassé les autres ouvriers de Raphaël ; puis je me battais pour un mot, je m'amourachais pour un coup d'œil. Le beau mari que j'aurais fait !

D'ailleurs, l'émotion que je ressentais auprès de Stéphana ne ressemblait en rien à celle que me faisaient éprouver les jolies femmes de Porta del Prato ou de Borgo Pinti. Elle m'intimidait presque ; on m'eût dit que je l'aimais autrement qu'une sœur aînée, j'aurais ri. Quand je revenais de quelqu'une de mes escapades, je n'osais pas lever les yeux sur Stéphana. Elle était plus que sévère, elle était triste. Lorsqu'au contraire la fatigue ou un beau mouvement de zèle m'avait retenu à la maison, je recherchais Stéphana, son doux regard et sa douce voix : l'affection que je lui portais avait quelque chose de sérieux et de sacré dont je ne me rendais pas bien compte, mais qui me charmait. Bien souvent, au milieu de mes joies bruyantes, la pensée de Stéphana traversait mon esprit, et l'on me demandait pourquoi j'étais devenu soucieux ; parfois quand je tirais l'épée ou le poignard, je prononçais son nom comme celui de ma sainte, et je remarquais que chaque fois que cela m'était arrivé, je m'étais retiré du combat sans blessure. Mais ce doux sentiment pour cette chère enfant, belle, innocente et tendre, restait au fond de mon cœur comme en un sanctuaire.

Quand à elle, il est certain que froide et digne avec mes paresseux compagnons, elle était pour moi pleine d'indulgence et de bonté. Elle venait parfois s'asseoir dans l'atelier, auprès de son père, et, courbé sur mon ouvrage, je sentais pourtant son regard arrêté sur moi. J'étais fier et heureux de cette préférence, même sans me l'expliquer. Si quelque ouvrier pour me flatter grossièrement me disait que la fille du maître était amoureuse de moi, je le recevais avec tant de colère et d'indignation qu'il n'y revenait plus.

Un accident qui arriva à Stéphana me prouva jusqu'à quel point elle avait pris racine au plus profond de mon cœur.

Un jour qu'elle se trouvait dans l'atelier, elle ne retira pas assez vite sa petite main blanche, et un maladroit ouvrier qui était ivre, je crois, lui entama avec un ciseau le petit doigt de la main droite et le doigt d'à côté. La pauvre enfant jeta un cri, et puis, comme fâchée de l'avoir crié, pour nous rassurer, elle se mit à sourire, mais elle soulevait sa main toute sanglante. Je crois que j'aurais tué l'ouvrier si je n'avais été tout entier à elle.

Le Gismondo Gaddi, qui était présent, dit qu'il connaissait un chirurgien dans le voisinage et courut le chercher. Ce méchant médicastre pansa en effet Stéphana et vint tous les jours la voir ; mais il était si ignorant et si négligent que la gangrène se mit dans la plaie. Là dessus cet âne déclara doctoralement que, malgré ses efforts, Stéphana, selon toutes les probabilités, resterait estropiée du bras droit.

Raphaël del Moro était déjà dans une trop grande misère pour pouvoir consulter un autre médecin ; mais, sur l'arrêt de l'imbécile docteur, je n'y tins pas : je grimpai à ma chambre, je vidai l'escarcelle qui contenait toutes mes épargnes, et je courus chez Giacomo Rastelli de Pérouse, le chirurgien du pape, et le plus habile praticien de toute l'Italie. Sur mes vives instances, et comme la somme que je lui offrais était fort honnête, il vint tout de suite, disant : « Oh ! les amoureux !... » Après avoir examiné la blessure, il assura qu'il en répondait, et qu'avant quinze jours Stéphana se servirait du bras droit comme de l'autre. J'avais envie de l'embrasser, le digne homme. Il se mit à panser ces pauvres doigts malades, et Stéphana fut aussitôt soulagée. Mais quelques jours après, il fallut enlever la carie des os.

Elle me demanda d'assister à l'opération pour lui donner du courage, et j'en manquais moi-même, et je sentais mon cœur bien petit dans ma poitrine. Maître Giacomo se servait de gros instruments qui faisaient un mal affreux à Stéphana. Elle ne pouvait retenir des gémissemens qui retentissaient en moi. Une sueur froide inondait mes tempes.

Enfin, le supplice fut au-dessus de mes forces : ces gros outils qui torturaient ces petits doigts délicats, me torturaient moi-même. Je me levai en suppliant maître Giacomo de suspendre l'opération et de m'attendre un demi-quart d'heure seulement.

Je descendis à l'atelier, et là, comme inspiré par un bon génie, je fis un instrument d'acier menu et fin qui coupait comme un rasoir. Je retournai vers le chirurgien, qui commença à opérer si facilement que la chère malade n'éprouvait presque plus de douleur. En cinq minutes ce fut terminé, et quinze jours après elle me donnait à baiser cette main que je lui avais conservée, disait-elle.

Mais il me serait impossible de peindre les poignantes émotions à travers lesquelles je passai en voyant souffrir ma pauvre Résignée, comme je l'appelais quelquefois.

La résignation était en effet comme l'attitude naturelle de son âme. Stéphana n'était pas heureuse ; le désordre et l'imprévoyance de son père la navraient ; sa seule consolation était la religion : comme tous les malheureux, elle était pieuse. Bien souvent, quand j'entrais dans une église, car j'ai toujours aimé Dieu, je voyais dans un coin retiré Stéphana pleurant et priant.

Dans tous les embarras où l'incurie de maître del Moro la laissait trop fréquemment, elle avait quelquefois recours à moi avec une confiance et une grandeur qui me ravissaient. Elle me disait, la chère fille, avec la simplicité des nobles cœurs : « Benvenuto, je vous prie de passer la nuit au travail pour achever ce reliquaire ou cette aiguière, car nous n'avons plus du tout d'argent. »

Bientôt je pris l'habitude de lui soumettre chaque ouvrage que je terminais, et elle me redressait et me conseillait avec une supériorité singulière. La solitude et la douleur avait élevé et agrandi sa pensée plus qu'on ne saurait croire. Ses paroles, à la fois naïves et profondes, me firent deviner plus d'un secret de l'art, et ouvrirent souvent à mon esprit de nouvelles perspectives.

Je me rappelle qu'un jour je lui montrai le modèle d'une médaille que j'avais à graver pour un cardinal, et qui représentait d'un côté la tête de ce cardinal, et de l'autre Jésus-Christ marchant sur la mer et tendant la main à saint Pierre, avec cette légende : *Quare dubitasti?* Pourquoi as-tu douté?

Stéphana fut contente du portrait, qui était très ressemblant et fort bien venu. Puis elle contempla longtemps le sujet en silence.

— La figure de Notre-Seigneur est parfaitement belle, dit-elle enfin, et si c'était aussi bien Apollon ou Jupiter, je n'y trouverais rien à redire. Mais Jésus est plus que beau, Jésus est divin : ce visage est d'une pureté de lignes superbes, mais où est l'âme? J'admire l'homme, mais je cherche le Dieu. Songez, Benvenuto, que vous n'êtes pas seulement un artiste, que vous êtes un chrétien. Voyez-vous, mon cœur a souvent saigné, c'est-à-dire, hélas! mon cœur a souvent douté ; et moi aussi, relevée de mon abattement, j'ai vu Jésus me tendre la main, je l'ai entendu me dire la sublime parole : « Pourquoi as-tu douté? » Ah! Benvenuto, votre image est moins belle que lui. Dans sa céleste figure il y avait en même temps la tristesse du père qu'on afflige et la clémence du roi qui pardonne. Son front rayonnait, mais sa bouche souriait ; il était plus grand, il était bon.

— Attendez, Stéphana, lui dis-je.

J'effaçai ce que j'avais fait, et en un quart d'heure, sous ses yeux, je recommençai la figure de Jésus-Christ.

— Est-ce cela? lui demandai-je en la lui présentant.

— Oh! oui, répondit-elle les larmes aux yeux, c'est bien ainsi que m'est apparu le doux Sauveur aux heures des larmes. Oui, je le reconnais maintenant à son air de miséricorde et de majesté. Eh bien ! je vous conseille de toujours faire ainsi, Benvenuto : avant de prendre la cire, ayez la pensée ; vous possédez l'instrument, conquérez l'expression ; vous avez la matière, cherchez l'âme ; que vos doigts ne soient jamais que les serviteurs de votre esprit, entendez-vous.

Voilà quels avis cette enfant de seize ans me donnait dans son bon sens sublime. Quand je restais seul, je méditais ce qu'elle m'avait dit, et je trouvais qu'elle avait raison. Ainsi elle a réglé, éclairé mon instinct. Ayant la forme, je tâchai d'avoir l'idée, et de marier si bien idée et forme qu'elles sortissent unies et confondues de mes mains comme Minerve jaillit toute armée du cerveau de Jupiter.

Mon Dieu! que la jeunesse est donc charmante et que ses souvenirs sont puissans ! Colombe, Ascanio, cette belle soirée que nous passons ensemble me rappelle toutes celles que j'ai passées assis à côté de Stéphana sur le banc de la maison de son père ; elle regardait le ciel et moi je la regardais. Il y a vingt ans de cela, il me semble que c'est hier ; j'étends la main et je crois sentir sa main : c'est la vôtre, mes enfans. Ce que Dieu fait est bien fait.

Oh! c'est que rien qu'à la voir blanche dans sa robe blanche, je sentais le calme descendre dans mon âme. Souvent quand nous nous quittions nous n'avions pas prononcé une parole, et cependant je remportais de ce muet entretien toutes sortes de pensées belles et bonnes qui me faisaient meilleur et plus grand.

Tout cela eut une fin comme tous les bonheurs de ce monde.

Raphaël del Moro n'avait plus guère de progrès à faire dans la misère. Il devait à son bon voisin Gismondo Gaddi 2,000 ducats qu'il ne savait comment lui payer. Cette idée mettait cet honnête homme au désespoir. Il voulut du moins sauver sa fille et confia son dessein de la donner à un ouvrier de l'atelier, sans doute pour qu'il m'en parlât. Mais celui-ci était un de ces imbéciles que j'avais malmenés quand ils m'avaient brutalement jeté à la tête comme une calomnie l'affection fraternelle de Stéphana. Le butor ne laissa pas même achever Raphaël.

— Renoncez à ce projet là, maître del Moro, lui dit-il ; la proposition n'aurait pas de succès, je vous en réponds.

L'orfévre était fier, il crut que je le méprisais à cause de sa pauvreté et ne dit plus un mot sur ce sujet.

A quelque temps de là, Gismondo Gaddi vint lui réclamer sa dette, et comme Raphaël demandait encore du temps.

— Ecoutez, dit Gismondo, accordez-moi la main de votre fille, qui est sage et économe, et je vous donnerai quittance de tout.

Del Moro fut transporté de joie. Gaddi passait bien pour être un peu avare, un peu brusque et un peu jaloux, mais il était riche, et ce que les pauvres estiment et envient le plus, hélas! c'est la richesse. Quand Raphaël parla de cette proposition inespérée à sa fille, elle ne lui répondit rien : seulement, le soir, quand nous quittâmes pour rentrer à la maison le banc où nous avions passé la soirée, elle me dit :

— Benvenuto, Gismondo Gaddi m'a demandée en mariage, et mon père a donné son consentement.

Sur ces simples mots, elle me laissa, et moi je me levai debout, comme poussé par un ressort. Puis, saisi de je ne sais quelle fureur, je sortis de Florence et me mis à errer à travers champs.

Durant toute cette nuit, tantôt courant comme un insensé, tantôt couché sur l'herbe et pleurant, mille pensées folles, désespérées, furieuses, traversèrent mon esprit bouleversé.

— Elle, Stéphana, la femme de ce Gismondo ! me disais-je quand, revenant un peu à moi, je cherchais à rassembler mes esprits. Cette idée qui me fait frémir m'accable et l'épouvante aussi, et comme sans doute elle me préférerait, oui, c'est cela, elle fait un muet appel à mon amitié, à ma jalousie. Oh ! certes, je suis jaloux et avec rage ; pourtant ai-je le droit de l'être ? Gaddi est sombre et violent, mais soyons juste envers nous-mêmes, quelle femme aussi serait heureuse avec moi ? ne suis-je pas de même brutal, fantasque, inquiet, à tout moment engagé dans des disputes dangereuses et des amourettes impies ! pourrai-je me dompter ? non, jamais : tant que le sang courra ainsi bouillant dans mes veines, j'aurai toujours la main sur mon poignard et le pied hors du logis.

Pauvre Stéphana! je la ferais pleurer et souffrir, je la verrais flétrir et flétrie, je me prendrais en haine, je la prendrais en haine elle-même comme un reproche vivant. Elle en mourrait, et c'est moi qui l'aurais tuée. Non, je ne suis pas fait, je le sens, hélas ! pour les joies calmes et pures de la famille; il me faut la liberté, l'espace, l'orage, tout! plutôt que la paix et la monotonie du bonheur. Je briserais, mon Dieu! dans mes mains maladroites cette fleur délicate et fragile. Je torturerais cette chère vie, cette âme adorable, par mes injures et ma propre existence ; mon propre cœur, par des remords. Mais sera-t-elle plus heureuse avec ce Gismondo Gaddi? Pourquoi l'épouse-t-elle, aussi ? Nous étions si bien! Après tout, le sort et l'esprit d'un artiste, Stéphana ne l'ignore pas, ne s'accommodent guère de ces liens étroits et durs, de ces bourgeoises nécessités d'un ménage. Il faudrait dire adieu à tous mes rêves de gloire, abdiquer l'avenir de mon nom, renoncer à l'art qui vit de liberté et de puissance. Qu'est-ce qu'un créateur emprisonné au coin du foyer domestique? Dites, ô Dante Alighieri! Michel-Ange, mon maître! comme vous ririez de voir votre élève bercer ses enfans ou demander pardon à sa femme! Non, soyons courageux pour moi, généreux pour Stéphana : restons seul et triste dans mon rêve et dans ma destinée!

Vous le voyez, mes enfans, je ne me fais pas meilleur que je ne l'étais. Il y avait un peu d'égoïsme dans ma détermination, mais il y avait aussi beaucoup de vive et sincère tendresse pour Stéphana, et mon délire semblait avoir raison.

Le lendemain, je rentrai assez calme à l'atelier. Stéphana aussi paraissait calme, seulement elle était plus pâle qu'à l'ordinaire. Un mois s'écoula ainsi. Un soir, Stéphana me dit en me quittant :

— Dans huit jours, Benvenuto, je serai la femme de Gismondo Gaddi.

Comme elle ne partit pas tout de suite, cette fois-là j'eus le temps de la regarder. Elle était debout, morne, la main sur le cœur et courbée sous la main. Son beau sourire était triste à faire pleurer. Elle me contemplait avec douleur, mais sans expression de reproche. Mon ange, prêt à abandonner la terre, semblait me dire adieu. Elle resta ainsi muette et immobile une minute, et puis rentra dans la maison.

Je ne devais plus la revoir en ce monde.

Cette fois encore je sortis de la ville tête nue et en courant, mais je n'y revins pas le lendemain ni le surlendemain, je continuai de marcher jusqu'à ce que je fusse arrivé à Rome.

Je restai à Rome cinq ans, je commençai ma réputation, je gagnai l'amitié du pape, j'eus des duels, des amours, des succès d'art, mais je n'étais pas content, quelque chose me manquait. Au milieu de toutes ces tempêtes, je ne passai pas un jour sans tourner mes yeux du côté de Florence. Je ne dormais pas une nuit sans revoir en rêve la pâle et triste Stéphana debout sur le seuil de la maison de son père et me regardant.

Après cinq ans, je reçus de Florence une lettre cachetée de noir. Je l'ai lue et relue tant de fois que je la sais maintenant par cœur.

La voici.

« Benvenuto, je vais mourir. Benvenuto, je vous aimais.

» Voici quels ont été mes rêves. Je vous connaissais aussi bien que vous-même : j'ai pressenti la puissance qui est en vous et qui vous fera grand un jour. Votre génie, que j'avais lu sur votre large front, dans vos regards ardens, dans vos gestes passionnés, imposait à celle qui portait votre nom de graves devoirs. Je les acceptais. Le bonheur avait pour moi la solennité d'une mission. Je n'aurais pas été votre femme, Benvenuto, j'aurais encore été votre amie, votre sœur, votre mère. Votre noble existence appartient à tous, je le savais, je n'en aurais eu pour prix que le droit de vous consoler dans votre ennui, de vous relever dans vos doutes. Vous eussiez été libre, ami, toujours et partout. Hélas! je m'étais habituée dès longtemps à vos douloureuses absences, à toutes les exigences de votre fougue, à tous les caprices de votre âme amante des orages. Toute puissante nature a de puissans besoins. Plus l'aigle a plané longtemps, plus longtemps il est obligé de se reposer sur la terre. Mais quand vous vous seriez arraché aux songes fiévreux du sommeil de votre génie, j'aurais retrouvé au réveil mon sublime Benvenuto, celui que j'aime, celui qui m'eût appartenu à moi seule! Je n'aurais pas fait un reproche aux heures de l'oubli, elles n'auraient rien eu d'injurieux pour moi. Quant à moi, vous sachant jaloux comme tout noble cœur, jaloux comme le dieu de l'Ecriture, je serais restée, quand vous n'auriez pas été là, loin des regards, dans la solitude que j'aime, vous attendant et priant pour vous.

» Voilà quelle eût été ma vie.

» Quand j'ai vu que vous m'abandonniez, soumise à la volonté de Dieu et à la vôtre, j'ai fermé les yeux et remis ma destinée aux mains du devoir : mon père m'ordonnait un mariage qui lui épargnait le déshonneur, j'ai obéi. Mon mari a été dur, sévère, impitoyable ; il ne s'est pas contenté de ma docilité, il exigeait un amour au dessus de mes forces, et me punissait en brutalités de mes chagrins involontaires. Je me suis résignée. J'ai été, je l'espère, une épouse digne et pure, mais toujours bien triste, Benvenuto. Dieu, néanmoins, m'a récompensée, dès ce monde, en me donnant un fils. Les baisers de mon enfant m'ont pendant quatre ans empêchée de sentir les outrages, les coups et enfin la misère ! car pour trop vouloir gagner, mon mari fut ruiné, et il est mort le mois passé de cette ruine. Que Dieu lui pardonne comme je lui pardonne moi-même !

» Je vais mourir à mon tour, aujourd'hui, dans une heure, de mes souffrances accumulées, et je vous lègue mon fils, Benvenuto.

» Tout est pour le mieux, peut-être. Qui sait si ma faiblesse de femme aurait suffi au rôle que je m'étais imposé près de vous. Lui, mon Ascanio (il me ressemble), sera un compagnon plus fort et plus résigné de votre vie ; il vous aimera mieux, sinon plus. Je ne suis pas jalouse de lui.

» D'un autre côté, faites pour mon enfant ce que j'aurais fait pour vous.

» Adieu, mon ami, je vous aimais et je vous aime, je vous le répète sans honte et sans remords, aux portes même de l'éternité, car cet amour était saint. Adieu ! soyez grand, je vais être heureuse, et levez quelquefois les yeux au ciel pour que je vous voie.

» Votre STÉPHANA. »

Maintenant Colombe, Ascanio, aurez-vous confiance en moi, et êtes-vous prêts à faire ce que je vais vous conseiller ?

Les deux jeunes gens répondirent par un seul cri.

XXIV.

VISITES DOMICILIAIRES.

Le lendemain du jour où, dans les jardins du Petit-Nesle, cette histoire fut racontée à la lueur des étoiles, l'atelier de Benvenuto avait dès le matin son aspect accoutumé ; le maître travaillait à la salière d'or dont il avait si vaillamment défendu la matière première contre les quatre bravi qui voulaient la lui prendre, et sa vie par dessus. Ascanio ciselait le lis de madame d'Étampes ; Jacques Aubry, mollement étendu sur une chaise, adressait mille questions à Cellini, qui ne lui répondait pas, et qui mettait l'écolier amateur dans la nécessité de se faire les réponses lui-même. Pagolo regardait en dessous Catherine, qui travaillait à quelque ouvrage de femme. Hermann et les autres ouvriers limaient, frappaient, soudaient, ciselaient, et la chanson de Scozzone égayait ce calme de l'activité.

Le Petit-Nesle était loin d'être aussi tranquille. Colombe avait disparu.

Tout y était donc en rumeur ; on cherchait, on appelait ; dame Perrine jetait les hauts cris, et le prévôt, qu'on était allé querir à la hâte, tâchait de saisir au milieu des lamentations de la bonne dame quelque indice qui pût le mettre sur les traces de l'absente, et probablement de la fugitive.

— Voyons, dame Perrine, vous dites donc que c'est hier au soir, quelques instans après mon départ, que vous l'avez vue pour la dernière fois, demandait le prévôt.

— Hélas ! oui, messire. Jésus Dieu ! quelle aventure ! la pauvre chère enfant paraissait un peu triste, elle est allée se débarrasser de tous ses beaux affiquets de cour ; elle a mis une simple robe blanche... saints du paradis, ayez pitié de nous ! et puis elle m'a dit : « Dame Perrine, la soirée est belle, je vais aller faire un tour dans mon allée. » Il pouvait être sept heures du soir. Madame que voici, dit Perrine en montrant Pulchérie, la suivante qu'on lui avait donnée pour aide ou plutôt pour supérieure ; madame que voici, selon son habitude, était déjà rentrée dans sa chambre, sans doute pour préparer ces belles toilettes qu'elle fait si bien, et moi je m'étais mise à coudre dans la salle en bas. Je ne sais combien de temps je restai là à travailler, il est possible qu'à la longue mes pauvres yeux fatigués se soient fermés malgré moi, et que j'aie un peu perdu connaissance.

— Selon votre habitude, interrompit aigrement Pulchérie.

— Toujours est-il, reprit dame Perrine sans daigner répondre à cette mesquine calomnie, que vers dix heures je quittai mon fauteuil, et j'allai voir au jardin si Colombe ne s'y était pas oubliée. J'appelai et ne trouvai personne ; je crus alors qu'elle était rentrée chez elle, et s'était couchée sans me déranger, comme cela lui était arrivé mille fois à la chère fille. Miséricorde du ciel ! qui aurait pensé... Ah ! messire le prévôt, je puis bien dire qu'elle n'a pas suivi un amant, mais un ravisseur. Je l'avais élevée dans des principes...

— Et ce matin, dit impatiemment le prévôt, ce matin ?

— Ce matin, quand j'ai vu qu'elle ne descendait pas... Sainte-Vierge, secourez-nous !

— Ah ! au diable vos litanies ! s'écria messire d'Estourville. Racontez donc simplement et sans toutes ces jérémiades. Ce matin ?

— Ah ! monsieur le prévôt, vous ne pouvez pas m'empêcher de pleurer jusqu'à ce qu'on la retrouve. Ce matin, messire, inquiète de ne pas la voir (elle était si matinale !), je suis venue frapper à sa porte pour la réveiller, et comme elle ne répondait pas, j'ai ouvert. Personne. Le lit n'était même pas défait, messire. Alors j'ai crié, j'ai appelé, j'ai perdu la tête, et vous ne voulez pas que je pleure !

— Dame Perrine, dit sévèrement le prévôt, auriez-vous introduit ici quelqu'un pendant mon absence ?

— Ici quelqu'un, par exemple ! reprit avec toutes sortes de marques de stupéfaction la gouvernante, qui sentait sa conscience chatouilleuse à cet endroit. Est-ce que vous ne me l'aviez pas défendu, messire ? depuis quand me suis-je permis de jamais transgresser vos ordres ? Quelqu'un ici ? ah ! bien oui !

— Ce Benvenuto, par exemple, qui osait trouver ma fille si belle, n'a pas tenté de vous gagner ?

— Fi donc ! il eût tenté plutôt d'escalader la lune ; je l'aurais joliment reçu, je m'en vante !

— Ainsi vous n'avez jamais admis dans le Petit-Nesle un homme, un jeune homme ?

— Un jeune homme ! bonté du ciel, un jeune homme ! Pourquoi pas le diable ?

— Qu'est-ce donc alors, dit Pulchérie, que ce gentil garçon qui est venu frapper dix fois à la porte depuis que je suis ici, et à qui dix fois j'ai fermé la porte au nez ?

— Un gentil garçon ? vous avez la berlue, ma chère ; à moins que ce ne soit le comte d'Orbec. Ah ! bon Dieu ! j'y suis : c'est peut-être Ascanio que vous voulez dire. Ascanio, vous savez, messire ? cet enfant qui vous a sauvé la vie. Oui, en effet, je lui avais donné à raccommoder les boucles d'argent de mes souliers. Mais lui, un jeune homme, cet apprenti ! mettez des lunettes, ma mie. Au surplus, que ces murs et ces pavés disent s'ils l'ont jamais vu ici.

— Il suffit, interrompit sévèrement le prévôt. Si vous avez trompé ma confiance, dame Perrine, je jure que vous me le paierez ! Je vais aller chez ce Benvenuto ; Dieu sait comment ce manant va me recevoir ; mais il le faut.

Beuvenuto, contre toute attente, accueillit le prévôt à merveille. En voyant son sang-froid, son aisance et sa bonne grâce, messire d'Estourville n'osa pas même parler de ses soupçons. Mais il dit que sa fille Colombe ayant été fort sottement effrayée la veille, dans sa terreur panique, elle s'était enfuie comme égarée; que peut-être, sans que Benvenuto le sût lui-même, elle avait cherché un refuge au Grand-Nesle, — ou bien encore qu'en le traversant pour aller ailleurs, elle avait pu s'y évanouir. Bref, il mentit le plus maladroitement du monde.

Mais Cellini accepta tous ses contes et tous ses prétextes avec politesse, enfin, il eut la complaisance d'avoir l'air de ne s'apercevoir de rien. Il y eut plus, il plaignit le prévôt de toute son âme, lui affirmant qu'il serait heureux de rendre sa fille à un père qui avait toujours entouré son enfant d'une tendresse et d'une affection si touchante et si digne. La fugitive, à l'entendre, avait donc eu le plus grand tort, et ne pouvait rentrer trop tôt sous une protection si rassurante et si douce. Au reste, comme preuve de la sincérité de l'intérêt qu'il portait à messire d'Estourville, il se mettait à sa disposition pour le seconder dans toutes ses recherches, non-seulement dans le Grand-Nesle, mais encore partout ailleurs.

Le prévôt, à demi convaincu, et d'autant plus touché de ces éloges qu'il sentait au fond du cœur qu'il les méritait moins, commença, suivi de Benvenuto Cellini, une investigation scrupuleuse dans son ancienne propriété du Grand-Nesle, dont il connaissait tous les coins et recoins. Aussi ne laissa-t-il pas une porte sans la pousser, une armoire sans l'entr'ouvrir, un bahut sans y jeter un coup d'œil comme par mégarde. Puis, l'hôtel visité dans tous les coins et recoins, il passa dans le jardin, parcourut l'arsenal, la fonderie, le cellier, l'écurie, examina tout rigoureusement. Pendant cette recherche, Benvenuto, fidèle à son obligeance première, l'aidait de son mieux, lui offrant toutes les clefs au fur et à mesure, indiquant tel corridor ou tel cabinet que messire d'Estourville oubliait. Enfin, il lui donna le conseil, de peur que la fugitive ne passât furtivement d'une salle dans une autre, de laisser un de ses gens en sentinelle dans chaque endroit qu'il quittait.

Après avoir fureté partout, au bout de deux heures de perquisitions inutiles, messire d'Estourville, certain de n'avoir rien omis, et confondu de l'obligeance de son hôte, quitta le Grand-Nesle en laissant à Benvenuto mille remercîmens et mille excuses.

— Quand il vous plaira de revenir, dit l'orfévre, et si vous avez besoin de recommencer ici vos recherches, ma maison vous est ouverte à toute heure comme, lorsqu'elle vous appartenait; d'ailleurs, c'est votre droit, messire : n'avons-nous pas signé un traité d'exécuter. Benvenuto lui en fit faire le tour et lui en fit remarquer avec complaisance les étonnantes proportions; en effet, elle avait plus de soixante pieds de haut, et à sa base près de vingt pas de circonférence.

Messire d'Estourville se retirait fort désolé : il était convaincu, dès lors qu'il n'avait point retrouvé sa fille au Grand-Nesle, qu'elle avait trouvé un asile par la ville. Mais à cette époque, la ville était déjà assez grande pour embarrasser le chef même de la police. D'ailleurs, l'avait-on enlevée ou s'était-elle enfuie? Était-elle victime d'une violence étrangère, ou avait-elle cédé à son propre mouvement? C'était une incertitude sur laquelle aucune circonstance ne pouvait le fixer. Il espéra alors que dans le premier cas elle parviendrait à s'échapper, et que dans le second elle reviendrait d'elle-même. Il attendit donc avec assez de patience, interrogeant malgré cela vingt fois par jour dame Perrine, qui passait son temps à adjurer tous les saints du paradis, et qui continuait à jurer ses grands dieux qu'elle n'avait reçu personne, et de fait non plus que messire d'Estourville, elle n'avait conçu aucun soupçon sur Ascanio.

Le jour et le lendemain s'écoulèrent sans nouvelles. Le prévôt mit alors tous ses agens en campagne, ce qu'il avait négligé de faire jusqu'alors, pour ne pas ébruiter cet événement, auquel sa réputation était si fort intéressée. Il est vrai qu'il ne leur donna que le signalement, sans leur donner le nom, et que leurs perquisitions furent faites sous un tout autre prétexte que celui qui les amenait véritablement; mais quoiqu'il ne négligeât aucune source secrète d'informations, toutes ses recherches furent sans résultat.

Certes, il n'avait jamais été pour sa fille un père affectueux et tendre, mais s'il ne désespérait pas, il se dépitait, et son orgueil souffrait à défaut de son cœur; il songeait avec indignation au beau parti que la petite sotte allait peut-être manquer, et avec rage aux quolibets et aux sarcasmes avec lesquels la cour allait accueillir sa mésaventure.

Il fallut bien enfin s'ouvrir de ce malheur au fiancé de Colombe. Le comte d'Orbec en fut affligé à la manière d'un commerçant à qui l'on annonce que ses marchandises ont subi une avarie, mais pas autrement. Il était philosophe, le cher comte, et il promit à son digne ami que si la chose ne s'ébruitait pas trop, le mariage n'en tiendrait pas moins; puis, comme c'était un homme qui savait saisir l'occasion, il profita de la circonstance pour glisser au prévôt quelques mots des projets de madame d'Etampes sur Colombe.

Le prévôt fut ébloui de l'honneur auquel il aurait pu être appelé : son chagrin en redoubla, et il maudit l'ingrate qui se dérobait à une si noble et si belle destinée.

Nous faisons grâce à nos lecteurs de la conversation que cette confidence du comte d'Orbec amena entre les deux vieux courtisans : contentons-nous de dire que la douleur et l'espoir y prirent un caractère bizarrement touchant. Or, comme le malheur rapproche les hommes, le beau-père et le gendre se séparèrent plus unis que jamais, et sans pouvoir se décider encore à renoncer au brillant avenir qu'ils avaient entrevu.

On était convenu de se taire sur cet événement vis-à-vis de tout le monde; mais la duchesse d'Etampes était une amie trop intime et une complice trop intéressée pour qu'on ne lui en laissât pas dans le secret.

Ce fut bien vu, car elle prit la chose beaucoup plus à cœur que le père et le mari ne l'avaient fait, et, comme on le sait, elle était plus à même que tout autre de renseigner le prévôt et de diriger ses perquisitions.

Elle savait en effet, l'amour d'Ascanio pour Colombe, elle l'avait fait elle-même pour ainsi dire assister à toute sa conspiration; le jeune homme voyant l'honneur de celle qu'il aimait menacé, s'était décidé peut-être à un acte de désespoir; mais Ascanio le lui avait dit lui-même, Colombe ne l'aimait point, et ne l'aimant point, n'avait pas dû se prêter à de pareils projets. Or, la duchesse d'Etampes connaissait assez celui qu'elle avait soupçonné d'abord pour savoir qu'il n'aurait jamais la hardiesse de braver les mépris et la résistance de sa maîtresse; et cependant, malgré tous ces raisonnemens, quoiqu'à ses yeux toutes les probabilités fussent qu'Ascanio n'était pas coupable, son instinct de femme jalouse lui disait que c'était à l'hôtel de Nesle qu'il fallait chercher Colombe, et qu'on devait avant tout s'assurer d'Ascanio.

Mais madame d'Etampes, de son côté, ne pouvait dire à ses amis d'où lui venait cette conviction, car il fallait alors qu'elle leur avouât qu'elle aimait Ascanio, et que, dans l'imprudence de sa passion, elle avait confié à ce jeune homme tous ses desseins sur Colombe. Elle leur assura seulement qu'elle serait bien trompée si Benvenuto n'était pas le coupable, Ascanio le complice, et le Grand-Nesle l'asile. Le prévôt eut beau se débattre, jurer qu'il avait tout vu, tout visité, tout parcouru, elle n'en démordit pas, elle avait pour cela ses raisons, et elle s'obstina tellement dans son opinion, qu'elle finit par jeter des doutes dans l'esprit de messire d'Estourville, qui était cependant certain d'avoir bien cherché.

— D'ailleurs, ajouta la duchesse, j'appellerai moi-même Ascanio, je le verrai, je l'interrogerai, soyez tranquille.

— Oh! madame, vous êtes trop bonne, dit le prévôt.

— Et vous trop niais, murmura la duchesse entre ses dents.

Elle les congédia.

Elle se mit alors à rêver aux moyens de faire venir le jeune homme, mais comme elle ne s'était encore arrêtée à aucun, on annonça Ascanio ; il allait donc au devant des désirs de madame d'Etampes ; il était froid et calme.

Madame d'Etampes l'enveloppa d'un regard si perçant, qu'on eût dit qu'elle voulait lire jusqu'au fond de son cœur ; mais Ascanio ne parut pas même s'en apercevoir.

— Madame, dit-il en s'inclinant, je viens vous montrer votre lis à peu près terminé ; il n'y manque plus guère que la goutte de rosée de deux cent mille écus que vous avez promis de me fournir.

— Eh bien! et ta Colombe ? dit madame d'Etampes pour toute réponse.

— Si c'est de mademoiselle d'Estourville que vous voulez parler, madame, reprit gravement Ascanio, je vous supplierai à deux genoux de ne plus prononcer son nom devant moi. Oui, madame, je vous en conjure humblement et instamment, que ce sujet ne revienne jamais entre nous, de grâce !

— Ah ! ah ! du dépit ! fit la duchesse, dont le regard profond n'avait pas un instant quitté Ascanio.

— Quel que soit le sentiment qui m'anime, et dussé-je encourir votre disgrâce, madame, j'oserai vous refuser dorénavant de continuer avec vous tout entretien sur ce sujet. Je me suis juré à moi-même que tout ce qui aurait trait à ce souvenir resterait maintenant mort et enseveli dans mon cœur.

— Me suis-je donc trompée ? pensa la duchesse, et Ascanio n'est-il pour rien dans l'événement ? Cette petite fille aurait-elle suivie de gré ou de force quelque autre ravisseur, et perdue pour les projets de mon ambition, servirait-elle par sa fuite les intérêts de mon amour ?

Puis, après ces réflexions faites à voix basse, elle reprit à voix haute :

— Ascanio, vous me priez de ne plus vous parler d'elle ; me laisserez-vous au moins vous parler de moi ? Vous voyez que sur votre prière je n'insiste pas, mais qui sait si ce second sujet de conversation ne vous sera pas plus désagréable encore que le premier ? Qui sait...

— Pardon si je vous interromps, madame, dit le jeune homme, mais la bonté avec laquelle vous voulez bien m'accorder cette grâce que je vous demande, m'enhardit à en implorer une autre. Quoique de famille noble, je ne suis qu'un pauvre enfant obscur, élevé dans l'humble d'un atelier d'orfévro, et de ce cloître artistique, je me suis vu tout à coup transporté dans une sphère brillante, mêlé au destin des empires, ayant, faible, de puissans seigneurs pour ennemis, un roi pour rival ; et quel roi, madame ! François Ier, c'est-à-dire un des plus puissans princes de la chrétienté. Tout à coup, j'ai coudoyé les noms les plus éclatans et les plus illustres destinées ; j'ai aimé sans espoir et l'on m'a aimé sans retour ! et qui m'aimait, grand Dieu ! Vous, une des plus belles, une des plus nobles dames de la terre ! Tout cela mis le trouble en moi et hors de moi ; tout cela m'a étourdi, écrasé, anéanti, madame !

Je suis effrayé comme un nain qui se réveillerait parmi des géans ; je n'ai plus une idée en place, plus un sentiment dont je me rende compte ; je me trouve comme perdu dans toutes ces haines terribles, dans tous ces amours implacables, dans toutes ces ambitions glorieuses. Madame, laissez-moi respirer, je vous en conjure ; permettez au naufragé de revenir à lui, au convalescent de reprendre ses forces ; le temps, je l'espère, remettra tout en ordre dans mon âme et dans ma vie. Du temps, madame, donnez-moi du temps, et par pitié ne voyez aujourd'hui en moi que l'artiste qui vient vous demander si son lis est de votre goût.

La duchesse fixa sur Ascanio un regard plein de doute et d'étonnement ; elle n'avait pas supposé que ce jeune homme, que cet enfant pût parler de ce ton à la fois poétique, grave et sévère ; aussi se sentit-elle moralement contrainte de lui obéir, et ne parlant plus que de son lis, donna-t-elle à Ascanio des éloges et des conseils, lui promettant qu'elle ferait tout son possible pour lui envoyer avant peu le gros diamant qui compléterait son œuvre. Ascanio la remercia, et prit congé d'elle avec toutes sortes de témoignages de reconnaissance et de respect.

— Est-ce bien là Ascanio ? se dit madame d'Etampes lorsqu'il fut parti : il me semble vieilli de dix ans. Qui lui donne cette gravité presque imposante ? Est-ce la souffrance ? est-ce le bonheur ? Est-il sincère, enfin, ou conseillé par ce damné Benvenuto ? Joue-t-il en artiste consommé un rôle supérieur, ou se laisse-t-il aller à sa propre nature ?

Anne n'y tint pas. Le singulier vertige qui gagnait peu à peu ceux qui luttaient avec Benvenuto Cellini commençait à s'emparer d'elle, malgré la vigueur de son esprit. Elle aposta des gens qui épièrent Ascanio et qui le suivirent à chacune de ses rares sorties ; mais cela n'amena aucune découverte. Enfin madame d'Etampes fit venir le prévôt et d'Orbec, et leur conseilla, comme un autre eût ordonné, de tenter à l'improviste une autre perquisition à l'hôtel de Nesle.

Ils obéirent ; mais, quoique surpris au milieu de son travail, Benvenuto les reçut mieux encore cette fois tous deux que la première il n'avait reçu le prévôt seul. On eût dit, à le voir si libre et si poli, que leur présence n'avait absolument rien d'injurieux pour lui. Il raconta amicalement au comte d'Orbec le guet-apens qu'on lui avait dressé au moment où, quelques jours auparavant, il sortait de chez lui chargé d'or ; le jour même, fit-il observer, où mademoiselle d'Estourville avait disparu. Cette fois comme l'autre, il s'offrit pour accompagner les visiteurs dans son château, et pour aider le prévôt à rentrer dans ses droits de père, dont il comprenait si bien les devoirs sacrés. Il était heureux de s'être encore trouvé chez lui pour faire honneur à ses hôtes, car le jour même, dans deux heures, il allait partir pour Romorantin, désigné par la bienveillance de François Ier pour faire partie des artistes qui devaient aller au-devant de l'empereur.

En effet, les événemens politiques avaient marché aussi vite que ceux de notre humble histoire. Charles-Quint, encouragé par la promesse publique de son rival et par l'engagement secret de madame d'Etampes, n'était plus qu'à quelques journées de Paris. Une députation avait été nommée pour aller le recevoir, et d'Orbec et le prévôt avaient effectivement trouvé Cellini en habits de voyage.

— S'il quitte Paris avec toute l'escorte, dit à voix basse d'Orbec au prévôt, ce n'est selon toute probabilité pas lui qui a enlevé Colombe, et nous n'avons plus rien à faire ici.

— Je vous l'avais dit avant d'y venir, répondit le prévôt.

Pourtant ils voulurent aller jusqu'au bout, et commencèrent leur enquête avec un soin minutieux. Benvenuto les suivit et les dirigea d'abord, mais comme il vit que leur visite domiciliaire devenait aussi par trop détaillée, il leur demanda la permission de les laisser continuer seuls et, devant partir dans une demi-heure, d'aller donner quelques ordres à ses ouvriers, attendu qu'il voulait à son retour trouver tous les préparatifs de la fonte de son Jupiter achevés.

Benvenuto revint effectivement à l'atelier, distribua l'ouvrage aux compagnons, les pria d'obéir à Ascanio comme à lui-même, dit en italien quelques mots à voix basse à l'oreille de celui-ci, fit à tous ses adieux, et se disposa à quitter l'hôtel. Un cheval tout sellé que tenait le petit Jehan l'attendait dans la première cour.

En ce moment Scozzone vint à Benvenuto et le prit à part :

— Savez-vous, maître, lui dit elle gravement, que votre départ me laisse dans une position bien difficile !
— Comment cela, mon enfant ?
— Pagolo m'aime de plus en plus.
— Ah ! vraiment ?
— Et il ne cesse de me parler de son amour.
— Et toi que réponds-tu !
— Dame ! selon vos ordres, maître, je lui réponds qu'il faudra voir, et que la chose peut s'arranger.
— Très bien !
— Comment, très bien ! Mais vous ne savez donc pas, Benvenuto, qu'il prend au sérieux tous ce que je lui dis, et que ce sont de véritables engagemens que je contracte envers ce jeune homme ! Il y a quinze jours que vous m'avez prescrit la règle de conduite que j'avais à tenir, n'est-ce pas ?
— Oui, je crois ; je ne me rappelle plus bien.
— Mais moi, j'ai meilleure mémoire. Or, pendant les cinq premiers jours, je lui ai répondu par des représentations douces : il devait tâcher de se vaincre et de ne plus m'aimer. Les cinq jours suivans, je l'ai écouté en silence, et c'était une réponse bien compromettante que celle-là ; mais c'était votre ordre, et je l'ai suivi. Enfin les cinq derniers jours, j'en ai été réduite à lui parler de mes devoirs envers vous, et hier, maître, j'en étais à le prier d'être généreux, et il en était, lui, à me demander un aveu.
— Alors, s'il en est ainsi, c'est différent, dit Benvenuto.
— Ah ! enfin ! dit Scozzone.
— Oui, maintenant écoute, chère petite. Pendant les trois premiers jours de mon absence, tu lui laisseras croire que tu l'aimes ; puis, pendant les trois jours qui suivront, tu lui feras l'aveu de cet amour.
— Quoi ! c'est bien vous qui me dites cela, Benvenuto ! s'écria Scozzone, toute blessée de la trop grande confiance que le maître montrait en elle.
— Sois donc tranquille. Qu'as-tu à te reprocher, puisque c'est moi qui t'y autorise ?
— Mon Dieu, dit Scozzone, rien, je le sais ; mais cependant toujours placée ainsi, entre votre indifférence à vous et son amour à lui, Dieu sait que je puis finir par l'aimer véritablement.
— Bah ! en six jours ! Tu ne te sens pas de force à rester indifférente six jours ?
— Si fait ! je vous les accorde ; mais n'allez pas en rester sept, au moins.
— N'aie pas peur, mon enfant, je reviendrai à temps. Adieu, Scozzone.
— Adieu, maître, fit Catherine, boudant, souriant et pleurant tout à la fois.

Pendant que Benvenuto Cellini adressait à Catherine ces dernières instructions, le prévôt et d'Orbec rentrèrent.

Restés seuls et libres de leurs mouvemens, ils s'étaient livrés à leurs recherches avec une espèce de frénésie ; ils avaient exploré les greniers, fouillé les caves, sondé tous les murs, remué tous les meubles ; ils avaient échelonné les domestiques sur leur passage, ardens comme des créanciers, patiens comme des chasseurs : ils étaient revenus cent fois sur leurs pas, avaient examiné vingt fois la même chose avec une rage d'huissier qui a une prise de corps à exercer, et leur expédition achevée, ils rentraient rouges et animés sans avoir rien découvert.

— Eh bien ! messieurs, leur dit Benvenuto, qui montait à cheval, vous n'avez rien trouvé, n'est-ce pas ? tant pis ! tant pis ! Je comprends combien la chose est douloureuse pour deux cœurs aussi sensibles que les vôtres, mais malgré tout l'intérêt que je prends à vos douleurs et tout le désir que j'aurais à vous aider dans vos recherches, il faut que je parte. Recevez donc mes adieux. Si vous avez besoin d'entrer au Grand-Nesle en mon absence, ne vous gênez pas, faites comme chez vous. J'ai donné des ordres pour que la maison soit la vôtre. La seule chose qui me console de vous laisser dans cette inquiétude, c'est que j'espère apprendre à mon retour que vous avez, vous, monsieur le prévôt, retrouvé votre chère enfant, et vous, monsieur d'Orbec, votre belle fiancée. Adieu, messieurs. Puis, se retournant vers ses compagnons, qui étaient groupés sur le perron, moins Ascanio, qui sans doute ne se souciait pas de se trouver face à face avec son rival :

— Adieu, mes enfans, dit-il. Si, en mon absence, M. le prévôt a le désir de visiter une troisième fois l'hôtel, n'oubliez pas de le recevoir comme l'ancien maître de céans.

Sur ces mots, le petit Jehan ouvrit la porte, et Benvenuto piquant des deux partit au galop.

— Vous voyez bien que nous sommes des niais, mon cher, dit le comte d'Orbec au prévôt : quand on a enlevé une fille, on ne part pas pour Romorantin avec toute la cour !

XXV.

CHARLES-QUINT A FONTAINEBLEAU.

Ce n'était pas sans de graves hésitations et d'affreuses angoisses que Charles-Quint avait mis le pied sur cette terre de France où l'air et le sol lui étaient pour ainsi dire ennemis, dont il avait indignement maltraité le roi prisonnier, et dont il avait peut-être, on l'en accusait du moins, empoisonné le dauphin. L'Europe s'attendait de la part de François Ier à de terribles représailles, du moment où son rival venait de lui-même se mettre entre ses mains. Mais l'audace de Charles, ce grand joueur d'empires, ne lui avait pas permis de reculer, et une fois son terrain habilement sondé et préparé, il avait bravement franchi les Pyrénées.

Il comptait, en effet, à la cour de France des amis dévoués et croyait pouvoir se fier à trois garanties, l'ambition de madame d'Étampes, l'outrecuidance du connétable Anne de Montmorency et la chevalerie du roi.

Nous avons vu comment et par quel motif la duchesse voulait le servir. Quant au connétable, c'était autre chose. L'écueil des hommes d'État de tous les pays et de tous les temps, c'est la question des alliances. La politique, réduite sur ce point et par beaucoup d'autres, du reste, à n'être que conjecturale, comme la médecine, se trompe fort souvent, hélas ! en étudiant les symptômes des affinités entre les peuples, et en risquant des remèdes aux haines des nations. Or, pour le connétable, l'alliance espagnole était devenue une monomanie. Il s'était mis dans la tête que là était le salut de la France, et pourvu qu'il satisfît Charles-Quint, qui en vingt-cinq ans avait fait vingt ans la guerre à son maître, le connétable de Montmorency se souciait fort peu de mécontenter ses autres alliés, les Turcs et les protestans, et de manquer les plus magnifiques occasions, comme celle qui donnait la Flandre à François Ier.

Le roi avait dans Montmorency une confiance aveugle. Le connétable avait de fait, dans les dernières hostilités contre l'empereur, montré une résolution inouïe et arrêté l'ennemi ; il est vrai que c'était au prix de la ruine d'une province ; il est vrai que c'était en lui opposant un mur ; il est vrai que c'était en dévastant un dixième de la France. Mais ce qui surtout imposait au roi, c'était l'orgueilleuse rudesse de son ministre et son inflexible obstination, qui pouvait paraître habile et intègre fermeté à un esprit superficiel. Il en résulte donc que François Ier écoutait le grand suborneur de personnes, comme l'appelle Brantôme, avec une déférence égale à la crainte qu'inspirait aux inférieurs le terrible diseur de patenôtres qui entremêlait ses oremus de pendaisons.

Charles-Quint pouvait donc en toute sûreté compter sur la systématique amitié du connétable.

Il faisait encore plus de fonds sur la générosité de son rival. François Ier, en effet, poussait la grandeur jusqu'à la duperie. « Mon royaume, avait-il dit, n'a pas de péage comme un pont, et je ne vends pas mon hospitalité. » Et l'astucieux Charles-Quint savait qu'il pouvait s'abandonner à la parole du roi-gentilhomme.

Néanmoins quand l'empereur fut entré sur le territoire français, il ne put se rendre maître de ses appréhensions et de ses doutes; il trouva à la frontière les deux fils du roi, qui étaient venus à sa rencontre, et par tout son passage on l'accablait de prévenances et d'honneurs. Mais le cauteleux monarque frémissait en pensant que toutes ces belles apparences de cordialité cachaient peut-être un piége. « On dort mal décidément, disait-il, en pays étranger. » Il n'apportait aux fêtes qu'on lui donnait qu'un visage inquiet et préoccupé, et à mesure qu'il pénétrait au cœur du pays, il devenait plus triste et plus sombre.

Chaque fois qu'il faisait son entrée dans une ville il se demandait, au milieu des harangues et sous les arcs de triomphe, si c'était cette ville qui allait lui servir de prison; puis il murmurait au fond de sa pensée : Ce n'est ni celle-là ni un autre, c'est la France tout entière qui est mon cachot; ce sont tous ces courtisans empressés qui sont mes geôliers. Et d'heure en heure croissait l'anxiété farouche de ce tigre qui se croyait en cage et qui partout voyait des barreaux.

Un jour, dans une promenade à cheval, Charles d'Orléans, espiègle charmant qui se hâtait d'être aimable et brave comme un fils de France, avant de mourir de la peste comme un manant, sauta lestement en croupe derrière l'empereur en le prenant à bras-le-corps : « A ce coup, s'écria-t-il avec un joyeux enfantillage, vous êtes mon prisonnier. » Charles-Quint devint pâle comme la mort et faillit se trouver mal.

A Châtellerault, le pauvre captif imaginaire rencontra François Ier, qui lui fit un accueil fraternel, et qui le lendemain, à Romorantin, lui présenta toute sa cour, la valeureuse et galante noblesse, gloire du pays, les artistes et les lettrés, gloire du roi. Les fêtes et les surprises recommencèrent de plus belle. L'empereur faisait à tous bon visage, mais dans son cœur il tremblait et se reprochait toujours une imprudence. De temps en temps, comme pour faire l'essai de sa liberté, il sortait au point du jour du château où l'on avait couché, et il voyait avec plaisir qu'outre les honneurs qu'on lui rendait on ne gênait pas ses mouvements, mais savait-il s'il n'était pas surveillé de loin? Parfois, comme par caprice, il dérangeait l'ordre établi pour sa route et changeait l'itinéraire prescrit, au grand désespoir de François Ier, dont ces boutades faisaient manquer les cérémonieux apprêts.

Quand il fut à deux journées de Paris, il se rappela avec terreur ce que Madrid avait été pour le roi de France. Pour un empereur, la capitale devait avoir paru la prison la plus honorable et en même temps la prison la plus sûre. Il s'arrêta donc et pria le roi de le conduire sur-le-champ à ce Fontainebleau dont il avait tant entendu parler. Cela bouleversait tous les plans de François Ier, mais il était trop hospitalier pour laisser paraître son désappointement, et il se hâta de mander à Fontainebleau la reine et toutes les dames.

La présence de sa sœur Eléonore, et la confiance qu'elle avait dans la loyauté de son époux, calmèrent quelque peu les inquiétudes de l'empereur. Néanmoins Charles-Quint, tout rassuré qu'il était momentanément, ne devait jamais se trouver à l'aise chez François Ier : François Ier était le miroir du passé, Charles-Quint était le type de l'avenir. Le souverain des temps modernes ne comprenait pas assez le héros du moyen-âge; il était impossible que la sympathie s'établit entre le dernier des chevaliers et le premier des diplomates.

Il est vrai qu'à la rigueur, Louis XI pourrait revendiquer ce titre, mais, à notre avis, Louis XI fut moins le diplomate qui ruse, que l'avare qui amasse.

Le jour de l'arrivée de l'empereur, il y eut une chasse dans la forêt de Fontainebleau. La chasse était un des grands plaisirs de François Ier. Ce n'était guère qu'une fatigue pour Charles-Quint. Néanmoins, Charles Quint saisit avec empressement cette nouvelle occasion de voir s'il n'était

pas prisonnier : il laissa passer la chasse, se jeta de côté et alla jusqu'à s'égarer; mais en se voyant seul au milieu de cette forêt, libre comme l'air qui passait dans les branches, libre comme les oiseaux qui passaient dans l'air, il se rassura presque entièrement, et commença de reprendre un peu de bonne humeur. Cependant, un reste d'inquiétude, lui monta encore au visage lorsqu'en se retrouvant au rendez-vous il vit François Ier venir à lui, tout animé par l'ardeur de la chasse, et tenant encore à la main l'épieu sanglant. Le guerrier de Marignan et de Pavie perçait jusque dans les plaisirs du roi.

— Allons donc! mon bon frère, de la gaîté! dit François Ier à Charles-Quint en le prenant amicalement sous le bras, lorsque les deux souverains mirent également pied à terre à la porte du palais, et en l'entraînant dans la galerie de Diane, toute resplendissante des peintures du Rosso et du Primatice. Vrai Dieu! vous êtes soucieux comme je l'étais à Madrid. Mais moi, convenez-en, mon cher frère, j'avais bien quelques raisons de l'être, car j'étais votre prisonnier, tandis que vous, vous êtes mon hôte, vous êtes libre, vous êtes à la veille d'un triomphe. Réjouissez-vous donc avec nous, si ce n'est de fêtes, trop futiles sans doute pour un grand politique comme vous, du moins en songeant que vous allez mater tous ces gros buveurs de bière flamands qui se mêlent de vouloir renouveler les communes... Ou plutôt, oubliez les rebelles et ne songez qu'à vous divertir avec des amis. — Est-ce que ma cour ne vous plaît pas?

— Elle est admirable, mon frère, dit Charles-Quint, et je vous l'envie. Moi aussi j'ai une cour, vous l'avez vue, mais une cour grave et sévère, une morne assemblée d'hommes d'État et de généraux, comme Lannoy, Pescaire, Antonio de Leyra. Mais vous, vous avez, outre vos guerriers et vos négociateurs, outre vos Montmorency et vos Dubellay, outre vos savants, outre Budée, Duchâtel, Lascaris, vous avez vos poètes et vos artistes : Marat, Jean Goujon, Primatice, Benvenuto, et surtout des femmes adorables : Marguerite de Navarre, Diane de Poitiers, Catherine de Médicis, et tant d'autres, et je commence vraiment à croire, mon cher frère, que je troquerais volontiers mes mines d'or pour vos champs de fleurs.

— Oh! parmi toutes ces fleurs, vous n'avez pas encore vu la plus belle, dit naïvement François Ier au frère d'Eléonore.

— Non, et je meure d'envie d'admirer cette merveille, dit l'empereur, qui, dans l'allusion du roi, avait reconnu madame d'Etampes; mais dès à présent je crois qu'on a bien raison de dire que le plus beau royaume du monde et à vous, mon frère.

— Mais à vous aussi la plus belle comté, la Flandre; le plus beau duché, Milan.

— Vous avez refusé l'une le mois passé, dit l'empereur en souriant, et je vous en remercie; mais vous convoitez l'autre, n'est-ce pas? ajouta l'empereur en soupirant.

— Ah! mon cousin, de grâce! dit François Ier, ne parlons pas aujourd'hui de choses sérieuses: après les plaisirs de la guerre, il n'y a rien, je vous l'avoue, que j'aime moins à troubler que les plaisirs d'une fête.

— La vérité est, reprit Charles-Quint avec la grimace d'un avare qui comprend la nécessité où il est de payer une dette, la vérité est que le Milanais me tient au cœur, et que cela m'arrachera l'âme de vous le donner.

— Dites de me le rendre, mon frère, le mot sera plus juste et adoucira peut-être votre chagrin. Mais ce n'est point de cela qu'il s'agit à cette heure, mais de nous amuser; nous parlerons du Milanais plus tard.

— Présent ou restitution, donné ou rendu, dit l'empereur, vous n'en aurez pas moins là une des plus belles seigneuries du monde, car vous l'aurez, mon frère, c'est chose décidée, et je tiendrai mes engagements envers vous avec la même fidélité que vous tenez les vôtres envers moi.

— Eh! mon Dieu! s'écria François Ier commençant à s'impatienter de cet éternel retour aux choses sérieuses, que regrettez-vous donc, mon frère? n'êtes vous pas roi des Espagnes, empereur d'Allemagne, comte de Flandre, et seigneur, par l'influence ou par l'épée, de tout l'Italie, depuis le pied des Alpes jusqu'à l'extrémité des Calabres ?

— Mais vous avez la France, dit Charles-Quint en soupirant.

— Vous avez les Indes et leurs trésors; vous avez le Pérou et ses mines.

— Mais vous avez la France, vous !

— Vous avez un empire si vaste que le soleil ne s'y couche jamais.

— Mais vous avez la France !... Que dirait Votre Majesté si je guignais ce diamant des royaumes aussi amoureusement qu'elle convoite Milan, la perle des duchés ?

— Tenez, mon frère, dit gravement François Ier, j'ai plutôt sur ces questions capitales des instincts que des idées; mais de même qu'on dit dans votre pays : « Ne touchez pas à la reine, » je vous dis, moi : « Ne touchez pas à la France. »

— Eh ! mon Dieu ! dit Charles-Quint, ne sommes-nous pas cousins et alliés ?

— Sans doute, répondit François Ier, et j'espère que rien ne troublera désormais cette parenté et cette alliance.

— Je l'espère aussi, dit l'empereur. Mais, continua-t-il avec son sourire ambitieux et son regard hypocrite, puis-je répondre de l'avenir et empêcher, par exemple, mon fils Philippe de se brouiller avec votre fils Henri ?

— La querelle ne sera pas dangereuse pour nous, reprit François Ier, si c'est Tibère qui succède à Auguste.

— Qu'importe le maître ! dit Charles-Quint s'échauffant. L'Empire sera toujours l'empire, et la Rome des Césars était toujours Rome, même quand les Césars n'étaient plus Césars que de nom.

— Oui, mais l'empire de Charles-Quint n'est pas l'empire d'Octave, mon frère, dit François Ier commençant à se piquer. Pavie est une belle bataille, mais ce n'est pas une Actium ; puis Octave était riche, et, malgré vos trésors de l'Inde et vos mines du Pérou, vous êtes fort épuisé de finances, on le sait. On ne veut plus vous prêter dans aucune banque, ni à treize ni à quatorze; vos troupes sans solde ont été obligées de piller Rome pour vivre, et maintenant que Rome est pillée, elles se révoltent.

— Et vous donc, mon frère, dit Charles-Quint, vous avez aliéné les domaines royaux, que je crois, et vous êtes forcé de ménager Luther pour que les princes d'Allemagne vous prêtent de l'argent.

— Sans compter, reprit François Ier, que vos cortès sont loin d'être aussi commodes que le sénat, tandis que moi je puis me vanter d'avoir mis pour toujours les rois hors de page.

— Prenez garde que vos parlements ne vous renvoient quelque beau jour en tutelle.

La discussion s'animait, les deux souverains s'échauffaient de plus en plus, la vieille haine qui les avait si longtemps séparés commençait à s'aigrir de nouveau. François Ier allait oublier l'hospitalité et Charles-Quint la prudence, lorsque le roi de France se souvint le premier qu'il était chez lui.

— Ah çà! foi de gentilhomme! mon bon frère! reprit-il tout à coup en riant, je crois, ventre-Mahom! que nous allons nous fâcher. Je vous disais bien qu'il ne fallait pas parler entre nous de chose sérieuses, et qu'il fallait laisser la discussion à nos ministres ne garder pour nous que la bonne amitié. Allons, allons, convenons une fois pour toutes que vous aurez le monde, moins la France, et ne revenons point là-dessus.

— Et moins le Milanais, mon frère, reprit Charles en s'apercevant de l'imprudence qu'il avait commise, et en se remettant aussitôt, car le Milanais est à vous. Je vous l'ai promis, et je vous renouvelle ma promesse.

Sur ces assurances réciproques d'amitié, la porte de la galerie s'ouvrit et madame d'Étampes parut. Le roi alla au devant d'elle, et la ramenant par la main en face de l'empereur, qui, la voyant pour la première fois et sachant ce qui s'était passé entre elle et M. de Medina, la regardait venir à lui de son regard le plus perçant.

— Mon frère, dit-il en souriant, voyez-vous cette belle dame ?

— Non-seulement je la vois, dit Charles-Quint, mais encore je l'admire !

— Eh bien ! vous ne savez pas ce qu'elle veut ?

— Est-ce une de mes Espagnes ? je la lui donnerai.

— Non, non, mon frère, ce n'est point cela.

— Qu'est-ce donc ?

— Elle veut que je vous retienne à Paris, jusqu'à ce que vous ayez déchiré le traité de Madrid et ratifié par des faits la parole que vous venez de me donner.

— Si l'avis est bon, il faut le suivre, répondit l'empereur tout en s'inclinant devant la duchesse, autant pour cacher la pâleur soudaine que ces paroles avaient fait naître sur son visage que pour accomplir un acte de courtoisie.

Il n'eut pas le temps d'en dire davantage, et François Ier ne put voir l'effet produit par les paroles qu'il avait laissé tomber en riant, et que Charles-Quint était toujours prêt à prendre au sérieux, car la porte s'ouvrit de nouveau et toute la cour se répandit dans la galerie.

Pendant la demi-heure qui précéda le dîner, et pendant laquelle tout ce monde élégant, spirituel et corrompu se mêla, la scène que nous avons déjà rapportée à propos de la réception du Louvre, se répéta à peu de chose près. C'étaient les mêmes hommes et les mêmes femmes, les mêmes courtisans et les mêmes valets. Les regards d'amour et les coups d'œil de haine s'échangèrent donc comme d'habitude, et les sarcasmes et les galanteries allèrent leur train selon la coutume.

Charles-Quint, en voyant entrer Anne de Montmorency, qu'il regardait à juste titre comme son allié le plus sûr, était allé à sa rencontre et s'entretenait dans un coin avec lui et le duc de Medina, son ambassadeur.

— Je signerai tout ce que vous voudrez, connétable, disait l'empereur, qui connaissait la loyauté du vieux soldat : préparez moi un acte de cession du duché de Milan, et de par saint Jacques! quoique ce soit un des plus beaux fleurons de ma couronne, je vous en signerai l'abandon plein et entier.

— Un écrit ! s'écriait le connétable en repoussant chaleureusement une précaution qui sentait la défiance ; un écrit, sire ! que dit donc là Votre Majesté? Pas d'écrit, sire, pas d'écrit : votre parole, voilà tout. Votre Majesté est-elle donc venue en France sur un écrit, et croit-elle que nous aurons moins de confiance en elle qu'elle n'en a eu en nous ?

— Et vous aurez raison, monsieur de Montmorency, répondit l'empereur en lui tendant la main, et vous aurez raison.

Le connétable s'éloigna.

— Pauvre dupe ! reprit l'empereur ; il fait de la politique, Medina, comme les taupes font des trous, en aveugle.

— Mais le roi, sire ? demanda Medina.

— Le roi est trop fier de sa grandeur pour n'être pas sûr de la nôtre. Il nous laissera follement partir, Medina, et nous le ferons prudemment attendre. Faire attendre, monsieur, continua Charles-Quint, ce n'est pas manquer à sa promesse, c'est l'ajourner, voilà tout.

— Mais madame d'Étampes ? reprit Médina.

— Pour celle-là nous verrons, dit l'empereur en poussant et en repoussant une bague magnifique qu'il portait au pouce de la main gauche, et qui était ornée d'un superbe diamant. Ah ! il me faudrait une bonne entrevue avec elle.

Pendant ces rapides paroles échangées à voix basse entre l'empereur et son ministre, la duchesse raillait impitoyablement le grand Marmagne, en présence de messire d'Estourville, et cela à propos de ses exploits nocturnes.

— Serait-ce donc de vos gens, monsieur de Marmagne, disait-elle, que le Benvenuto rapporte à tout venant cette prodigieuse histoire : Attaqué par quatre bandits et n'ayant qu'un bras pour se défendre, il s'est fait tout simplement escorter jusque chez lui par ces messieurs. Étiez-vous de ces braves si polis, vicomte?

— Madame, répondit le pauvre Marmagne tout confus, cela ne s'est pas précisément passé ainsi, et le Benvenuto raconte la chose trop à son avantage.

— Oui, oui, je ne doute pas qu'il ne brode et qu'il n'ornemente quelque peu dans les détails, mais le fond est vrai, vicomte, le fond est vrai ; et en pareille matière, le fond est tout.

— Madame, répondit Marmagne, je promets que je prendrai ma revanche, et que cette fois je serai plus heureux.

— Pardon, vicomte, pardon, ce n'est pas une revanche à prendre, c'est une autre partie à recommencer. Cellini, ce me semble, a gagné les deux premières manches.

— Oui, grâce à mon absence, murmura Marmagne de plus en plus embarrassé; parce que mes hommes ont profité, pour fuir, de ce que je n'étais pas là, les misérables!

— Oh! dit le prévôt, je vous conseille, Marmagne, de vous tenir pour battu sur ce point là : vous n'avez pas de bonheur avec Cellini.

— Il me semble, en ce cas, que nous pouvons nous consoler ensemble, mon cher prévôt, lui répondit Marmagne ; car si l'on ajoute les faits avérés aux bruits mystérieux qui courent, la prise du Grand-Nesle et la disparition d'une de ses habitantes, le Cellini, messire d'Estourville, ne vous aurait pas non plus porté bonheur. Il est vrai qu'à défaut du vôtre, mon cher prévôt, il s'occupe activement, dit-on, de celui de votre famille.

— Monsieur de Marmagne! s'écria avec violence le prévôt, furieux de voir que sa mésaventure paternelle commençait à s'ébruiter ; monsieur de Marmagne, vous m'expliquerez plus tard ce que vous entendez par ces paroles.

— Ah! messieurs, messieurs, s'écria la duchesse, n'oubliez point, je vous prie, que je suis là. Vous avez tort tous deux. Monsieur le prévôt, ce n'est pas à ceux qui savent chercher si mal à faire des reproches à ceux qui savent si mal trouver. Monsieur de Marmagne, il faut dans les défaites se réunir contre l'ennemi commun, et non lui donner la joie de voir encore les vaincus s'entr'égorger entre eux. On passe dans la salle à manger. Votre main, monsieur de Marmagne. Eh bien ! puisque les hommes et leur force échouent devant Cellini, nous verrons si les ruses d'une femme le trouveront aussi invincible. J'ai toujours pensé que les alliés n'étaient qu'un embarras, et j'ai toujours aimé à faire la guerre seule. Les périls sont plus grands, je le sais, mais du moins on ne partage les honneurs de la victoire avec personne.

— L'impertinent ! dit Marmagne, voyez avec quelle familiarité il parle à notre grand roi ! Ne dirait-on pas un homme de noblesse, tandis que ce n'est qu'un misérable ciseleur !

— Que dites-vous là, vicomte! mais c'est un gentilhomme, tout ce qu'il y a de plus gentilhomme ! dit la duchesse en riant. En connaissez-vous beaucoup parmi nos plus vieilles familles qui descendent d'un lieutenant de Jules-César, et qui aient les trois fleurs de lis et le lambel de la maison d'Anjou dans leurs armes? Ce n'est pas le roi qui grandit le ciseleur en lui parlant, messieurs, vous le voyez bien : c'est le ciseleur au contraire qui fait honneur au roi en lui adressant la parole.

En effet, François Ier et Cellini causaient en ce moment avec cette familiarité à laquelle les grands de la terre avaient habitué l'artiste élu du ciel.

— Eh bien ! Benvenuto, disait le roi, où en sommes-nous de notre Jupiter ?

— Je prépare la fonte, sire, répondit Benvenuto.

— Et quand cette grande œuvre s'exécutera-t-elle ?

— Aussitôt mon retour à Paris, sire.

— Prenez les meilleurs fondeurs, Cellini, ne négligez rien pour que l'opération réussisse. Si vous avez besoin d'argent, vous savez que je suis là.

— Je sais que vous êtes le plus grand, le plus noble et le plus généreux roi de la terre, répondit Benvenuto ; mais grâce aux appointemens que me fait payer Votre Majesté, je suis riche. Quant à l'opération dont vous voulez bien vous inquiéter, sire, si vous voulez me le permettre, je ne m'en rapporterai qu'à moi de la préparer et de l'exécuter. Je me défie de tous vos fondeurs de France, non pas que ce ne soient d'habiles gens, mais j'aurais peur que, par esprit national, ils ne voulussent pas mettre cette habileté au service d'un artiste ultramontain. Et je vous l'avoue, sire, j'attache une trop grande importance à la réussite de mon Jupiter, pour permettre qu'un autre que moi y mette la main.

— Bravo! Cellini, bravo ! dit le roi, voilà qui est parler en véritable artiste.

— Puis, ajouta Benvenuto, je veux avoir le droit de réclamer la promesse que Sa Majesté m'a faite.

— C'est juste, mon féal. Si nous sommes content, nous devons vous octroyer un don. Nous ne l'avons pas oublié. D'ailleurs, si nous l'oublions, nous nous sommes engagés en présence de témoins. N'est-ce pas, Montmorency? N'est-ce pas, Poyet? Et notre connétable et notre chancelier nous rappelleraient notre parole.

— Oh ! c'est que Votre Majesté ne peut deviner de quel prix cette parole est devenue pour moi depuis le jour où elle m'a été donnée par elle.

— Eh bien ! elle sera tenue, monsieur, elle sera tenue. Mais la salle s'ouvre. A table, messieurs, à table !

Et François Ier, se rapprochant de Charles-Quint, prit avec l'empereur la tête du cortège que formaient les illustres convives. Les deux battans de la porte étant ouverts, les deux souverains entrèrent en même temps, et se placèrent l'un en face de l'autre, Charles-Quint entre Éléonore et madame d'Etampes, François Ier entre Catherine de Médicis et Marguerite de Navarre.

Le repas fut gai et la chère exquise. François Ier, dans sa sphère de plaisirs, de fêtes et de représentation, s'amusait comme un roi, et riait comme un vilain de tous les contes que lui faisait Marguerite de Navarre ; Charles-Quint de son côté accablait madame d'Etampes de complimens et de prévenances ; tous les autres parlaient arts, politique ; le repas s'écoula ainsi.

Au dessert, comme d'habitude, les pages apportèrent à laver ; alors madame d'Etampes prit l'aiguière et le bassin d'or destinés à Charles-Quint des mains du serviteur qui l'apportait, comme fit Marguerite de Navarre pour François Ier, versa l'eau que contenait l'aiguière dans le bassin, et mettant un genou en terre, selon l'étiquette espagnole, présenta le bassin à l'empereur. Celui-ci y trempa le bout des doigts, et tout en regardant sa belle et noble servante, il laissa, en souriant, tomber au fond du vase la bague précieuse nous avons déjà parlé.

— Votre Majesté perd sa bague, dit Anne, plongeant à son tour ses jolis doigts dans l'eau, et prenant délicatement le bijou, qu'elle présenta à Charles-Quint.

— Gardez cette bague, madame, répondit à voix basse l'empereur : elle est en de trop belles et trop nobles mains pour que je la reprenne ; puis il ajouta plus bas encore : C'est un à-compte sur le duché de Milan.

La duchesse sourit et se tut. Le caillou était tombé à ses pieds, seulement le caillou valait un million.

Au moment où l'on passait de la salle à manger au salon, et du salon à la salle de bal, madame d'Etampes arrêta Benvenuto Cellini, que la foule avait amené près d'elle.

— Messire Cellini, dit la duchesse en lui remettant la bague gage d'alliance entre elle et l'empereur, voici un diamant que vous ferez s'il vous plaît tenir à votre élève Ascanio, pour qu'il en couronne mon lis : c'est la goutte de rosée que je lui ai promise.

— Et elle est tombée véritablement des doigts de l'Aurore, madame, répondit l'artiste avec un sourire railleur et une galanterie affectée.

Puis regardant la bague, il tressaillit d'aise, car il reconnut le diamant qu'il avait monté autrefois pour le pape Clément VII, et qu'il avait porté lui-même de la part du souverain pontife au sublime empereur.

Pour que Charles-Quint se dît d'un pareil bijou, et surtout en faveur d'une femme, il fallait nécessairement qu'il y eût quelque connivence occulte, quelque traité secret, quelque alliance obscure entre madame d'Etampes et l'empereur.

Tandis que Charles-Quint continue de passer à Fontainebleau ses jours et surtout ses nuits dans les alternatives d'angoisses et de confiance que nous avons essayé de décrire, tandis qu'il ruse, intrigue, creuse, mine, promet, se dédit, promet encore, jetons un coup d'œil sur le Grand-Nesle et voyons s'il ne se passe rien de nouveau parmi ceux de ses habitans qui y sont restés.

XXVI.

LE MOINE BOURRU.

Toute la colonie était en révolution: le moine bourru, ce vieil hôte fantastique du couvent sur les ruines duquel s'était élevé le palais d'Amaury, revenait depuis trois ou quatre jours. Dame Perrine l'avait vu se promenant la nuit dans les jardins du Grand-Nesle, vêtu de sa longue robe blanche et marchant d'un pas qui ne laissait aucune trace sur le sol et n'éveillait aucun bruit dans l'air.

Comment dame Perrine, qui habitait le Petit-Nesle, avait-elle vu le moine bourru se promener à trois heures du matin dans les jardins du Grand-Nesle? C'est ce que nous ne pouvons dire qu'en commettant une affreuse indiscrétion, mais nous sommes historiens avant tout, et nos lecteurs ont le droit de connaître les détails les plus secrets de la vie des personnages que nous avons mis en scène, surtout quand ces détails doivent jeter un jour si lumineux sur la suite de notre histoire.

Dame Perrine, par la disparition de Colombe, par la retraite de Pulchérie devenue désormais inutile, et par le départ du prévôt, était restée maîtresse absolue du Petit-Nesle; car, ainsi que nous l'avons dit, le jardinier Raimbault, par mesure d'économie n'avait été, ainsi que ses aides, engagé au service de messire d'Estourville qu'à la journée seulement. Dame Perrine se trouvait donc reine absolue du Petit-Nesle, mais en même temps reine solitaire, de sorte qu'elle s'ennuyait toute la journée et mourait de peur toute la nuit.

Or elle avisa qu'il y avait pour la journée du moins remède à ce malheur: ses relations amicales avec dame Ruperte lui ouvraient les portes du Grand-Nesle. Elle demanda la permission de fréquenter ses voisines, et la permission lui fut accordée avec empressement.

Mais en fréquentant les voisines, dame Perrine se trouvait naturellement en contact avec les voisins. Dame Perrine était une grosse mère de trente-six ans qui s'en donnait vingt-neuf. Grosse, grasse, dodue, fraîche encore, avenante toujours, son entrée devait faire événement dans l'atelier, où forgeaient, taillaient, limaient, martelaient, ciselaient dix ou douze compagnons, bons vivans, aimant le jeu le dimanche, le vin les dimanches et les fêtes, et le beau sexe toujours. Aussi trois de nos vieilles connaissances, au bout de trois ou quatre jours, étaient-elles atteintes du même trait.

C'étaient le petit Jehan,
Simon-le-Gaucher,
L'Allemand Hermann.

Quant à Ascanio, à Jacques Aubry et à Pagolo, ils avaient échappé au charme, engagés qu'ils étaient ailleurs.

Le reste des compagnons pouvaient bien avoir ressenti quelques étincelles de ce feu grégeois, mais sans doute ils se rendirent compte à eux-mêmes de leur position inférieure, et versèrent, avant qu'elles ne devinssent un incendie, l'eau de leur humilité sur ces premières étincelles.

Le petit Jehan aimait à la manière de Chérubin, c'est-à-dire qu'il était avant tout amoureux de l'amour. Dame Perrine, comme on le comprend bien, était une femme d'un trop grand sens pour répondre à un pareil feu follet.

Simon-le-Gaucher offrait un avenir plus certain et promettait une flamme plus durable, mais dame Perrine était une personne fort superstitieuse.

Dame Perrine avait vu faire à Simon le signe de la croix de la main gauche; elle songeait qu'il serait forcé de signer à son contrat de mariage de la main gauche. Et dame Perrine était convaincue qu'un signe de la croix exécuté de la main gauche était plutôt fait pour perdre que pour sauver une âme, de même qu'on ne lui eût pas persuadé qu'un contrat de mariage signé de la main gauche pouvait faire autre chose que deux malheureux. Dame Perrine, sans rien dire des causes de sa répugnance, avait donc reçu les premières ouvertures de Simon-le-Gaucher de manière à lui ôter toute espérance pour l'avenir.

Restait Hermann. Oh! Hermann, c'était autre chose. Hermann n'était point un muguet comme le petit Jehan, ni un disgracié de la nature comme Simon-le-Gaucher; Hermann avait dans toute sa personne quelque chose d'honnête, de candide, qui plaisait au cœur de dame Perrine. De plus, Hermann, au lieu d'avoir la main gauche à droite et la main droite à gauche, se servait si énergiquement de l'une et de l'autre, qu'il semblait avoir deux mains droites. C'était de plus un homme magnifique, selon toutes les idées vulgaires. Dame Perrine avait donc fixé son choix sur Hermann.

Mais, comme on le sait, Hermann était d'une naïveté céladonique. Il en résulta que les premières batteries de dame Perrine, c'est-à-dire les minauderies, les froncemens de bouche, les tournemens de regard échouèrent complétement contre la timidité native de l'honnête allemand. Il se contentait de regarder dame Perrine de ses gros yeux; mais comme les aveugles de l'Evangile, oculos habebat et non videbat, ou, s'il voyait, c'était tout l'ensemble de la digne gouvernante, sans remarquer en rien les détails. Dame Perrine proposa alors des promenades, soit sur le quai des Augustins, soit dans les jardin du Grand et du Petit-Nesle, et dans chaque promenade elle choisit Hermann pour son cavalier. Cela rendait Hermann fort heureux intérieurement. Son gros cœur tudesque battait cinq ou six pulsations de plus à la minute quand dame Perrine s'appuyait sur son bras; mais soit qu'il éprouvât quelque difficulté à prononcer la langue française, soit qu'il eût un plus grand plaisir à entendre parler l'objet de ses secrètes pensées, dame Perrine en tirait rarement autre chose que ces deux phrases sacramentelles: «Ponchour, matemoizelle, et: Atieu, matemoizelle,» qu'Hermann prononçait généralement à deux heures de distance l'une de l'autre; la première en prenant le bras de dame Perrine, la seconde en le quittant. Or, quoique ce titre de mademoiselle fût une immense flatterie pour dame Perrine, et quoiqu'il y eût quelque chose de bien agréable à parler deux heures entières sans crainte d'être interrompue, dame Perrine eût désiré que son monologue fût au moins interrompu par quelques interjections qui pussent lui donner une idée statistique des progrès qu'elle faisait dans le cœur de son muet promeneur.

Mais ces progrès, pour ne pas s'exprimer par la parole ou pour ne pas se traduire par la physionomie, n'en étaient pas moins réels; le foyer brûlait au cœur de l'honnête Allemand, et attisé tous les jours par la présence de dame Perrine, devenait un véritable volcan. Hermann commençait à s'apercevoir enfin de la préférence que lui accordait dame Perrine, et il n'attendait qu'un peu plus de certitude pour se déclarer. Dame Perrine comprit cette hésitation. Un soir, en le quittant, à la porte du Petit-Nesle, elle le vit si agité, qu'elle crut véritablement faire une bonne œuvre en lui serrant la main. Hermann, transporté de joie, répondit à la démonstration par une démonstration pareille; mais, à son grand étonnement, dame Perrine jeta un cri formidable. Hermann, dans son délire, n'avait pas mesuré sa pression. Il avait cru que plus il serrerait fort, plus il donnerait une idée exacte de la violence de son amour, et il avait failli écraser la main de la pauvre gouvernante.

Au cri qu'elle poussa, Hermann demeura stupéfait ; mais dame Perrine, craignant de le décourager au moment où il venait de risquer sa première tentative, prit sur elle de sourire, et décollant ses doigts, momentanément palmés :

— Ce n'est rien, dit-elle, ce n'est rien, mon cher monsieur Hermann ; ce n'est rien, absolument rien.

— Mille bartons, matemoizelle Berrine, dit l'Allemand, mais ch'être que ch'aime vous peaucoup fort, et che fous ai serrée comme che fous aime ! Mille bartons !

— Il n'y a pas de quoi, monsieur Hermann, il n'y a pas de quoi. Votre amour, je l'espère, est un amour honnête et dont une femme n'a point à rougir.

— O Tieu ! ô Tieu ! dit Hermann, che crois pien, matemoizelle Berrine, qu'il est honnête, mon amour ; seulement, che n'ai pas encore osé fous en barler : mais buisque le mot est lâché, che fous aime, che fous aime, che fous aime peaucoup fort, matemoizelle Berrine.

— Et moi, monsieur Hermann, dit dame Perrine en minaudant, je crois pouvoir vous dire, car je vous crois un brave jeune homme, incapable de compromettre une pauvre femme, que... Mon Dieu ! comment dirai-je cela ?

— Oh ! tites ! tites ! s'écria Hermann.

— Eh bien ! que... Oh ! j'ai tort de vous l'avouer.

— Nein ! nein ! vous bas avre dort ! Tites ! tites !

— Eh bien ! je vous avoue que je ne suis pas restée indifférente à votre passion.

— Sacrement ! s'écria l'Allemand au comble de la joie.

Or, un soir qu'à la suite d'une promenade la Juliette du Petit-Nesle avait reconduit son Roméo jusqu'au perron du Grand, elle aperçut, en revenant seule, et en passant devant la porte du jardin, la blanche apparition que nous avons racontée, et qui, selon l'avis de la digne gouvernante, ne pouvait être autre que celle du moine bourru. Il est inutile de dire que dame Perrine était rentrée mourante de peur, et s'était barricadée dans sa chambre.

Le lendemain, dès le matin, tout l'atelier fut instruit de la vision nocturne. Seulement dame Perrine raconta le fait simple, jugeant inutile de s'appesantir sur les détails.

Le moine bourru lui était apparu. Voilà tout. On eut beau la questionner, on n'en put pas tirer autre chose.

Toute la journée il ne fut question au Grand-Nesle que du moine bourru. Les uns croyaient à l'apparition du fantôme, les autres s'en moquaient. On remarqua qu'Ascanio avait pris parti contre la vision et s'était fait chef des incrédules.

Le parti des incrédules se composait du petit Jehan, de Simon-le-Gaucher, de Jacques Aubry et d'Ascanio.

Le parti des croyans se composait de dame Ruperte, de Scozzone, de Pagolo et de Hermann.

Le soir on se réunit dans la seconde cour du Petit-Nesle. Dame Perrine, interrogée le matin sur l'origine du moine bourru, avait demandé toute la journée pour rassembler ses souvenirs, et, la nuit venue, elle avait déclaré qu'elle était prête à raconter cette terrible légende. Dame Perrine connaissait sa mise en scène comme un dramaturge moderne, et elle savait qu'une histoire de revenant perd tout son effet racontée à la lumière du soleil, tandis qu'au contraire l'effet de la narration se double dans l'obscurité.

Son auditoire se composait d'Hermann, qui était assis à sa droite, de dame Ruperte, qui était assise à sa gauche, de Pagolo et de Scozzone, qui étaient assis à côté l'un de l'autre, et de Jacques Aubry, qui était couché sur l'herbe entre ses deux amis, le petit Jehan et Simon-le-Gaucher. Quant à Ascanio, il avait déclaré qu'il méprisait tellement tous ces sots contes de bonne femme qu'il ne voulait pas même les entendre.

— Ainzi, dit Hermann après un moment de silence pendant lequel chacun prenait ses petits arrangemens pour écouter plus à l'aise, ainzi, matemoizelle Berrine, fous allez nous ragonder l'histoire du moine pourru ?

— Oui, dit dame Perrine, oui ; mais je dois vous prévenir que c'est une terrible histoire qu'il ne fait pas bon peut-être de raconter à cette heure ; mais comme nous sommes toutes des personnes pieuses, quoiqu'il y ait parmi nous des incrédules, et que d'ailleurs monsieur Hermann est de force à mettre en fuite Satan lui-même si Satan se présentait, je vais vous raconter cette histoire.

— Barton, barton, matemoizelle Berrine, mais si Satan fient, che tois fous tire qu'il ne faut bas gombter sur moi : che me pattrai avec tes hommes tant que fous voutrez, mais bas avec le tiable.

— Eh bien ! c'est moi qui me battrai avec lui s'il vient, dame Perrine, dit Jacques Aubry. Allez toujours, et n'ayez pas peur.

— Y a-t-il un jarponnier dans votre histoire, matemoizelle Berrine, dit Hermann.

— Un charbonnier ? demanda la gouvernante. Non, monsieur Hermann.

— Oh pien ! c'est égal.

— Pourquoi un charbonnier, dites ?

— C'est que tans les histoires t'Allemagne il y avre touchours un jarponnier. Mais n'imborde, ça doit être une belle histoire doutte même. Allez, matemoizelle Berrine, allez.

— Sachez donc, dit dame Perrine, qu'il y avait autrefois sur l'emplacement même où nous sommes, et avant que l'hôtel de Nesle ne fût bâti, une communauté de moines composée des plus beaux hommes que l'on pût voir et dont le plus petit était de la taille de monsieur Hermann.

— Peste ! quelle communauté, s'écria Jacques Aubry.

— Taisez-vous donc, bavard ! dit Scozzone.

— Oui, daisez-vous donc, pafard, répéta Hermann.

— Je me tais, je me tais, dit l'écolier ; allez, dame Perrine.

— Le prieur, nommé Enguerrand, continua la narratrice, était surtout un homme magnifique. Ils avaient tous des barbes noires et luisantes, avec des yeux noirs et étincelans ; mais le prieur avait encore la barbe plus noire et les yeux plus éclatans que les autres ; avec cela, les dignes frères étaient d'une piété et d'une austérité sans pareille, et possédaient une voix si harmonieuse et si douce que l'on venait de plusieurs lieues à la ronde rien que pour les entendre chanter vêpres. C'est du moins comme cela qu'on me l'a conté.

— Ces pauvres moines ! dit Ruperte.

— C'est très intéressant, dit Jacques Aubry.

— C'est miraculeux, dit Hermann.

— Un jour, reprit dame Perrine flattée des témoignages d'approbation que soulevait son récit, on amena au prieur un beau jeune homme qui demandait à entrer comme novice dans le couvent ; il n'avait pas de barbe encore, mais il avait de grands yeux noirs comme l'ébène, et de longs cheveux sombres et brillans comme du jais, de sorte qu'on l'admit sans difficulté. Le beau jeune homme dit se nommer Antonio, et demanda au prieur à être attaché à son service, ce à quoi don Enguerrand consentit sans difficulté. Je vous parlais de voix, c'est Antonio qui avait une voix fraîche et mélodieuse ! Quand on l'entendit chanter le dimanche suivant, tous les assistans furent ravis, et cependant cette voix avait quelque chose qui vous troublait tout en vous charmant, un timbre qui éveillait dans le cœur des idées plus mondaines que célestes : mais tous les moines étaient si purs que ce furent les seuls étrangers qui éprouvèrent cette singulière émotion. et don Enguerrand, qui n'avait rien éprouvé de pareil à ce que nous avons dit, fut tellement enchanté de la voix d'Antonio qu'il le chargea de chanter seul dorénavant les réponses des antiennes, alternativement avec l'orgue.

La conduite du jeune novice était d'ailleurs exemplaire, et il servait le prieur avec un zèle et une ardeur incroyables. Tout ce qu'on pouvait lui reprocher, c'étaient ses éternelles distractions ; partout et toujours, il suivait le prieur de ses yeux ardens. Don Enguerrand lui disait :

— Que regardez-vous là, Antonio ?

— Je vous regarde, mon père, répondait le jeune homme.

— Regardez votre livre d'oraisons, Antonio. Que regardez-vous encore là ?
— Vous, mon père.
— Antonio, regardez l'image de la Vierge. Que regardez-vous encore là ?
— Vous, mon père.
— Regardez, Antonio, le crucifix que nous adorons.

En outre, don Enguerrand commençait à remarquer en faisant son examen de conscience, que depuis la réception d'Antonio dans le communauté, il était plus troublé qu'auparavant par les mauvaises pensées. Jamais auparavant il ne péchait plus de sept fois par jour, ce qui est, comme on sait, le compte des saints, parfois même il avait beau éplucher sa conduite de la journée, il n'y pouvait trouver, chose inouïe, que cinq ou six péchés ; mais maintenant le total de ses fautes quotidiennes montait à dix, à douze, voire même quelquefois à quinze. Il essayait de se rattraper le lendemain ; il priait, il jeûnait, il s'abîmait, le digne homme. Ah bien oui ! peine perdue ! plus il allait, plus l'addition devenait grosse. Il en était arrivé à la vingtaine. Le pauvre don Enguerrand ne savait plus où donner de la tête ; il sentait qu'il se damnait malgré lui, et remarquait (remarque qui en eût consolé un autre, mais qui l'épouvantait davantage), que ses plus vertueux moines étaient soumis à la même influence, influence étrange, inouïe, incompréhensible, inconnue ; si bien que leur confession, qui tenait autrefois vingt minutes, une demi-heure, une heure tout au plus, prenait maintenant des heures entières. On fut obligé de retarder l'heure du souper.

Sur ces entrefaites, un grand bruit qui se faisait depuis un mois dans le pays arriva enfin jusqu'au couvent : le seigneur d'un château voisin avait perdu sa fille Antonia : Antonia était disparue un beau soir absolument comme a disparu ma pauvre Colombe; seulement, je suis sûre que ma Colombe est un ange, tandis qu'il paraît que cette Antonia était possédée du démon. Le pauvre seigneur avait cherché par monts et par vaux la fugitive, tout comme M. le prévôt a cherché Colombe. Il ne restait plus que le couvent à visiter, et sachant que le méchant esprit, pour mieux se dérober aux recherches, a parfois la malice de se cacher dans les monastères, il fit demander par son aumônier à don Enguerrand la permission de visiter le sien. Le prieur s'y prêta de la meilleure grâce du monde. Peut-être allait-il, grâce à cette visite, découvrir lui-même quelque chose de ce pouvoir magique qui pesait depuis un mois sur lui et sur ses compagnons. Bah ! toutes les recherches furent inutiles, et le châtelain allait se retirer, plus désespéré que jamais, quand tous les moines, se rendant à la chapelle pour y dire l'office du soir, vinrent à passer devant lui et don Enguerrand. Il les regardait machinalement, lorsqu'au dernier qui passa, il jeta un grand cri en disant : Dieu du ciel ! c'est Antonia ! C'est ma fille !

Antonia, car c'était elle effectivement, devint pâle comme un lis.

— Que fais-tu ici sous ces habits sacrés ? continua le châtelain.
— Ce que j'y fais, mon père ? dit Antonia, j'aime d'amour don Enguerrand.
— Sors de ce couvent à l'instant même, malheureuse ! s'écria le seigneur.
— Je n'en sortirai que morte, mon père, répondit Antonia.

Et là dessus, malgré les cris du châtelain, elle s'élança dans la chapelle à la suite des moines, et prit place à sa stalle accoutumée. Le prieur resta debout comme pétrifié. Le châtelain furieux voulait poursuivre sa fille, mais don Enguerrand le supplia de ne pas souiller le lieu saint d'un tel scandale et d'attendre la fin de l'office. Le père y consentit et suivit don Enguerrand dans la chapelle.

On en était aux antiennes, et, semblable à la voix de Dieu, l'orgue préludait majestueusement. Un chant admirable, mais ironique, mais amer, mais terrible, répondit aux sons du sublime instrument : c'était le chant d'Antonia et tous les cœurs frissonnèrent. L'orgue reprit, calme, grave, imposant, et sembla vouloir écraser par sa magnificence céleste l'aigre clameur qui l'insultait d'en bas. Aussi, comme acceptant le défi, les accens d'Antonia s'élevèrent-ils à leur tour plus furieux, plus désolés, plus impies que jamais. Tous les esprits attendaient éperdus ce qui allait résulter de ce formidable dialogue, de cet échange de blasphèmes et de prières, de cette lutte étrange entre Dieu et Satan, et ce fut au milieu d'un silence plein de frémissement que la musique céleste éclata comme un tonnerre, cette fois, à la fin du verset blasphémateur, et versa sur toutes les têtes inclinées, hormis une seule, les torrens de son courroux. Ce fut quelque chose de pareil à la voix foudroyante qu'entendront les coupables au jour du jugement dernier. Antonia n'en essaya pas moins de lutter encore, mais son chant ne fut cette fois qu'un cri aigu, affreux, déchirant, semblable à un rire de damné, et elle tomba pâle et raide sur le pavé de la chapelle. Quand on la releva, elle était morte.

— Jésus Maria ! s'écria dame Ruperte.
— Pauvre Andonia ! dit naïvement Hermann.
— Farceuse ! murmura Jacques Aubry.

Quant aux autres, ils gardèrent le silence, tant même sur les incrédules avait eu de puissance le terrible récit de dame Perrine, seulement Scozzone essuya une larme, et Pagolo fit le signe de la croix.

— Quand le prieur, reprit dame Perrine, vit l'envoyé du diable ainsi pulvérisé par la colère de Dieu, il se crut, le pauvre cher homme, délivré à jamais des pièges du tentateur ; mais il comptait sans son hôte, comme il ne fut que jamais le cas de le dire, puisqu'il avait eu l'imprudence de donner l'hospitalité à une possédée du démon. Aussi la nuit suivante, comme il venait à peine de s'endormir, il fût réveillé par un bruit de chaînes : il ouvrit les yeux, les tourna instinctivement vers la porte, vit la porte tourner toute seule sur ses gonds, et en même temps un fantôme, vêtu de la robe blanche des novices, s'approcha de son lit, le prit par le bras et lui cria · Je suis Antonia ! Antonia qui t'aime ! et Dieu m'a donné tout pouvoir sur toi, parce que tu as péché, sinon par action, du moins par pensée. Et chaque nuit, à minuit, comme de raison, la terrible apparition revint implacable et fidèle, tant qu'à la fin don Enguerrand prit le parti de faire un pèlerinage en Terre sainte et mourut par grâce spéciale de Dieu au moment où il venait de s'agenouiller devant le Saint-Sépulcre.

Mais Antonia n'était point satisfaite. Elle se rejeta alors sur tous les moines en général, et comme il y en avait bien peu qui n'eussent point péché comme le pauvre prieur, elle vint à leur tour les visiter pendant la nuit, les reveillant brutalement et leur criant d'une voix formidable : Je suis Antonia ! je suis Antonia qui t'aime !

De là le nom du moine bourru.

Quand vous marcherez le soir dans la rue et qu'un capuchon gris ou blanc s'attachera à vos pas, hâtez-vous de rentrer chez vous : c'est le moine bourru qui cherche une proie.

Le couvent détruit pour faire place au château, on crut être débarrassé du moine bourru, mais il paraît qu'il affectionne la place. A différentes époques il a reparu. Et voilà, que le Seigneur nous pardonne ! que le malheureux damné reparaît encore.

— Que Dieu nous préserve de sa méchanceté !
— Amen ! dit dame Ruperte en se signant.
— Amen ! dit Hermann en frissonnant.
— Amen ! dit Jacques Aubry en riant.

Et chacun des assistants répéta Amen ! sur un ton correspondant à l'impression qu'il avait éprouvée.

XXVII.

CE QU'ON VOIT LA NUIT DE LA CIME D'UN PEUPLIER.

Le lendemain, qui était le jour même où toute la cour devait revenir de Fontainebleau, ce fut dame Ruperte qui déclara au même auditoire qu'elle avait une grande révélation à faire à son tour.

Aussi, comme on s'en doute bien, d'après un avis si intéressant, tout le monde fut réuni à la même heure et au même endroit.

On était d'autant plus libre que Benvenuto avait écrit à Ascanio qu'il restait deux ou trois jours de plus pour faire préparer la salle où il comptait exposer son Jupiter, lequel Jupiter il devait fondre aussitôt son retour.

De son côté, le prévôt n'avait fait que paraître au Grand-Nesle pour demander si l'on n'avait pas appris quelque nouvelle de Colombe. Mais dame Perrine lui ayant répondu que tout était toujours dans le même état, il était retourné aussitôt au Châtelet.

Les habitants du Petit et du Grand-Nesle jouissaient donc d'une entière liberté, puisque leurs deux maîtres étaient absents.

Quant à Jacques Aubry, quoiqu'il dût avoir ce soir-là une entrevue avec Gervaise, la curiosité l'avait emporté sur l'amour, ou plutôt il avait espéré que le récit de Ruperte, moins long que celui de dame Perrine, finirait à temps pour qu'il pût à la fois entendre la narration et arriver à l'heure dite à son rendez-vous.

Or, voici ce que Ruperte avait à raconter :

Le récit de dame Perrine lui avait trotté toute la nuit dans la tête, et une fois rentré dans sa chambre, elle trembla de tout son corps que, malgré les saints reliquaires dont le chevet de son lit était garni, le fantôme d'Antonia ne vînt la visiter.

Ruperte barricada sa porte, mais c'était une médiocre précaution : la vieille gouvernante était trop au courant des habitudes des fantômes, pour ignorer que les esprits ne connaissent pas de portes fermées. Elle aurait néanmoins voulu barricader aussi la fenêtre qui donnait sur le jardin du Grand-Nesle, mais le propriétaire primitif avait oublié d'y faire mettre des contrevens, et le propriétaire actuel avait jugé inutile de se grever de cette dépense.

Il y avait bien ordinairement les rideaux ; mais cette fois, par chance contraire, les rideaux étaient au blanchissage.

La fenêtre n'était donc défendue que par une simple vitre transparente comme l'air qu'elle empêchait d'entrer.

Ruperte, en rentrant dans sa chambre, regarda sous son lit, fouilla dans toutes ses armoires, et ne laissa pas le moindre petit coin sans le visiter. Elle savait que le diable ne tient pas grande place quand il veut rentrer sa queue, ses griffes et ses cornes, et qu'Asmodée resta je ne sais combien d'années recoqueviillé dans une bouteille.

La chambre était parfaitement solitaire, et il n'y avait pas la moindre trace du moine bourru.

Ruperte se coucha donc un peu plus tranquille, mais elle laissa néanmoins brûler sa lampe. A peine au lit, elle jeta les yeux sur la fenêtre, et devant la fenêtre, elle vit une ombre gigantesque qui se dessinait dans la nuit et qui lui interceptait la lumière des étoiles ; quant à la lune, il n'en était pas question : elle entrait dans son dernier quartier.

La bonne Ruperte tressaillit de crainte, et elle était sur le point de crier ou de frapper, lorsqu'elle se souvint de la statue colossale de Mars qui s'élevait juste devant sa fenêtre. Elle reporta aussitôt les yeux, qu'elle avait détournés déjà, du côté de la fausse apparition, et elle reconnut parfaitement tous les contours du dieu de la guerre. Cela rassura momentanément Ruperte, qui prit la résolution positive de s'endormir.

Mais le sommeil, ce trésor du pauvre que si souvent le riche lui envie, n'est aux ordres de personne. Dieu le soir lui ouvre les portes du ciel, et capricieux qu'il est, il visite qui bon lui semble, dédaignant qui l'appelle, et frappant aux portes de ceux qui ne l'attendent pas. Ruperte l'invoqua longtemps sans qu'il l'entendît.

Enfin, vers minuit, la fatigue l'emporta. Peu à peu les sens de la bonne gouvernante s'engourdirent, ses pensées, en général assez mal enchaînées les unes aux autres, rompirent le fil imperceptible qui les retenait et s'éparpillèrent comme les grains d'un rosaire. Son cœur seul, agité par la crainte, continua de veiller, puis il s'endormit à son tour, et tout fut dit : la lampe veilla seule.

Mais comme toute chose humaine, la lampe eut sa fin deux heures après que Ruperte eut clos les yeux du sommeil du juste. La lampe, sous prétexte qu'elle n'avait plus d'huile, commença de faiblir, puis elle pétilla, puis elle jeta une grande lueur, puis enfin elle mourut.

Juste en ce moment Ruperte faisait un rêve terrible : elle rêvait qu'en revenant le soir de chez dame Perrine elle avait été poursuivie par le moine bourru ; mais heureusement Ruperte avait retrouvé, contre l'habitude des gens qui rêvent, ses jambes de quinze ans, et elle s'était enfuie si vite, que le moine bourru, quoiqu'il parût glisser et non marcher sur la terre, n'était arrivé derrière elle que pour se voir fermer au nez la porte du perron. Ruperte l'avait alors, toujours dans son rêve, entendu se plaindre et frapper à la porte. Mais, comme on le pense bien, elle ne s'était pas pressée d'aller lui ouvrir ; elle avait allumé sa lampe, elle avait monté les escaliers quatre à quatre, elle était entrée dans sa chambre, elle s'était mise au lit, et avait éteint sa lampe.

Mais au moment même où elle éteignait sa lampe, elle avait aperçu la tête du moine bourru derrière ses vitres ; il était monté comme un lézard le long du mur, et il essayait d'entrer par la fenêtre.—Ruperte entendait dans son rêve les ongles du fantôme qui grinçaient contre les carreaux.

On comprend qu'il n'y a pas de sommeil qui tienne contre un pareil rêve. Ruperte s'était donc réveillée, les cheveux hérissés et tout humides d'une sueur glacée.— Ses yeux s'étaient ouverts, hagards et effarés, et s'étaient portés malgré elle vers la fenêtre.— Alors elle avait poussé un cri terrible, car voici ce qu'elle avait vu.

Elle avait vu la tête du Mars colossal jetant du feu par les yeux, par le nez, par la bouche et par les oreilles.

Elle avait cru d'abord qu'elle était encore endormie et que c'était son rêve qui se continuait ; mais elle s'était pincée au sang pour s'assurer qu'elle était bien éveillée, elle avait fait le signe de la croix, elle avait dit mentalement trois *Pater* et deux *Ave*, et la monstrueuse apparition n'avait point disparu.

Ruperte trouva la force d'étendre le bras, de prendre le manche de son balai et de frapper de toute sa force au plafond. Hermann couchait au-dessus d'elle, et elle espérait que le vigoureux Allemand, réveillé par cet appel, accourrait à son secours.

Mais Ruperte eut beau frapper, Hermann ne donna aucun signe d'existence.

Alors elle changea de direction, et au lieu de frapper au plafond pour réveiller Hermann, elle frappa au plancher pour réveiller Pagolo.

Pagolo couchait au-dessous de Ruperte, comme Hermann couchait au-dessus ; mais Pagolo fut aussi sourd qu'Hermann, et dame Ruperte eut beau frapper, rien ne bougea.

Ruperte abandonna alors la ligne verticale pour la ligne horizontale ; Ascanio était son voisin, et elle frappa du manche de son balai contre le mur de séparation.

Mais tout resta muet chez Ascanio comme tout était resté muet chez Pagolo et chez Hermann. Il était évident qu'aucun des trois compagnons n'était chez lui. Un instant Ruperte eut l'idée que le moine bourru les avait emportés tous trois.

Or, comme cette idée n'avait rien de rassurant, Ruperte, de plus en plus épouvantée, et certaine que personne ne pouvait venir à son secours, prit le parti de cacher sa tête sous ses draps et d'attendre.

Elle attendit une heure, une heure et demie, deux heures peut-être, mais comme elle n'entendait aucun bruit, elle reprit quelque peu de hardiesse, écarta doucement son drap, hasarda un œil, puis les deux. La vision avait disparu. La tête du Mars s'était éteinte, tout était rentré dans les ténèbres.

Quelque rassurans que fussent ce silence et cette obscurité, on comprend que Ruperte était brouillée avec le sommeil pour tout le reste de la nuit. La pauvre bonne femme était donc restée l'oreille au guet et les yeux tout grands ouverts jusqu'au moment où les premiers rayons du jour, glissant à travers les vitres, lui annoncèrent que l'heure des fantômes était passée.

Or, voilà ce que raconta Ruperte, et il faut le dire à l'honneur de la narratrice, son récit fit plus d'effet encore peut-être que n'en avait fait celui de la veille ; l'impression fut profonde, surtout sur Hermann et dame Perrine, sur Pagolo et Scozzone. Les deux hommes s'excusèrent de n'avoir pas entendu Ruperte, mais d'une voix si tremblante et d'une façon si embarrassée que Jacques Aubry en éclata de rire. Quant à dame Perrine et à Scozzone, elles ne soufflèrent pas même le mot. Seulement elles devinrent tour à tour si rouges et si blêmes que s'il avait fait jour et qu'on eût pu suivre sur leur visage le reflet de ce qui se passait dans leur âme, on eût pu croire en moins de dix secondes qu'elles allaient mourir d'un coup de sang, puis presque aussitôt trépasser d'inanition.

— Ainsi, dame Perrine, dit Scozzone, qui se remit la première, vous prétendez avoir vu le moine bourru se promener dans le jardin du Grand-Nesle ?

— Comme je vous vois, ma chère enfant, répondit dame Perrine.

— Et vous, Ruperte, vous avez vu flamboyer la tête du Mars ?

— Je la vois encore.

— Voilà, dit dame Perrine : le maudit revenant aura choisi la tête de la statue pour son domicile, puis comme il faut qu'après tout un fantôme se promène comme une personne naturelle, à certaines heures il descend, va, vient, puis quand il est fatigué, il remonte dans sa tête. Les idoles et les esprits, voyez-vous, cela s'entend comme larrons en foire : ce sont tous des habitans de l'enfer ensemble, et cet horrible faux dieu Mars donne tout bonnement l'hospitalité à cet effroyable moine bourru.

— Fous groyez, tame Berrine ? demanda le naïf Allemand.

— J'en suis sûre, monsieur Hermann, j'en suis sûre.

— Ça fait fenir la chair de boule, ma parole t'honneur ! murmura Hermann en frissonnant.

— Ainsi vous croyez aux revenans, Hermann ? dit Aubry.

— Foui, j'y grois.

Jacques Aubry haussa les épaules, mais tout en haussant les épaules, il résolut d'approfondir le mystère. Or, c'était la chose du monde la plus facile pour lui qui entrait et qui sortait aussi familièrement chez s'il eût été de la maison. Il arrêta donc dans son esprit qu'il irait voir Gervaise le lendemain, mais que ce soir il resterait au Grand-Nesle jusqu'à dix heures ; à dix heures il prendrait congé de tout le monde, ferait semblant de sortir, resterait en dedans, monterait sur un peuplier, et de là, caché dans les branches, ferait connaissance avec le fantôme.

Tout se passa comme l'écolier l'avait projeté. Il quitta l'atelier sans être accompagné, comme c'était l'habitude, tira la porte du quai à grand bruit pour faire croire qu'il était sorti, puis gagnant rapidement le pied du peuplier, se cramponna à la première branche, se hissa jusqu'à elle à la force des poignets, et en un instant fut à la cime de l'arbre. Arrivé là, il se trouvait juste en face de la tête de la statue et dominait à la fois le Grand et le Petit-Nesle, dans les jardins ni dans les cours desquels rien ne pouvait se passer sans qu'il le vît.

Pendant le temps que Jacques Aubry s'établissait sur son perchoir, il y avait grande soirée au Louvre, dont toutes les fenêtres flamboyaient. Charles-Quint s'était enfin décidé à quitter Fontainebleau et à se risquer dans la capitale, et, comme nous l'avons dit, les deux souverains étaient rentrés le soir même à Paris.

Là une fête splendide attendait encore l'empereur. Il y avait souper, jeu et bal. Des gondoles, éclairées avec des lanternes de couleur, glissaient sur la Seine, chargées d'instrumens, et s'arrêtaient harmonieusement en face de ce fameux balcon d'où, trente ans plus tard, Charles IX devait tirer sur son peuple, tandis que des bateaux, tout pavoisés de fleurs, passaient d'un côté à l'autre de la rivière les convives qui venaient du faubourg Saint-Germain au Louvre, ou qui retournaient au faubourg Saint-Germain.

Au nombre de ces conviés avait été tout naturellement le vicomte de Marmagne.

Comme nous l'avons dit, le vicomte de Marmagne, grand bellâtre, blond fade et rose, avait la prétention d'être un homme à bonnes fortunes ; or, il avait cru remarquer qu'une jolie petite comtesse, dont le mari était justement à cette heure à l'armée de Savoie, l'avait regardé d'une certaine façon ; il avait alors dansé avec elle, et il avait cru s'apercevoir que la main de la danseuse n'était point insensible à la pression de la sienne. Bref, en voyant sortir la dame de ses pensées, il s'imagina, au coup d'œil qu'elle lui jeta en le quittant, que, comme Galathée, et si elle fuyait vers les saules, c'était avec l'espérance d'y être poursuivie. Marmagne s'était donc mis tout bonnement à la poursuite de la dame, et comme elle demeurait vers le haut de la rue Hautefeuille, il s'était fait passer du Louvre à la tour de Nesle, et suivait le quai pour gagner la rue Saint-André par la rue des Grands-Augustins, lorsqu'il entendit marcher derrière lui.

Il était près d'une heure du matin. La lune, nous l'avons dit, entrait dans son dernier quartier, de sorte que la nuit était assez sombre. Or, au nombre des rares qualités morales dont la nature avait doué Marmagne, le courage, comme on sait, ne jouait pas le principal rôle. Il commença donc à s'inquiéter de ce bruit de pas qui semblait être l'écho des siens, et tout en s'enveloppant plus hermétiquement de son manteau, et en portant instinctivement la main à la garde de son épée, il pressa sa marche.

Mais ce redoublement de célérité ne lui servit de rien ; les pas qui suivaient les siens se remirent à l'unisson de ses pas, et parurent gagner sur lui, de sorte qu'au moment où il tournait le porche des Augustins, il sentit qu'il allait évidemment être rejoint par son compagnon de route si, après être passé du pas simple au pas accéléré, il ne passait point du pas accéléré au pas gymnastique. Il allait se décider à ce parti extrême, lorsqu'au bruit des pas se mêla le bruit d'une voix.

— Pardieu ! mon gentilhomme, disait cette voix, vous faites bien de hâter la marche, la place n'est pas bonne, surtout à cette heure, car c'est ici, vous le savez sans doute, qu'a été attaqué mon digne ami Benvenuto, le sublime artiste, qui est à cette heure à Fontainebleau et qui ne se doute guère de ce qui se passe chez lui ; mais comme nous faisons la même route, à ce qu'il paraît, nous pouvons marcher du même pas, et si nous rencontrons quelques tire-laines, ils y regarderont à deux fois avant de s'attaquer à nous. Je vous offre donc la sécurité de ma compagnie si vous voulez bien m'accorder l'honneur de la vôtre.

Aux premiers mots qu'avait prononcés notre écolier, Marmagne avait reconnu une voix amie, puis au nom de Benvenuto Cellini, il s'était souvenu du bavard baschonique qui déjà une première fois lui avait donné de si utiles renseignemens sur l'intérieur du Grand-Nesle. Il s'arrêta donc, car la société de maître Jacques Aubry lui offrait un double avantage. L'écolier lui servait d'escorte d'abord, puis, tout en l'escortant, pouvait lui donner sur son ennemi quelque renseignement nouveau, que sa haine mettrait à profit. Il accueillit donc cette fois le basochien d'un air aussi agréable que possible.

— Bonsoir, mon jeune ami, dit Marmagne en réponse aux paroles de bonne camaraderie que Jacques Aubry venait de lui adresser dans l'obscurité. Que disiez-vous donc de ce cher Benvenuto, que j'espérais rencontrer au Louvre, et qui est resté comme un sournois à Fontainebleau?

— Ah! pardieu! voilà une chance! s'écria Jacques Aubry. Comment, c'est vous, mon cher vicomte... de... Vous avez oublié de me dire votre nom, ou j'ai oublié de m'en souvenir. Vous venez du Louvre? Etait-ce bien beau, bien animé, bien galant, bien amoureux? Nous allons en bonne fortune, n'est-ce pas, mon gentilhomme? Ah! croque-cœur que vous êtes!

— Ma foi, dit Marmagne d'un air fat, vous êtes sorcier, mon cher : oui, je viens du Louvre, où le roi m'a dit des choses fort gracieuses, et où je serais encore si une charmante petite comtesse ne m'avait fait signe qu'elle préférait la solitude à toute cette grande cohue. Et vous, d'où revenez-vous? voyons.

— Moi, d'où je reviens? reprit Aubry en éclatant de rire. Ma foi! vous m'y faites songer! Mon cher, je viens de voir de drôles de choses! Pauvre Benvenuto! Oh! parole d'honneur! il ne méritait pas cela!

— Que lui est-il donc arrivé, à ce cher ami?

— D'abord, si vous venez du Louvre, il faut que vous sachiez, vous, que je viens du Grand-Nesle, où j'ai passé deux heures, perché sur une branche, ni plus ni moins qu'un perroquet.

— Diable! la position n'était pas commode!

— N'importe, n'importe! je ne regrette pas la crampe que j'y ai prise, car j'ai vu des choses, mon cher, j'ai vu des choses, tenez, rien que d'y penser, j'en suffoque de rire.

Et Jacques Aubry se mit en effet à éclater d'un rire si jovial et si franc, que, quoique Marmagne ne sût pas encore de quoi il était question, il ne put s'empêcher de faire chorus. Mais comme il ignorait la cause de la gaîté du basochien, le vicomte cessa naturellement de rire le premier.

— Maintenant, mon jeune ami, maintenant qu'entraîné par votre hilarité j'ai ri de confiance, dit Marmagne, ne puis-je apprendre de vous quelles choses si mirobolantes vous tiennent en joie? Vous savez que je suis des fidèles de Benvenuto, quoique je ne vous aie jamais rencontré chez lui, attendu que mes occupations me laissent bien peu de temps à donner au monde, et que ce peu de temps, je dois l'avouer, j'aime mieux l'accorder à mes maîtresses qu'à mes amis. Mais il n'en est pas moins vrai que tout ce qui le touche me touche. Ce cher Benvenuto! Dites-moi donc ce qui se passe au Grand-Nesle en son absence. Cela m'intéresse, je vous jure, plus que je ne puis vous l'exprimer.

— Ce qui se passe? dit Aubry. Mais non, c'est un secret.

— Un secret pour moi! dit Marmagne. Un secret pour moi qui aime Benvenuto de si grand cœur, et qui encore ce soir renchérissais sur les éloges que lui donnait le roi François Ier. Ah! c'est mal, dit Marmagne d'un air piqué.

— Si j'étais sûr que vous n'en parliez à personne, mon cher; — comment diable vous appelez-vous donc, mon cher ami? — je vous conterais cela, car je vous avoue que je suis aussi pressé de dire mon histoire que l'étaient les roseaux du roi Midas de conter la leur.

— Dites donc alors, dites donc, répéta Marmagne.

— Vous n'en parlerez à personne?

— A personne, je vous le jure!

— Parole d'honneur?

— Foi de gentilhomme!

— Imaginez-vous donc... Mais d'abord, mon cher... mon cher ami, vous connaissez l'histoire du moine bourru, n'est-ce pas?

— Oui, j'ai entendu parler de cela. Un fantôme qui revient dans le Grand-Nesle, à ce qu'on assure.

— Justement. Ah bien! si vous savez cela, je puis vous dire le reste. Imaginez-vous que dame Perrine...

— La gouvernante de Colombe?

— Justement. Allons, allons, on voit bien que vous êtes des amis de la maison. Imaginez donc que dame Perrine, dans une promenade nocturne qu'elle faisait pour sa santé, a cru voir se promener aussi le moine bourru dans les jardins du Grand-Nesle, tandis qu'en même temps dame Ruperte... Vous connaissez dame Ruperte?

— N'est-ce pas la vieille servante de Cellini?

— Justement. Tandis que dame Ruperte, dans une de ses insomnies, avait vu flamboyer les yeux, le nez et la bouche, de la grande statue du dieu Mars que vous avez vue dans le jardin du Grand-Nesle.

— Oui, un véritable chef-d'œuvre! dit Marmagne.

— Chef-d'œuvre, c'est le mot. Cellini n'en fait pas d'autre. Or, il avait été arrêté entre ces deux respectables personnes (c'est de dame Perrine et de dame Ruperte que je parle) que ces deux apparitions avaient une même cause, et que le démon qui se promenait la nuit sous le costume du moine bourru dans le jardin, remontait au chant du coq dans la tête du dieu Mars, digne asile d'un damné comme lui, et là était brûlé de si terribles flammes, que le feu en sortait par les yeux, par le nez et par les oreilles de la statue.

— Quel diable de conte me faites-vous là, mon cher ami! dit Marmagne, ne sachant pas si l'écolier raillait ou parlait sérieusement.

— Un conte de revenant, mon cher, pas autre chose.

— Est-ce qu'un garçon d'esprit comme vous, dit Marmagne, peut croire à de pareilles niaiseries?

— Mais non, je n'y crois pas, dit Jacques Aubry. Aussi, voilà pourquoi j'ai voulu passer la nuit sur un peuplier pour tirer la chose au clair, et voir quel était le véritable démon qui mettait tout l'hôtel en révolution. J'ai donc fait semblant de sortir, mais au lieu de refermer la porte du Grand-Nesle derrière moi, je l'ai refermée devant, je me suis glissé dans l'obscurité sans être vu de personne, j'ai gagné le peuplier sur lequel j'avais jeté mon dévolu, et cinq minutes après j'étais juché au milieu de ses branches, juste à la hauteur de la tête du dieu Mars. Or, devinez ce que j'ai vu.

— Comment voulez-vous que je devine? dit Marmagne.

— C'est juste, il faudrait être sorcier pour deviner de pareilles choses. J'ai vu d'abord la grande porte s'ouvrir, la porte du perron, vous savez?

— Oui, oui, je la connais, dit Marmagne.

— Je vis la porte s'ouvrir et un homme mettre le nez dehors pour voir s'il n'y avait personne dans la cour. Cet homme, c'était Hermann, le gros Allemand.

— Oui, Hermann, le gros Allemand, répéta Marmagne.

— Lorsqu'il se fut bien assuré que la cour était solitaire, et qu'il eut regardé de tous les côtés, excepté sur l'arbre, où, comme vous le pensez bien, il était loin de me soupçonner, il sortit tout à fait, referma la porte derrière lui, descendit les cinq ou six marches du perron, et s'en alla droit à la cour du Petit-Nesle, où il frappa trois coups. A ce signal, une femme sortit du Petit-Nesle et vint ouvrir la porte. Cette femme, c'était dame Perrine, notre amie, laquelle, à ce qu'il paraît, aime à se promener à la belle étoile, en compagnie de notre Goliath.

— Bah! vraiment? Ah! ce pauvre prévôt!

— Attendez donc, attendez donc, ce n'est pas tout! Je les suivais des yeux comme ils entraient au Petit-Nesle, lorsque tout à coup j'entendis à ma gauche crier le châssis d'une fenêtre. Je me retournai, la fenêtre s'ouvrit, et je vis Pagolo; — ce brigand de Pagolo! qui est-ce qui aurait cru cela de sa part, avec ses protestations, ses *Pater* et ses *Ave* — et je vis Pagolo qui, après avoir regardé avec les mêmes précautions qu'Hermann, enjambait la balustrade, se laissait glisser le long de la gouttière, et de balcon en balcon, gagnait le bas de la fenêtre... devinez de quelle chambre, vicomte?

— Que sais-je, moi! la fenêtre de la chambre de dame Ruperte.

— Ah! bien oui! de Scozzone, rien que cela! de Scozzone, le modèle bien-aimé de Benvenuto; une charmante brune, ma foi! Comprenez-vous ce coquin-là, vicomte!

— En effet, c'est fort drôle, dit Marmagne. Et voilà tout ce que vous avez vu?

— Attendez donc, attendez donc, mon cher! je vous garde le meilleur pour le dernier, le bon plat pour la bonne bouche; attendez donc, nous n'y sommes pas, mais nous allons y être, soyez tranquille.

— J'écoute, dit Marmagne. D'honneur, mon cher ami, c'est on ne peut plus amusant!

— Attendez encore, attendez! Je regardais donc mon Pagolo qui courait de balcon en balcon, au risque de se casser le cou, lorsque j'entendis un autre bruit qui venait presque du pied de l'arbre sur lequel j'étais monté. Je ramenai les yeux de haut en bas, et j'aperçus Ascanio qui sortait à pas de loup de la fonderie.

— Ascanio, l'élève chéri de Benvenuto?

— Lui-même, mon cher, lui-même. Une espèce d'enfant de cœur à qui on donnerait le bon Dieu sans confession. Ah bien oui! fiez-vous donc aux apparences!

— Et dans quel but sortait Ascanio?

— Ah! voilà! dans quel but! voilà ce que je me demandais d'abord; mais bientôt je n'eus plus rien à demander, car Ascanio, après s'être assuré, comme Hermann et comme Pagolo, que personne ne pouvait le voir, tira de la fonderie une longue échelle qu'il alla appuyer contre les deux épaules du dieu Mars, et sur laquelle il monta. Comme l'échelle était juste du côté opposé à celui où j'étais, je le perdis de vue au milieu de son ascension, lorsqu'au moment même où je cherchais ce qu'il pouvait être devenu, je vis tout à coup s'enflammer les yeux de la statue.

— Que dites-vous donc là! s'écria Marmagne.

— La vérité pure, mon cher, et j'avoue que si cela s'était fait sans que je connusse les antécédens que je viens de raconter, je ne me serais peut-être pas trouvé tout à fait à mon aise. Mais j'avais vu disparaître Ascanio, et me doutai que c'était lui qui causait cette lumière.

— Mais qu'allait faire Ascanio à cette heure dans la tête du dieu Mars?

— Ah! voilà justement ce que je me demandais, et comme personne ne pouvait me répondre, je résolus de découvrir la chose par moi-même. Je m'écarquillai les yeux de toutes mes forces, et je parvins à découvrir à travers ceux de la statue un esprit, ma foi! tout vêtu de blanc, un fantôme de femme, aux pieds duquel Ascanio s'agenouilla respectueusement comme devant une madone. Malheureusement, la madone me tournait le dos, et je ne pus voir son visage, mais je vis son col. Oh! le joli col qu'ont les fantômes, mon cher vicomte! un col de cygne, figurez-vous, blanc comme la neige. Aussi Ascanio le regardait-il avec une adoration, l'impie! avec une adoration qui me convainquit que le fantôme était tout bonnement une femme. Qu'en dites-vous, mon cher? Hein! le tour est bon! cacher sa maîtresse dans la tête d'une statue!

— Oui, oui, c'est original, dit Marmagne, riant et réfléchissant à la fois: très original, en effet. Et vous ne vous doutez pas quelle peut être cette femme?

— Sur l'honneur! je n'en ai aucune idée; et vous?

— Ni moi non plus.

— Et qu'avez-vous fait quand vous avez vu tout cela?

— Moi? Je me suis mis à rire de telle façon que l'équilibre m'a manqué, et que si je ne m'étais pas retenu à une branche, je me rompais le col. Or, comme je n'avais plus rien à voir, et que par ma chute je me trouvais descendu à moitié, je descendis tout à fait, je gagnai la porte sans bruit, et je m'en revenais chez moi, riant encore tout seul, quand je vous ai rencontré, et quand vous m'avez forcé de vous raconter la chose. Maintenant, donnez-moi un avis.

Voyons, vous qui êtes des amis de Benvenuto, que faut-il que je fasse vis-à-vis de lui? Quant à dame Perrine, cela ne le regarde pas : la chère dame est majeure, et par conséquent maîtresse de ses volontés; mais quant à Scozzone, mais quant à la Vénus qui loge dans la tête de Mars, c'est autre chose.

— Et vous voudriez que je vous donnasse mon avis sur ce qui vous reste à faire?

— Oui, d'honneur! je suis fort embarrassé, mon cher... mon cher... J'oublie toujours votre nom.

— Mon avis est qu'il faut garder le silence. Tant pis pour les gens qui sont assez niais pour se laisser tromper. Maintenant, mon cher Jacques Aubry, je vous remercie de votre bonne société et de votre aimable conversation, mais me voilà arrivé rue Hautefeuille, et confidence pour confidence, c'est là que demeure mon objet.

— Adieu, mon tendre, mon cher, mon excellent ami, dit Jacques Aubry serrant la main du vicomte. Votre avis est sage, et je le suivrai. Maintenant bonne chance, et que Cupidon veille sur vous!

Les deux compagnons se séparèrent alors, Marmagne remontant la rue Hautefeuille, et Jacques Aubry prenant la rue Poupée, pour regagner la rue de la Harpe, à l'extrémité de laquelle il avait fixé son domicile.

Le vicomte avait menti au malencontreux basochien en affirmant qu'il n'avait aucun soupçon sur ce que pouvait être cette femme qu'adorait à genoux Ascanio. Sa première idée avait été que l'habitante du Mars n'était autre que Colombe, et plus il avait réfléchi à cette idée, plus il s'était affermi dans sa croyance. Maintenant, comme nous l'avons dit, Marmagne en voulait également au prévôt, à d'Orbec et à Benvenuto Cellini, et il se trouvait placé dans une fâcheuse position pour sa haine, car il ne pouvait faire de la peine aux uns sans faire de plaisir aux autres. En effet, s'il gardait le silence, d'Orbec et le prévôt restaient dans l'embarras; mais aussi Benvenuto restait dans la joie. Si, au contraire, il dénonçait l'enlèvement, Benvenuto était au désespoir, mais aussi le prévôt et d'Orbec retrouvaient, l'un sa fille, l'autre sa fiancée. Il résolut donc de retourner la chose dans sa tête jusqu'au moment où il verrait jaillir de ses réflexions le parti le plus avantageux pour lui.

L'indécision de Marmagne ne fut pas longue; il savait, sans en connaître le véritable motif, que madame d'Étampes prenait au mariage du comte d'Orbec avec Colombe. Il pensa que la révélation lui ferait, du côté de la perspicacité, regagner dans l'esprit de la duchesse ce qu'il avait perdu du côté du courage : il résolut donc, le lendemain à son lever, de se présenter chez elle et de tout lui dire, et, cette résolution prise, il l'exécuta ponctuellement.

Par un de ces hasards heureux qui servent quelquefois si bien les mauvaises actions, tous les courtisans étaient au Louvre, où ils faisaient leur cour à François Ier et à l'empereur, et madame d'Étampes n'avait près d'elle, à son lever, que ses deux fidèles, c'est-à-dire le prévôt et le comte d'Orbec, lorsqu'on annonça le vicomte de Marmagne.

Le vicomte salua respectueusement la duchesse, laquelle ne répondit à ce salut que par un de ces sourires qui n'appartenaient qu'à elle, et dans lesquels elle savait confondre à la fois l'orgueil, la protection et le dédain. Mais Marmagne ne s'inquiéta point de ce sourire, qu'il connaissait au reste pour l'avoir vu passer sur les lèvres de la duchesse, non seulement pour son compte à lui, mais encore pour le compte de bien d'autres. Il savait au reste le moyen de transformer par une seule parole ce sourire de mépris en un sourire plein de grâce.

— Eh bien! messire d'Estouville, dit-il en se retournant vers le prévôt, l'enfant prodigue est-il revenu à la maison?

— Encore cette plaisanterie, vicomte! s'écria messire d'Estouville avec un geste menaçant et en rougissant de colère.

— Oh! ne vous fâchez pas, mon digne ami, ne vous fâchez pas, répondit Marmagne; je vous dis cela parce que si vous n'avez pas retrouvé encore la Colombe envolée, je sais, moi, où elle a fait son nid.

— Vous? s'écria la duchesse, avec l'expression de la plus charmante amitié. Et où cela? vite, vite ! je vous en prie, dites, mon cher Marmagne.

— Dans la tête de la statue de Mars, que Benvenuto a modelée dans le jardin du Grand-Nesle.

XXVIII.

MARS ET VÉNUS.

Le lecteur, comme Marmagne, a sans doute deviné la vérité, si étrange qu'elle paraisse au premier abord. C'était la tête du colosse qui servait d'asile à Colombe. Mars logeait Vénus, ainsi que l'avait dit Jacques Aubry. Pour la seconde fois, Benvenuto faisait intervenir son œuvre dans sa vie, appelait l'artiste au secours de l'homme, et outre sa pensée et son génie, mettait son fort dans ses statues. Il y avait autrefois, comme on l'a vu, enfoui déjà les projets d'évasion ; il y cachait maintenant la liberté de Colombe et le bonheur d'Ascanio.

Mais, arrivés au point où nous en sommes, il est nécessaire que pour plus de clarté nous revenions un peu sur nos pas.

Quand Cellini eut achevé l'histoire de Stéphana, un moment de silence succéda à son récit. Benvenuto, dans ses souvenirs terribles parfois, bruyans toujours, parmi les ombres éclatantes ou farouches qui avaient traversé son existence, regardait passer au fond la mélancolique et sereine figure de Stéphana, morte à vingt ans. Ascanio, la tête penchée, tâchait de se rappeler les traits pâlis de la femme qui, courbée sur son berceau, l'avait souvent réveillé enfant, en laissant tomber ses larmes sur son visage rose. Pour Colombe, elle regardait avec attendrissement ce Benvenuto qu'une autre femme, jeune et pure comme elle, avait tant aimé ; elle trouvait à cette heure sa voix presque aussi douce que celle d'Ascanio, et entre ces deux hommes, qui tous deux l'aimaient d'amour, elle se sentait instinctivement aussi en sûreté qu'un enfant pourrait l'être sur les genoux de sa mère.

— Eh bien ! demanda Benvenuto après une pause de quelques secondes, Colombe se confiera-t-elle à l'homme à qui Stéphana a confié Ascanio ?

— Vous, mon père; lui, mon frère, répondit Colombe avec une grâce modeste et digne en leur tendant les deux mains, et je m'abandonne aveuglément à vous deux pour que vous me gardiez à mon époux.

— Merci, dit Ascanio, merci, ma bien-aimée, de ce que vous croyez en lui.

— Vous promettez donc de m'obéir en tout, Colombe? reprit Benvenuto.

— En tout, dit Colombe.

— Eh bien ! écoutez, mes enfans. J'ai toujours été convaincu que l'homme pouvait ce qu'il voulait, mais à la condition d'avoir pour aide Dieu là-haut, et le temps ici-bas. Pour vous sauver du comte d'Orbec et de l'infamie, et pour vous donner à mon Ascanio, j'ai besoin de temps, Colombe, et dans quelques jours vous allez être la femme du comte. L'important est donc d'abord et avant tout de retarder cette union impie, n'est-ce pas, Colombe, ma sœur, mon enfant, ma fille ! Il est des heures dans cette triste vie où une faute est nécessaire pour prévenir un crime. Serez-vous vaillante et ferme? Votre amour, si pur, si tant de pureté et de dévouement, aura-t-il un peu de courage? répondez.

— C'est Ascanio qui répondra pour moi, dit Colombe en souriant et en se tournant vers le jeune homme. C'est à lui de disposer de moi.

— Soyez tranquille, maître; Colombe sera courageuse, répondit Ascanio.

— Alors, voulez-vous, Colombe, sûre de notre loyauté et de votre innocence, quitter hardiment cette maison et nous suivre?

Ascanio fit un mouvement de surprise, Colombe se tut une minute en regardant Cellini et Ascanio, puis elle se leva et dit simplement :

— Où faut-il aller?

— Colombe ! Colombe ! s'écria Benvenuto, touché de tant de confiance, vous êtes une noble et sainte créature, et pourtant Stéphana m'avait rendu difficile en grandeur. Tout dépendait de votre réponse. Nous sommes sauvés maintenant, mais il n'y a pas un moment à perdre. Cette heure est suprême, Dieu nous l'accorde, profitons-en ; donnez-moi la main, Colombe, et venez.

La jeune fille baissa son voile comme pour dérober sa propre rougeur à elle-même, puis elle suivit le maître et Ascanio. La porte de communication entre le Petit-Nesle et le Grand-Nesle était fermée, mais on avait la clef en dedans. Benvenuto l'ouvrit sans bruit.

Arrivée à cette porte, Colombe s'arrêta.

— Attendez un peu, dit-elle d'une voix émue.

Et sur le seuil de cette maison qu'elle quittait parce que cette maison ne lui offrait plus un asile assez saint, l'enfant s'agenouilla et pria. Sa prière est restée entre elle et le Seigneur ; mais sans doute elle demanda à Dieu pardon pour son père de ce qu'elle allait faire. Puis, elle se releva calme et forte, et se remit à marcher conduite par Cellini. Ascanio, le cœur troublé, les suivait en silence, contemplant avec amour sa robe blanche qui fuyait dans l'ombre. Ils traversèrent ainsi le jardin du Grand-Nesle : les chants et les rires des ouvriers qui soupaient, car, on se le rappelle, c'était fête au château, arrivaient insouciants et joyeux jusqu'à nos amis, inquiets et frissonnans comme on l'est d'ordinaire aux instans suprêmes de la vie.

Arrivé au pied de la statue, Benvenuto quitta Colombe un moment, alla jusqu'à la fonderie, et reparut chargé d'une longue échelle qu'il dressa contre le colosse. La lune, céleste veilleuse, éclairait toute cette scène de sa pâle lueur ; le maître, après avoir assuré l'échelle, mit un genou en terre devant Colombe. Le plus touchant respect adoucissait son puissant regard.

— Mon enfant, dit-il à la jeune fille, entoure-moi de tes bras et tiens-toi bien.

Colombe obéit sans mot dire, et Benvenuto souleva la jeune fille comme il eût fait d'une plume.

— Que le frère, dit-il à Ascanio qui s'approchait, laisse le père porter là-haut sa fille bien-aimée.

Et le vigoureux orfèvre, chargé de son précieux fardeau, se mit à gravir l'échelle aussi aisément que s'il n'eût porté qu'un oiseau. A travers son voile, Colombe, sa tête charmante abandonnée sur l'épaule du maître, regardait la mâle et bienveillante figure de son sauveur, et se sentait pénétrée pour lui d'une confiance toute filiale que la pauvre enfant, hélas ! n'avait pas éprouvée encore. Quant à Cellini, telle était la puissante volonté de cet homme de fer qu'il tenait dans ses bras celle pour qui, deux heures auparavant, il eût exposé sa vie, sans que sa main tremblât, sans que son cœur battît plus vite, sans qu'aucun de ses muscles d'acier fléchît. Il avait commandé à son cœur d'être calme, et son cœur avait obéi.

Quand il fut arrivé au col de la statue, il ouvrit une petite porte, entra dans la tête du Mars, et y déposa Colombe.

L'intérieur de cette tête colossale d'une statue qui avait près de soixante pieds de haut formait une petite chambre ronde qui pouvait avoir huit pieds de diamètre et dix pieds de hauteur ; l'air et le jour y pénétraient par les ouvertures des yeux, du nez, de la bouche et des oreilles. Cette chambrette avait été pratiquée par Cellini, lorsqu'il travaillait à la tête ; il y enfermait les instruments dont il se servait journellement, afin de n'avoir pas la peine de les monter et de les descendre cinq ou six fois par jour ; souvent aussi il emportait son déjeuner avec lui, le dressait sur une table qui tenait le milieu de cette singulière salle à manger, de sorte qu'il ne quittait pas même son échafaudage pour son repas du matin. Cette innovation qui lui était si commode l'avait mis en goût : après la table, il y avait transporté une espèce de petit lit, et dans les derniers temps, non seulement il déjeunait dans la tête de son Mars, mais encore il y faisait sa sieste. Il était donc tout simple que l'idée lui fût venue de transporter Colombe dans la cachette la plus sûre évidemment de toutes celles qu'il pouvait lui offrir.

— C'est ici qu'il faudra rester, Colombe, dit Benvenuto, et vous devez, ma chère enfant, vous résigner à ne descendre que la nuit. Attendez dans cet asile, sous le regard de Dieu et sous la garde de notre amitié, le résultat de mes efforts. Jupiter, ajouta-t-il en souriant et en faisant allusion à la promesse du roi, achèvera, je l'espère, ce que Mars aura commencé. Vous ne me comprenez pas, mais je sais ce que je veux dire. Nous avons pour nous l'Olympe, et vous avez, vous, le Paradis. Le moyen que nous ne réussissions pas ! Voyons, souriez donc un peu, Colombe, sinon au présent, du moins à l'avenir. Je vous dis sérieusement qu'il faut espérer. Espérez donc avec confiance, sinon en moi, du moins en Dieu. — J'ai été dans une prison plus dure que la vôtre, croyez-moi, et mon espérance m'étourdissait sur ma captivité. — D'ici au jour du succès, Colombe, vous ne me reverrez plus. Votre frère Ascanio, moins soupçonné et moins surveillé que moi, viendra vous voir et veillera sur vous ; c'est lui que je charge de transformer cette chambre d'ouvrier en cellule de religieuse. Au moment donc où je vous quitte, retenez bien mes paroles : vous avez fait, confiante et courageuse enfant, tout ce que vous aviez à faire ; le reste maintenant me regarde. Nous n'avons plus qu'à laisser agir la Providence, Colombe. Or, écoutez-moi. Quoi qu'il arrive, songez-y : dans quelque situation désespérée que vous paraissiez être ou que vous soyez réellement, lors même qu'aux pieds des autels vous n'auriez plus qu'à dire le terrible Oui qui vous unirait à jamais au comte d'Orbec, ne doutez pas de votre ami, Colombe ; ne doutez pas de votre père, mon enfant ; comptez sur Dieu et sur nous ; j'arriverai à temps, j'en réponds. Aurez-vous cette foi et cette fermeté ? dites, l'aurez-vous ?

— Oui, dit la jeune fille d'une voix assurée.

— C'est bien, reprit Cellini, adieu ; maintenant je vous laisse dans votre petite solitude ; quand tout le monde sera endormi, Ascanio viendra vous apporter tout ce qu'il vous faut. Adieu, Colombe.

Il tendit la main à Colombe, mais la jeune fille lui présenta son front comme elle avait l'habitude de faire à son père. Benvenuto tressaillit, mais passant la main devant ses yeux et maîtrisant à la fois les pensées qui se pressaient dans son esprit et les passions qui bouillonnaient dans son cœur, il déposa sur ce front pur le plus paternel des baisers, murmurant à demi-voix :

— Adieu, chère fille de Stéphana.

Et il redescendit promptement vers Ascanio, qui l'attendait, et tous deux allèrent rejoindre paisiblement les ouvriers, qui ne mangeaient plus, mais qui buvaient encore.

Une nouvelle vie, étrange, inouïe, commença alors pour Colombe, et elle s'en arrangea comme d'une existence de reine.

Voici comment fut meublée la chambre aérienne.

Elle avait déjà, comme on le sait, un lit et une table ; Ascanio y ajouta une chaise basse en velours, une glace de Venise, une bibliothèque composée de livres de piété que désigna elle-même Colombe, un crucifix, merveille de ciselure, enfin un flacon d'argent, aussi du maître, et dont chaque nuit on renouvelait les fleurs.

C'était tout ce que pouvait contenir la coque blanche qui recélait tant d'innocence et de grâce.

Colombe dormait ordinairement le jour : Ascanio le lui avait conseillé, de peur qu'un mouvement involontaire ne la trahît ; elle s'éveillait avec la lueur des étoiles et le chant des rossignols, s'agenouillait sur son lit, devant son crucifix, et restait longtemps absorbée dans une fervente prière ; puis elle faisait sa toilette, peignait ses beaux et longs cheveux, et rêvait. Alors une échelle se posait contre la statue,

et Ascanio venait frapper à la petite porte. Si la toilette de Colombe était achevée, elle ouvrait à son ami, qui restait auprès d'elle jusqu'à minuit. A minuit, si le temps était beau, Colombe descendait : Ascanio rentrait au Grand-Nesle et dormait quelques heures tandis que Colombe faisait sa promenade nocturne, en recommençant les songes de son allée, plus voisins désormais de la réalité. Au bout de deux heures, la blanche apparition rentrait dans son coquet refuge, où elle attendait le jour en respirant les fleurs qu'elle venait de cueillir pour parfumer son doux nid, et en écoutant chanter les rossignols du Petit-Nesle et les coqs du Pré-aux-Clercs.

Un peu avant l'aube, Ascanio revenait voir sa fiancée et lui apportait des provisions du jour, adroitement dérobées à dame Ruperte, grâce à la complicité de Cellini. Alors commençaient de bonnes et ravissantes causeries, souvenirs d'amans, projets d'époux. Quelquefois aussi Ascanio restait silencieusement en contemplation devant son idole, et Colombe se laissait regarder en lui souriant. Souvent, quand ils se quittaient, ils n'avaient pas prononcé une seule parole ; mais c'était alors même qu'ils s'étaient plus parlé. Chacun d'eux n'avait-il pas dans le cœur tout ce que l'autre eût pu lui dire, plus ce que le cœur ne dit pas et que Dieu lit !

La douleur et la solitude dans le jeune âge ont cela de bon, qu'en faisant l'âme meilleure et plus grande, elles la conservent aussi fraîche. Colombe, la vierge fière et digne, était en même temps une jeune fille gaie et folle ; il y avait donc, outre les jours où l'on rêvait les jours où l'on riait, les jours où l'on jouait comme des enfans, et chose étonnante ! ce n'étaient pas ces jours ou plutôt ces nuits, — car, comme on le sait, les jeunes gens avaient interverti l'ordre de la nuit, — ce n'étaient pas ces jours qui passaient le plus vite. L'amour, comme toute chose rayonnante, a besoin d'ombre pour mieux briller.

Jamais un mot d'Ascanio n'effraya la timide et pure enfant qui l'appelait son frère. Ils étaient seuls, ils s'aimaient ; mais justement parce qu'ils étaient seuls, ils sentaient mieux la présence de Dieu, dont ils voyaient de plus près le ciel, et justement parce qu'ils s'aimaient, ils respectaient leur amour comme une divinité.

Dès que l'aurore commençait à dorer faiblement les toits des maisons, Colombe, à grand regret, renvoyait son ami, mais comme Juliette renvoyait Roméo, en le rappelant dix fois. L'un ou l'autre avait toujours oublié quelque chose de bien important ; cependant il fallait partir à la fin, et Colombe, jusqu'au moment où, vers midi, elle remettait son cœur à Dieu et s'endormait du sommeil des anges, restait seule à rêver, écoutait à la fois les pensées qui murmuraient dans son cœur et les petits oiseaux qui s'éveillaient sous les tilleuls de son ancien jardin. Il va sans dire qu'en se retirant Ascanio emportait l'échelle.

Pour ces petits oiseaux, elle émiettait chaque matin du pain à l'entrée de la bouche de la statue ; les hardis pillards venaient chercher ce pain, et vite ils s'envolaient d'abord ; mais ils s'apprivoisèrent peu à peu. Les oiseaux comprennent les âmes des jeunes filles, ailées comme eux. Ils restaient donc longtemps et payaient en chansons le repas que leur donnait Colombe. Il y eut même un chardonneret audacieux qui se hasarda dans l'intérieur de la chambre et qui s'habitua à venir manger dans la main de la jeune fille, le matin et le soir. Puis, comme les nuits commençaient à devenir fraîches, une nuit il se laissa prendre par la jeune prisonnière, qui le mit dans son sein, où il dormit jusqu'au jour malgré la visite d'Ascanio, malgré la promenade de Colombe. Le captif volontaire ne manqua pas de revenir le lendemain et tous les autres soirs. A l'aube il se mettait à chanter. Colombe alors le prenait, le donnait à baiser à Ascanio, et lui rendait la liberté.

Ainsi se passait l'existence de Colombe dans la tête de la statue.

Deux événemens en troublèrent seuls le cours paisible ; ces deux événemens furent les deux visites domiciliaires du prévôt. Une fois Colombe se réveilla en sursaut en entendant la voix de son père ; ce n'était pas un rêve : il était là dans le jardin au dessous d'elle, et Benvenuto lui disait :

— Vous demandez ce que c'est que ce colosse, monsieur d'Estourville ? C'est la statue de Mars que Sa Majesté le roi François Ier a eu la bonté de me commander pour Fontainebleau. Un petit bijou de soixante pieds, comme vous voyez, rien que cela !

— C'est fort grandiose et fort beau, répondit messire d'Estourville ; mais passons, ce n'est pas cela que je viens chercher.

— Ce serait trop facile à trouver.

Et ils passèrent.

Colombe, à genoux, les bras étendus, avait envie de crier à son père : « Mon père, mon père, je suis ici ! » Le vieillard cherchait sa fille, il la pleurait peut-être ; mais la pensée du comte d'Orbec, mais les projets odieux de madame d'Étampes, mais le souvenir de la conversation qu'avait entendue Ascanio paralysèrent son élan. Aussi cette sensation ne lui vint-elle même point à la seconde visite, quand la voix du hideux comte se mêla à celle du prévôt.

— Voilà une étrange statue, et faite comme une maison ! disait d'Orbec arrêté aux pieds du colosse. Si elle résiste à l'hiver, les hirondelles pourront y bâtir leur nid au printemps.

Le matin même de ce jour où la seule voix de son fiancé causa une si grande terreur à Colombe, Ascanio lui avait apporté une lettre de Cellini.

« Mon enfant, disait Benvenuto, je suis obligé de partir, mais soyez tranquille, je laisse tout préparé pour votre délivrance et votre bonheur. Une parole du roi me garantit le succès, et, vous le savez, le roi n'a jamais manqué à sa parole. Dès aujourd'hui, votre père va s'absenter aussi. Ne désespérez pas. J'ai eu maintenant tout le temps qu'il me fallait. Je vous le dis donc encore, chère fille, fussiez-vous sur le seuil de l'église, fussiez-vous agenouillée devant l'autel et prête à prononcer les paroles qui lient à jamais, laissez faire la fatalité ; la Providence, je vous le jure, interviendra à temps.

» Adieu.

» Votre père, **BENVENUTO CELLINI.** »

Cette lettre, qui remplit de joie Colombe en ravivant ses espérances, eut le malheureux effet d'inspirer aux pauvres enfans une sécurité dangereuse. La jeunesse ne connaît pas les sentimens modérés ; elle saute du désespoir à l'extrême confiance ; pour elle le ciel est toujours ou gros de tempêtes ou resplendissant d'azur. Rassurés doublement et par l'absence du prévôt et par la lettre de Cellini, ils négligèrent dès lors les précautions, donnèrent plus à l'amour et moins à la prudence. Colombe ne veillait plus avec autant de soin sur ses mouvemens et fut aperçue de Perrine, qui ne vit, par bonheur, en elle que le moine bourru. Ascanio alluma la lampe sans tirer les rideaux, et la lumière fut aperçue par dame Ruperte. Le double récit des deux commères éveilla la curiosité de Jacques Aubry, et l'indiscret écolier, pareil à l'Horace de l'*École des Femmes*, alla tout révéler, juste à celui à qui il eût fallu tout taire. On connaît le résultat de cette confidence.

Revenons donc à l'hôtel d'Étampes.

Quand on demanda à Marmagne comment il était arrivé à cette précieuse découverte, il ne voulut rien dire et fit le mystérieux. La vérité était trop simple et laissait trop peu d'honneur à sa pénétration ; il aima mieux donner à entendre que c'était à force de ruses et de luttes qu'il en était arrivé aux magnifiques résultats dont on s'étonnait. La duchesse, comme nous l'avons dit, était radieuse ; elle allait, venait, interrogeait le vicomte ; on la tenait donc enfin, la petite rebelle, qui avait causé tant d'alarmes ! Madame d'Étampes voulait aller elle-même à l'hôtel de Nesle, s'assurer du bonheur de ses amis. D'ailleurs, après ce qui était arrivé, après la fuite ou plutôt l'enlèvement de Colombe, on ne pouvait plus laisser la jeune fille au Petit-Nesle. La duchesse s'en chargerait ; elle l'amènerait à l'hôtel d'Étampes ; elle saurait bien l'y garder, elle, mieux que n'avaient fait duègne et fiancé ; elle l'y garderait comme une rivale, et Colombe, comme on le voit, serait bien gardée.

La duchesse fit approcher sa litière.

— La chose est restée à peu près secrète, dit madame d'Étampes au prévôt. Vous, d'Orbec, vous n'êtes pas homme, n'est-ce pas, à vous préoccuper d'une escapade d'enfant ? Ainsi, je ne vois pas ce qui empêcherait le mariage d'avoir lieu et nos projets de tenir.

— Oh ! madame, fit en s'inclinant messire d'Estourville enchanté.

— Aux mêmes conditions, n'est-ce pas, duchesse ? dit d'Orbec.

— Sans doute, aux mêmes conditions, mon cher comte. Quant au Benvenuto, continua la duchesse, coupable ou complice d'un rapt infâme, soyez tranquille, cher vicomte, nous vous en vengerons en nous en vengeant.

— Mais on me disait, madame, reprit Marmagne, que le roi, dans son enthousiasme artistique, avait pris avec lui, dans le cas où la fonte de son Jupiter réussirait, de tels engagemens qu'il n'aurait plus qu'à souhaiter pour voir ses souhaits accomplis.

— Soyez tranquille, c'est là où je le guette, répondit la duchesse ; je lui ménage pour ce jour-là une surprise à laquelle il ne s'attend pas. Ainsi reposez-vous sur moi et laissez-moi tout mener.

C'est ce qu'il y avait de mieux à faire ; il y avait longtemps que la duchesse ne s'était montrée aussi empressée, aussi active, aussi charmante. Sa joie éclatait malgré elle. Elle envoya en hâte le prévôt, chercher ses hoquetons, et bientôt le prévôt, d'Orbec et Marmagne, précédés de sergens d'armes, arrivèrent à la porte de l'hôtel de Nesle, suivis à distance par madame d'Étampes, qui, toute frémissante d'impatience et la tête sans cesse hors de sa litière, attendait sur le quai.

C'était l'heure du dîner des ouvriers, et Ascanio, Pagolo, le petit Jehan et les femmes, se trouvaient seuls pour le moment au Grand-Nesle. On n'attendait Benvenuto que le lendemain soir ou le surlendemain au matin. Ascanio, qui reçut les visiteurs, crut à une troisième visite domiciliaire, et, comme il avait reçu à ce sujet des ordres très positifs du maître, il n'opposa aucune résistance et les reçut au contraire avec la plus grande politesse.

Le prévôt, ses amis et ses gens, allèrent droit à la fonderie.

— Ouvrez-nous cette porte, dit d'Estourville à Ascanio.

Le cœur du jeune homme se serra de je ne sais quel terrible pressentiment. Cependant il pouvait se tromper, et comme la moindre hésitation était faite pour donner des soupçons, il remit sans sourciller la clef au prévôt.

— Prenez cette grande échelle, dit le prévôt à ses hoquetons.

Les hoquetons obéirent, et guidés par messire d'Estourville, marchèrent droit à la statue. Arrivé là, le prévôt dressa lui-même l'échelle et s'apprêta à monter ; mais Ascanio, pâle de courroux et de terreur, posa le pied sur le premier échelon.

— Que prétendez-vous, messieurs ? s'écria-t-il ; cette statue est le chef-d'œuvre du maître ; la garde de cette statue m'est confiée, et le premier qui portera la main sur elle, pour quelque chose que ce soit, celui-là, je vous en préviens, est un homme mort !

Et il tira de sa ceinture un poignard mince et affilé, mais si parfaitement trempé que la lame, d'un seul coup, perçait un écu d'or.

Le prévôt fit un signe et ses hoquetons s'avancèrent contre Ascanio, la pique haute. Ascanio fit une résistance désespérée et blessa deux hommes ; mais il ne pouvait rien, seul contre huit, sans compter le prévôt, Marmagne et d'Orbec. Il lui fallut céder au nombre ; il fut terrassé, garrotté, bâillonné, et le prévôt se mit à gravir l'échelle, suivi, de peur de surprise, par deux de ses sergens.

Colombe avait tout vu et tout entendu ; son père la trouva

évanouie : en voyant tomber Ascanio, elle l'avait cru mort.

Saisi à cette vue de colère, plutôt encore que d'inquiétude, le prévôt chargea brusquement Colombe sur sa robuste épaule et redescendit; puis tous retournèrent au quai, les sergens d'armes entraînant Ascanio, que d'Orbec regardait avec attention. Pagolo vit passer son camarade et ne bougea point. Le petit Jehan était disparu. Scozzone seule, ne comprenant rien à ce qui se passait, essaya de barrer la porte en criant :

— Qu'est-ce que cette violence, messieurs? Pourquoi entraîner Ascanio? Quelle est cette femme?

Mais en ce moment le voile qui couvrait le visage de Colombe se dérangea, et Scozzone reconnut le modèle de la statue d'Hébé.

Elle se rangea alors pâle de jalousie et laissa passer, sans plus dire une seule parole, le prévôt, ses amis, ses gens et ceux qu'ils emmenaient.

— Qu'est-ce que cela signifie, et pourquoi avez-vous maltraité ce jeune homme? dit madame d'Etampes en voyant Ascanio garrotté, pâle et tout sanglant; déliez-le ! déliez-le !

— Madame, dit le prévôt, ce jeune homme nous a opposé une résistance désespérée : il a blessé deux de mes hommes ; il est complice de son maître, sans doute, et il me paraît urgent de le conduire en lieu sûr.

— Puis, dit d'Orbec à demi-voix à la duchesse, il ressemble si fort au page italien que j'ai vu chez vous et qui a assisté à toute notre conversation, que s'il n'avait un autre costume et s'il ne parlait la langue que vous m'aviez assuré qu'il n'entendait pas, sur l'honneur! madame la duchesse, je jurerais que c'est lui.

— Vous avez raison, monsieur le prévôt, dit vivement la duchesse d'Etampes, revenant sur l'ordre qu'elle avait donné de rendre la liberté à Ascanio ; vous avez raison, ce jeune homme peut être dangereux. Assurez-vous donc de lui.

— Au Châtelet le prisonnier, dit le prévôt.

— Et nous, dit la duchesse, aux côtés de laquelle on avait placé Colombe toujours évanouie ; nous, messieurs, à l'hôtel d'Etampes !

Un instant après, le galop d'un cheval retentit sur le quai.

C'était le petit Jehan qui courait à toute bride annoncer à Cellini ce qui venait de se passer à l'hôtel de Nesle.

Quant à Ascanio, il entra au Châtelet sans avoir vu la duchesse et sans savoir la part qu'elle venait de prendre à l'événement qui ruinait toutes ses espérances.

XXIX.

DEUX RIVALES.

Madame d'Etampes, qui depuis qu'elle avait entendu parler de Colombe désirait tant la voir, était enfin servie à souhait : la pauvre enfant était là devant elle évanouie.

Aussi, pendant toute la route, la jalouse duchesse ne cessa-t-elle de la regarder. Ses yeux, ardens de colère en la voyant si belle, détaillaient chacune de ses beautés, faisaient chacun de ses traits, comptaient une à une toutes les perfections de la pâle jeune fille maintenant en son pouvoir et sous sa main. Elles étaient donc en présence, ces deux femmes qui aspiraient à un même amour et qui se disputaient un même cœur. L'une haineuse et toute-puissante, l'autre faible mais aimée ; l'une avec son éclat, l'autre avec sa jeunesse ; l'une avec sa passion, l'autre avec son innocence. Toutes deux séparées par tant d'obstacles se rencontraient et se heurtaient à la fin, et la robe de velours de la duchesse pesait, en la froissant, sur la simple robe blanche de Colombe.

Tout évanouie qu'était Colombe, Anne n'était pas la moins pâle des deux. Sans doute cette muette contemplation désespérait son orgueil et détruisait ses espérances ; car tandis que comme malgré elle, elle murmurait : « On ne m'avait pas trompée ; elle est belle, très belle ! » sa main qui tenait la main de Colombe la serra si convulsivement que la jeune fille, tirée de son évanouissement par la douleur, revint à elle, et ouvrit ses grands yeux en disant :

— Ah ! madame, vous me faites mal.

Aussitôt que madame d'Etampes vit se rouvrir les yeux de Colombe, elle lâcha sa main.

Mais la perception de la douleur avait en quelque sorte précédé chez la jeune fille le retour de ses facultés intellectuelles. Après avoir poussé ce cri plutôt que prononcé ces paroles, elle resta donc quelques secondes encore regardant la duchesse avec étonnement, et ne pouvant parvenir à rassembler ses idées. Enfin après un instant d'examen :

— Qui êtes-vous donc, madame, dit-elle, et où m'emmenez-vous ainsi ? Puis, tout à coup, se reculant : Ah ! s'écria-t-elle, vous êtes la duchesse d'Etampes ! je me souviens, je me souviens !

— Taisez-vous, reprit Anne impérieusement. Taisez-vous ; tout à l'heure nous serons seules, et vous pourrez vous étonner et vous écrier tout à votre aise.

Ces paroles furent accompagnées d'un regard dur et hautain ; mais ce fut le sentiment de sa propre dignité et non ce regard qui imposa silence à Colombe. Elle se renferma donc jusqu'à ce qu'on fût arrivé à l'hôtel d'Etampes dans un silence absolu, et arrivée là, sur un signe de la duchesse, elle la suivit dans son oratoire.

Quand les deux rivales se trouvèrent seules ainsi et face à face, elles se toisèrent mutuellement sans rien se dire pendant une ou deux minutes, mais avec deux expressions de visage bien différentes : Colombe était calme, car son espoir dans la Providence et sa confiance en Benvenuto la soutenaient ; Anne était furieuse de cette tranquillité, mais cette fureur, quoique exprimée par le bouleversement de ses traits, n'éclatait point encore, car elle comptait sur sa toute-puissante volonté et sur son pouvoir pour briser cette faible créature.

Ce fut elle qui rompit la première le silence.

— Eh bien ! ma jeune amie, lui dit-elle d'un ton qui, malgré la douceur des paroles, ne laissait pas de doute sur l'amertume de la pensée, vous voilà donc rendue enfin à l'autorité paternelle ! C'est bien, mais laissez-moi vous faire avant tout mes complimens sur votre bravoure : vous êtes... hardie pour votre âge, mon enfant.

— C'est que j'ai Dieu pour moi, madame, répondit Colombe avec simplicité.

— De quel dieu parlez-vous, mademoiselle? Ah ! du dieu Mars, sans doute, répondit la duchesse d'Etampes avec un de ces clignemens d'yeux impertinens dont elle avait si souvent occasion de faire usage à la cour.

— Je ne connais qu'un seul Dieu, madame ; le Dieu bon, protecteur, éternel, le Dieu qui recommande la charité dans la fortune et l'humilité dans la grandeur. Malheur à ceux qui ne reconnaissent pas le Dieu dont je parle, car un jour lui à son tour ne les reconnaîtra pas.

— Bien, mademoiselle, bien ! dit la duchesse. — La situation est heureuse pour faire de la morale, et je vous féliciterais de l'à-propos si je n'aimais mieux croire que vous voulez faire excuser votre impudeur par votre impudence.

— En vérité, madame, répondit Colombe sans aucune aigreur, mais en haussant imperceptiblement les épaules, je ne cherche point à m'excuser devant vous, ignorant encore en vertu de quel droit vous m'accuserez. Quand mon père m'interrogera, je lui répondrai avec respect et douleur. S'il me fait des reproches, je tâcherai de me justifier ; mais jusque-là, madame la duchesse, souffrez que je me taise.

— Je comprends, ma voix vous importune, et vous pré-

féreriez, n'est-ce pas, rester seule avec votre pensée pour songer à l'aise à celui que vous aimez ?
— Aucun bruit, si importun qu'il soit, ne peut m'empêcher de songer à lui, madame, surtout lorsqu'il est malheureux.
— Vous osez donc avouer que vous l'aimez ?
— C'est la différence qu'il y a entre nous, madame : vous l'aimez, vous, sans oser l'avouer.
— L'imprudente, s'écria la duchesse d'Etampes, je crois qu'elle me brave !
— Hélas ! non, répondit avec douceur Colombe, je ne vous brave pas, je vous réponds seulement parce que vous me forcez de vous répondre. Laissez-moi seule avec ma pensée, et je vous laisserai seule avec vos projets.
— Eh bien ! puisque tu m'y contrains, enfant, puisque tu te crois assez forte pour lutter avec moi, puisque tu avoues ton amour, j'avouerai le mien ; mais en même temps que mon amour j'avouerai ma haine. Oui, j'aime Ascanio, et je te hais ! Après tout, pourquoi feindre avec toi, la seule avec qui je puisse tout dire, car tu es la seule, quelque chose que tu dises, que l'on ne croira pas : oui, j'aime Ascanio.
— Alors je vous plains, madame, répondit doucement Colombe, car Ascanio m'aime.
— Oui, c'est vrai, Ascanio t'aime ; mais par la séduction si je puis, par un mensonge s'il le faut, par un crime s'il est nécessaire, je te déroberai cet amour, entends-tu. Je suis Anne d'Heilly, duchesse d'Etampes.
— Ascanio aimera, madame, celle qui l'aimera le mieux.
— Oh ! mais écoutez-la donc ! s'écria la duchesse, exaspérée de tant de confiance. Ne croirait-on pas que son amour est unique au monde, et que nul autre ne peut lui être comparé !
— Je ne dis pas cela, madame. Puisque j'aime ainsi, un autre cœur peut aimer de même ; seulement, je doute que ce cœur soit le vôtre.
— Et que ferais-tu donc bien pour lui, voyons, toi qui te vantes de cet amour auquel le mien ne saurait atteindre ? que lui as-tu sacrifié jusqu'à présent ? l'obscurité de ta vie, l'ennui de la solitude ?
— Non, madame, mais ma tranquillité.
— A quoi l'as-tu préféré ? au ridicule amour du comte d'Orbec ?
— Non, madame, mais à mon obéissance filiale.
— Qu'as-tu à lui donner, toi ? Peux-tu le faire riche, puissant, redouté ?
— Non, madame, mais j'espère le rendre heureux.
— Oh ! moi, dit la duchesse d'Etampes, moi, c'est bien autre chose, et je fais bien davantage ; moi, c'est la tendresse d'un roi que je lui immole ; ce sont des richesses, des titres, des honneurs, que je mets à ses pieds ; c'est un royaume à gouverner que je lui apporte.
— Oui, c'est vrai, dit Colombe en souriant, votre amour lui donne tout ce qui n'est pas l'amour.
— Assez, assez de cette injurieuse comparaison ! s'écria avec violence la duchesse, qui se sentait perdre pas à pas le terrain.
Alors il se fit un instant de silence que Colombe parut soutenir sans embarras, tandis que madame d'Etampes ne dissimulait le sien qu'à l'aide d'une colère visible. Cependant ses traits se détendirent peu à peu, une expression plus douce s'épanouit sur son visage, qu'un rayon de bienveillance vrai ou factice commença d'éclairer doucement et par degrés. Enfin elle revint la première à ce combat que son orgueil ne voulait clore à toute force que par un triomphe.
— Voyons, Colombe, dit-elle d'un ton presque affectueux, si l'on te disait : « Sacrifie ta vie pour lui, » que ferais-tu ?
— Oh ! je la donnerais avec ivresse !
— Moi de même ! s'écria la duchesse avec un accent qui prouvait, sinon la sincérité du sacrifice, au moins la violence de l'amour. Mais votre honneur, continua-t-elle, le sacrifieriez-vous comme votre vie ?
— Si par mon honneur vous entendez ma réputation, oui ; si par mon honneur vous entendez ma vertu, non.

— Comment ! n'êtes-vous donc pas à lui ? n'est-il donc pas votre amant ?
— Il est mon fiancé, madame, voilà tout.
— Oh ! elle ne l'aime pas, reprit la duchesse, elle n l'aime pas ! elle lui préfère l'honneur, un mot.
— Et si l'on vous disait, madame, reprit Colombe, irritée en dépit de sa douceur, si l'on vous disait à vous : Renonce pour lui à tes titres, à ta grandeur ; immole-lui le roi, non pas en secret, la chose serait trop facile, mais publiquement ; si l'on vous disait : Anne d'Heilly, duchesse d'Etampes, quitte pour son obscur atelier de ciseleur ton palais, tes richesses, tes courtisans ?
— Je refuserais dans son intérêt même, reprit la duchesse, comme s'il lui était impossible de mentir sous le regard pénétrant et profond dont la couvrait sa rivale.
— Vous refuseriez ?
— Oui.
— Ah ! elle ne l'aime pas ! s'écria Colombe : elle lui préfère les honneurs, des chimères !
— Mais quand je vous dis que c'est pour lui que je veux garder mon rang ! reprit la duchesse, exaspérée du nouveau triomphe de sa rivale ; quand je vous dis que c'est pour le lui faire partager que je veux conserver mes honneurs ! Tous les hommes aiment cela tôt ou tard.
— Oui, répondit Colombe en souriant ; mais Ascanio n'est pas un de tous ces hommes.
— Taisez-vous ! s'écria pour la seconde fois Anne furieuse et frappant du pied.
Ainsi la rusée et puissante duchesse n'avait pu prendre le dessus sur cette fille qu'elle croyait terrifier rien qu'en élevant la voix. A ses interrogatoires courroucés ou ironiques, Colombe avait toujours répondu avec un calme et une modestie qui déconcertaient madame d'Etampes. La duchesse sentit bien que l'aveugle impulsion de sa haine lui avait fait faire fausse route. Elle changea donc de tactique : elle n'avait compté à vrai dire ni sur tant de beauté ni sur tant d'esprit, et ne pouvant faire plier sa rivale, elle résolut de la surprendre.
De son côté, Colombe, comme on l'a vu, n'avait point été autrement effrayée par la double explosion de colère échappée à madame d'Etampes ; seulement, elle s'était renfermée dans un silence froid et digne. Mais la duchesse, en vertu du nouveau plan qu'elle venait d'adopter, se rapprocha avec un sourire tout charmant, et lui prit affectueusement la main.
— Pardonnez-moi, mon enfant, lui dit-elle, mais je crois que je me suis emportée : il ne faut pas m'en vouloir ; vous avez tant d'avantages sur moi qu'il est bien naturel que j'en sois jalouse. Hélas ! vous me trouvez sans doute comme toutes les autres une méchante femme ! Mais, en vérité, c'est ma destinée qui est méchante et non pas moi. Pardonnez-moi donc ; ce n'est pas une raison, parce que nous nous sommes rencontrées toutes deux à aimer Ascanio, pour nous haïr l'une l'autre. Vous, d'ailleurs, qu'il aime uniquement, c'est votre devoir d'être indulgente. Soyons sœurs, voulez-vous ? causons ensemble à cœur ouvert, et je vais prendre à tâche d'effacer de votre esprit l'impression fâcheuse que ma colère insensée y a laissée peut-être.
— Madame ! fit Colombe avec réserve et en retirant sa main que ne pouvait empêcher de répulsion instinctive ; puis elle ajouta : Parlez, je vous écoute.
— Oh ! répondit madame d'Etampes d'un air enjoué et comme si elle comprenait parfaitement cette réserve de la jeune fille, soyez tranquille, petite sauvage, je ne vous demande pas votre amitié sans vous offrir une garantie. Tenez, pour que vous sachiez bien qui je suis, pour que vous me connaissiez comme je me connais moi-même, je vais vous dire en deux mots ma vie. Mon cœur ne ressemble guère à mon histoire, allez ! et l'on nous calomnie souvent, nous autres pauvres femmes qu'on appelle de grandes dames. Ah ! l'envie a bien tort de médire de nous quand ce serait à la pitié de nous plaindre. Ainsi, vous, par exemple, mon

enfant, comment me jugez-vous?—soyez franche.—Comme une femme perdue, n'est-ce pas ?

Colombe fit un mouvement qui indiquait l'embarras qu'elle éprouvait à répondre à une pareille question.

— Mais si l'on m'a perdue, continua madame d'Etampes, est-ce de ma faute, enfin ? Vous qui avez eu du bonheur, Colombe, ne méprisez pas trop celles qui ont souffert vous qui avez jusqu'ici vécu dans une chaste solitude, ne sachez jamais ce que c'est que d'être élevée pour l'ambition; car à celles qu'on destine à cette torture, comme aux victimes qu'on parait de fleurs, on ne montre de la vie que le côté brillant. Il ne s'agit pas d'aimer, il s'agit de plaire. C'est ainsi, dès ma jeunesse, que mes pensées ne devaient tendre qu'à séduire le roi; cette beauté que Dieu donne à la femme pour qu'elle l'échange contre un amour vrai, ils m'ont forcée de l'échanger contre un titre : d'un charme ils ont fait un piége. —Eh bien! dites-moi, Colombe, que voulez-vous que devienne une pauvre enfant, prise à l'âge où elle ignore encore ce que c'est que le bien et le mal, et à qui l'on dit : le bien, c'est le mal ; le mal, c'est le bien ? Aussi, voyez-vous, quand les autres désespèrent de moi, moi je ne désespère pas. Dieu me pardonnera peut-être, car personne n'était à mes côtés pour m'avertir de lui. Que vouliez-vous que je fisse ainsi isolée, faible, sans appui? La ruse et la tromperie ont été dès lors toute mon existence. Cependant je n'étais pas faite pour ce rôle affreux, et la preuve, voyez-vous, c'est que j'ai aimé Ascanio ; et la preuve, c'est qu'en sentant que je l'aimais, je me suis trouvée heureuse et honteuse à la fois. Maintenant, dites-moi, chère et pure enfant, me comprenez-vous ?

— Oui, répondit naïvement Colombe, trompée par cette fausse bonne foi qui mentait avec l'apparence de la vérité.

— Alors vous aurez donc pitié de moi, s'écria la duchesse. Vous me laisserez aimer Ascanio de loin, toute seule, sans espoir ; et ainsi je ne serai pas votre rivale, puisqu'il ne m'aimera pas lui ; et alors en revanche, moi qui connais ce monde, ses ruses, ses piéges, ses tromperies, moi je remplacerai la mère que vous avez perdue, moi je vous guiderai, moi je vous sauverai. Maintenant, vous voyez bien que vous pouvez vous fier à moi, car maintenant vous savez ma vie. Une enfant au cœur de laquelle on fait germer des passions de femme, c'est là tout mon passé. Mon présent, vous le voyez : c'est la honte d'être publiquement la maîtresse du roi. Mon avenir, c'est un amour pour Ascanio, non pas le sien, car vous l'avez dit vous-même, et je me l'étais déjà dit bien souvent, Ascanio ne m'aimera jamais : mais justement parce que cet amour restera pur, il m'épurera. A présent c'est à votre tour de parler, d'être franche, de tout me dire. Racontez-moi votre histoire, chère enfant.

— Mon histoire, madame, est bien courte, et surtout bien simple, répondit Colombe; elle se résume dans trois amours. J'ai aimé, j'aime et j'aimerai : Dieu, mon père, Ascanio. Seulement, dans le passé, mon amour pour Ascanio que je n'avais pas encore rencontré, c'était un rêve ; dans le présent, c'est une souffrance ; dans l'avenir, c'est un espoir.

— Fort bien, dit la duchesse, comprimant la jalousie dans son cœur et les larmes dans ses yeux ; mais ne soyez pas confiante à demi, Colombe. Qu'allez-vous faire maintenant? Comment lutter, vous, pauvre enfant, contre deux volontés aussi puissantes que celles de votre père et du comte d'Orbec? Sans compter que le roi vous a vue et vous aime.

— Oh ! mon Dieu ! murmura Colombe.

— Mais comme cette passion était l'ouvrage de la duchesse d'Etampes, votre rivale, Anne d'Heilly, votre amie, vous en délivrera ; ne nous occupons donc pas du roi ; mais reste votre père, reste le comte. Leur ambition n'est pas aussi facile à dérouter que la tendresse banale de François Ier.

— Oh ! ne soyez pas bonne à demi, s'écria Colombe ; sauvez-moi des autres comme vous me sauvez du roi.

— Je ne sais qu'un moyen, dit la duchesse d'Etampes, paraissant réfléchir.

— Lequel ? demanda Colombe.

— Mais vous vous effraierez, vous ne voudrez pas le suivre.

— Oh ! s'il ne faut que du courage, parlez.

— Venez là et écoutez-moi, dit la duchesse en attirant affectueusement Colombe sur un pliant près de son fauteuil, et en lui passant la main autour de la taille. Surtout, ne vous effrayez pas aux premiers mots que je vais vous dire.

— C'est donc bien effrayant? demanda Colombe.

— Vous êtes d'une vertu rigide et sans tache, chère petite, mais nous vivons, hélas ! dans un temps et dans un monde où cette innocence charmante n'est qu'un danger de plus, car elle vous livre sans défense à vos ennemis, que vous ne pouvez combattre avec les armes dont ils se servent pour vous attaquer. Eh bien ! faites un effort sur vous-même, descendez des hauteurs de votre rêve, et abaissez-vous au niveau de la réalité. Vous disiez tout à l'heure que vous sacrifieriez à Ascanio votre réputation. Je ne vous en demande pas tant, immolez-lui seulement l'apparence de la fidélité à son amour. Essayer de lutter seule et faible contre votre destin ; rêver, vous, fille de gentilhomme, un mariage avec un apprenti orfèvre, c'est folie ! Tenez, croyez-en les conseils d'une amie sincère : ne leur résistez pas, laissez-vous conduire, restez dans votre cœur la fiancée pure, la femme d'Ascanio, et donnez votre main au comte d'Orbec. Que vous portiez son nom, c'est là ce qu'exigent ses projets ambitieux ; mais une fois la comtesse d'Orbec, vous déjouerez facilement ses projets infâmes, car vous n'aurez qu'à élever la voix et à vous plaindre. Tandis que maintenant, qui vous donnera raison dans votre lutte? Personne ; moi-même je ne puis vous aider contre l'autorité légitime d'un père, tandis que s'il ne fallait que déjouer les calculs de votre mari, vous me verriez à l'œuvre. Réfléchissez à cela. Pour rester votre maîtresse, obéissez ; pour devenir indépendante, faites semblant d'abandonner votre liberté. Alors, forte de cette pensée qu'Ascanio est votre époux légitime, et qu'une union avec tout autre n'est qu'un sacrilége, vous ferez ce que vous dictera votre cœur, et votre conscience se taira, et le monde, aux yeux duquel les apparences seront sauvées, vous donnera raison.

— Madame ! madame ! murmura Colombe en se levant et en se raidissant contre le bras de la duchesse, qui essayait de la retenir ; je ne sais pas si je vous comprends bien, mais il me semble que vous me conseillez une infamie !

— Vous dites ? s'écria la duchesse.

— Je dis que la vertu n'est pas si subtile, madame ; je dis que vos sophismes me font honte pour vous ; je dis que sous l'apparente amitié dont votre haine se couvre, je vois le piége que vous me tendez. Vous voulez me déshonorer aux yeux d'Ascanio, n'est-ce pas ? parce que vous savez qu'Ascanio n'aimera jamais ou cessera d'aimer la femme qu'il méprise?

— Eh bien ! oui ! dit la duchesse en éclatant ; car je suis lasse à la fin de porter le masque ! Ah ! tu ne veux pas tomber dans le piége que je te tends, dis-tu ! eh bien ! tu tomberas dans l'abîme où je te pousse ! Ecoute donc ceci : Que ta volonté y soit ou non, tu épouseras d'Orbec !

— En ce cas, la violence dont je serai victime m'excusera, et tout en cédant, si pourtant je cède, je n'aurai pas profané la religion de mon cœur.

— Ainsi, tu essaieras de lutter ?

— Par tous les moyens qui sont en la puissance d'une pauvre fille. Je vous en avertis, je dirai Non jusqu'au bout. Vous mettrez ma main dans la main de cet homme, je dirai Non ! Vous me traînerez devant l'autel, je dirai Non ! Vous me forcerez de m'agenouiller en face du prêtre, et en face du prêtre je dirai Non !

— Qu'importe ! Ascanio croira que tu as accepté le mariage que tu auras subi.

— Aussi j'espère bien ne pas le subir, madame.

— Sur qui comptes-tu donc pour te secourir ?
— Sur Dieu là-haut, et sur un homme en ce monde.
— Mais puisque cet homme est prisonnier !
— Cet homme est libre, madame.
— Quel est donc cet homme alors ?
— Benvenuto Cellini.

La duchesse grinça des dents en entendant prononcer le nom de celui qu'elle tenait pour son plus mortel ennemi. Mais au moment où elle allait répéter ce nom en l'accompagnant de quelque imprécation terrible, un page souleva la portière et annonça le roi.

La duchesse d'Etampes s'élança hors de l'appartement, et, le sourire sur les lèvres, elle alla au-devant de François Ier, qu'elle entraîna dans sa chambre en faisant signe à ses valets de veiller sur Colombe.

XXX.

BENVENUTO AUX ABOIS.

Une heure après l'emprisonnement d'Ascanio et l'enlèvement de Colombe, Benvenuto Cellini cheminait au pas de son cheval le long du quai des Augustins : il quittait le roi et sa cour, qu'il avait fort amusés pendant tout le chemin par mille contes comme il savait les faire, entremêlés du récit de ses propres aventures ; mais une fois rendu à la solitude, il était retombé dans sa pensée : le causeur frivole avait fait place au songeur profond. Tandis que sa main laissait flotter la bride, son front penché méditait ; il rêvait à la fonte de Jupiter, d'où dépendait maintenant avec sa gloire d'artiste le bonheur de son cher Ascanio ; le bronze fermentait dans son cerveau avant de bouillir dans la fournaise. Au dehors pourtant il était calme.

Quand il arriva devant la porte de l'hôtel, il s'arrêta une minute, étonné de ne pas entendre le bruit des marteaux : le noir château était muet et morne, comme si nulle âme ne l'habitait ; puis le maître frappa deux fois sans qu'on répondît ; enfin au troisième coup Scozzone vint ouvrir.

— Ah ! vous voilà, maître ! s'écria-t-elle en apercevant Benvenuto Cellini. Hélas ! que n'êtes-vous revenu deux heures plus tôt !

— Qu'est-il donc arrivé ? demanda Cellini.

— Le prévôt, le comte d'Orbec et la duchesse d'Etampes, sont venus.

— Après ?

— Ils ont fait une perquisition.

— Eh bien ?

— Ils ont trouvé Colombe dans la tête du dieu Mars.

— Impossible !

— La duchesse d'Etampes a emmené Colombe chez elle, et le prévôt a fait conduire Ascanio au Châtelet.

— Ah ! nous avons été trahis ! s'écria Benvenuto en frappant son front de la main et la terre de son pied. Puis, comme en toute chose le premier mouvement de cet homme était la vengeance, il laissa son cheval regagner seul l'écurie, et s'élançant dans l'atelier :

— Tous ici ! cria-t-il ; tous !

Un instant après, tous les ouvriers étaient réunis.

Alors chacun eut à subir un interrogatoire en règle, mais chacun ignorait complètement non seulement le lieu de la retraite de Colombe, mais encore le moyen par lequel les ennemis de la jeune fille avaient pu le découvrir : il n'y eut pas jusqu'à Pagolo, sur lequel les soupçons de Benvenuto avaient porté tout d'abord, qui ne se disculpât de façon à ne laisser aucun doute au maître. Il va sans dire que ces soupçons ne s'étaient pas un instant fixé sur l'honnête Hermann et n'avaient qu'effleuré Simon-le-Gaucher.

Voyant que de ce côté il n'avait rien à venger ni à apprendre, Benvenuto prit aussitôt son parti avec la rapidité de résolution qui lui était habituelle, et après s'être assuré que son épée tenait bien à son côté et que son poignard glissait facilement dans le fourreau, il ordonna à tout le monde de se tenir à son poste, afin qu'il pût retrouver chacun en cas de besoin. Il sortit de l'atelier, descendit rapidement le perron et s'élança dans la rue.

Cette fois son visage, sa marche et tous ses mouvements portaient l'empreinte de la plus vive agitation. En effet, mille pensées, mille projets, mille douleurs se heurtaient et se mêlaient dans sa tête. Ascanio lui manquait au moment où il lui était le plus nécessaire, car pour la fonte de son Jupiter ce n'était pas trop que tous ses apprentis, et à leur tête le plus intelligent de tous. Colombe était enlevée ; et au milieu de tous ses ennemis, Colombe pouvait perdre courage. Cette sereine et sublime confiance, qui faisait à la pauvre enfant comme un rempart contre les mauvaises pensées et les desseins pervers, allait peut-être s'altérer et l'abandonner parmi tant d'embûches et de menaces.

Puis, au milieu de tout cela, un souvenir bouillait au fond de sa pensée. Il se souvenait qu'un jour il avait fait entrevoir à Ascanio la possibilité de quelque cruelle vengeance de la part de la duchesse d'Etampes, Ascanio avait répondu en souriant : « Elle n'osera me perdre, car d'un mot je la » perdrais. » Benvenuto alors avait voulu connaître ce secret ; mais le jeune homme avait répondu : « Aujourd'hui, » maître, ce serait une trahison. Attendez le jour où ce ne » sera qu'une défense. »

Benvenuto avait compris cette délicatesse et avait attendu. Maintenant il fallait qu'il revît Ascanio. C'était donc vers ce résultat qu'il devait tendre d'abord.

Chez Benvenuto la résolution suivit immédiatement le désir. Il s'était à peine dit qu'il lui fallait voir Ascanio, qu'il frappait à la porte du Châtelet. Le guichet s'ouvrit, et l'un des sergens du prévôt demanda à Cellini qui il était. Un autre homme se tenait derrière lui dans l'ombre.

— Je m'appelle Benvenuto Cellini, répondit l'orfévre.

— Que désirez-vous ? reprit le sergent.

— Je désire voir un prisonnier enfermé dans cette prison.

— Comment se nomme-t-il ?

— Ascanio.

— Ascanio est au secret et ne peut voir personne.

— Et pourquoi Ascanio est-il au secret ?

— Parce qu'il est accusé d'un crime qui entraîne peine de mort.

— Alors, raison de plus pour que je le voie, s'écria Benvenuto.

— Vous avez une singulière logique, seigneur Cellini, dit d'un ton goguenard la voix de l'homme caché dans l'ombre, et qui n'est pas de mise au Châtelet.

— Qui rit quand je demande ? qui raille quand je prie ? s'écria Benvenuto.

— Moi, dit la voix ; moi, Robert d'Estourville, prévôt de Paris. Chacun son tour, seigneur Cellini. Toute lutte se compose de partie et revanche. Vous avez gagné la première manche, à moi la seconde. Vous m'avez pris illégalement mon hôtel, je vous ai pris légalement votre apprenti. Vous n'avez pas voulu me rendre l'un, soyez tranquille, je ne vous rendrai pas l'autre. Maintenant, vous êtes brave et entreprenant, vous avez une armée de compagnons dévoués ; allons, mon preneur de citadelles ! allons, mon escaladeur de murailles ! allons, mon enfonceur de portes ! venez prendre le Châtelet ! je vous attends !

A ces mots le guichet se referma.

Benvenuto poussa un rugissement et s'élança vers la porte massive, mais malgré l'effort réuni de ses pieds et de ses mains, la porte ne remua pas même sous ses efforts.

— Allez, mon ami, allez, frappez, frappez, cria le prévôt de l'autre côté de la porte, vous n'arriverez qu'à faire du bruit, et si vous en faites trop, gare le guet ! gare les archers ! Ah ! c'est que le Châtelet n'est pas comme l'hôtel de Nesle, voyez-vous ; c'est à notre sire le roi qu'il appartient, et nous verrons si vous serez en France plus maître que le roi.

Benvenuto chercha des yeux autour de lui, et vit sur le

quai une borne déracinée que deux hommes de force ordinaire auraient pu soulever à peine. Il alla droit à cette borne, et la chargea sur son épaule avec la même facilité qu'un enfant eût fait d'un pavé ordinaire.

Mais à peine eut-il fait quelques pas, qu'il réfléchit que, la porte enfoncée, il trouverait la garde intérieure, et que cette voie de fait pourrait à son tour le conduire en prison lui-même; en prison, au moment où la liberté d'Ascanio dépendait de la sienne. Il laissa donc retomber la borne, qui, par l'effet de son propre poids, entra de quelques pouces en terre.

Sans doute le prévôt le regardait par quelque judas invisible, car il entendit un second éclat de rire.

Benvenuto s'éloigna à toutes jambes pour ne pas céder à l'envie d'aller se briser la tête contre cette porte maudite.

Il alla droit à l'hôtel d'Etampes.

Tout n'était pas perdu encore si, ne pouvant voir Ascanio, il voyait du moins Colombe. Peut-être Ascanio, dans un épanchement d'amour, avait-il confié à sa fiancée le secret qu'il avait refusé d'apprendre à son maître.

Tout alla bien d'abord; la porte de l'hôtel était ouverte, il franchit la cour et entra dans l'antichambre, où se tenait un grand laquais galonné sur toutes les coutures, espèce de colosse de quatre pieds de large et de six pieds de haut.

— Qui êtes-vous? demanda-t-il à l'orfèvre en le toisant des pieds à la tête.

En toute autre circonstance, Benvenuto eût répondu à ce regard insolent par quelqu'une des violences qui lui étaient habituelles, mais il s'agissait de voir Colombe, il s'agissait de sauver Ascanio; il se contint.

— Je suis Benvenuto Cellini, l'orfèvre florentin, répondit-il.

— Que désirez-vous?

— Voir mademoiselle Colombe.

— Mademoiselle Colombe n'est pas visible.

— Et pourquoi n'est-elle pas visible?

— Parce que son père, messire d'Estourville, prévôt de Paris, l'a remise en garde à madame la duchesse d'Etampes en lui recommandant de veiller sur elle.

— Mais, moi, je suis un ami.

— Raison de plus pour que vous soyez suspect.

— Je vous dis qu'il faut pourtant que je la voie, dit Benvenuto, qui commençait à s'échauffer.

— Et moi, je vous dis que vous ne la verrez pas, répondit le laquais.

— Et la duchesse d'Étampes, au moins, est-elle visible?

— Pas plus que mademoiselle Colombe.

— Pas même pour moi, qui suis son orfèvre?

— Pour vous moins encore que pour tout autre.

— Alors, je suis consigné! s'écria Benvenuto.

— Justement, répondit le valet, et vous avez mis le doigt dessus.

— Sais-tu que je suis un singulier homme, l'ami, dit à son tour Benvenuto Cellini avec ce ton terrible qui précédait ordinairement ses explosions de colère, et que c'est où l'on ne veut pas me laisser entrer que j'entre!

— Et comment faites-vous, dites-moi cela, hein? vous me ferez plaisir.

— Quand il y a une porte et un drôle comme comme toi devant, par exemple...

— Eh bien? dit le laquais.

— Eh bien! dit Benvenuto en joignant l'effet à la parole, je culbute le drôle et j'enfonce la porte.

En même temps, d'un coup de poing, Benvenuto envoyait le laquais rouler à quatre pas de là, et d'un coup de pied il enfonçait la porte.

— A l'aide! cria le laquais, à l'aide!

Mais ce cri de détresse du pauvre diable était inutile; en passant du vestibule dans l'antichambre, Benvenuto s'était trouvé en face de six valets qui semblaient placés là pour l'attendre.

Il devina que la duchesse d'Etampes avait appris son retour, et que toutes ses précautions avaient été prises en conséquence.

Dans toute autre circonstance, et armé comme il l'était de son poignard et de son épée, Benvenuto serait tombé sur toute cette valetaille, et en eût eu probablement bon marché, mais cet acte de violence dans l'hôtel de la maîtresse du roi pouvait avoir des suites terribles. Pour la seconde fois, contre son habitude, la raison prit donc le dessus sur la colère, et sûr de pouvoir parvenir jusqu'au roi, près duquel, comme on le sait, il avait ses entrées à toute heure, il remit au fourreau son épée déjà à moitié tirée, revint sur ses pas, et en s'arrêtant à chaque mouvement, comme un lion qui bat en retraite, traversa lentement le vestibule, puis après le vestibule la cour, et s'achemina vers le Louvre.

Cette fois, Benvenuto avait repris son air tranquille et sa marche mesurée, mais ce calme n'était qu'apparent: de grosses gouttes de sueur perlaient sur son front, et une sombre colère s'amassait en lui, qui le faisait d'autant plus souffrir qu'il essayait plus énergiquement de la maîtriser. Rien n'était, en effet, plus antipathique à cette violente nature que le délai inerte, que l'obstacle misérable d'une porte fermée, que le refus grossier d'un laquais insolent. Ces hommes forts auxquels la pensée obéit n'ont pas de plus grands désespoirs que lorsqu'ils se heurtent inutilement à une résistance matérielle. Benvenuto eût donné dix ans de sa vie pour qu'un homme le coudoyât, et tout en marchant et levant de temps en temps la tête, et fixant son regard terrible sur ceux qui passaient près de lui, il semblait leur dire: — Voyons, y a-t-il parmi vous un malheureux qui soit las de vivre? En ce cas, qu'il s'adresse à moi, je suis son homme!

Un quart d'heure après, Benvenuto entrait au Louvre et s'arrêtait dans la salle des pages, demandant à parler à Sa Majesté sur l'heure. Il voulait tout raconter à François Ier, faire un appel à sa loyauté, et s'il n'obtenait point la permission de délivrer Ascanio, solliciter au moins celle de le voir; il avait tout le long du chemin songé à ce qu'il devait dire au roi, et comme Benvenuto ne manquait pas de prétentions à l'éloquence, il était d'avance fort content du petit discours qu'il avait préparé. En effet, tout ce mouvement, ces terribles nouvelles subitement apprises, ces outrages essuyés, ces obstacles qu'il n'avait pu vaincre, tout cela avait allumé le sang dans les veines de l'irascible artiste: ses tempes bourdonnaient, son cœur battait avec force, ses mains tremblaient. Il ne savait lui-même quelle excitation ardente doublait l'énergie de son corps et de son âme; une journée de vie se concentre parfois en une minute.

Ce fut dans ces dispositions que Benvenuto, s'adressant à un page, demanda la faveur d'entrer chez le roi.

— Le roi n'est pas visible, répondit le jeune homme.

— Ne me reconnaissez-vous pas? répondit Benvenuto étonné.

— Si fait, parfaitement, au contraire.

— Je m'appelle Benvenuto Cellini, et Sa Majesté est toujours visible pour moi.

— C'est justement parce que vous vous appelez Benvenuto Cellini, répondit le page, que vous ne pouvez entrer.

Benvenuto demeura stupéfait.

— Ah! c'est vous, continua le jeune homme en s'adressant à un courtisan qui était arrivé en même temps que l'orfèvre, c'est vous, M. de Termes? entrez, entrez, comte de la Faye; entrez, marquis des Prés.

— Et moi? et moi donc? s'écria Benvenuto pâlissant de colère.

— Vous? le roi en rentrant, il y a dix minutes, a dit: Si cet insolent Florentin se présente, qu'il sache que je ne veux pas le voir, et qu'on lui conseille d'être docile, s'il ne veut pas avoir à faire la comparaison entre le Châtelet et le fort Saint-Ange.

— A mon aide, ô patience! à mon aide! murmura Benvenuto Cellini d'une voix sourde; car, vrai Dieu! je ne suis pas habitué à ce que les rois me fassent attendre! Le Vatican valait bien le Louvre, et Léon X François Ier, et cependant je n'attendais pas à la porte du Vatican, je n'attendais pas à la porte de Léon X; mais je comprends : c'est cela ; oui, le roi était chez madame d'Etampes, le roi sort de chez sa maîtresse, il est prévenu par elle contre moi. Oui, c'est cela; patience pour Ascanio ! patience pour Colombe !

Mais, malgré cette belle résolution d'être patient, Benvenuto fut obligé de s'appuyer contre une colonne : son cœur se gonflait, ses jambes se dérobaient sous lui. Ce dernier affront ne le froissait pas seulement dans son orgueil, il le blessait dans son amitié. Son âme était toute pleine d'amertume et de désespoir, et ses lèvres serrées, son regard morne, ses mains crispées, témoignaient de la violence de sa douleur.

Cependant, au bout d'une minute, il revint à lui, chassa par un mouvement de tête ses cheveux, qui retombaient sur son front, et sortit d'un pas ferme et décidé. Tous ceux qui étaient là le regardaient s'éloigner avec une sorte de respect.

Si Benvenuto paraissait calme, c'était grâce à la puissance inouïe qu'il possédait sur lui-même, car en réalité il était plus égaré et plus troublé qu'un cerf aux abois. Il alla quelque temps dans la rue sans savoir où il allait, sans voir autre chose qu'un nuage, sans rien entendre que le bourdonnement de son sang dans ses oreilles, se demandant vaguement à lui-même, comme on le fait dans l'ivresse, s'il dormait ou s'il veillait. C'était la troisième fois qu'on le chassait depuis une heure. A lui, Benvenuto, ce favori des princes, des papes et des rois, c'était la troisième fois qu'on lui jetait la porte au visage, à lui, Benvenuto, devant lequel les portes s'ouvraient à deux battans quand on entendait venir le bruit de ses pas. Et cependant, malgré ce triple affront, il n'avait pas le droit de laisser faire sa colère : il fallait qu'il cachât sa rougeur et qu'il dissimulât sa honte jusqu'à ce qu'il eût sauvé Colombe et Ascanio. La foule qui passait près de lui, insouciante, paisible ou affairée, lui paraissait lire sur son front la triple injure qu'il venait de supporter. Ce fut peut-être le seul moment de sa vie où cette grande âme humiliée douta d'elle-même. Cependant, au bout d'un quart d'heure à peu près de cette fuite aveugle, errante, désordonnée, il descendit en lui-même et releva la tête : son abattement le quitta et sa fièvre le reprit.

— Allons, s'écria-t-il tout haut, tant il était dominé par sa pensée, tant l'âme dévorait le corps, allons, ils ont beau fouler l'homme, ils ne terrasseront pas l'artiste. Allons, sculpteur, qu'ils se repentent de leur action en admirant ton œuvre; allons, Jupiter, prouve que tu es encore, non seulement le roi des dieux, mais le maître des hommes.

Et en achevant ces paroles, Benvenuto, entraîné pour ainsi dire par une impulsion plus forte que lui, prit sa course vers les Tournelles, cette ancienne résidence royale qu'habitait encore le vieux connétable Anne de Montmorency.

Il fallut que le bouillant Benvenuto attendît son tour pendant une heure avant de pénétrer jusqu'au ministre-soldat de François Ier, qu'assiégeait une foule de courtisans et de solliciteurs ; enfin on l'introduisit près du connétable.

Anne de Montmorency était un homme de haute taille, à peine courbé par l'âge, froid, raide et sec, au regard vif, à la parole brève ; il grondait éternellement, et jamais on ne l'avait vu de bonne humeur. Il eût regardé comme une humiliation d'être surpris riant. Comment ce vieillard morose avait-il plu à l'aimable et gracieux prince qui gouvernait alors la France? c'est ce que l'on ne peut s'expliquer que par la loi des contrastes : François Ier avait le secret de renvoyer contens ceux qu'il refusait; le connétable, au contraire, s'arrangeait de façon à renvoyer furieux ceux qu'il contentait. D'un génie assez médiocre d'ailleurs, il inspirait de la confiance au roi par son inflexibilité militaire et sa gravité dictatoriale.

Quand Benvenuto entra, il se promenait, selon sa coutume, de long en large dans la chambre. Il répondit par un signe de tête au salut de Cellini ; puis s'arrêtant tout à coup et fixant sur lui son regard perçant :

— Qui êtes-vous ? lui demanda-t-il.
— Benvenuto Cellini.
— Votre profession ?
— Orfévre du roi, répondit l'artiste, étonné que sa première réponse ne lui eût pas épargné la seconde question.
— Ah! oui, c'est vrai, grommela le connétable. Je vous reconnais ; eh bien ! que voulez-vous, que demandez-vous, mon cher ? Que je vous fasse une commande ? Si vous avez compté là-dessus, vous avez perdu votre temps, je vous en préviens. Ma parole d'honneur! je ne comprends rien à cette manie des arts qui se répand partout aujourd'hui. On dirait d'une épidémie dont chacun serait atteint, moi excepté. Non, la sculpture n'est pas mon fait le moins du monde, maître orfévre, entendez-vous cela? Ainsi donc adressez-vous à d'autres, et bonsoir. Benvenuto fit un mouvement. Eh ! mon Dieu ! continua le connétable, que cela ne vous désespère pas ; vous ne manquerez pas de courtisans qui viendront singer le roi, et d'ignorans qui se poseront en connaisseurs. Quant à moi, écoutez bien ceci : je m'en tiens à mon métier, qui est de mener la guerre, et j'aime cent fois mieux, je vous le dis, une bonne paysanne qui me fait tous les dix mois un enfant, c'est-à-dire un soldat, qu'un méchant statuaire qui perd son temps à me composer un tas de bons hommes de bronze qui ne sont bons qu'à faire renchérir les canons.
— Monseigneur, dit Benvenuto, qui avait écouté toute cette longue hérésie avec une patience qui l'étonnait lui-même ; monseigneur, je ne viens pas vous parler de choses d'art, mais de choses d'honneur.
— Ah! dans ce cas, c'est autre chose. Que désirez-vous de moi? dites vite.
— Vous souvenez-vous, monseigneur, qu'une fois Sa Majesté m'a dit devant vous que le jour où je lui apporterais la statue de Jupiter fondue en bronze, elle m'accorderait la grâce que je lui demanderais, et qu'elle vous chargerait, monseigneur, vous et le chancelier Poyet, de lui rappeler cette parole royale promise, dans le cas où elle l'aurait oubliée.
— Je m'en souviens. Après?
— Eh bien ! monseigneur, le moment approche où je vous adjurerai d'avoir de la mémoire pour le roi. En aurez-vous?
— C'est cela que vous venez me demander, monsieur ! s'écria le connétable ; c'est pour me prier de faire ce que je dois que vous me dérangez !
— Monseigneur !
— Vous êtes un impertinent, monsieur l'orfévre. Apprenez que le connétable Anne de Montmorency n'a pas besoin qu'on l'avertisse d'être honnête homme. Le roi m'a dit d'avoir de la mémoire pour lui, et c'est une précaution qu'il devrait prendre plus souvent, soit dit sans lui faire tort ; eh bien ! j'en aurai, dût cette mémoire lui être importune. Adieu, maître Cellini, et passons à d'autres.

Sur ce, le connétable tourna le dos à Benvenuto, et fit signe qu'on pouvait faire entrer un autre solliciteur.

De son côté, Benvenuto salua le connétable, dont la brusque franchise ne lui déplaisait pas, et toujours animé par la même fièvre, toujours poussé par la même pensée ardente, il se présenta chez le chancelier Poyet, qui demeurait non loin de là, à la porte Saint-Antoine.

Le chancelier Poyet formait avec Anne de Montmorency, toujours maussade, toujours cuirassé des pieds à la tête, l'opposition morale et physique la plus complète. Il était poli, fin, cauteleux, enfoncé dans des fourrures, perdu en quelque sorte dans l'hermine ; on ne voyait de lui qu'un crâne chauve et grisonnant, des yeux spirituels et inquiets, des lèvres minces et une main blanche. Il avait autant d'honnêteté peut-être que le connétable, mais moins de droiture.

Là encore il attendit une demi-heure. Mais Benvenuto n'était pas reconnaissable : il s'habituait à attendre.

— Monseigneur, dit-il quand enfin on l'introduisit, je viens vous rappeler une parole que le roi m'a donnée en votre présence, et dont il vous a fait non-seulement le témoin mais encore le garant.

— Je sais ce que vous voulez dire, messire Benvenuto, interrompit Poyet, et je suis prêt, si vous le désirez, à remettre à Sa Majesté sa promesse devant les yeux ; mais je dois vous prévenir que, judiciairement parlant, vous n'avez aucun droit, attendu qu'un engagement pris en l'air et laissé à votre discrétion n'est nullement valable devant les tribunaux et n'équivaudra jamais à un titre ; il en résulte que si le roi satisfait à votre demande, ce sera par pure bonne grâce et par loyauté de gentilhomme.

— C'est ainsi que je l'entends, monseigneur, dit Benvenuto, et je vous prie seulement de remplir en temps et lieu la commission dont le roi vous a chargé, laissant le reste à la bienveillance de Sa Majesté.

— A la bonne heure, dit Poyet, et dans ces limites, mon cher monsieur, croyez bien que je suis tout à vous.

Benvenuto quitta donc le chancelier l'esprit plus tranquille, mais le sang toujours allumé, les mains toujours fiévreuses. Sa pensée, exaltée par tant d'impatiences, d'injures et de colères, obligée de se contenir si longtemps, débordait enfin en liberté ; l'espace et le temps n'existaient plus pour l'esprit qu'elle inondait, et tandis que Benvenuto revenait chez lui à grands pas, il revoyait dans une sorte de délire lumineux Stéphana, la maison de del Moro, le château Saint-Ange, et le jardin de Colombe. Il sentait en même temps en lui des forces plus qu'humaines, il lui semblait qu'il vivait en dehors de ce monde.

Ce fut en proie à cette exaltation étrange qu'il rentra à l'hôtel de Nesle.

Tous les apprentis l'attendaient comme il l'avait ordonné.

— A la fonte du Jupiter, mes enfants ! à la fonte ! cria-t-il du seuil de la porte, et il s'élança vers l'atelier.

— Bonjour, maître, dit Jacques Aubry, qui était entré en chantant joyeusement derrière Benvenuto Cellini. Vous ne m'aviez donc ni vu ni entendu ? Il y a cinq minutes que je vous poursuis sur le quai en vous appelant ; vous marchiez si vite que j'en suis tout essoufflé. Mais qu'avez-vous donc tous ici, vous êtes tristes comme des juges.

— A la fonte ! continua Benvenuto sans répondre à Jacques Aubry, et qu'il avait cependant vu du coin de l'œil et entendu d'une oreille. A la fonte ; tout est là ! Réussirons-nous, Dieu clément ? Ah ! mon ami, continua-t-il en phrases saccadées, s'adressant tantôt à Aubry, tantôt à ses compagnons, oh ! mon cher Jacques, quelle triste nouvelle m'attendait au retour et comme ils ont profité de mon absence !

— Qu'avez-vous donc, maître ? s'écria Aubry véritablement inquiet de l'agitation de Cellini et de la profonde tristesse des apprentis.

— Surtout, enfant, apportez du bois de sapin bien sec. — Vous savez que depuis six mois j'en fais provision. — Ce que j'ai, mon brave Jacques, j'ai que mon Ascanio est en prison au Châtelet ; j'ai que Colombe, la fille du prévôt, qu'il aimait, vous savez bien, cette charmante jeune fille, est aux mains de la duchesse d'Étampes, son ennemie ; ils l'ont trouvée dans la statue de Mars, où je l'avais cachée. Mais nous la sauverons. — Eh bien ! eh bien ! où vas-tu, Hermann ? Ce n'est pas à la cave qu'est le bois, c'est dans le chantier.

— Ascanio arrêté ! s'écria Aubry, Colombe enlevée !

— Oui, oui, quelque infâme espion les aura guettés, les pauvres enfants, et il aura livré un secret que je vous ai caché à vous-même, mon cher Jacques. Mais si je le découvre, celui-là !... — A la fonte, mes enfants ! à la fonte ! Ce n'est pas le tout. Le roi ne veut plus me voir, moi qu'il appelait son ami. — Croyez donc à l'amitié des hommes ! il est vrai que les rois ne sont pas des hommes : ce sont des rois. De sorte que je me suis inutilement présenté au Louvre, je n'ai pu parvenir jusqu'à lui, je n'ai pu lui dire un mot. Ah ! ma statue lui parlera pour moi. Disposez le moule, mes amis, et ne perdons pas une minute. Cette femme qui insulte la pauvre Colombe ! cet infâme prévôt qui me raille ! ce geôlier qui torture Ascanio ! Oh ! les terribles visions que j'ai eues aujourd'hui, mon cher Jacques. Voyez-vous, dix années de ma vie, je les donnerais à celui qui pourrait pénétrer jusqu'au prisonnier, lui parler et me rapporter le secret au moyen duquel je dompterai cette superbe duchesse ; car Ascanio sait un secret qui a cette puissance, entendez-vous, Jacques, et il a refusé de me le confier, le noble cœur ! Mais, va, c'est égal, ne crains rien, Stéphana, ne crains rien pour ton enfant, je le défendrai jusqu'au dernier souffle de ma vie, et je le sauverai ! Oui, je le sauverai ! Ah ! le traître qui nous a vendus, où est-il, que je l'étouffe de mes propres mains ! Que je vive seulement trois jours encore, Stéphana, car il me semble que le feu qui me brûle a dévoré ma vie. Oh ! si j'allais mourir sans pouvoir achever mon Jupiter ! A la fonte, enfants ! à la fonte !

Aux premiers mots de Benvenuto Cellini, Jacques Aubry était devenu affreusement pâle, car il soupçonnait qu'il était la cause de tout cela. Puis, à mesure que Benvenuto parlait, ce soupçon s'était changé en certitude. Alors sans doute quelque projet, de son côté, lui vint à l'esprit, car il disparut en silence tandis que Cellini tout en fièvre courait à la fonderie, suivi de ses ouvriers, en criant comme un insensé :

— A la fonte, mes enfants ! à la fonte !

XXXI.

DES DIFFICULTÉS QU'ÉPROUVE UN HONNÊTE HOMME A SE FAIRE METTRE EN PRISON.

Le pauvre Jacques Aubry était sorti désespéré du Grand-Nesle : il n'y avait point à en douter, c'était lui qui, involontairement, avait trahi le secret d'Ascanio. Mais quel était celui qui l'avait trahi lui-même ? Ce n'était certes pas ce brave seigneur dont il ignorait le nom ; un gentilhomme, fi donc ! Il fallait que ce fût ce drôle d'Henriet, à moins cependant que ce ne fût Robin, ou bien Charlot, ou bien Guillaume. A vrai dire, le pauvre Aubry se perdait dans ses conjectures ; le fait est qu'il avait confié l'événement à une douzaine d'amis intimes parmi lesquels il n'était pas facile de retrouver le coupable ; mais n'importe ! le premier, le véritable, le seul traître, c'était lui, Jacques ; l'espion infâme qu'accusait Benvenuto, c'était lui. Au lieu d'enfermer sous triple clef dans son cœur le secret surpris à un ami, il avait été le semer en vingt endroits, il avait par sa langue maudite causé la perte d'Ascanio, d'un frère. Jacques s'arrachait les cheveux, Jacques se donnait des coups de poing, Jacques s'accablait des injures les plus odieuses et ne trouvait pas d'invectives assez révoltantes pour qualifier comme elle le méritait son odieuse conduite.

Ses remords devinrent si poignants et le jetèrent dans une exaspération telle que, pour la première fois de sa vie peut-être, Jacques Aubry se mit à réfléchir. Après tout, quand son crâne serait chauve, sa poitrine violette et sa conscience en pièces, ce n'était pas là ce qui délivrerait Ascanio ; à tout prix il fallait réparer le mal au lieu de perdre le temps à se désespérer.

L'honnête Jacques avait retenu ces paroles de Benvenuto : « Je donnerais dix ans de ma vie à qui pourrait pénétrer jusqu'à Ascanio, lui parler et me rapporter le secret au moyen duquel je ferais plier cette altière duchesse. » Et comme nous l'avons dit, il s'était, contre son habitude, mis à réfléchir. Le résultat de ses réflexions fut qu'il fallait pénétrer dans le Châtelet. Une fois là, il finirait bien par arriver jusqu'à Ascanio.

Mais c'était inutilement que Benvenuto avait tenté d'y entrer comme visiteur ; et certes, Jacques Aubry n'eût pas même l'orgueilleuse idée de tenter une chose dans laquelle le maître avait échoué. Mais, s'il était impossible d'y pénétrer comme visiteur, il devait être on ne peut plus facile, du moins le basochien le croyait, d'y entrer comme prisonnier: il y entrerait donc à ce titre ; puis, lorsqu'il aurait vu Ascanio, lorsque Ascanio lui aurait tout confié, lorsqu'il n'aurait plus rien à faire au Châtelet, il en sortirait et s'en irait à Benvenuto Cellini, riche du secret sauveur, non pour réclamer les dix ans de sa vie qu'il avait offerts, mais pour lui confesser son crime et lui demander son pardon.

Enchanté de la richesse de son imagination et orgueilleux de l'étendue de son dévoûment, il s'achemina vers le Châtelet.

— Voyons, ruminait Jacques Aubry tout en marchant d'un pas délibéré vers la prison objet de tous ses désirs ; voyons, pour ne point faire de nouvelles sottises, tâchons de nous mettre au courant de la situation, ce qui ne me paraît pas facile, attendu que toute cette histoire me paraît aussi embrouillée que le fil de Gervaise quand elle me le donne à tenir et que je veux l'embrasser. Voyons, remémorons-nous toutes choses. Ascanio aimait Colombe, la fille du prévôt, bien. Comme le prévôt voulait la marier au comte d'Orbec, Ascanio l'a enlevée, fort bien ; puis, une fois enlevée, ne sachant que faire de la gentille enfant, il l'a cachée dans tête du dieu Mars, *optime*. La cachette était, ma foi ! merveilleuse, et il ne fallait rien moins qu'un animal... enfin passons : je me retrouverai après. Alors il paraîtrait que sur mes indices le prévôt a remis la main sur sa fille et fait emprisonner Ascanio. Double brute que je suis ! Oui, mais c'est là que l'écheveau s'embrouille. Que vient faire la duchesse d'Étampes dans tout cela ? Elle déteste Colombe, que tout le monde aime. Pourquoi ? Ah ! j'y suis. Certaines railleries des compagnons, l'embarras d'Ascanio quand on lui parlait de la duchesse... madame d'Étampes en tient pour Ascanio, et tout naturellement abomine sa rivale. Jacques, mon ami, tu es un grand misérable, mais tu es un gaillard bien intelligent. Ah ! oui ; mais maintenant comment Ascanio a-t-il entre les mains de quoi perdre la duchesse ? Comment le roi va-t-il et vient-il dans toute cette bagarre avec une nommée Stéphana ? Comment Benvenuto invoque-t-il à tout moment Jupiter, ce qui est une invocation un peu païenne pour un catholique ? Au diable ! si j'y vois goutte. Mais il n'est pas absolument besoin que je comprenne. C'est dans le cachot d'Ascanio qu'est la lumière: l'essentiel est donc de me faire jeter dans ce cachot. Je combinerai le reste ensuite.

Ce disant, Jacques Aubry, arrivé au terme de son chemin, frappait un coup véhément à la porte du Châtelet. Le guichet s'ouvrit, et une voix rude lui demanda ce qu'il voulait ; c'était celle du geôlier.

— Je veux un cachot dans votre prison, répondit Aubry d'une voix sombre.

— Un cachot ! fit le geôlier étonné.

— Oui, un cachot, le plus noir et le plus profond ; ce sera encore mieux que je ne le mérite.

— Et pourquoi cela ?

— Parce que je suis un grand criminel.

— Et quel crime avez-vous commis ?

— Ah ! au fait, quel crime ai-je commis ? se demanda Jacques, qui n'avait pas pensé à se préparer un crime convenable : puis comme, malgré les complimens qu'il s'était adressés un instant auparavant, la rapidité de l'imagination n'était pas son côté brillant, quel crime ? répéta-t-il.

— Oui, quel crime ? reprit le geôlier.

— Devinez, dit Jacques. Puis il ajouta à part lui : Ce gaillard-là doit mieux se connaître en crimes que moi, il va me faire une liste et je choisirai.

— Avez-vous assassiné ? demanda le geôlier.

— Ah çà ! dites donc, s'écria l'écolier, dont la conscience se révoltait à l'idée de passer pour un meurtrier, pour qui me prenez-vous, l'ami ?

— Avez-vous volé ? continua le geôlier.

— Volé ? ah ! par exemple !

— Mais qu'avez-vous donc fait alors ? s'écria le geôlier impatienté. Ce n'est pas le tout de se donner comme criminel, il faut encore dire quel crime on a commis.

— Mais quand je vous dis que je suis un scélérat, que je suis un misérable, quand je vous dis que j'ai mérité la roue, que j'ai mérité le gibet !

— Le crime ? le crime ? demanda impassiblement le geôlier.

— Le crime ? Eh bien ! j'ai trahi l'amitié.

— Ce n'est pas un crime cela, dit le geôlier.—Bonsoir.— Et il referma la porte.

— Ce n'est pas un crime, cela ? ce n'est pas un crime ? Eh ! qu'est-ce donc ?

Et Jacques Aubry empoigna le marteau à pleines mains et se remit à frapper de plus belle.

— Mais qu'y a-t-il donc encore ? interrompit dans l'intérieur du Châtelet la voix d'un tiers qui survint.

— C'est un fou qui veut entrer au Châtelet, dit le guichetier.

— Alors, si c'est un fou, sa place n'est point au Châtelet, mais à l'hôpital.

— A l'hôpital ! s'écria Jacques Aubry en s'enfuyant à toutes jambes ; à l'hôpital ! peste ! ce n'est point là mon affaire. C'est au Châtelet que je veux entrer, et non à l'hôpital ! d'ailleurs, ce sont les mendians et les gueux qu'on met à l'hôpital, et non pas les gens qui, comme moi, ont trente sous parisis dans leur poche. A l'hôpital ! mais a-t-on vu ce misérable guichetier qui prétend que trahir son ami n'est pas un crime ! Ainsi, pour avoir l'honneur d'être admis en prison, il faut avoir ou assassiné ou volé. Mais j'y pense... pourquoi n'aurais-je pas séduit quelque jeune fille ? Ce n'est pas déshonorant. Oui, mais quelle jeune fille ? Gervaise ?... Et malgré sa préoccupation, l'écolier se mit à rire aux éclats. Eh bien ! après tout, dit-il, cela n'est pas, mais cela aurait pu être. Allons ! allons ! voilà mon crime tout trouvé : j'ai séduit Gervaise.

Et Jacques Aubry prit sa course vers la maison de la jeune ouvrière, monta tout courant les soixante marches qui conduisaient à son logement, et sauta de plain bond au milieu de la chambre, où dans son négligé coquet la charmante grisette, un fer à la main, repassait ses guimpes.

— Ah ! fit Gervaise en poussant un joli petit cri. Ah ! monsieur, que vous m'avez fait peur !

— Gervaise, ma chère Gervaise, s'écria Jacques Aubry en s'avançant vers sa maîtresse les bras ouverts ; il faut me sauver la vie, mon enfant.

— Un instant, un instant, dit Gervaise en se servant de son fer comme d'un bouclier ; que voulez-vous, monsieur le coureur ? il y a trois jours qu'on ne vous a vu.

— J'ai tort, Gervaise, je suis un malheureux. Mais la preuve que je t'aime, c'est que, dans ma détresse, c'est vers toi que j'accours. Je te le répète, Gervaise, il faut me sauver la vie.

— Oui, je comprends, vous vous serez grisé dans quelque cabaret où vous aurez eu dispute. On vous poursuit, on veut vous mettre en prison, et vous venez prier la pauvre Gervaise de vous donner l'hospitalité. Allez en prison, monsieur, allez en prison, et laissez-moi tranquille.

— Et voilà justement tout ce que je demande, ma petite Gervaise, c'est d'aller en prison, mais ces misérables-là refusent de m'y mettre.

— Oh ! mon Dieu ! Jacques, dit la jeune fille avec un mouvement plein de tendre compassion, es-tu fou ?

— Voilà : ils disent que je suis fou, et ils veulent m'envoyer à l'hôpital, tandis que c'est au Châtelet que je veux aller, moi !

— Tu veux aller au Châtelet ? et pourquoi faire, Aubry ? c'est une affreuse prison que le Châtelet. On dit qu'une fois qu'on y est entré, on ne sait plus quand on en sort.

— Il faut pourtant que j'y entre ; il le faut pourtant ! s'écria l'écolier. Il n'y a que ce moyen de le sauver.

— De sauver qui ?

— De sauver Ascanio.

— Qui, Ascanio ? ce beau jeune homme, l'élève de votre ami Benvenuto ?

— Lui-même, Gervaise. Il est au Châtelet, et au Châtelet par ma faute.

— Grand Dieu !

— De sorte que, dit Jacques, il faut que je le rejoigne, il faut que je le sauve.
— Et pourquoi est-il au Châtelet ?
— Parce qu'il aimait la fille du prévôt et qu'il l'a séduite.
— Pauvre jeune homme ! Comment, on met en prison pour cela ?
— Oui, Gervaise. Maintenant tu comprends : il la tenait cachée ; moi je découvre la cachette, et comme un niais, comme un misérable, comme un infâme, je raconte la chose à tout le monde.
— Excepté à moi ! s'écria Gervaise. Je vous reconnais bien là !
— Je ne te l'ai pas racontée, Gervaise ?
— Vous ne m'en avez pas dit un mot. C'est pour les autres que vous êtes bavard ; mais pas pour moi. Quand vous venez ici, c'est pour m'embrasser, pour boire ou pour dormir ; jamais pour causer. Apprenez, monsieur, qu'une femme aime à causer.
— Eh bien ! que faisons-nous donc dans ce moment-ci, ma petite Gervaise ? dit Jacques ; nous causons, ce me semble.
— Oui, parce que vous avez besoin de moi.
— Il est vrai que tu pourrais me rendre un grand service.
— Et lequel ?
— Tu pourrais dire que je t'ai séduite.
— Mais sans doute, mauvais sujet, vous m'avez séduite.
— Moi ! s'écria Jacques Aubry étonné. Moi, Gervaise, je t'ai séduite ?
— Hélas ! oui, c'est le mot ; séduite, monsieur, indignement séduite par vos belles paroles, par vos fausses promesses.
— Par mes belles paroles, par mes fausses promesses ?
— Oui. Ne me disiez-vous pas que j'étais la plus jolie fille du quartier Saint-Germain-des-Prés ?
— Cela, je te le dis encore.
— Ne disiez-vous pas que si je ne vous aimais pas, vous alliez mourir d'amour ?
— Tu crois que je disais cela ? C'est drôle, je ne m'en souviens pas.
— Tandis que si au contraire je vous aimais, vous m'épouseriez ?
— Gervaise, je n'ai pas dit cela. Jamais !
— Vous l'avez dit, monsieur.
— Jamais, jamais, jamais, Gervaise. Mon père m'a fait faire un serment comme Amilcar à Annibal.
— Lequel ?
— Il m'a fait jurer de mourir garçon, comme lui.
— Oh ! s'écria Gervaise en appelant, avec cette merveilleuse facilité que les femmes ont à pleurer, les larmes au secours de ses paroles ; ah ! voilà comme ils sont tous ; les promesses ne leur coûtent rien, et puis quand la pauvre fille est séduite, ils ne se souviennent plus de ce qu'ils ont promis. Aussi, je le jure à mon tour, ce sera la dernière fois que je m'y laisserai prendre.
— Et tu feras jurer, Gervaise, dit l'écolier.
— Lorsqu'on pense, s'écria la grisette, qu'il y a des lois pour les larronneurs, les coupeurs de bourses et les tire-laines, et qu'il n'y en a pas contre les mauvais sujets qui perdent les pauvres filles.
— Il y en a, Gervaise, dit Jacques Aubry.
— Il y en a ? reprit Gervaise.
— Sans doute, puisque tu vois qu'on a envoyé ce pauvre Ascanio au Châtelet pour avoir séduit Colombe.
— Et l'on a bien fait, répondit Gervaise, à qui la perte de son honneur ne s'était jamais présentée d'une façon aussi sensible que depuis qu'elle était aussi bien convaincue que Jacques Aubry était décidé à ne pas lui rendre son nom en compensation. Oui, l'on a bien fait, et je voudrais que vous fussiez aussi lui au Châtelet.
— Eh ! mon Dieu ! c'est tout ce que je demande aussi, s'écria l'écolier, et comme je te l'ai dit, ma petite Gervaise, je compte sur toi pour cela.

— Vous comptez sur moi ?
— Oui.
— Riez, ingrat.
— Je ne ris pas, Gervaise. — Je dis que si tu avais le courage...
— Quel courage ?
— De m'accuser devant le juge.
— De quoi ?
— De t'avoir séduite ; mais tu n'oseras jamais.
— Comment, je n'oserai pas, s'écria Gervaise outrée, je n'oserai pas dire la vérité !
— Songe donc qu'il faut faire serment, Gervaise.
— Je le ferai.
— Tu feras serment que je t'ai séduite, moi ?
— Oui, oui, cent fois oui !
— Alors tout va bien, dit l'écolier joyeux. Moi, écoute donc, j'avais peur ; un serment est une chose grave.
— Oui, serment à l'instant même, et je vous enverrai au Châtelet, monsieur.
— Bon !
— Et vous retrouverez là votre Ascanio.
— A merveille !
— Et vous aurez tout le temps de faire pénitence ensemble.
— C'est tout ce que je demande.
— Où est le lieutenant criminel ?
— Au Palais-de-Justice.
— J'y cours.
— Courons-y ensemble, Gervaise.
— Oui, ensemble ; de cette façon, la punition ne se fera pas attendre.
— Prends mon bras, Gervaise, dit l'écolier.
— Venez, monsieur, dit la grisette.
Et tous deux s'acheminèrent vers le Palais-de-Justice du même pas qu'ils avaient l'habitude de s'en aller, le dimanche, au Pré-aux-Clercs ou à la butte Montmartre.
Cependant, à mesure qu'ils avançaient vers le temple de Thémis, comme Jacques Aubry appelait poétiquement le monument en question, la marche de Gervaise se ralentissait sensiblement ; arrivée au bas de l'escalier, elle eut quelque peine à en franchir les marches ; enfin, à la porte du lieutenant criminel, les jambes lui manquèrent tout à fait, et l'écolier la sentit peser de tout son poids à son bras.
— Eh bien ! Gervaise, lui dit-il, est-ce que le courage te manque ?
— Non, dit Gervaise ; mais c'est que c'est bien intimidant un lieutenant criminel.
— C'est un homme comme un autre, pardieu !
— Oui, mais il faudra lui raconter des choses...
— Eh bien ! tu les raconteras.
— Mais il faudra jurer.
— Tu jureras.
— Jacques, demanda Gervaise, es-tu bien sûr de m'avoir séduite ?
— Pardieu ! si j'en suis sûr, dit Jacques ; d'ailleurs ne me le répétais-tu pas tout à l'heure toi-même ?
— Oui, c'est vrai ; mais c'est bien singulier, il me semble que je ne vois plus les choses tout à fait de la même façon ici que je les voyais tout à l'heure.
— Allons, dit Jacques, voilà que tu faiblis ; je le savais bien.
— Jacques, mon ami, s'écria Gervaise, ramène-moi à la maison.
— Gervaise, Gervaise, dit l'écolier, ce n'était pas cela que tu m'avais promis.
— Jacques, je ne te ferai plus de reproches, je ne te parlerai plus de rien. Je t'ai aimé parce que tu me plaisais, voilà tout.
— Allons, dit l'écolier, voilà ce que je craignais ; mais il est trop tard.
— Comment, trop tard ?
— Tu es venue ici pour m'accuser, tu m'accuseras.

— Jamais, Jacques, jamais; tu ne m'as pas séduite, Jacques ; c'est moi qui ai été coquette.

— Allons, bien! s'écria l'écolier.

— D'ailleurs, ajouta Gervaise en baissant les yeux, on n'est séduite qu'une fois.

— Comment, qu'une fois?

— Oui, la première fois qu'on aime.

— Eh bien! toi qui m'avais fait croire que tu n'avais jamais aimé!

— Jacques, ramène-moi à la maison.

— Oh! ça, non! dit Jacques exaspéré et du refus de Gervaise et du motif sur lequel elle l'appuyait : non! non! non! Et il frappa à la porte du juge.

— Que fais-tu? s'écria Gervaise.

— Tu le vois bien : je frappe.

— Entrez! cria une voix nasillarde.

— Je ne veux pas entrer, dit Gervaise, faisant tous ses efforts pour dégager son bras de celui de l'écolier. Je n'entrerai pas.

— Entrez, répéta une seconde fois la même voix, mais avec un accent plus prononcé.

— Jacques, je crie, j'appelle, dit Gervaise.

— Mais entrez donc! dit une troisième fois la voix plus rapprochée, et en même temps la porte s'ouvrit.

— Eh bien! que voulez-vous? dit un grand homme maigre vêtu de noir dont la seule vue fit trembler Gervaise de la tête aux pieds.

— C'est, dit Jacques Aubry, c'est mademoiselle qui vient porter plainte contre un mauvais sujet qui l'a séduite.

Et il poussa Gervaise dans la chambre noire, sale, hideuse, qui servait de vestibule au cabinet du lieutenant-criminel. En même temps comme par un ressort la porte se referma.

Gervaise jeta un faible cri, moitié d'effroi, moitié de surprise, et alla s'asseoir ou plutôt alla tomber sur un escabeau adossé à la muraille.

Quant à Jacques Aubry, de peur que la jeune fille ne le rappelât ou ne courût après lui, il s'enfuit par des corridors connus des écoliers, des basochiens et des plaideurs seulement, jusque dans la cour de la Sainte-Chapelle, puis de là il gagna plus tranquillement le pont Saint-Michel, par lequel il fallait absolument que Gervaise repassât.

Une demi-heure après il la vit reparaître.

— Eh bien! lui dit-il en courant au-devant d'elle, comment cela s'est-il passé?

— Hélas! dit Gervaise, vous m'avez fait faire un bien gros mensonge ; mais j'espère que Dieu me le pardonnera en faveur de l'intention.

— Je le prends sur moi, dit Aubry. — Voyons, comment cela s'est-il passé?

— Est-ce que j'en sais quelque chose, dit Gervaise ; j'étais si honteuse qu'à peine si je me rappelle ce dont il a été question. Tout ce que je sais, c'est que M. le lieutenant-criminel m'a interrogée, et qu'à ses questions j'ai répondu tantôt oui, tantôt non ; seulement je ne suis pas bien sûre d'avoir répondu comme il faut.

— La malheureuse! s'écria Jacques Aubry, vous verrez qu'elle se sera accusée de m'avoir séduit.

— Oh non! dit Gervaise, je ne crois point que cela ait été jusque-là.

— Et ont-ils mon adresse, au moins, pour qu'ils puissent m'assigner? demanda l'écolier.

— Oui, murmura Gervaise, je la leur ai donnée.

— Allons, c'est bien, dit Aubry, et maintenant espérons que Dieu fera le reste.

Et après avoir reconduit chez elle et consolé de son mieux Gervaise de la fausse déposition qu'elle avait été obligée de faire, Jacques Aubry se retira chez lui plein de foi dans la Providence.

En effet, soit que la Providence s'en fût mêlée, soit que le hasard eût tout fait, Jacques Aubry trouva le lendemain matin une assignation qui le citait à comparoir le jour même devant le lieutenant-criminel.

Cette assignation comblait les plus chers désirs de Jacques Aubry, et cependant, tant la justice est chose respectable, il sentit, en lisant cette assignation, un frisson courir dans ses veines. Mais, hâtons-nous de le dire, la certitude de revoir Ascanio, le désir de sauver l'ami qu'il avait perdu, chassèrent bien vite loin de notre écolier ce petit mouvement de faiblesse.

La citation portait l'heure de midi, il n'était que neuf heures du matin ; il courut chez Gervaise, qu'il trouva non moins agitée que la veille.

— Eh bien? demanda-t-elle.

— Eh bien! dit Jacques Aubry triomphant et en montrant le papier couvert d'hiéroglyphes qu'il tenait à la main. Voilà.

— Pour quelle heure?

— Pour midi. C'est tout ce que j'en ai pu lire.

— Alors vous ne savez pas de quoi vous êtes accusé?

— Mais de t'avoir séduite, ma petite Gervaise, je présume.

— Vous n'oublierez pas que c'est vous qui l'avez exigé?

— Comment donc, je suis prêt à te signer d'avance que tu t'y refusais complètement.

— Alors, vous ne m'en voudrez pas de vous avoir obéi?

— Au contraire, je t'en serai on ne peut plus reconnaissant.

— Quelque chose qu'il arrive?

— Quelque chose qu'il arrive.

— D'ailleurs, si j'ai dit tout cela, c'est que j'y étais forcée.

— Sans doute.

— Et si dans mon trouble j'avais dit autre chose que ce que je voulais dire, vous me pardonnerez?

— Non seulement je te pardonnerais, ma chère, ma divine Gervaise, mais je te le pardonne d'avance.

— Ah! dit Gervaise en soupirant, mauvais sujet, c'est avec ces paroles-là que vous m'avez perdue!

On voit bien que décidément Gervaise avait été séduite. Ce ne fut qu'à midi moins un quart que Jacques Aubry se souvint qu'il était assigné pour midi. Il prit congé de Gervaise, et comme la distance était longue, il s'en alla tout courant. Midi sonnait comme il frappait à la porte du lieutenant-criminel.

— Entrez! cria la même voix nasillarde.

Cette invitation n'eut pas besoin d'être répétée, et Jacques Aubry, le sourire sur les lèvres, le nez au vent et le bonnet sur l'oreille, entra chez le grand homme noir.

— Comment vous nommez-vous? demanda celui-ci.

— Jacques Aubry, répondit l'écolier.

— Qu'êtes-vous?

— Basochien.

— Que faites-vous?

— Je séduis les jeunes filles.

— Ah! c'est contre vous qu'une plainte a été portée hier par... par...

— Par Gervaise-Perrette Popinot.

— C'est bien, asseyez-vous là, et attendez votre tour.

Jacques s'assit, comme l'homme noir lui disait de le faire, et attendit.

Cinq ou six personnes, de visage, d'âge et de sexe différens, attendaient comme lui, et comme elles étaient arrivées avant lui, elles passèrent naturellement avant lui. Seulement les unes sortaient seules, et c'étaient sans doute celles contre lesquelles il ne s'était pas trouvé de charges suffisantes, tandis que les autres sortaient accompagnées, ou d'un exempt ou de deux gardes de la prévôté. Jacques Aubry ambitionnait fort la fortune de celles-là, car on les conduisait au Châtelet, où il avait lui si grand désir d'entrer.

Enfin on appela Jacques Aubry, écolier.

Jacques Aubry se leva aussitôt et s'élança dans le cabinet du lieutenant-criminel d'un air aussi joyeux que s'il se fût agi pour lui de la partie de plaisir la plus agréable.

Il y avait deux hommes dans le cabinet du lieutenant-criminel : l'un plus grand, plus noir, plus sec et plus maigre encore que celui de l'antichambre, ce que Jacques Aubry eût, cinq minutes avant, regardé comme impossible : c'était le greffier ; l'autre, gros, gras, petit, rond, à l'œil joyeux, à la bouche souriante, à la physionomie joviale : c'était le lieutenant-criminel.

Le sourire d'Aubry et le sien se croisèrent, et l'écolier fut tout prêt à donner une poignée de main au juge, tant il se sentait de sympathie pour cet honorable magistrat.

— Hé, hé, hé !... fit le lieutenant-criminel en regardant le basochien.

— Ma foi ! oui, messire, répondit l'écolier.

— Vous m'avez en effet l'air d'un gaillard, reprit le magistrat ; voyons, monsieur le drôle, prenez une chaise et asseyez-vous.

Jacques Aubry prit une chaise, s'assit, croisa une jambe sur l'autre, et se dandina joyeusement.

— Ah ! fit le lieutenant-criminel en se frottant les mains. Voyons, monsieur le greffier, voyons la déposition de la plaignante.

Le greffier se leva, et, grâce à sa longue taille, il atteignit en décrivant une demi-courbe l'autre côté de la table, où, parmi une masse d'écritures, il prit le dossier relatif à Jacques Aubry.

— Voilà, dit le greffier.

— Voyons, qui est-ce qui se plaint ? demanda le lieutenant-criminel.

— Gervaise-Perrette Popinot, dit le greffier.

— C'est cela, fit l'écolier en hochant la tête de haut en bas, c'est cela même.

— Mineure, dit le greffier, âgée de dix-neuf ans.

— Oh ! oh ! mineure ! s'exclama Aubry.

— Ainsi qu'il appert de sa déclaration.

— Pauvre Gervaise! murmura Aubry ; elle avait bien raison de dire qu'elle était si fort troublée qu'elle ne savait ce qu'elle répondait ; elle m'a avoué à moi vingt-deux ans. Enfin, va pour dix-neuf ans.

— Ainsi, dit le lieutenant-criminel, ainsi, mon gaillard, vous êtes accusé d'avoir séduit une fille mineure. Hé, hé, hé !

— Hé, hé, hé ! fit Aubry partageant l'hilarité du juge.

— Avec circonstances aggravantes, continua le greffier, jetant son timbre glapissant au milieu des deux voix enjouées du magistrat et de l'écolier.

— Avec circonstances aggravantes, répéta le juge.

— Diable ! fit Jacques Aubry, je serais bien aise de connaître les circonstances aggravantes.

— Comme la plaignante restait insensible depuis six mois à toutes les prières, à toutes les séductions de l'accusé...

— Depuis six mois ? reprit Jacques Aubry, pardon, monsieur le greffier, je crois qu'il y a erreur.

— Depuis six mois, monsieur, c'est écrit ! reprit l'homme noir, d'un ton qui n'admettait pas de réplique.

— Allons ! va pour six mois, répondit Jacques Aubry ; mais en vérité Gervaise avait bien raison de dire...

— Ledit Jacques Aubry, exaspéré par son indifférence, la menaça...

— Oh ! oh ! s'exclama Jacques.

— Oh ! oh ! reprit le juge.

— Mais, continua le greffier, ladite Gervaise-Perrette Popinot fit si bonne et si courageuse contenance que l'audacieux demanda pardon en faveur de son repentir.

— Ah ! ah ! murmura Aubry.

— Ah ! ah ! fit le lieutenant-criminel.

— Pauvre Gervaise ! continua l'écolier, se parlant à lui-même et haussant les épaules ; où donc avait-elle la tête ?

— Mais, reprit le greffier, ce repentir n'était que simulé ; malheureusement la plaignante, dans son innocence et dans sa candeur, se laissa prendre à ce repentir, et un soir qu'elle avait eu l'imprudence d'accepter une collation que lui avait offerte l'accusé, ledit Jacques Aubry mêla dans son eau...

— Dans son eau ? interrompit l'écolier.

— La plaignante a déclaré ne jamais boire de vin, continua le greffier. Ledit Jacques Aubry mêla dans son eau une boisson enivrante.

— Dites donc ! monsieur le greffier, s'écria le basochien, que diable lisez-vous donc là ?

— La déposition de la plaignante.

— Impossible ! reprit Jacques.

— C'est écrit ? demanda le lieutenant-criminel.

— C'est écrit, reprit le greffier.

— Continuez.

— Au fait, dit à part lui Jacques Aubry, plus je serai coupable, plus je serai sûr d'aller rejoindre Ascanio au Châtelet. Va pour l'enivrement. Continuez, monsieur le greffier.

— Vous avouez donc ? demanda le juge.

— J'avoue, dit l'écolier.

— Ah pendart ! fit le lieutenant-criminel en éclatant de rire et en se frottant les mains.

— De sorte, continua le greffier, que la pauvre Gervaise n'ayant plus sa raison, finit par avouer à son séducteur qu'elle l'aimait.

— Ah ! fit Jacques.

— Heureux coquin ! murmura le lieutenant-criminel, dont les petits yeux étincelaient.

— Mais ! s'écria Jacques Aubry ; mais, c'est qu'il n'y a pas un mot de vrai dans tout cela !

— Vous niez ?

— Parfaitement.

Ecrivez, dit le lieutenant-criminel, que l'accusé affirme n'être coupable d'aucun des griefs qui lui sont imputés.

— Un instant ! un instant ! s'écria l'écolier, qui songeait en lui-même que s'il niait sa culpabilité on ne l'enverrait pas en prison.

— Alors, vous ne niez pas complétement ? reprit le juge.

— J'avoue qu'il y a quelque chose de vrai, non pas dans la forme, mais dans le fond.

— Oh ! puisque vous avez avoué le breuvage enivrant, dit le juge, vous pouvez bien avouer les suites.

— Au fait, reprit Jacques, puisque j'ai avoué le breuvage enivrant, j'avoue, monsieur le greffier, j'avoue... Mais en vérité, continua-t-il tout bas, Gervaise avait bien raison de dire...

— Mais ce n'est pas tout... interrompit le greffier.

— Comment ! ce n'est pas tout ?

— Le crime dont l'accusé s'était rendu coupable à l'égard de la fille Gervaise eut des suites terribles. La malheureuse Gervaise s'aperçut qu'elle était mère.

— Ah ! pour cette fois, s'écria Jacques, c'est trop fort !

— Vous niez la paternité ? demanda le juge.

— Non-seulement je nie la paternité, mais je nie la grossesso.

— Ecrivez, dit le juge, que l'accusé, niant non-seulement la paternité mais encore la grossesse, il sera fait une enquête sur ce point.

— Un instant, un instant, s'écria Aubry, comprenant que si Gervaise était convaincue de mensonge sur un seul point tout l'échafaudage s'écroulait ; un instant, Gervaise a-t-elle bien dit ce que monsieur le greffier vient de nous lire.

— Elle l'a dit mot à mot, répondit le greffier.

— Alors si elle l'a dit, continua Aubry, si elle l'a dit... eh bien !...

— Eh bien ? demanda le lieutenant criminel.

— Eh bien ! cela doit être.

— Ecrivez que l'accusé se reconnaît coupable sur tous les chefs d'accusation.

Le greffier écrivit.

— Pardieu ! se dit en lui-même l'écolier, si Ascanio mérite huit jours de Châtelet pour avoir purement et simplement fait la cour à Colombe, moi qui ai trompé Gervaise, moi qui l'ai enivrée, moi qui l'ai séduite, je puis compter sur trois mois d'incarcération au moins. Mais, ma foi ! je voulais être sûr de mon fait. Au reste, j'en ferai compliment à Gervaise. Peste ! elle ne s'est pas abîmée, et Jeanne d'Arc était bien peu de chose auprès d'elle.

— Ainsi, interrompit le juge, vous avouez tous les crimes dont vous êtes accusé ?

— Je les avoue, messire, répondit Jacques sans hésiter, je les avoue ; ceux-là et d'autres encore si vous voulez. Je suis un grand coupable, monsieur le lieutenant criminel, ne me ménagez donc point.

— Impudent coquin ! murmura le juge du ton dont un oncle de comédie parle à son neveu : impudent coquin, va !

Alors il abaissa sa grosse tête ronde, bouffie et vermeille, sur sa poitrine, et se mit à réfléchir profondément ; puis après quelques minutes de méditation :

— Attendu, dit-il en relevant la tête et en levant l'index de la main droite, attendu, écrivez, monsieur le greffier, attendu que le nommé Jacques Aubry, écolier-clerc de la basoche, a déclaré avoir séduit la fille Gervaise-Perrette Popinot par de belles promesses et par de faux semblans d'amour, condamnons ledit Jacques Aubry à vingt sous parisis d'amende, à prendre soin de l'enfant, si c'est un enfant mâle, et aux dépens.

— Et la prison ? s'écria Aubry.

— Comment, la prison ? demanda le juge.

— Sans doute, la prison. Est-ce que vous ne me condamnez pas à la prison, par hasard ?

— Non.

— Vous n'allez pas me faire conduire au Châtelet comme Ascanio ?

— Qu'est-ce que c'est qu'Ascanio ?

— Ascanio est un élève de maître Benvenuto Cellini.

— Qu'a-t-il fait cet élève ?

— Il a séduit une jeune fille.

— Quelle jeune fille ?

— Mademoiselle Colombe d'Estourville, fille du prévôt de Paris.

— Eh bien ?

— Eh bien ! je dis que c'est une injustice, puisque nous avons commis tous les deux le même crime, de faire une différence dans le châtiment. Comment ! vous l'envoyez en prison, lui, et moi, vous me condamnez à vingt sous parisis d'amende ! Mais il n'y a donc plus de justice dans ce monde ?

— Au contraire, répondit le juge, c'est parce qu'il y a une justice, et une justice bien entendue, que cela a été décidé ainsi.

— Comment ?

— Sans doute ; il y a honneur et honneur, mon jeune drôle ; l'honneur d'une demoiselle noble est estimé à la prison ; l'honneur d'une grisette vaut vingt sous parisis. Si vous vouliez aller au Châtelet, il fallait vous adresser à une duchesse, et alors cela allait tout seul.

— Mais c'est affreux ! immoral ! abominable ! s'écria l'écolier.

— Mon cher ami, dit le juge, payez votre amende, et allez-vous-en.

— Je ne paierai pas mon amende et je ne veux pas m'en aller.

— Alors, je vais appeler deux hoquetons et vous faire conduire en prison jusqu'à ce que vous ayez payé.

— C'est ce que je demande.

Le juge appela deux gardes.

— Conduisez ce drôle-là aux Grands-Carmes.

— Aux Grands-Carmes ! s'écria Jacques, et pourquoi pas au Châtelet ?

— Parce que le Châtelet n'est pas prison pour dettes, entendez-vous, mon ami ; parce que le Châtelet est forteresse royale, et qu'il faut avoir commis quelque bon gros crime pour y entrer. Au Châtelet ! Ah ! bien oui, mon petit monsieur ; on vous en donnera du Châtelet, attendez !

— Un instant, un instant, dit Jacques Aubry, un instant.

— Quoi ?

— Du moment où ce n'est pas au Châtelet que vous me conduisez, je paie.

— Alors, si vous payez, il n'y a rien à dire. Allez, messieurs les gardes, allez, le jeune homme paye.

Les deux hoquetons sortirent, et Jacques Aubry tira de son escarcelle vingt sous parisis, qu'il aligna sur le bureau du juge.

— Voyez si le compte y est, dit le lieutenant criminel.

Le greffier se leva alors et, pour accomplir l'ordre donné, se cambra en demi-courbe, embrassant dans le cercle que décrivait son corps, qui semblait posséder le privilège de s'allonger indéfiniment, sa table et les papiers qui étaient dessus ; ainsi posé, les pieds à terre, les deux mains sur le bureau du juge, il avait l'air d'un sombre arc-en-ciel.

— Le compte y est, dit-il.

— Alors retirez-vous, mon jeune drôle, dit le lieutenant-criminel, et faites place à d'autres ; la justice ne peut pas ne s'occuper que de vous : allez.

Jacques Aubry vit bien qu'il n'y avait rien à faire, et se retira désespéré.

XXXII.

OU JACQUES AUBRY S'ÉLÈVE A DES PROPORTIONS ÉPIQUES.

— Ah ! par exemple, se disait l'écolier en sortant du Palais-de-Justice et en suivant machinalement le pont aux Moulins, qui conduisait presqu'en face du Châtelet ; ah ! par exemple, je suis curieux de savoir ce que dira Gervaise quand elle saura que son honneur a été estimé vingt sous parisis ! Elle dira que j'ai été indiscret, que j'ai fait des révélations, et elle m'arrachera les yeux. Mais qu'est-ce que je vois donc là ?

Ce que voyait l'écolier, c'était un page de ce seigneur si aimable auquel il avait pris l'habitude de confier ses secrets et qu'il regardait comme son plus tendre ami. L'enfant était adossé au parapet de la rivière et s'amusait à jongler avec des cailloux.

— Ah ! pardieu ! fit l'écolier, voilà qui tombe à merveille. Mon ami, dont je ne sais pas le nom et qui me paraît on ne peut mieux en cour, aura peut-être bien l'influence de me faire mettre en prison, lui ; c'est la Providence qui m'envoie son page pour me dire où je puis le trouver, attendu que je ne sais ni son nom ni son adresse.

Et pour profiter de ce qu'il regardait comme une gracieuseté de la Providence à son égard, Jacques Aubry s'avança vers le jeune page, qui, le reconnaissant à son tour, laissa successivement retomber ses trois cailloux dans la même main, en croisant sa jambe droite sur sa jambe gauche, et attendit l'écolier avec cet air narquois qui est le caractère particulier de la corporation dont il avait l'honneur de faire partie.

— Bonjour, monsieur le page, s'écria Aubry du plus loin qu'il crut que le jeune homme pouvait l'entendre.

— Bonjour, seigneur écolier, répondit l'enfant ; que faites-vous dans le quartier ?

— Ma foi ! s'il faut vous le dire, je cherchais une chose que je crois avoir trouvée, puisque vous voilà ; je cherchais l'adresse de mon excellent ami, le comte... le baron... le vicomte... l'adresse de votre maître.

— Désirez-vous donc le voir ? demanda le page.

— A l'instant même, si c'est possible.

— Alors vous allez être servi à souhait, car il est entré chez le prévôt.

— Au Châtelet ?

— Oui, et il va en sortir.

— Il est bien heureux d'entrer au Châtelet comme il veut ; mais il est donc lié avec messire Robert d'Estourville, mon ami le vicomte... le comte... le baron...

— Le vicomte...

— Mon ami le vicomte... de... dites-moi donc, continua Aubry, désirant profiter de la circonstance pour connaître enfin le nom de son ami ; le vicomte de...

— Le vicomte de Mar...

— Ah! s'écria l'écolier en voyant celui qu'il attendait paraître à la porte et sans laisser achever le page. Ah! cher vicomte, vous voilà donc. C'est vous, je vous cherche, je vous attends.

— Bonjour, dit Marmagne, évidemment contrarié de la rencontre. Bonjour, mon cher. Je voudrais causer avec vous; mais, malheureusement, je suis pressé. Ainsi donc, adieu.

— Un instant, un instant, s'écria Jacques Aubry en se cramponnant au bras de son compagnon; un instant, vous ne vous en irez pas comme cela, diable! D'abord, j'ai un immense service à vous demander.

— Vous?

— Oui, moi; et la loi du ciel, vous le savez, est qu'entre amis il faut s'aider.

— Entre amis?

— Sans doute; n'êtes-vous pas mon ami? car qu'est-ce qui constitue l'amitié? la confiance; or, je suis plein de confiance en vous: je vous raconte toutes mes affaires et même celles des autres.

— Avez-vous jamais eu à vous en repentir?

— Jamais, vis-à-vis de vous du moins; mais il n'en est pas ainsi vis-à-vis de tout le monde. Il y a dans Paris un homme que je cherche et qu'avec l'aide de Dieu je rencontrerai un jour.

— Mon cher, interrompit Marmagne, qui se douta bien quel homme cherchait Aubry, je vous ai dit que j'étais fort pressé.

— Mais attendez donc, puisque je vous dis que vous pouvez me rendre un service...

— Alors, parlez vite.

— Vous êtes bien en cour, n'est-ce pas?

— Mais, mes amis le disent.

— Vous avez quelque crédit, alors?

— Mes ennemis pourraient s'en apercevoir.

— Eh bien! mon cher comte, mon cher baron... mon cher...

— Vicomte.

— Faites-moi entrer au Châtelet.

— En quelle qualité?

— En qualité de prisonnier, tout simplement.

— En qualité de prisonnier? Singulière ambition, ma foi!

— Que voulez-vous, c'est la mienne.

— Et dans quel but voulez-vous entrer au Châtelet? demanda Marmagne, qui se doutait que ce désir de l'écolier cachait quelque nouveau secret dont il pourrait tirer parti.

— A un autre que vous je ne le dirais pas, mon bon ami, répondit Jacques, car j'ai appris à mes dépens, ou plutôt à ceux du pauvre Ascanio, qu'il faut savoir se taire. Mais à vous, c'est autre chose. Vous savez bien que je n'ai point de secret pour vous.

— En ce cas, dites vite.

— Me ferez-vous mettre au Châtelet si je vous le dis?

— A l'instant même.

— Eh bien! mon ami, imaginez-vous donc que j'ai eu l'imprudence de confier à d'autres qu'à vous que j'avais vu une charmante jeune fille dans la tête du dieu Mars.

— Après?

— Les fronts éventés! les cerveaux à l'envers! n'ont-ils pas répandu cette histoire, tant et si bien qu'elle est arrivée aux oreilles du prévôt; or, comme le prévôt avait depuis quelques jours perdu sa fille, il s'est douté que c'était elle qui avait choisi cette retraite. Il a prévenu le d'Orbec et la duchesse d'Etampes; on est venu faire une visite domiciliaire à l'hôtel de Nesle, tandis que Benvenuto Cellini était à Fontainebleau. On a enlevé Colombe et l'on a mis Ascanio en prison.

— Bah?

— C'est comme je vous le dis, mon cher. Et qui a conduit tout cela? un certain vicomte de Marmagne.

— Mais, interrompit le vicomte, qui voyait avec inquiétude son nom revenir sans cesse sur les lèvres de l'écolier, mais vous ne me dites pas quel besoin vous avez d'entrer au Châtelet, vous.

— Vous ne comprenez pas?

— Non.

— Ils ont arrêté Ascanio.

— Oui.

— Ils l'ont conduit au Châtelet.

— Bien.

— Mais ce qu'ils ne savent pas, ce que personne ne sait, excepté la duchesse d'Etampes, Benvenuto et moi, c'est qu'Ascanio possède certaine lettre, certain secret qui peut perdre la duchesse. Or, comprenez-vous maintenant?

— Oui, je commence. Mais aidez-moi, mon cher ami.

— Comprenez-vous, vicomte, continua Aubry, s'aristocratisant de plus en plus; je veux entrer au Châtelet, pénétrer jusqu'à Ascanio, prendre sa lettre ou recevoir son secret, sortir de prison, aller trouver Benvenuto et combiner avec lui quelque moyen de faire triompher la vertu de Colombe et l'amour d'Ascanio, à la grande confusion des Marmagne, des d'Orbec, du prévôt, de la duchesse d'Etampes, et de toute la clique.

— C'est très ingénieux, dit Marmagne. Merci de votre confiance, mon cher écolier. Vous n'aurez pas à vous en repentir.

— Vous me promettez donc votre protection?

— Pourquoi faire?

— Mais pour me faire entrer au Châtelet, comme je vous l'ai demandé.

— Comptez dessus.

— Tout de suite?

— Attendez-moi là.

— Où je suis?

— A la même place.

— Et vous allez?

— Chercher l'ordre de vous arrêter.

— Ah! mon ami, mon cher baron, mon cher comte. Mais dites-moi donc, il faudrait me donner votre nom et votre adresse dans le cas où j'aurais besoin de vous.

— Inutile, je reviens.

— Oui, revenez vite; et si sur votre route vous rencontrez ce maudit Marmagne, dites-lui...

— Quoi? demanda le vicomte.

— Dites-lui que j'ai fait un serment.

— Lequel?

— C'est qu'il ne mourrait que de ma main.

— Adieu, s'écria le vicomte; adieu, attendez-moi là.

— Au revoir, dit Aubry, je vous attends. Ah! vous êtes un ami véritable, vous, un homme à qui l'on peut se fier, et je voudrais bien savoir...

— Adieu, seigneur écolier, dit la page, qui s'était tenu à l'écart pendant cette conversation, et qui se remettait en route pour suivre son maître.

— Adieu, gentil page, dit Aubry; mais avant que vous me quittiez, un service!

— Lequel!

— Quel est ce noble seigneur à qui vous avez l'honneur d'appartenir?

— Celui avec qui vous venez de causer pendant un quart d'heure?

— Oui.

— Et que vous appelez votre ami?

— Oui.

— Vous ne savez pas comment il s'appelle?

— Non.

— Mais c'est...

— Un seigneur très connu, n'est-ce pas?

— Sans doute.

— Influent?

— Après le roi et la duchesse d'Etampes, c'est lui qui fait tout.

— Ah!... et vous dites qu'il s'appelle?...

— Il s'appelle le vicomte... mais le voilà qui se retourne et qui m'appelle. Pardon...

— Le vicomte de...
— Le vicomte de Marmagne.
— Marmagne! s'écria Aubry, le vicomte de Marmagne! Ce jeune seigneur est le vicomte de Marmagne!
— Lui-même.
— Marmagne! l'ami du prévôt, de d'Orbec, de madame d'Etampes?
— En personne.
— Et l'ennemi de Benvenuto Cellini?
— Justement.
— Ah! s'écria Aubry, voyant comme à la lueur d'un éclair dans tout le passé. Ah! je comprends maintenant. Ah! Marmagne, Marmagne!

Alors, comme l'écolier était sans armes, par un mouvement rapide comme la pensée, il saisit la courte épée du petit page par la poignée, la tira du fourreau et s'élança à la poursuite de Marmagne en criant : — Arrête!

Au premier cri, Marmagne, inquiet, s'était retourné, et voyant Aubry courir après lui l'épée à la main, s'était douté qu'il était enfin découvert. Il n'y avait que deux moyens, ou fuir ou l'attendre. Or, Marmagne n'était pas tout à fait assez brave pour attendre, mais n'était pas non plus tout à fait assez lâche pour fuir. Il choisit donc un moyen intermédiaire et s'élança dans une maison dont la porte était ouverte, espérant refermer la porte ; mais malheureusement pour lui elle était retenue au mur par une chaîne qu'il ne put détacher, de sorte qu'Aubry, qui le suivait à quelque distance, arriva dans la cour avant qu'il eût eu le temps de gagner l'escalier.

— Ah! Marmagne! vicomte damné! espion maudit! larronneur de secrets! ah! c'est toi! Enfin, je te connais, je te tiens! En garde, misérable! en garde!

— Monsieur, répondit Marmagne, essayant de le prendre sur un ton de grand seigneur, comptez-vous que le vicomte de Marmagne fera l'honneur à l'écolier Jacques Aubry de croiser l'épée avec lui?

— Si le vicomte de Marmagne ne fait pas l'honneur à Jacques Aubry de croiser l'épée avec lui, l'écolier Jacques Aubry aura l'honneur de passer son épée au travers du corps du vicomte de Marmagne.

Et pour ne laisser aucun doute à celui auquel il adressait cette menace, Jacques Aubry mit la pointe de son épée sur la poitrine du vicomte, et à travers son pourpoint lui en fit sentir légèrement le fer.

— A l'assassin! cria Marmagne. A l'aide! au secours!

— Oh! crie tant que tu voudras, répondit Jacques; tu auras cessé de crier avant qu'on arrive. Ce que tu as de mieux à faire, vicomte, c'est donc de te défendre. Ainsi, crois-moi, en garde! vicomte, en garde!

— Eh bien, puisque tu le veux, s'écria le vicomte, attends un peu, et tu vas voir!

Marmagne, comme on a pu s'en apercevoir, n'était pas naturellement brave : mais, ainsi que tous les seigneurs de ce temps chevaleresque, il avait reçu une éducation militaire. Il y a plus, il passait même pour avoir une certaine force en escrime. Il est vrai qu'on disait que cette réputation avait plutôt pour résultat d'épargner à Marmagne les mauvaises affaires qu'il pouvait se faire que de mener à bien celles qu'il s'était faites. Il n'en est pas moins vrai que se voyant vigoureusement pressé par Jacques, il tira l'épée, et se trouva aussitôt en garde dans toutes les règles de l'art.

Mais si Marmagne était d'une habileté reconnue parmi les seigneurs de la cour, Jacques Aubry était d'une adresse incontestée parmi les écoliers de l'université et les clercs de la basoche. Il en résulta donc que, du premier coup, les deux adversaires virent qu'ils avaient affaire à forte partie ; seulement un grand avantage demeurait à Marmagne. Comme Aubry avait pris l'épée du page, cette épée était de dix pouces plus courte que celle du vicomte : ce n'était pas un grand inconvénient pour la défense, mais c'était une grave infériorité pour l'attaque.

En effet, déjà plus grand de six pouces que l'écolier, armé d'une épée d'un demi-pied plus longue que la sienne, Marmagne n'avait qu'à lui présenter la pointe du fer au visage pour le tenir constamment à distance, tandis que, de son côté, Jacques Aubry avait beau attaquer, faire des feintes et se fendre, Marmagne, sans avoir même besoin de faire un pas de retraite, en ramenant simplement sa jambe droite près de sa jambe gauche, se trouvait hors de portée. Il en résultait que deux ou trois fois déjà, malgré la vivacité de la parade, la longue épée du vicomte avait effleuré la poitrine de l'écolier, tandis que celui-ci, même en se fendant à fond, n'avait percé que l'air.

Aubry comprit qu'il était perdu s'il continuait à jouer ce jeu, et pour ôter à son adversaire toute idée du plan qu'il venait d'adopter, il continua de l'attaquer et de parer par les parades et les feintes ordinaires, gagnant insensiblement du terrain pouce à pouce ; puis, quand il se crut assez près, il se découvrit comme par maladresse. Marmagne voyant un jour se fendit ; Aubry, prévenu, revint à une parade de prime, puis profitant de ce que l'épée de son adversaire se trouvait soulevée à deux pouces au-dessus de sa tête, il se glissa sous le fer en bondissant et en se fendant tout à la fois, et cela si habilement et si vigoureusement que la petite épée du page disparut jusqu'à la garde dans la poitrine du vicomte.

Marmagne jeta un de ces cris aigus qui annoncent la gravité d'une blessure ; puis, baissant la main, il pâlit, laissa échapper son épée, et tomba à la renverse.

Juste à ce moment, une patrouille du guet, attirée par les cris de Marmagne, par les signes du page et par la vue du rassemblement qui se formait devant la porte, accourut, et comme Aubry tenait encore à la main son épée toute sanglante, elle l'arrêta.

Aubry voulut d'abord faire quelque résistance ; mais, comme le chef de la patrouille cria tout haut : — Désarmez-moi ce drôle-là, et conduisez-le au Châtelet, il remit son épée, et suivit les gardes vers la prison tant ambitionnée par lui, admirant les décrets de la Providence, qui lui accordait à la fois les deux choses qu'il désirait le plus, se venger de Marmagne et se rapprocher d'Ascanio.

Cette fois on ne fit aucune difficulté de le recevoir dans la forteresse royale ; seulement, comme il paraît qu'elle était pour le moment surchargée de locataires, il y eut une longue discussion entre le guichetier et l'inspecteur de la prison pour savoir où l'on caserait le nouveau venu : enfin ces deux honorables personnes parurent tomber d'accord sur ce point, en vertu de quoi le guichetier fit signe à Jacques Aubry de le suivre, lui fit descendre trente-deux marches, ouvrit une porte, le poussa dans un cachot très noir, et referma la porte derrière lui.

XXXIII.

DES DIFFICULTÉS QU'ÉPROUVE UN HONNÊTE HOMME A SORTIR DE PRISON.

L'écolier demeura un instant tout étourdi de son passage rapide de la lumière à l'obscurité ; où était-il? il ne savait rien ; se trouvait-il près ou loin d'Ascanio? il l'ignorait. Dans le corridor qu'il venait de suivre, il avait seulement, outre la porte qui s'était ouverte pour lui, remarqué deux autres portes ; mais son premier but était atteint, il se trouvait sous le même toit que son ami.

Cependant, comme il ne pouvait demeurer éternellement à la même place, et qu'à l'autre bout du cachot, c'est-à-dire à quinze pas à peu près devant lui, il apercevait une légère lueur filtrant à travers un soupirail, il allongea la jambe avec précaution, dans l'intention instinctive de gagner l'endroit éclairé ; mais au second pas qu'il fit, le plancher sembla manquer tout à coup sous ses pieds ; il descendit rapidement trois ou quatre marches, et sans doute cédant à l'impulsion donnée, il allait se briser la tête contre le mur, lorsque ses pieds s'embarrassèrent dans un obstacle qui le fit trébucher à l'instant même. Il en résulta que Jacques Aubry en fut quitte pour quelques contusions.

L'obstacle qui avait sans le vouloir rendu le service à l'écolier, poussa un profond gémissement.

— Pardon, dit Jacques en se relevant et en ôtant poliment son bonnet. Pardon, car il paraît que j'ai marché sur quelqu'un ou sur quelque chose, inconvenance que je ne me serais jamais permise si j'y avais vu clair.

— Vous avez marché, dit une voix, sur ce qui fut soixante ans un homme, et sur ce qui pour l'éternité va devenir un cadavre.

— Alors, dit Jacques, mon regret n'en est que plus grand de vous avoir dérangé au moment où vous vous occupez sans doute, comme doit le faire tout bon chrétien, de régler vos comptes avec Dieu.

— Mes comptes sont en règle, seigneur écolier; j'ai péché comme un homme, mais j'ai souffert comme un martyr, et j'espère que Dieu, en pesant mes fautes et mes douleurs, trouvera que la somme des douleurs l'emporte sur celle des fautes.

— Ainsi soit-il, dit Aubry, et c'est ce que je vous souhaite de tout mon cœur. Mais si cela ne vous fatigue pas trop pour le moment, mon cher compagnon, je vous ai, parce que je présume que vous ne me gardez aucun ressentiment du petit accident auquel je dois d'avoir fait depuis peu votre connaissance; si cela ne vous fatigue pas trop, dis-je, apprenez-moi par quelles révélations vous avez pu savoir que j'étais écolier.

— Parce que je l'ai vu à votre costume, et surtout à l'encrier que vous portez pendu à votre ceinture, à l'endroit où un gentilhomme porte son poignard.

— Parce que vous l'avez vu à mon costume, à l'encrier? Ah çà! mon cher compagnon, vous m'avez, si je ne me trompe, dit que vous étiez en train de trépasser?

— J'espère être arrivé enfin au terme de mes maux; oui, j'espère m'endormir aujourd'hui sur la terre, pour me réveiller demain dans le ciel.

— Je ne m'y oppose aucunement, répondit Jacques; seulement, je vous ferai remarquer que la situation dans laquelle vous vous trouvez à cette heure n'est pas de celles où l'on s'amuse à plaisanter.

— Et qui vous dit que je plaisante? murmura le moribond en poussant un profond soupir.

— Comment! vous me dites que vous m'avez reconnu à mon costume, à l'encrier que je porte à ma ceinture, et j'ai beau regarder, moi, je ne vois pas mes deux mains.

— C'est possible, répondit le prisonnier, mais quand vous serez resté quinze ans comme moi dans un cachot, vos yeux y verront dans les ténèbres, aussi bien qu'ils voyaient autrefois en plein jour.

— Que le diable me les arrache plutôt que de faire un pareil apprentissage! s'écria l'écolier; quinze ans, vous êtes resté quinze ans en prison?

— Quinze ou seize ans, peut-être plus, peut-être moins; j'ai cessé depuis longtemps de compter les jours et de mesurer le temps.

— Mais vous avez donc commis quelque crime abominable, s'écria l'écolier, pour avoir été si impitoyablement puni?

— Je suis innocent, répondit le prisonnier.

— Innocent! s'écria Jacques épouvanté; ah çà! dites donc, mon cher compagnon, je vous ai déjà fait observer que ce n'est pas le moment de plaisanter.

— Et je vous ai répondu que je ne plaisantais pas.

— Mais c'est encore moins celui de mentir, attendu que la plaisanterie est un simple jeu de l'esprit qui n'offense ni le ciel ni la terre, tandis que le mensonge est un péché mortel qui compromet l'âme.

— Je n'ai jamais menti.

— Vous êtes innocent, et vous êtes resté quinze ans en prison?

— Quinze ans plus ou moins, je vous l'ai dit.

— Ah çà! s'écria Jacques, et moi qui suis innocent aussi!

— Que Dieu vous protège alors, répondit le moribond!

— Comment, que Dieu me protège?

— Oui, car le coupable peut avoir l'espérance qu'on lui pardonnera; l'innocent, jamais!

— C'est plein de profondeur, mon ami, ce que vous dites là; mais savez-vous que ce n'est pas rassurant du tout!

— Je dis la vérité.

— Mais enfin, reprit Jacques; enfin, voyons, vous avez bien quelque peccadille à vous reprocher; de vous à moi, allons, contez-moi cela.

Et Jacques, qui, effectivement commençait à distinguer les objets dans les ténèbres, prit un escabeau, alla le porter près du lit du mourant, et, choisissant un endroit où la muraille faisait angle, il y plaça son siège, s'assit et s'établit dans cette espèce de fauteuil improvisé le plus confortablement qu'il put.

— Ah! ah! vous gardez le silence, mon cher ami, vous n'avez pas confiance en moi. Eh bien! je comprends cela; quinze ans de cachot ont dû vous rendre défiant. Eh bien! je me nomme Jacques Aubry, j'ai vingt-deux ans, je suis écolier, vous l'avez vu, — à ce que vous dites, du moins; — j'avais quelques motifs qui ne regardent que moi de me faire mettre au Châtelet; j'y suis depuis dix minutes; j'ai eu l'honneur d'y faire votre connaissance; voilà ma vie tout entière; et maintenant, vous me connaissez comme je me connais; parlez à votre tour, mon cher compagnon, je vous écoute.

— Et moi, dit le prisonnier, je suis Etienne Raymond.

— Etienne Raymond, murmura l'écolier, je ne connais pas cela.

— D'abord, dit celui qui venait de se faire connaître, vous étiez un enfant lorsqu'il a plu à Dieu de me faire disparaître de la surface de la terre; ensuite j'y tenais peu de place et j'y faisais peu de bruit, de sorte que personne ne s'est aperçu de mon absence.

— Mais enfin, que faisiez-vous? qu'étiez-vous?

— J'étais l'homme de confiance du connétable de Bourbon.

— Oh! oh! et vous avez trahi l'Etat comme lui; alors, je ne m'étonne plus.

— Non; j'ai refusé de trahir mon maître, voilà tout.

— Voyons un peu: comment cela s'est-il passé?

— J'étais à Paris à l'hôtel du connétable, tandis que celui-ci habitait son château de Bourbon-l'Archambault. Un jour, m'arrive le capitaine de ses gardes qui m'apporte une lettre de monseigneur. Cette lettre m'ordonnait de remettre au messager, à l'instant même, un petit paquet cacheté que je trouverais dans la chambre à coucher du duc, au chevet de son lit, au fond d'une petite armoire. Je conduisis le capitaine dans la chambre, je m'avançai vers le chevet, j'ouvris l'armoire, le paquet était à la place indiquée, je le remis au messager, qui partit à l'instant même. Une heure après, des soldats conduits par un officier, vinrent du Louvre, m'ordonnèrent à leur tour de leur ouvrir la chambre à coucher du duc, et de les conduire à une armoire qui devait se trouver au chevet du lit. J'obéis, ils ouvrirent l'armoire, mais ils cherchèrent inutilement: ce qu'ils cherchaient, c'était le paquet que venait d'emporter le messager du duc.

— Diable! diable! murmura Aubry, qui commençait à entrer vivement dans la situation de son compagnon d'infortune.

— L'officier me fit des menaces terribles auxquelles je ne répondis rien, sinon que j'ignorais quelle chose il venait demander; car si j'eusse dit que je venais de remettre le paquet au messager du duc, on eût pu courir après lui et le rattraper.

— Peste! interrompit Aubry; c'était adroit, et vous agissiez comme un bon et loyal serviteur.

— Alors l'officier me consigna aux deux gardes, et, accompagné des deux autres, retourna au Louvre. Au bout d'une demi-heure, il revint avec l'ordre de me conduire au château de Pierre-en-Scise, à Lyon ; on me mit les fers aux pieds, on me lia les mains, on me jeta dans une voiture, on plaça un soldat à ma droite et un soldat à ma gauche. Cinq jours après, j'étais enfermé dans une prison qui, je dois le dire, était loin d'être aussi sombre et aussi rigoureuse que celle-ci ; mais qu'importe, murmura le moribond, une prison est toujours est prison, et j'ai fini par m'habituer à celle-ci comme aux autres.

— Hum ! fit Jacques Aubry, cela prouve que vous êtes philosophe.

— Trois jours et trois nuits s'écoulèrent, continua Etienne Raymond ; enfin, pendant la quatrième nuit, je fus réveillé par un léger bruit ; je rouvris les yeux ; ma porte tournait sur ses gonds ; une femme voilée entra, accompagnée du guichetier ; le guichetier posa une lampe sur la table, et, sur un signe de ma visiteuse nocturne, sortit humblement ; alors elle s'approcha de mon lit, leva son voile : je poussai un cri.

— Hein ? qui était-ce donc ? demanda Aubry en se rapprochant vivement du narrateur.

— C'était Louise de Savoie elle-même, c'était la duchesse d'Angoulême en personne ; c'était la régente de France, la mère du roi.

— Ah ! ah ! fit Aubry, et que venait-elle chercher chez un pauvre diable comme vous ?

— Elle venait chercher ce paquet cacheté que j'avais remis au messager du duc, et qui renfermait les lettres d'amour qu'imprudente princesse elle avait écrites à celui qu'elle persécutait maintenant.

— Tiens, tiens, tiens ! murmura Jacques Aubry entre ses dents, voilà une histoire qui ressemble diablement à celle de la duchesse d'Etampes et d'Ascanio.

— Hélas ! toutes les histoires des princesses folles et amoureuses se ressemblent, répondit le prisonnier, qui paraissait avoir l'oreille aussi fine qu'il avait les yeux perçans ; seulement, malheur aux petits qui s'y trouvent mêlés.

— Un instant ! un instant ! prophète de malheur, s'écria Aubry, que diable dites-vous donc là ? Eh ! moi aussi je me trouve mêlé dans une histoire de princesse folle et amoureuse.

— Eh bien ! s'il en est ainsi, dites adieu au jour, dites adieu à la lumière, dites adieu à la vie.

— Allez-vous-en au diable avec vos prédictions de l'autre monde ! Est-ce que je suis pour quelque chose dans tout cela ? Ce n'est pas moi qu'on aime, c'est Ascanio.

— Etait-ce moi qu'on aimait ? reprit le prisonnier ; était-ce moi, dont jusque-là on avait ignoré l'existence ? Non, c'est moi qui me trouvais placé entre un amour stérile et une vengeance féconde, c'est moi qui fus écrasé au choc de tous deux.

— Ventre-Mahom ! s'écria Aubry, vous n'êtes pas réjouissant, mon brave homme. Mais revenons à la princesse, car justement, parce que votre histoire me fait trembler moi-même, elle m'intéresse infiniment.

— C'étaient donc ces lettres qu'elle voulait comme je vous l'ai dit. En échange de ces lettres, elle me promettait des faveurs, des dignités, des titres ; pour ravoir ces lettres, elle eût extorqué de nouveau 400,000 écus à un autre Semblançay, cet autre dût-il payer sa complaisance de l'échafaud.

Je lui répondis que je n'avais pas ces lettres, que je ne les connaissais pas, que je ne savais pas ce qu'elle voulait dire.

Alors aux offres succédèrent les menaces ; mais je ne pouvais pas être plus intimidé que séduit, car j'avais dit la vérité. Ces lettres, je les avais remises au messager de mon noble maître.

Elle sortit furieuse, puis je fus un an sans entendre parler de rien.

Au bout d'un an, elle revint, et la même scène se renouvela.

Ce fut moi à mon tour qui la priai, qui la suppliai de me laisser sortir. Je l'adjurai au nom de ma femme, au nom de mes enfans ; tout fût inutile : je devais livrer les lettres ou mourir en prison.

Un jour, je trouvai une lime dans mon pain.

Mon noble maître s'était souvenu de moi ; sans doute, tout absent, tout exilé, tout fugitif qu'il était, il ne pouvait me délivrer ni par la prière, ni par la force. Il envoya en France un de ses domestiques, qui obtint du geôlier qu'il me remettrait cette lime en disant de quelle part elle me venait.

Je limai un des barreaux de ma fenêtre. Je me fis une corde avec mes draps ; je descendis, mais, arrivé à l'extrémité, je cherchai vainement la terre au bout de mes pieds ; je me laissai tomber en invoquant le nom de Dieu, et je me cassai la jambe en tombant ; une ronde de nuit me trouva évanoui.

On me transporta alors au château de Châlons-sur-Saône. J'y restai deux ans à peu près ; puis, au bout de deux ans, ma persécutrice reparut dans ma prison. C'étaient ces lettres, toujours ces lettres qui la ramenaient. Cette fois, elle était en compagnie du tortureur ; elle me fit donner la question ; ce fut une cruauté inutile, elle n'obtint rien, elle ne pouvait rien obtenir. Je ne savais rien, sinon que j'avais remis ces lettres au messager du duc.

Un jour, au fond de la cruche qui contenait mon eau, je trouvai un sac plein d'or : c'était toujours mon noble maître qui se souvenait de son pauvre serviteur.

Je corrompis un guichetier, ou plutôt le misérable fit semblant de se laisser corrompre ; à minuit, il vint m'ouvrir la porte de ma prison. Je sortis. Je le suivis à travers les corridors ; déjà je sentais l'air des vivans ; déjà je me croyais libre ; des soldats se jetèrent sur nous et nous garrottèrent tous deux. Mon guide avait fait semblant de se laisser toucher par mes prières, afin de s'approprier l'or qu'il avait vu dans mes mains ; puis, il m'avait trahi pour gagner la récompense promise aux dénonciateurs.

On me transporta au Châtelet dans ce cachot.

Ici, pour la dernière fois, Louise de Savoie m'apparut : elle était suivie du bourreau.

La vue de la mort ne put pas faire davantage que n'avaient fait les promesses, les menaces, la torture. On me lia les mains ; une corde fut passée à un anneau, et cette corde à mon cou. Je fis toujours la même réponse, en ajoutant que mon ennemie comblait tous mes désirs en m'accordant la mort, désespéré que j'étais de cette vie de captivité.

Sans doute ce fut ce sentiment qui l'arrêta. Elle sortit, le bourreau sortit derrière elle.

Depuis ce temps je ne les revis plus. Qu'est devenu mon noble duc ? qu'est devenue la cruelle duchesse ? Je l'ignore, car depuis ce temps, et il y a peut-être quinze ans de cela, je n'ai point échangé une seule parole avec un seul être vivant.

— Ils sont morts tous deux, répondit Aubry.

— Morts tous deux ! mon noble duc est mort ! mais il serait jeune encore, il n'aurait que cinquante-deux ans. Comment est-il mort ?

— Il a été tué au siège de Rome, et probablement... — Jacques Aubry allait ajouter : par un de mes amis ; mais il se retint, pensant que cette circonstance pourrait bien mettre du froid entre lui et le vieillard. Jacques Aubry, comme on le sait, devenait prudent.

— Probablement !... reprit le prisonnier.

— Par un orfèvre nommé Benvenuto Cellini.

— Il y a vingt ans, j'eusse maudit le meurtrier : aujourd'hui je dis du fond de mon cœur : Que le meurtrier soit béni ! Et lui ont-ils donné une sépulture digne de lui, à mon noble duc ?

— Je le crois bien : ils lui ont élevé un tombeau dans la cathédrale de Gaëte, lequel tombeau porte une épitaphe dans laquelle il est dit qu'à l'endroit de celui qui y dort, Alexandre-le-Grand n'était qu'un drôle et César qu'un polisson.

— Et l'autre ?

— Qui, l'autre ?

— Elle, ma persécutrice?
— Morte aussi ; morte il y a neuf ans.
— C'est cela. Une nuit, dans ma prison, j'ai vu une ombre agenouillée et priant. Je me suis écrié, l'ombre a disparu. C'était elle qui venait me demander pardon.
— Ainsi, vous croyez qu'à l'instant de la mort, elle aura pardonné?
— Je l'espère pour le salut de son âme.
— Mais alors on aurait dû vous mettre en liberté?
— Elle l'aura recommandé peut-être ; mais je suis si peu de chose, qu'au milieu de cette grande catastrophe on m'aura oublié.
— Ainsi, vous, au moment de mourir, vous lui pardonnerez à votre tour?
— Soulevez-moi, jeune homme, que je prie pour tous deux.

Et le moribond, soulevé par Jacques Aubry, confondit dans la même prière son protecteur et sa persécutrice, celui qui s'était souvenu dans son affection, celle qui ne l'avait jamais oublié dans sa haine : le connétable et la régente.

Le prisonnier avait raison. Les yeux de Jacques Aubry commençaient à s'habituer aux ténèbres : ils distinguaient dans l'obscurité la figure du mourant. C'était un beau vieillard maigri par la souffrance, à la barbe blanche, au front chauve : une de ces têtes comme en a rêvé le Dominiquin en exécutant sa Confession de saint Jérôme.

Quand il eut prié, il poussa un soupir et retomba : il était évanoui.

Jacques Aubry le crut mort. Cependant il courut à la cruche, prit de l'eau dans le creux de sa main, et la lui secoua sur le visage. Le mourant revint à lui.

— Tu es bien fait de me secourir jeune homme, dit le vieillard, et voilà ta récompense.
— Qu'est-ce que cela? demanda Aubry.
— Un poignard, répondit le mourant.
— Un poignard! et comment cette arme se trouve-t-elle entre vos mains?
— Attends :

Un jour, le guichetier en m'apportant mon pain et mon eau posa sa lanterne sur l'escabeau, qui par hasard se trouvait près du mur. Dans ce mur était une pierre saillante, et sur cette pierre quelques lettres gravées avec un couteau. Je n'eus pas le temps de les lire.

Mais je grattai la terre avec mes mains, je la délayai de manière à en faire une espèce de pâtée, et je pris l'empreinte de ces lettres ; je lus : *Ultor*.

Que voulait dire ce mot *vengeur*? Je revins à la pierre. J'essayai de l'ébranler. Elle remuait comme une dent dans son alvéole. A force de patience, en répétant vingt fois les mêmes efforts, je parvins à l'arracher du mur. Je plongeai aussitôt la main dans l'excavation qu'elle avait laissée, et je trouvai ce poignard.

Alors le désir de la liberté presque perdu me revint, je résolus avec ce poignard de me creuser un passage dans quelque cachot voisin, et là, avec l'aide de celui qui l'habiterait, de combiner un plan d'évasion. D'ailleurs, rien de tout cela ne réussît-il, creuser la terre, fouiller la muraille, c'était une occupation ; et quand vous aurez été comme moi vingt ans dans un cachot, jeune homme, vous verrez quel terrible ennemi c'est que le temps.

Aubry frissonna des pieds à la tête.
— Et avez-vous mis votre projet à exécution? demanda-t-il.
— Oui, et avec plus de facilité que je ne l'aurais pensé. Depuis douze ou quinze ans peut-être que je suis ici, on ne suppose plus sans doute que je puisse m'évader, peut-être ne sait-on plus-même qui je suis. On me garde comme on garde cette chaîne qui pend à cet anneau. Le connétable et la régente sont morts; eux seuls se souvenaient de moi ; qui saurait maintenant, ici même, quel nom je prononce en prononçant le nom d'Étienne Raymond? personne.

Aubry sentit la sueur lui couler sur le front en songeant à l'oubli dans lequel était tombée cette existence perdue.
— Eh bien? demanda-t-il ; eh bien?
— Eh bien! dit le vieillard, depuis plus d'un an je creuse le sol et je suis parvenu à pratiquer au dessous de la muraille un trou par lequel un homme peut passer.
— Mais qu'avez-vous fait de la terre que vous tirez de ce trou?
— Je l'ai semée comme du sable dans mon cachot, et je l'ai confondue avec le sol à force de marcher dessus.
— Et ce trou où est-il?
— Sous mon lit. Depuis quinze ans personne n'a jamais eu l'idée de le changer de place. Le geôlier ne descend dans mon cachot qu'une fois par jour. Le geôlier parti, les portes refermées, le bruit des pas éteints, je tirais mon lit et je me remettais à l'œuvre ; puis, lorsque l'heure de la visite arrivait, je remettais le lit à sa place et je me couchais dessus. Avant-hier, je me suis couché dessus pour ne plus me relever : j'étais au bout de mes forces; aujourd'hui je suis au bout de ma vie. Sois le bienvenu, jeune homme, tu m'aideras à mourir, et moi, en échange, je te ferai mon héritier.
— Votre héritier! dit Aubry étonné.
— Sans doute. Je te laisserai ce poignard. Tu souris. Quel héritage plus précieux peut te laisser un prisonnier? Ce poignard, c'est la liberté peut-être.
— Vous avez raison, dit Aubry, et je vous remercie. Mais le trou que vous avez creusé, où donne-t-il?
— Je n'étais pas encore arrivé de l'autre côté, cependant j'en étais bien proche. Hier, j'ai entendu dans le cachot à côté un bruit de voix.
— Diable! fit Aubry, et vous croyez...
— Je crois qu'avec quelques heures de travail vous aurez achevé mon œuvre.
— Merci, dit Aubry, merci.
— Maintenant, un prêtre. Je voudrais bien un prêtre, dit le moribond.
— Attendez, mon père, dit Aubry, attendez ; il est impossible qu'ils refusent une pareille demande à un mourant.

Il courut à la porte sans trébucher cette fois, car ses yeux s'habituaient à l'obscurité, et frappa des pieds et des mains.

Un guichetier descendit.
— Qu'avez-vous à faire un pareil vacarme, demanda-t-il, et que voulez-vous?
— Le vieillard qui est avec moi se meurt, dit Aubry, et demande un prêtre : le lui refuserez-vous?
— Hum!... murmura le guichetier. Je ne sais pas ce que ces gaillards-là ont tous à demander des prêtres. C'est bien, on va lui en envoyer un.

Effectivement, dix minutes après, le prêtre parut portant le saint viatique, précédé de deux sacristains dont l'un portait la croix et l'autre la sonnette.

Ce fut un spectacle solennel que la confession de ce martyr, qui n'avait à révéler que les crimes des autres, et qui, au lieu de demander pardon pour lui, priait pour ses ennemis.

Si peu impressionnable que fût Jacques Aubry, il se laissa lui-même tomber sur les deux genoux, et se souvint de ses prières d'enfant, qu'il croyait avoir oubliées.

Lorsque le prisonnier eut fini sa confession, ce fut le prêtre qui s'inclina devant lui et qui lui demanda sa bénédiction.

Le vieillard sourit radieux comme un élu sourit, étendit une main au-dessus de la tête du prêtre, étendit l'autre vers Aubry, poussa un profond soupir, et se renversa en arrière.

Ce soupir était le dernier.

Le prêtre sortit comme il était venu, accompagné des deux enfans de chœur, et le cachot un instant éclairé par la lueur tremblante des cierges, retomba dans son obscurité.

Jacques Aubry alors se retrouva seul avec le mort.

C'était une assez triste compagnie, surtout par les réflexions qu'elle faisait naître. Cet homme, qui était couché là était entré innocent en prison, il y était resté vingt ans, et il n'en sortait que parce que la mort, ce grand libérateur, était venu le chercher.

Aussi le joyeux écolier ne se reconnaissait plus : pour la première fois il se trouvait en face d'une suprême et sombre pensée, pour la première fois il sondait du regard les brûlantes vicissitudes de la vie et les calmes profondeurs de la mort.

Puis au fond de son cœur une idée égoïste commençait à s'éveiller : il songeait à lui-même, innocent comme cet homme, mais comme cet homme entraîné dans l'engrenage de ces passions royales qui brisent, qui dévorent, qui anéantissent une existence. Ascanio et lui pouvaient disparaître à leur tour comme avait disparu Étienne Raymond; qui songerait à eux?

Gervaise peut-être.

Benvenuto Cellini certainement.

Mais la première ne pouvait rien que pleurer; quand au second, en demandant à grands cris cette lettre que possédait Ascanio, il avouait lui-même son impuissance.

Et pour unique chance de salut, pour seule espérance, il lui restait l'héritage de ce trépassé, un vieux poignard qui déjà avait trompé l'attente de ses deux premiers maîtres.

Jacques Aubry avait caché le poignard dans sa poitrine, il porta convulsivement la main sur sa poignée pour s'assurer qu'il y était encore.

En ce moment la porte se rouvrit, on venait enlever le cadavre.

— Quand m'apporterez-vous à dîner? demanda Jacques Aubry, j'ai faim.

— Dans deux heures, répondit le guichetier.

Et l'écolier se trouva seul dans son cachot.

XXXIV.

UN HONNÊTE LARCIN.

Aubry passa ces deux heures assis sur son escabeau sans bouger de sa place, tant sa pensée active tenait son corps en repos.

A l'heure dite, le guichetier descendit, renouvela l'eau, changea le pain; c'était ce que, dans la langue du Châtelet, on appelait un dîner.

L'écolier se rappelait ce que lui avait dit le mourant, c'est-à-dire que la porte de la prison ne s'ouvrait que toutes les vingt-quatre heures; cependant il demeura encore longtemps assis à la même place et sans faire un seul mouvement, craignant que l'événement de la journée ne changeât quelque chose aux habitudes de la prison.

Bientôt il vit, grâce à son soupirail, que la nuit commençait à venir. C'était une journée bien remplie que celle qui venait de s'écouler. Le matin, l'interrogatoire du juge; à midi, le duel avec Marmagne, à une heure, la prière, à trois heures, la mort du prisonnier, et maintenant ses premières tentatives de délivrance.

Un homme ne compte pas beaucoup de journées pareilles dans sa vie.

Jacques Aubry se leva lentement, alla à la porte pour écouter si personne ne venait ; puis, pour qu'on ne vît pas sur son pourpoint la trace de la terre et de la muraille, il se dévêtit de cette partie de son costume, tira le lit et trouva l'ouverture dont lui avait parlé son compagnon.

Il se glissa comme un serpent dans cette étroite galerie, qui pouvait avoir huit pieds de profondeur, et qui, après avoir plongé sous le mur, remontait de l'autre côté.

Au premier coup de poignard que donna Aubry, il sentit effectivement ce que rendait le sol, qu'il allait bientôt arriver à son but, qui était de s'ouvrir une issue dans un lieu quelconque. Où cette issue donnerait-elle? il eût fallu être sorcier pour le dire.

Il n'en continua pas moins activement son travail, en faisant le moins de bruit possible. De temps en temps seulement il sortait de son trou comme fait un mineur, pour semer dans la chambre la terre, qui eût fini par encombrer sa galerie : puis il se glissait de nouveau dans son passage et se remettait à la besogne.

Pendant qu'Aubry travaillait, Ascanio songeait tristement à Colombe.

Lui aussi avait, comme nous l'avons dit, été conduit au Châtelet; lui aussi, comme Aubry, avait été jeté dans un cachot. Cependant, soit hasard, soit recommandation de la duchesse, ce cachot était un peu moins nu, et par conséquent un peu plus habitable que celui de l'écolier.

Mais qu'importait à Ascanio un peu plus ou un peu moins de bien-être. Son cachot était toujours un cachot: sa captivité une séparation. Colombe lui manquait, c'est-à-dire plus que le jour, plus que la liberté, plus que la vie. Colombe avec lui dans le cachot, et le cachot devenait un lieu de délices, un palais d'enchantement.

C'est que les derniers temps de sa vie avaient été si doux au pauvre enfant! Le jour songeant à sa maîtresse, la nuit demeurant près d'elle, il n'avait jamais pensé que ce bonheur pût cesser. Aussi, parfois, au milieu de sa félicité, la main de fer du doute lui avait serré le cœur. Il avait, comme un homme qu'un danger menace, mais qui ne sait pas quand ce danger fondra sur lui, il avait promptement écarté toutes les inquiétudes de l'avenir pour épuiser tous les délices du présent.

Et maintenant il était dans un cachot, seul, loin de Colombe, peut-être enfermée elle-même comme lui, peut-être prisonnière dans quelque couvent dont elle ne pourrait sortir qu'en passant dans la chapelle où l'attendrait le mari qu'on voulait la forcer d'accepter.

Deux passions terribles veillaient à la porte de la prison des deux enfants: l'amour de madame d'Étampes au seuil de celle d'Ascanio, l'ambition du comte d'Orbec au seuil de celle de Colombe.

Aussi, une fois seul dans son cachot, Ascanio se trouva-t-il bien triste et bien abattu : c'était une de ces natures tendres qui ont besoin de s'appuyer sur une organisation robuste; c'était une de ces fleurs frêles et gracieuses qui se courbent au moindre orage et qui ne se relèvent qu'aux rayons vivifians du soleil.

Jeté dans une prison, le premier soin de Benvenuto eût été d'explorer les portes, de sonder les murs, de faire résonner le sol pour s'assurer si les uns ou les autres n'offraient pas à sa vive et belliqueuse intelligence quelque moyen de salut. Ascanio s'assit sur son lit, laissa tomber sa tête sur sa poitrine, et murmura le nom de Colombe. Qu'on pût s'évader par un moyen quelconque d'un cachot fermé par trois grilles de fer, et entouré par des murs de six pieds d'épaisseur, l'idée ne lui en vint même pas.

Ce cachot, comme nous l'avons dit, était au reste un peu moins nu et un peu plus habitable que celui de Jacques; il y avait un lit, une table, deux chaises et une vieille natte; en outre, sur une avance en pierre pratiquée sans doute à cet effet, brûlait une lampe. C'était sans doute le cachot des privilégiés.

Il y avait aussi une grande amélioration dans le système alimentaire; au lieu du pain et de l'eau qu'on apportait une fois par jour à notre écolier, Ascanio jouissait de deux repas, avantage qui était compensé par le désagrément de voir deux fois son geôlier : ces repas même, il faut le dire en l'honneur de la philanthropique administration du Châtelet, n'étaient pas tout à fait exécrables.

Ascanio s'occupa peu de ce détail; c'était une de ces organisations délicates, féminines, qui semblent vivre de parfums et de rosée. Toujours plongé dans ses réflexions, il mangea un peu de pain, but quelques gouttes de vin, et continua de penser à Colombe et à Benvenuto Cellini ; à Colombe comme à celle en qui il mettait tout son amour, à Cellini comme à celui en qui il mettait toute son espérance.

En effet, jusqu'à ce moment, Ascanio ne s'était occupé d'aucun des soins ni des détails de l'existence ; Benvenuto vivait pour deux ; lui, Ascanio, se contentait de respirer, de rêver quelque bel ouvrage d'art, et d'aimer Colombe. Il était comme le fruit qui pousse sur un arbre vigoureux et qui reçoit de cet arbre toute sa sève.

Et maintenant encore, toute anxieuse qu'était sa situation, si, au moment où on l'avait arrêté, si, au moment où on l'avait conduit au Châtelet il avait pu voir Benvenuto Cellini, et si Benvenuto Cellini eût pu lui dire en lui serrant la main : Sois tranquille, Ascanio, je veille sur toi et sur Colombe, sa confiance dans le maître était si grande que, soutenu par cette seule promesse, il eût attendu sans inquiétude le moment où sa prison s'ouvrirait, sûr que cette prison devait s'ouvrir, malgré les portes et les grilles qui s'étaient brusquement refermées sur lui.

Mais il n'avait pas vu Benvenuto, mais Benvenuto ignorait que son élève chéri, que le fils de sa Stéphana, fût prisonnier ; il fallait un jour pour aller le prévenir à Fontainebleau, en supposant que quelqu'un eût l'idée de le faire ; un autre jour pour revenir à Paris, et en deux jours les ennemis des deux amans pouvaient prendre bien de l'avance sur leur défenseur.

Aussi Ascanio passa-t-il tout le reste de la journée et la nuit qui suivit son arrestation sans dormir, tantôt se promenant, tantôt s'asseyant, tantôt se jetant sur son lit auquel, par une attention particulière qui prouvait à quel point le prisonnier était recommandé, on avait mis des draps blancs. Pendant toute cette journée, pendant toute cette nuit, et pendant toute la matinée du lendemain, rien ne lui arriva de nouveau, si ce n'est la visite régulière du guichetier qui lui apportait ses repas.

Vers les deux heures de l'après-midi, autant du moins que le prisonnier put en juger par le calcul qu'il fit du temps, il lui sembla entendre parler près de lui : c'était un murmure sourd, indistinct, dans lequel il était impossible de rien distinguer, mais causé évidemment par des paroles humaines. Ascanio écouta, se dirigea du côté vers lequel le bruit se faisait entendre : c'était à l'un des angles de son cachot. Il appliqua silencieusement son oreille à la muraille et au sol : c'était de dessous la terre que le bruit semblait venir.

Ascanio avait des voisins qui n'étaient évidemment séparés de lui que par un mur étroit ou par un mince plancher.

Au bout de deux heures à peu près cette rumeur cessa et tout rentra dans le silence.

Puis vers la nuit le bruit recommença, mais cette fois il avait changé de nature. Ce n'était plus celui que font deux personnes en parlant, mais le retentissement de coups sourds et pressés comme ceux que frappe un tailleur de pierre. Ce bruit venait au reste du même endroit, ne s'interrompait pas une seconde, et allait toujours se rapprochant.

Si préoccupé que fût Ascanio de ses propres idées, ce bruit ne lui en parut pas moins mériter quelque attention, aussi demeura-t-il les yeux fixés vers l'endroit d'où ce bruit venait. On devait être au moins au milieu de la nuit, mais malgré son insomnie de la veille, Ascanio ne songea pas même à dormir.

Le bruit continuait ; comme ce n'était pas l'heure d'un travail ordinaire, il était évident que c'était celui de quelque prisonnier qui travaillait à son évasion. Ascanio sourit tristement à cette idée qu'arrivé jusqu'à lui, le malheureux qui, un instant peut-être, se serait cru en liberté, n'aurait fait que changer de prison.

Enfin le bruit se rapprocha tellement qu'Ascanio courut à sa lampe, la prit, et revint vers elle vers l'endroit où il se faisait entendre ; presqu'au même instant, le sol se souleva dans l'angle le plus éloigné du cachot, et la boursouflure, en se fendant, donna passage à une tête humaine.

Ascanio jeta un cri d'étonnement, puis de joie, auquel répondit un autre cri non moins accentué. Cette tête, c'était celle de Jacques Aubry.

Un instant après, grâce à l'aide qu'Ascanio donna à celui qui venait lui rendre visite d'une façon si étrange et si inopinée, les deux amis étaient dans les bras l'un de l'autre.

On devine que les premières questions et les premières réponses furent quelque peu incohérentes ; mais enfin, à force d'échanger des mots sans suite, ils parvinrent à mettre un peu d'ordre dans leur esprit et à jeter un peu de clarté sur les événemens. Ascanio, d'ailleurs, n'avait presque rien à dire, tandis qu'au contraire il avait tout à apprendre.

Alors Aubry lui raconta tout : comment lui Aubry était revenu à l'hôtel de Nesle en même temps que Benvenuto, comment ils avaient appris presque ensemble la nouvelle de l'arrestation d'Ascanio et l'enlèvement de Colombe ; comment Benvenuto avait couru là comme un fou, criant : A la fonte ! à la fonte ! et lui Aubry au Châtelet. Alors ils s'étaient séparés, et l'écolier ne savait plus rien de ce qui s'était passé depuis ce moment à l'hôtel de Nesle.

Mais à l'Iliade commune succéda l'Odyssée particulière. Aubry raconta à Ascanio son désappointement en voyant qu'on ne voulait pas le mettre en prison ; sa visite chez Gervaise, la dénonciation de celle-ci au lieutenant criminel, son interrogatoire terrible, qui n'avait eu d'autre résultat que cette amende de vingt sous parisis, amende si humiliante pour l'honneur de Gervaise ; enfin sa rencontre avec Marmagne, au moment où il commençait à désespérer de se faire mettre en prison ; puis, à partir de là, tout ce qui lui était arrivé jusqu'au moment où, ne sachant pas dans quel cachot il allait entrer, il avait, en fendant avec sa tête la croûte de terre qui lui restait à percer, aperçu à la lueur de sa lampe son ami Ascanio.

Sur quoi les deux amis se jetèrent de nouveau dans les bras l'un de l'autre et s'embrassèrent de rechef.

— Et maintenant, dit Jacques Aubry, écoute-moi, Ascanio, il n'y a pas de temps à perdre.

— Mais, dit Ascanio, avant toute chose, parle-moi de Colombe. Où est Colombe?

— Colombe ? je n'en sais rien ; chez madame d'Etampes, je crois.

— Chez madame d'Etampes ! s'écria Ascanio, chez sa rivale !

— Alors, c'est donc vrai ce qu'on disait de l'amour de la duchesse pour toi ?

Ascanio rougit et balbutia quelques paroles inintelligibles.

— Oh ! il ne faut pas rougir pour cela, s'écria Aubry. Peste ! une duchesse ! et une duchesse qui est la maîtresse du roi ! Ce n'est pas à moi qu'une pareille bonne fortune arriverait. Mais voyons, revenons à notre affaire.

— Oui, dit Ascanio, revenons à Colombe.

— Bah ! il s'agit bien de Colombe. Il s'agit d'une lettre.

— Quelle lettre?

— D'une lettre que la duchesse d'Etampes t'a écrite.

— Et qui t'a dit que je possédais une lettre de la duchesse d'Etampes?

— Benvenuto Cellini.

— Pourquoi t'a-t-il dit cela ?

— Parce que cette lettre il la lui faut, parce que cette lettre lui est nécessaire, parce que je me suis engagé à la lui rapporter, parce que tout ce que j'ai fait enfin c'était pour avoir cette lettre.

— Mais que veut faire de cette lettre Benvenuto ? demanda Ascanio.

— Ah ! ma foi ! je n'en sais rien, et cela ne me regarde pas. Il m'a dit : Il me faut cette lettre. Je lui ai dit : C'est bon, tu l'auras. Je me suis fait mettre en prison pour l'avoir ; me voilà, donne-la moi, et je me charge de la faire passer à Benvenuto ! Eh bien ! qu'as-tu donc ?

Cette question était motivée par le rembrunissement de la figure d'Ascanio.

— J'ai, mon pauvre Aubry, dit-il, que tu as perdu ta peine.

— Comment cela? s'écria Jacques Aubry. Cette lettre, n'aurais-tu plus cette lettre?

— Elle est là! dit Ascanio en mettant la main sur la poche de son pourpoint.

— Ah! à la bonne heure. Alors donne-la moi que je la porte à Benvenuto.

— Cette lettre ne me quittera point, Jacques.

— Et pourquoi cela?

— Parce que j'ignore ce qu'en veut faire Benvenuto.

— Il veut s'en servir pour te sauver.

— Et pour perdre la duchesse d'Etampes, peut-être. Aubry, je ne perdrai pas une femme.

— Mais cette femme veut te perdre, toi. Cette femme te déteste; non, je me trompe, cette femme t'adore.

— Et tu veux qu'en échange de ce sentiment...

— Mais c'est exactement comme si elle te haïssait, puisque toi tu ne l'aimes pas; d'ailleurs, c'est elle qui a tout fait.

— Comment, qui a tout fait?

— Oui, c'est elle qui t'a fait arrêter, c'est elle qui a enevé Colombe.

— Qui te l'a dit?

— Personne; mais qui veux-tu que cela soit?

— Mais le prévôt, mais le comte d'Orbec, mais Marmagne, à qui tu avoues que tu as tout dit.

— Ascanio! Ascanio! s'écria Jacques désespéré, tu te perds!

— J'aime mieux me perdre que de commettre une lâche action, Aubry.

— Mais ce n'est pas une lâche action, puisque c'est Benvenuto qui se charge de l'accomplir.

— Ecoute, Aubry, dit Ascanio, et ne me garde pas rancune de ce que je vais te dire. Si c'était Benvenuto qui fût là à ta place, si c'était lui qui me dît: C'est madame d'Etampes, ton ennemie, qui t'a fait arrêter, qui a enlevé Colombe, qui la tient en son pouvoir, qui veut forcer sa volonté; je ne puis sauver Colombe qu'à l'aide de cette lettre; je lui ferais jurer qu'il ne la montrerait au roi, et je la lui donnerais. Mais Benvenuto n'est point ici, je n'ai aucune certitude que la persécution me vienne de la duchesse. Cette lettre serait mal placée entre tes mains, Aubry; pardonne-moi, mais tu avoues toi-même que tu es un franc écervelé.

— Je te jure, Ascanio, que la journée que je viens de passer m'a vieilli de dix années.

— Cette lettre, tu peux la perdre ou en faire, dans un but excellent, je le sais, un usage inconsidéré, Aubry, cette lettre restera où elle est.

— Mais mon ami, s'écria Jacques Aubry, songe bien, et Benvenuto l'a dit, que cette lettre seule peut te sauver.

— Benvenuto me sauvera sans cela, Aubry; Benvenuto a la parole du roi qu'il lui accordera une grâce le jour où son Jupiter sera fondu Eh bien, quand tu as cru que Benvenuto devenait fou parce qu'il criait: « A la fonte! à la fonte! » Benvenuto commençait à me sauver.

— Mais si la fonte allait manquer, dit Aubry.

— Il n'y a pas de danger, reprit Ascanio en souriant.

— Mais cela arrive aux plus habiles fondeurs de France, à ce qu'on assure.

— Les plus habiles fondeurs de France ne sont que des écoliers auprès de Benvenuto.

— Mais combien de temps peut durer cette fonte?

— Trois jours.

— Et pour mettre la statue sous les yeux du roi, combien de temps faut-il?

— Trois autres jours encore.

— Six ou sept en tout, à ce que je vois. Et si d'ici à six ou sept jours madame d'Etampes force Colombe à épouser d'Orbec?

— Madame d'Etampes n'a aucun droit sur Colombe. Colombe résistera.

— Oui, mais le prévôt a des droits sur Colombe comme sa fille, le roi François Ier a des droits sur Colombe comme sa sujette; si le prévôt ordonne, si le roi ordonne.

Ascanio pâlit affreusement.

— Si lorsque Benvenuto demandera ta liberté, Colombe est déjà la femme d'un autre, dis, que feras-tu de la liberté?

Ascanio passa une main sur son front pour essuyer la sueur qu'y faisaient poindre les paroles de l'écolier, tandis que son autre main cherchait dans sa poche la lettre libératrice; mais au moment où Aubry croyait qu'il allait céder, il secoua la tête, comme pour en chasser toute irrésolution.

— Non! dit-il, non! A Benvenuto seul. Parlons d'autre chose,

Et il prononça ces paroles d'un ton qui indiquait qu'il était, pour le moment du moins, parfaitement inutile d'insister.

— Alors, dit Aubry, paraissant prendre intérieurement une résolution importante; alors, mon ami, si c'est pour parler d'autre chose, nous en parlerons aussi bien demain matin, ou demain dans la journée, attendu que j'ai bien peur que nous ne soyons ici pour quelque temps. Quant à moi, je t'avoue que comme je suis assez fatigué de mes tribulations de la journée et de mon travail de la nuit, je ne serais point fâché de me reposer un peu. Ainsi donc, reste ici, je retourne chez moi. Quand tu auras envie de me revoir, tu m'appelleras. En attendant, mets cette natte sur le trou que j'ai fait, afin qu'on ne coupe pas nos communications. Bonne nuit! et comme la nuit porte conseil, j'espère que je te trouverai plus raisonnable demain matin.

Et à ces mots, sans rien vouloir écouter des observations d'Ascanio qui essayait de le retenir, Jacques Aubry rentra la tête la première dans son couloir et regagna en rampant son cachot. Quant à Ascanio, en exécution du conseil que lui avait donné son ami, à peine les jambes de l'écolier eurent-elles disparu à leur tour qu'il traîna la natte dans l'angle de sa prison. La voie de communication qui venait de s'établir entre les deux cachots disparut donc entièrement.

Puis il jeta son pourpoint sur une des deux chaises qui, avec la table et la lampe, composaient son ameublement, s'étendit sur son lit, et, tout bourrelé d'inquiétude qu'il était, s'endormit bientôt, la fatigue du corps l'emportant sur les tourments de l'esprit.

Quant à Aubry, au lieu de suivre l'exemple d'Ascanio, quoiqu'il eût au moins autant besoin que lui de sommeil, il se contenta de s'asseoir sur son escabeau et se mit à réfléchir profondément, ce qui, comme le sait le lecteur, était si parfaitement contre ses habitudes, qu'il était évident qu'il méditait quelque grand coup.

L'immobilité de l'écolier dura un quart d'heure à peu près, après quoi il se leva lentement, et du pas d'un homme dont toutes les irrésolutions sont fixées, il s'avança vers son trou, où il se glissa de nouveau, mais avec tant de précaution et en observant un si profond silence cette fois, qu'au moment où, arrivé de l'autre côté, il souleva la natte avec sa tête, il s'aperçut avec joie que l'opération qu'il venait d'accomplir n'avait pas réveillé son ami.

C'était tout ce que demandait l'écolier; aussi avec des précautions plus grandes encore que celles qu'il avait prises jusques-là, il sortit lentement de sa galerie souterraine, s'approcha en retenant son souffle de la chaise où était déposé le pourpoint d'Ascanio, et, l'œil fixé sur le dormeur, l'oreille tendue à tout bruit, prit dans la poche la précieuse lettre tant ambitionnée par Cellini, et mit dans l'enveloppe un simple billet de Gervaise qu'il plia exactement de la même façon que l'était la lettre de la duchesse, pensant, tant que Ascanio ne l'ouvrirait pas, lui faire croire que c'était toujours la missive de la belle Anne d'Heilly qui était restée en sa possession.

Puis, avec le même silence, il regagna la natte, la souleva, se glissa de nouveau dans le trou, et disparut comme les fantômes qui s'abîment dans les trappes de l'Opéra.

Il était temps, car à peine rentré dans son cachot, il entendit la porte de celui d'Ascanio roulant sur ses gonds, et

la voix de son ami qui criait avec l'accent d'un homme qui s'éveille en sursaut :
— Qui va là ?
— Moi, répondit une voix douce, ne craignez rien, c'est une amie.

Ascanio, à moitié vêtu, comme nous l'avons dit, se souleva à l'accent de cette voix qu'il croyait reconnaître, et à la lueur de sa lampe il vit une femme voilée. Cette femme s'approcha lentement de lui et leva son voile. Il ne s'était pas trompé, cette femme, c'était madame d'Etampes.

XXXV.

OU IL EST PROUVÉ QUE LA LETTRE D'UNE GRISETTE, QUAND ON LA BRULE, FAIT AUTANT DE FLAMME ET DE CENDRE QUE LA LETTRE D'UNE DUCHESSE.

Il y avait sur le visage mobile de la belle Anne d'Heilly un mélange de compassion et de tristesse auquel Ascanio se laissa prendre et qui le confirma, avant même que la duchesse eût ouvert la bouche, dans l'idée qu'elle était entièrement innocente de la catastrophe dont lui et Colombe venaient d'être victimes.

— Vous ici, Ascanio ! dit-elle d'une voix mélodieuse ; vous à qui je voulais donner des palais et que je retrouve dans une prison !

— Ah ! madame, s'écria le jeune homme, il est donc vrai que vous êtes étrangère à la persécution qui nous atteint ?

— M'avez-vous soupçonnée un instant, Ascanio ? dit la duchesse ; alors vous avez raison de me haïr, et je n'ai, moi, qu'à me plaindre en silence d'être si mal connue de celui que je connais si bien.

— Non, madame, non, dit Ascanio ; on m'a dit que c'était vous qui aviez tout conduit, mais je n'ai pas voulu le croire.

— Bien ! Ascanio, vous ne m'aimez pas, je le sais, mais au moins chez vous la haine n'est point de l'injustice. Vous aviez raison, Ascanio ; non seulement je n'ai rien conduit, mais encore j'ignorais tout. C'est le prévôt, M. d'Estourville, qui, ayant tout appris, je ne sais comment, est venu tout dire au roi, et qui a obtenu de lui l'ordre de vous arrêter et de reprendre Colombe.

— Et Colombe est chez son père ? demanda vivement Ascanio.

— Non, dit la duchesse, Colombe est chez moi.

— Chez vous, madame ! s'écria le jeune homme. Pourquoi chez vous ?

— Elle est bien belle, Ascanio, murmura la duchesse, et je comprends que vous la préfériez à toutes les femmes du monde, la plus aimante de ces femmes vous offrît-elle le plus riche des duchés.

— J'aime Colombe, madame, dit Ascanio, et vous savez qu'on préfère l'amour, ce bien du ciel, à tous les biens de la terre.

— Oui, Ascanio, oui, vous l'aimez par dessus toute chose. Un instant j'ai espéré que votre passion pour elle n'était qu'un amour ordinaire. Je me suis trompée. Oui, je le vois bien maintenant, ajouta-t-elle avec un soupir, vous séparer plus longtemps l'un de l'autre serait s'opposer aux volontés de Dieu.

— Ah ! madame, s'écria Ascanio en joignant les mains, Dieu vous a donné le pouvoir de nous réunir. Soyez grande et généreuse jusqu'au bout, madame, et faites le bonheur de deux enfans qui vous aimeront et qui vous béniront toute leur vie.

— Eh bien ! oui, dit la duchesse, je suis vaincue, Ascanio ; oui, je suis prête à vous protéger, à vous défendre ; mais, hélas ! peut-être, à cette heure, est-il trop tard !

— Trop tard ! que voulez-vous dire ? s'écria Ascanio.

— Peut-être, à cette heure, Ascanio, peut-être suis-je perdue moi-même.

— Perdue ! et pourquoi cela, madame ?

— Pour vous avoir aimé.

— Pour m'avoir aimé ! Vous, perdue à cause de moi ?

— Oui, imprudente que je suis, oui, perdue à cause de vous ; perdue pour vous avoir écrit.

— Comment cela ? je ne vous comprends pas, madame.

— Vous ne comprenez pas que le prévôt, muni de l'ordre du roi, a ordonné une perquisition générale à l'hôtel de Nesle ? Vous ne comprenez pas que cette perquisition, dans laquelle on recherche toutes les preuves de votre amour avec Colombe, s'exercera principalement dans votre chambre ?

— Eh bien ? demanda Ascanio impatient.

— Eh bien ! continua la duchesse, si dans votre chambre on retrouve cette lettre que dans un moment de délire je vous ai écrite, si cette lettre est reconnue pour être de moi, si cette lettre est mise sous les yeux du roi, que je trompais déjà et que bientôt je voulais trahir pour vous, ne comprenez-vous pas que mon pouvoir tombe à l'instant même ? Ne comprenez-vous pas que je ne puis plus rien pour vous ni pour Colombe ? Ne comprenez-vous enfin que je suis perdue ?

— Oh ! s'écria Ascanio, tranquillisez-vous, madame, il n'y a pas de danger ; cette lettre est ici, elle est là, elle ne m'a point quitté.

La duchesse respira, et sa figure passa de l'expression de l'anxiété à celle de la joie.

— Elle ne vous a pas quitté, Ascanio ! s'écria-t-elle à son tour ; elle ne vous a pas quitté ! Et à quel sentiment, dites, dois-je que cette heureuse lettre ne vous ait pas quitté ?

— A la prudence, madame, murmura Ascanio.

— A la prudence ! Je me trompais donc encore, mon Dieu ! mon Dieu ! Je devrais cependant être bien certaine, bien convaincue. A la prudence ! Eh bien ! alors, ajouta-t-elle en ayant l'air de faire un effort sur elle-même, puisque je n'ai à vous remercier que de votre prudence, Ascanio, croyez-vous bien prudent, dites-moi, de garder ici sur vous, quand on peut descendre à tout moment dans votre prison, quand on peut vous fouiller de force ; trouvez-vous bien prudent, dis-je, de garder une lettre qui doit, si elle est connue, mettre hors d'état de vous protéger, vous et Colombe, la seule personne qui puisse vous sauver ?

— Madame, dit Ascanio de sa voix douce, et avec cette teinte de mélancolie que ressentent toujours les cœurs purs lorsqu'ils sont forcés de douter, j'ignore si l'intention de nous sauver, Colombe et moi, est au fond de votre cœur comme elle est sur vos lèvres ; j'ignore si le désir seul de ravoir cette lettre qui, ainsi que vous l'avez dit, peut vous perdre, ne vous a pas conduite ici ; j'ignore enfin si, une fois que vous la tiendrez en votre pouvoir, de protectrice que vous vous faites, vous ne nous redeviendrez pas ennemie ; mais ce que je sais, madame, c'est que cette lettre est à vous, c'est qu'elle vous appartient, c'est que, du moment où vous la venez réclamer, je n'ai pas, moi, le droit de la retenir.

Ascanio se leva, alla droit à la chaise sur laquelle était son pourpoint, fouilla dans la poche, et en tira une lettre dont la duchesse au premier coup d'œil reconnut l'enveloppe ; — Voilà, dit-il, madame, ce papier tant désiré par vous, et qui, sans pouvoir m'être utile, peut vous être si nuisible. Reprenez-le, déchirez-le, anéantissez-le. J'ai fait ce que je dois ; vous ferez, vous, ce que vous voudrez.

— Ah ! vous êtes vraiment un noble cœur, Ascanio ! s'écria la duchesse, emportée par ce premier mouvement qu'on retrouve parfois encore même au fond des âmes les plus corrompues.

— On vient, madame, prenez garde ! s'écria Ascanio.

— Vous avez raison, dit la duchesse.

Et, au bruit des pas qui effectivement se rapprochaient, elle étendit vivement la main vers la lampe, présentant le papier à la flamme, qui s'y attacha et le dévora en un instant. La duchesse ne le lâcha cependant que lorsque le feu fut près d'atteindre ses doigts, et la lettre aux trois quarts consumée descendit en tournoyant ; lorsqu'elle toucha le sol, elle était complètement réduite en cendres ; cependant sur ces cendres la duchesse mit encore le pied.

En ce moment le prévôt parut sur la porte.

— On me prévient que vous êtes ici, madame, dit-il d'un air inquiet en regardant alternativement Ascanio et la duchesse, et je m'empresse de descendre pour me mettre à vos ordres. Avez-vous eu quelque chose besoin de moi ou des gens qui sont sous mes ordres ?

— Non, messire, dit la duchesse, ne pouvant dissimuler le sentiment de profonde joie qui débordait de son cœur sur son visage. Non, mais je ne vous en rends pas moins grâce de votre empressement et de votre bonne volonté. j'étais venue seulement pour interroger ce jeune homme que vous avez fait arrêter, et pour m'assurer s'il était véritablement aussi coupable qu'on le disait.

— Et le résultat de cet examen ? demanda le prévôt d'un ton où il ne pouvait s'empêcher de laisser percer une légère teinte d'ironie.

— Est qu'Ascanio est moins coupable que je ne le pensais. Je vous recommande donc, messire, les plus grands soins pour lui. En attendant, le pauvre enfant est bien mal logé. Ne pourriez-vous lui donner une autre chambre ?

— On y avisera dès demain, madame, car, vous le savez, pour moi vos désirs sont des ordres. Avez-vous autre chose à commander et voulez-vous continuer votre interrogatoire ?

— Non, messire, répondit Anne, je sais tout ce que je désirais savoir.

A ces mots la duchesse sortit du cachot en jetant à Ascanio un dernier coup d'œil mêlé de reconnaissance et de passion.

Le prévôt la suivit et la porte se referma derrière eux.

— Pardieu ! murmura Jacques Aubry, qui n'avait pas perdu un mot de la conversation de la duchesse et d'Ascanio, pardieu ! il était temps.

En effet, le premier soin de Marmagne, en revenant à lui avait été de faire dire à la duchesse qu'il venait de recevoir une blessure qui pourrait bien être mortelle, mais qu'avant de mourir il voudrait lui révéler un secret de la plus haute importance pour elle. A cet effet la duchesse était accourue. Marmagne lui avait dit alors qu'il avait été attaqué et blessé par un certain écolier nommé Jacques Aubry, lequel cherchait à entrer au Châtelet pour pénétrer jusqu'à Ascanio et rapporter à Cellini une lettre dont Ascanio était porteur.

A ces mots la duchesse avait tout compris, et tout en maudissant la passion qui l'avait cette fois encore fait sortir des limites de sa prudence ordinaire, elle était, quoiqu'il fût deux heures du matin, accourue au Châtelet, s'était fait ouvrir le cachot du prisonnier, et là avait joué avec Ascanio la scène que nous venons de raconter, et qui avait eu, du moins la duchesse le pensait ainsi, le dénoûment qu'elle désirait, quoique Ascanio n'en eût pas été entièrement la dupe.

Comme l'avait dit Jacques Aubry, il était temps.

Mais la moitié de la besogne seulement était faite, et certes la plus difficile moitié restait à faire. L'écolier tenait sa lettre qui avait si bien manqué d'être anéantie à jamais ; mais pour que cette lettre eût sa valeur réelle, ce n'était pas entre les mains de Jacques qu'elle devait être, c'était entre les mains de Cellini.

Or, Jacques Aubry était prisonnier, bien prisonnier, et il avait appris par son prédécesseur que ce n'était pas chose facile que de sortir du Châtelet une fois qu'on y était entré. Il était donc, nous avons à le dire, comme ce coq qui a trouvé une perle, dans le plus grand embarras de ce qu'il devait faire de sa richesse.

Essayer de fuir par la violence était impossible. Armé de son poignard, Jacques Aubry pouvait bien tuer le gardien qui lui apportait son repas, prendre ses clefs et ses habits ; mais, outre que ce moyen extrême répugnait à l'excellente nature de l'écolier, il ne lui offrait pas encore, il faut le dire, une sécurité suffisante. Il y avait dix chances contre une qu'il fût reconnu, fouillé, dépouillé de sa précieuse lettre, et réintégré dans son cachot.

Essayer de fuir par adresse était moins certain encore. Le cachot était creusé à huit ou dix pieds sous terre, de barres de fer énormes croisaient le soupirail par lequel pénétrait le seul rayon de jour qui descendît dans le cachot. Il fallait des mois pour desceller un de ces barreaux, puis d'ailleurs, ce barreau descellé, où se trouverait le fugitif ? dans quelque cour aux murs infranchissables où l'on ne manquerait pas de le retrouver le lendemain matin.

Restait la corruption ; mais grâce au jugement rendu par le lieutenant-criminel, et qui attribuait à Gervaise vingt sous parisis pour la perte de son honneur, le prisonnier ne possédait plus pour toute fortune que la somme de dix sous parisis, somme insuffisante pour tenter le plus mauvais geôlier de la plus mauvaise prison, et qui ne pouvait décemment s'offrir à un porte-clefs d'une forteresse royale.

Jacques Aubry était donc, nous sommes forcés d'en convenir, dans le plus cruel embarras.

De temps en temps une idée libératrice paraissait bien cependant se présenter à son esprit, mais cette idée sans doute entraînait avec elle de bien graves conséquences, car chaque fois qu'elle revenait, avec la persistance des bonnes idées, le visage d'Aubry se rembrunissait visiblement, et il poussait des soupirs qui prouvaient que le pauvre garçon subissait une lutte intérieure des plus violentes.

Cette lutte fut si violente et si prolongée que de toute la nuit Jacques ne songea pas même à dormir : il passa le temps à se promener de long en large, à s'asseoir, à se lever. C'était la première fois qu'il lui arrivait de veiller pour réfléchir ; Jacques n'avait jamais veillé que comme buveur, comme joueur ou comme amoureux.

Au point du jour cependant la lutte parut apaisée par la victoire sans doute d'une des forces opposées, car Jacques Aubry poussa un soupir plus lamentable encore qu'aucun de ceux qu'il eût poussés jusque-là, et se jeta sur son lit comme un homme complètement abattu.

A peine était-il couché qu'il entendit des pas dans l'escalier. Ces pas s'approchèrent, la clef grinça dans la serrure, les verrous crièrent, la porte tourna sur ses gonds, et deux hommes de justice apparurent sur le seuil : l'un était le lieutenant-criminel, l'autre son greffier.

Le désagrément de la visite fut tempéré par le plaisir qu'eut Jacques Aubry à reconnaître deux anciennes connaissances.

— Ah ! ah ! mon jeune homme, dit le lieutenant-criminel en reconnaissant Jacques Aubry, c'est donc encore vous que je retrouve, et vous êtes donc parvenu à vous faire mettre au Châtelet ? Tudieu ! quel gaillard vous faites ! Vous séduisez les jeunes filles et vous perforez les jeunes seigneurs ! Mais, prenez-y garde ! cette fois-ci, peste ! la vie d'un gentilhomme, c'est plus cher que l'honneur d'une grisette, et vous n'en serez pas quitte pour vingt sous parisis.

Si formidables que fussent les paroles du juge, le ton avec lequel elles étaient prononcées rassurait quelque peu le prisonnier. Cet homme à la face joviale entre les mains duquel il avait eu la chance de tomber paraissait si bon garçon, qu'il semblait que rien de fatal ne pût venir de lui. Il est vrai de dire qu'il n'en était pas de même de son greffier, qui, à chaque menace que faisait le lieutenant-criminel, secouait approbativement la tête. C'était la seconde fois que Jacques Aubry voyait ces deux hommes à côté l'un de l'autre, et quelque préoccupation que lui inspirât la situation précaire dans laquelle il se trouvait, il ne pouvait s'empêcher de faire intérieurement les réflexions les plus philosophiques sur le caprice du hasard, qui avait dans un moment de fantaisie accolé l'un à l'autre deux individus aussi opposés de physique et de caractère.

L'interrogatoire commença. Jacques Aubry ne cacha rien ;

il déclara qu'ayant reconnu dans le vicomte de Marmagne un gentilhomme qui l'avait déjà trahi plusieurs fois, il avait sauté sur l'épée d'un page et l'avait défié; Marmagne avait accepté le défi; le vicomte et l'écolier avaient ferraillé un instant; puis le vicomte était tombé. Il n'en savait pas davantage.

— Vous n'en savez pas davantage! vous n'en savez pas davantage! murmurait le juge tout en dictant l'interrogatoire au greffier. Peste! il y en a bien assez comme cela, ce me semble, et votre affaire est claire comme le jour, d'autant plus que le vicomte de Marmagne est un des grands favoris de madame d'Etampes. Aussi il paraît qu'elle vous a recommandé au prône, mon brave garçon.

— Diable! fit l'écolier qui commençait à s'inquiéter. Dites-moi donc, monsieur le juge, est-ce que l'affaire est aussi mauvaise que vous le dites?

— Plus mauvaise! mon cher ami, plus mauvaise! attendu que je n'ai pas l'habitude d'intimider mes cliens. Mais je vous préviens de cela afin que si vous aviez quelques dispositions à prendre...

— Des dispositions à prendre! s'écria l'écolier. Dites donc, dites donc, monsieur le lieutenant criminel, est-ce que vous croyez qu'il y a danger d'existence?

— Certainement, dit le juge, certainement. Comment! vous attaquez en pleine rue un gentilhomme, vous le forcez à se battre, vous lui passez votre épée au travers du corps, et vous demandez s'il y a danger d'existence! Oui, mon cher ami; oui, et très grand danger même.

— Mais enfin ces rencontres-là arrivent tous les jours, et je ne vois pas qu'on poursuive bien les coupables.

— Oui, entre gentilshommes, mon jeune ami. Oh! quand il plaît à deux gentilshommes de se couper la gorge, c'est un droit de leur condition et le roi n'a rien à y voir; mais s'il allait prendre un jour l'idée aux vilains de se battre avec les gentilshommes, comme les vilains sont vingt fois plus nombreux que les gentilshommes, il n'y aurait bientôt plus de gentilshommes, ce qui serait dommage.

— Et combien de jours croyez-vous que mon procès puisse durer?

— Cinq ou six jours à peu près.

— Comment! s'écria l'écolier, cinq ou six jours, voilà tout?

— Sans doute, le fait est clair: il y a un homme qui se meurt, vous avouez que vous l'avez tué, la justice est satisfaite; cependant, ajouta le juge en donnant à son visage un caractère plus profond encore de mansuétude, si deux ou trois jours de plus peuvent vous être agréables...

— Très agréables.

— Eh bien, nous allongerons les écritures et nous gagnerons du temps. Vous êtes bon garçon au fond, et je serai enchanté de faire quelque chose pour vous.

— Merci, dit l'écolier.

— Et maintenant, reprit le juge en se levant, avez-vous quelque chose à demander?

— Je voudrais voir un prêtre, est-ce impossible?

— Non pas, et vous êtes dans votre droit.

— Eh bien, alors, monsieur le juge, priez qu'on m'en envoie un.

— Je vais m'acquitter de votre commission. Sans rancune, mon jeune ami.

— Comment donc! au contraire, bien reconnaissant.

— Monsieur l'écolier, dit alors à demi-voix et en s'approchant de Jacques Aubry, le greffier voudriez-vous bien m'accorder une grâce?

— Volontiers, dit Aubry; laquelle?

— Mais c'est que vous avez peut-être des amis, des parens, à qui vous comptez laisser tout ce que vous possédez.

— Des amis? je n'en ai qu'un, et il est en prison comme moi. Des parens? je n'ai que des cousins, et même des cousins fort éloignés. Ainsi, parlez, monsieur le greffier, parlez.

— Monsieur, je suis un pauvre père de famille, ayant cinq enfans.

— Eh bien?

— Eh bien! je n'ai jamais eu de chance dans mon emploi, que je remplis pourtant, vous pouvez le dire, avec scrupule et probité. Tous mes confrères me passent sur le corps.

— Et pourquoi cela?

— Pourquoi? Ah! pourquoi? Je vais vous le dire.

— Dites.

— Parce qu'ils ont du bonheur.

— Ah!

— Mais, pourquoi ont-ils du bonheur?

— Voilà ce que je vous demanderai, monsieur le greffier.

— Et voilà ce que je vais vous dire, monsieur l'écolier.

— Vous me ferez plaisir.

— Ils ont du bonheur... — Le greffier baissa encore la voix d'un demi-ton. — Ils ont du bonheur, parce qu'ils ont de la corde de pendu dans leur poche: comprenez-vous?

— Non.

— Vous avez l'intelligence difficile. — Vous faites un testament, n'est-ce pas?

— Un testament, moi! pourquoi faire?

— Damel pour qu'il n'y ait pas de procès parmi vos héritiers. Eh bien! mettez sur ce testament que vous autorisez Marc-Boniface Grimoineau, greffier près M. le lieutenant criminel, à réclamer du bourreau un petit bout de votre corde.

— Ah! fit Aubry d'une voix étranglée. Oui, je comprends.

— Et vous m'accordez ma demande?

— Comment donc!

— Jeune homme! rappelez-vous ce que vous venez de me promettre. Beaucoup ont pris le même engagement que vous; mais les uns sont morts intestats, les autres ont mal écrit mon nom, Marc-Boniface Grimoineau, de sorte qu'il y a eu chicane; d'autres enfin, qui étaient coupables, monsieur, parole d'honneur! bien coupables, ont été acquittés et sont allés se faire pendre ailleurs; de sorte que je désespérais véritablement quand vous nous êtes tombé entre les mains.

— C'est bien, monsieur le greffier, c'est bien, dit Jacques; cette fois, soyez tranquille, si je suis pendu, vous aurez votre affaire.

— Vous le serez, monsieur, vous le serez, n'en faites pas de doute.

— Eh bien! Grimoineau? dit le juge.

— Me voilà, monsieur le lieutenant criminel, me voilà. Ainsi, c'est convenu, monsieur l'écolier?

— C'est convenu.

— Parole d'honneur!

— Foi de vilain!

— Allons, murmura le greffier en s'en allant, je crois que cette fois-ci enfin j'aurai mon affaire. Je vais annoncer cette bonne nouvelle à ma femme et à mes enfans.

Et il suivit le lieutenant criminel, qui sortit tout en le grondant gaîment de s'être tant fait attendre.

XXXVI.

OU L'ON VOIT QU'UNE VÉRITABLE AMITIÉ EST CAPABLE DE POUSSER LE DÉVOUEMENT JUSQU'AU MARIAGE.

Aubry resté seul retomba dans des réflexions encore plus profondes qu'auparavant; et l'on en conviendra, il y avait dans son entretien avec le lieutenant criminel ample matière à méditation. Cependant, hâtons-nous de dire que celui qui aurait pu lire dans son esprit aurait vu que la situation d'Ascanio et de Colombe, situation qui dépendait de la lettre qu'il avait entre les mains, prenait la première place dans ses préoccupations, et qu'avant de songer à lui, chose de laquelle il comptait bien s'occuper en son tour, il allait songer à eux.

Il méditait ainsi depuis une demi-heure à peu près, lorsque la porte de son cachot s'ouvrit de nouveau et que le porte-clefs parut sur le seuil.

— Est-ce vous qui avez fait venir un prêtre? demanda-t-il en grommelant.

— Certainement, c'est moi, dit Jacques.

— Le diable m'emporte! si je sais ce qu'ils ont tous à faire avec un moine damné, murmura le guichetier; mais ce que je sais, c'est qu'ils ne peuvent pas laisser cinq minutes un pauvre homme tranquille. Voyons, entrez, mon père, continua-t-il en se rangeant pour faire place au prêtre, et faites vite.

Puis il referma la porte en grommelant toujours, laissant en tête à tête le nouveau venu avec le prisonnier.

— C'est vous qui m'avez fait demander, mon fils? demanda le prêtre.

— Oui, mon père, répondit l'écolier.

— Vous désirez vous confesser?

— Non, pas précisément, je désire m'entretenir avec vous d'un simple cas de conscience.

— Dites, mon fils, répondit le prêtre en s'asseyant sur l'escabeau, et si mes faibles lumières peuvent vous guider...

— Justement c'est pour vous demander conseil que je vous ai fait venir.

— Je vous écoute.

— Mon père, dit Aubry, je suis un grand pécheur.

— Hélas! fit le prêtre, heureux du moins celui qui le reconnaît.

— Mais ce n'est pas le tout, non seulement je suis un grand pécheur, comme je vous le disais, mais encore j'ai fait tomber les autres dans le péché.

— Y a-t-il réparation au dommage que vous avez commis?

— Je le pense, mon père, je le pense. Celle que j'ai entraînée avec moi dans l'abîme était une jeune fille innocente.

— Alors vous l'avez séduite? demanda le prêtre.

— Séduite, oui, mon père, c'est le mot.

— Et vous voulez réparer votre faute?

— J'en ai l'intention, du moins.

— Il n'y a qu'une façon de le faire.

— Je le sais bien, et c'est pour cela que j'ai été si longtemps indécis. S'il y en avait eu deux, j'eusse choisi l'autre.

— Alors vous désirez l'épouser.

— Un instant, dit le prêtre, je ne veux pas mentir; non, mon père, je ne désire pas, je me résigne.

— Mieux vaudrait un sentiment plus pur, plus dévoué.

— Que voulez-vous, mon père, il y a des gens qui sont nés pour épouser et d'autres pour rester garçons. Le célibat était ma vocation à moi, et il ne fallait, je vous le jure, rien moins que la circonstance où je me trouve...

— Eh bien! mon fils, comme vous pourriez revenir sur vos bonnes intentions, je vous dirai que le plus tôt serait le mieux.

— Et quand ce plus tôt peut-il être? demanda Aubry.

— Dame! dit le prêtre, comme c'est un mariage *in extremis*, on obtiendra toutes les dispenses nécessaires, et je pense bien qu'après domain...

— Va donc pour après-demain, fit l'écolier en poussant un soupir.

— Mais elle, la jeune fille?

— Eh bien?

— Consentira-t-elle?

— A quoi?

— Au mariage.

— Pardieu! si elle y consentira! avec reconnaissance. On ne lui fait pas de ces propositions-là tous les jours.

— Alors il n'y aura aucun empêchement?

— Aucun.

— Les parens de votre côté?

— Absens.

— Du sien?

— Inconnus.

— Son nom?

— Gervaise-Perrette Popinot.

— Me chargez-vous de lui porter cette nouvelle?

— Si vous voulez prendre cette peine, mon père, je vous en serai véritablement reconnaissant.

— Aujourd'hui même elle sera prévenue.

— Dites-moi donc, dites-moi donc, mon père, est-ce que vous pourriez par exemple lui remettre une lettre?

— Non, mon fils, nous autres qui nous sommes dévoués au service des prisonniers, nous avons fait le serment de ne remettre aucun message de leur part à personne qu'après leur mort. Ce moment venu, tout ce que vous désirerez.

— Merci, cela serait inutile; tenons-nous-en donc au mariage, murmura Aubry.

— Vous n'avez rien autre chose à me dire?

— Rien, sinon que si l'on doutait de la vérité de ce que j'avance, et que si l'on faisait quelque difficulté à m'accorder ma demande, on trouverait à l'appui, chez M. le lieutenant criminel, une plainte de ladite Gervaise-Perrette Popinot, laquelle prouverait à la justice que je n'avance rien qui ne soit l'exacte vérité.

— Rapportez-vous en à moi d'aplanir toutes les difficultés, répondit le prêtre, qui avait cru remarquer que dans l'action qu'il se proposait d'accomplir, Jacques Aubry ne procédait pas d'enthousiasme, mais cédait à une nécessité, et d'ici à deux jours...

— D'ici à deux jours...

— Vous aurez rendu l'honneur à celle à qui vous l'avez enlevé.

— Hélas! murmura l'écolier en poussant un profond soupir.

— Bien, mon fils, bien, dit le prêtre; plus un sacrifice nous coûte, plus il est agréable à Dieu.

— Ventre-Mahom! s'écria l'écolier; en ce cas, Dieu doit m'être bien reconnaissant; allez, mon père, allez.

En effet, ce n'était pas sans une vive opposition à lui-même que Jacques Aubry avait pris une pareille résolution; comme il l'avait dit à Gervaise, il avait hérité de l'antipathie paternelle pour le mariage, et il ne lui avait rien moins fallu que son amitié pour Ascanio, que l'idée que c'était lui qui l'avait perdu, le tout corroboré des plus beaux exemples de dévoûment que l'antiquité avait pu lui fournir, pour l'amener au degré d'abnégation auquel il était arrivé.

Mais, dira peut-être le lecteur, qu'a de commun le mariage de Gervaise et Aubry avec le bonheur d'Ascanio et de Colombe, et comment en épousant sa maîtresse Aubry sauvait-il son ami?

A ceci je pourrais dire au lecteur qu'il manque de pénétration. Il est vrai que, de son côté, le lecteur pourrait me répondre que ce n'est pas son état d'en avoir.

Que le lecteur prenne donc la peine de lire la fin de ce chapitre, qu'il eût pu se donner la satisfaction de passer s'il avait eu l'esprit plus subtil.

Le prêtre parti, Aubry, dans l'impossibilité de reculer désormais, parut plus tranquille: c'est le propre des résolutions, même les plus terribles, d'amener le calme après elles; l'esprit qui a lutté se repose, le cœur qui a combattu s'engourdit.

Jacques Aubry resta donc dans son repos et dans son engourdissement jusqu'au moment où après avoir entendu du bruit dans le cachot d'Ascanio, il crut que ce bruit, causé par l'entrée du geôlier qui lui apportait son déjeuner, était une garantie de tranquillité pour plusieurs heures. En conséquence, il laissa s'écouler quelques minutes, après lesquelles ayant reconnu qu'aucun bruit ne troublait le silence, il s'engagea dans son couloir, franchit comme d'habitude la distance et souleva la natte avec sa tête.

Le cachot d'Ascanio était plongé dans l'obscurité la plus profonde.

Aubry appela à demi-voix ; personne ne répondit : le cachot était parfaitement solitaire.

Le premier sentiment d'Aubry fut un sentiment de joie. Ascanio était libre, et si Ascanio était libre il n'avait pas besoin, lui... Mais presque aussitôt il se rappela la recommandation qu'il avait entendue la veille de mettre Ascanio dans une prison plus commode. On avait eu égard à la recommandation de madame la duchesse d'Etampes ; ce bruit que venait d'entendre l'écolier, c'était le déménagement de son ami.

L'espoir qu'avait eu Aubry fut donc éblouissant, mais rapide comme un éclair.

Il laissa retomber la natte et rentra à reculons dans son cachot. Toute consolation lui était enlevée, même la présence de l'ami pour lequel il se sacrifiait.

Il ne lui restait plus d'autres ressources que de réfléchir. Mais Jacques Aubry avait déjà réfléchi si longtemps, et ses réflexions avaient eu un si douloureux résultat, qu'il préféra dormir.

Il se jeta donc sur lit, et comme il était fort en retard du côté du sommeil, il ne tarda point malgré la préoccupation d'esprit où il se trouvait, à s'endormir profondément.

Il rêva qu'il était condamné à mort et pendu : mais comme, par un mauvais procédé du bourreau, la corde avait été mal graissée, la pendaison était demeurée incomplète ; on ne l'en avait pas moins enterré bel et bien. Et dans son rêve Jacques Aubry commençait à se dévorer les bras comme cela se pratique, lorsque le greffier, qui tenait à ravoir son bout de corde, étant venu pour le prendre, avait rouvert le caveau dans lequel il était enfermé, et lui avait rendu à la fois la vie et la liberté.

Hélas ! ce n'était qu'un rêve, et lorsque l'écolier se réveilla, sa vie était fort compromise, et sa liberté tout à fait perdue.

La soirée, la nuit et la journée se passèrent sans que Jacques reçût d'autre visite que celle de son geôlier. Il essaya de lui faire quelques questions, mais il n'y eut pas moyen d'en tirer une parole.

Au milieu de la nuit, et comme Jacques Aubry était dans son premier sommeil, il entendit sa porte rouler sur ses gonds et se réveilla en sursaut. Si bien que dorment les prisonniers, le bruit d'une porte qui s'ouvre les réveille toujours.

L'écolier se dressa sur son séant.

— Levez-vous et habillez-vous, dit la voix rude du geôlier, tandis que derrière lui étincelaient à la lueur de la torche qu'il portait les hallebardes de deux gardes de la prévôté.

La seconde injonction était inutile ; comme le lit de Jacques Aubry n'était orné d'aucun drap et manquait complétement de couverture, il s'était couché tout vêtu.

— Où voulez-vous donc me mener ? demanda Jacques Aubry, dormant encore d'un œil.

— Vous êtes bien curieux, dit le geôlier.

— Cependant je voudrais savoir, reprit l'écolier.

— Allons, allons, pas de raisonnement, et suivez-moi.

Toute résistance était inutile, le prisonnier obéit.

Le geôlier marcha devant, puis Jacques Aubry vint après, puis les deux gardes fermèrent le cortége.

Jacques Aubry regardait autour de lui avec une inquiétude qu'il ne cherchait pas même à dissimuler : il craignait une exécution nocturne ; cependant une chose le rassurait : il ne voyait ni prêtre ni bourreau.

Au bout de dix minutes, Jacques Aubry se retrouva dans la première salle où on l'avait conduit à son entrée au Châtelet ; mais là, au lieu de le conduire au guichet, ce dont un instant il avait eu l'espérance, tant le malheur vous rend facile à l'illusion, son guide ouvrit une porte cachée dans un angle et s'engagea dans un corridor intérieur ; ce corridor donnait dans une cour.

Le premier sentiment du prisonnier en arrivant dans cette cour, en se retrouvant à l'air et en revoyant le ciel, fut de respirer à pleine poitrine. C'était autant de pris, il ne savait pas quand pareille aubaine se renouvellerait.

Puis, comme il aperçut de l'autre côté de la cour les fenêtres en ogives d'une chapelle du quatorzième siècle, il commença à deviner ce dont il était question.

Notre véracité de conteur nous contraint à dire qu'à cette pensée les forces faillirent lui manquer.

Cependant le souvenir d'Ascanio et de Colombe se présenta à son esprit, et la grandeur de la belle action qu'il allait accomplir le soutint dans sa détresse.

Il s'avança donc d'un pas assez ferme vers l'église ; en arrivant sur le seuil, tout lui fut expliqué.

Le prêtre était à l'autel ; dans le chœur une femme l'attendait : cette femme, c'était Gervaise.

A moitié chemin du chœur il trouva le gouverneur du Châtelet.

— Vous avez demandé à rendre, avant de mourir, l'honneur à la jeune fille à qui vous l'aviez ravi, dit le gouverneur : la demande était juste et l'on vous l'accorde.

Un nuage passa sur les yeux de l'écolier ; mais il porta la main à la lettre de madame d'Etampes et il reprit courage.

— Oh ! mon pauvre Jacques ! s'écria Gervaise en venant se jeter dans les bras de l'écolier ; oh ! qui m'aurait dit que cette heure que je désirais sonnerait dans une pareille circonstance !

— Que veux-tu, ma chère Gervaise, s'écria l'écolier en la recevant sur sa poitrine ; Dieu sait ceux qu'il doit punir et ceux qu'il doit récompenser ; soumettons-nous à la volonté de Dieu.

Puis tout bas, et en lui glissant dans la main la lettre de madame d'Etampes :

— Pour Benvenuto, dit-il, et à lui seul !

— Hein ? murmura le gouverneur, s'approchant vivement des deux époux, qu'y a-t-il ?

— Rien : je dis à Gervaise que je l'aime.

— Comme elle n'aura, selon toute apparence, probablement pas le temps de s'apercevoir du contraire, les protestations sont inutiles : approchez de l'autel et faites vite.

Aubry et Gervaise s'avancèrent sans souffler le mot vers le prêtre, qui les attendait. Arrivés en face de lui, tous deux tombèrent à genoux. La messe commença.

Jacques aurait bien voulu échanger quelques paroles avec Gervaise, qui, de son côté, brûlait d'envie de peindre sa reconnaissance à Aubry ; mais deux gardes placés à leurs côtés surveillaient leurs gestes et épiaient leurs paroles. Il était bien heureux que, dans un moment de compassion sans doute, le gouverneur les eût laissés échanger l'accolade à l'aide de laquelle la lettre avait passée des mains de Jacques dans celles de Gervaise. Ce moment perdu, la surveillance exercée sur les deux époux eût rendu le dévoûment de Jacques inutile.

Sans doute le prêtre avait reçu ses instructions, car il abrégea fort son discours. Peut-être aussi pensait-il à part lui qu'il était inutile de faire de grandes recommandations conjugales et paternelles à un homme qui allait être pendu dans deux ou trois jours.

Le discours fini, la bénédiction donnée, la messe dite, Aubry et Gervaise crurent au moins qu'on allait leur accorder un moment de tête à tête, mais il n'en fut rien. Malgré les pleurs de Gervaise, qui fondait littéralement en eau, les gardes les séparèrent.

Cependant ils eurent le temps d'échanger un coup d'œil. Celui d'Aubry voulait dire : Songe à ma commission.

Celui de Gervaise répondait : Sois tranquille, elle sera faite cette nuit même ou demain au plus tard.

Puis on les entraîna chacun d'un côté opposé. Gervaise fut remise galamment à la porte de la rue. Jacques fut reconduit poliment dans son cachot.

En y rentrant, l'écolier poussa un soupir plus profond qu'aucun de ceux qu'il eût poussés encore depuis son entrée dans la prison : il était marié !

Ce fut ainsi que, nouveau Curtius, Jacques Aubry, par dévoûment, se précipita dans le gouffre de l'hyménée.

XXXVII.

LA FONTE.

Maintenant, avec la permission de nos lecteurs, quittons un instant le Châtelet pour revenir à l'hôtel de Nesle.

Aux cris de Benvenuto, ses ouvriers étaient accourus et l'avaient suivi à la fonderie.

Tous le connaissaient à l'œuvre ; mais jamais ils ne lui avaient vu une pareille ardeur au visage, une pareille flamme dans les yeux ; quiconque eût pu le mouler lui-même en ce moment comme il allait mouler le Jupiter eût doté le monde de la plus belle statue qui se pût faire du génie de l'art.

Tout était prêt, le modèle en cire, revêtu de sa chappe de terre, attendait, tout cerclé de fer et dans le fourneau à capsule qui l'entourait, l'heure de la vie. Le bois lui-même était tout disposé ; Benvenuto en approcha la flamme à quatre endroits différens, et comme le bois était du sapin que l'artiste prenait depuis longtemps soin de faire sécher, le feu gagna rapidement toutes les parties du fourneau, et le moule se trouva bientôt former le centre d'un immense foyer. Alors la cire commença à sortir par les évens, tandis que de son côté le moule cuisait ; en même temps les ouvriers creusaient une grande fosse près du fourneau où le métal devait entrer en fusion, car Benvenuto ne voulait pas qu'il y eût un instant perdu, et aussitôt le moule cuit, il voulait procéder à la fonte.

Pendant un jour et demi la cire découla du moule ; pendant un jour et demi, tandis que les ouvriers se relevaient tour à tour, se reposant par quart, comme les matelots d'un bâtiment de guerre, Benvenuto veilla, tournant autour du fourneau, alimentant le foyer, encourageant les travailleurs. Enfin, il reconnut que toute la cire était écoulée et que le moule était parfaitement cuit ; c'était la seconde partie de son œuvre ; la dernière était la fonte du bronze et le coulage de la statue.

Lorsqu'on en fut là, les ouvriers, qui ne comprenaient rien à cette force surhumaine et à cette furieuse ardeur, voulurent obtenir de Benvenuto qu'il prît quelques heures de repos, mais c'étaient quelques heures ajoutées à la captivité d'Ascanio et aux persécutions de Colombe. Benvenuto refusa. Il semblait du même métal que le bronze dont il allait faire un dieu.

Alors, la fosse creusée, il entoura le moule d'excellens cordages, et à l'aide de cabestans préparés à cet effet, il l'enleva avec tout le soin possible, le transporta au-dessus de la fosse et l'y descendit lentement jusqu'à ce qu'il fût à la hauteur du fourneau ; arrivé là, il le consolida en faisant rouler tout autour de lui la terre extraite de la fosse, en la foulant par couches et en plaçant, à mesure qu'elle s'élevait, les tuyaux de terre cuite destinés à servir d'évens. Tous ces préparatifs prirent le reste de la journée. La nuit vint ; il y avait quarante-huit heures que Benvenuto n'avait dormi, ne s'était couché, ne s'était assis. Les ouvriers le suppliaient, Scozzone le grondait, mais Benvenuto ne voulait entendre à rien ; une force magique semblait le soutenir, et il ne répondait aux supplications et aux gronderies qu'en commandant à chaque ouvrier la besogne qu'il avait à faire avec la voix brève et dure dont un général d'armée commande la manœuvre à ses soldats.

Benvenuto voulait commencer la fonte à l'instant même ; l'énergique artiste, qui avait constamment vu tous les obstacles céder devant lui, essayait alors sa puissance impérative sur lui-même ; écrasé de fatigue, dévoré de soucis, brûlé de fièvre, il commandait à son corps d'agir, et ce corps de fer obéissait, tandis que ses compagnons étaient forcés de se retirer l'un après l'autre, comme dans une bataille on voit des soldats blessés quitter leur rang et regagner l'ambulance.

Le fourneau de fonte était prêt ; Benvenuto l'avait fait remplir de lingots de fonte et de cuivre, placés symétriquement les uns sur les autres, afin que la chaleur pût se faire jour entre eux, et que la fusion s'opérât plus rapidement et plus complétement. Il y mit le feu comme à la première fournaise, et bientôt, comme le bûcher était composé de sapin, la résine qui en découlait, jointe à la combustibilité du bois, fit une flamme telle que, s'élevant plus haut qu'on ne s'y attendait, elle alla lécher le toit de la fonderie, qui n'étant qu'un toit de bois, prit feu aussitôt. A la vue et surtout à la chaleur de cet incendie, tous les compagnons, à l'exception d'Hermann, s'éloignèrent ; mais Hermann et Benvenuto, c'était assez pour faire face à tout. Chacun d'eux prit une hache et se mit à abattre les piliers de bois qui soutenaient le hangard. Un instant après, le toit tout enflammé tomba. Alors avec des crocs Benvenuto et Hermann poussèrent les débris brûlans dans la fournaise, et l'ardeur du foyer s'en augmentant, le métal commença de fondre.

Mais arrivé à ce point, Benvenuto Cellini se trouva au bout de ses forces. Il y avait près de soixante heures qu'il n'avait dormi, il y en avait vingt-quatre qu'il n'avait mangé, et depuis ce temps il était l'âme de tout ce mouvement, l'axe de toute cette fatigue. Une fièvre terrible s'empara de lui : à la coloration de son teint succéda une pâleur mortelle. Dans une atmosphère tellement ardente que personne n'y pouvait demeurer près de lui, il sentit ses membres trembler et ses dents battre comme s'il se fût trouvé au milieu des neiges de la Laponie. Les compagnons s'aperçurent de son état, s'approchèrent de lui ; il voulut résister encore, nier sa défaite, car pour cet homme, céder même devant l'impossible était une honte ; mais enfin il lui fallut avouer qu'il se sentait défaillir. Heureusement la fusion arrivait à son terme ; le plus difficile était fait : le reste était une œuvre de mécanique facile à exécuter. Il appela Pagolo : Pagolo n'était point là. Cependant aux cris des compagnons qui répétaient son nom en chœur, Pagolo reparut ; il venait, disait-il, de prier pour l'heureuse issue de la fonte.

— Ce n'est pas le temps de prier ! s'écria Benvenuto, et le Seigneur a dit : Qui travaille prie. C'est l'heure de travailler, Pagolo. Ecoute, je sens que je me meurs ; mais, que je meure où non, il ne faut pas moins que mon Jupiter vive. Pagolo, mon ami, c'est à toi que j'abandonne la direction du moulage, certain que si tu le veux tu feras tout aussi bien que moi. Pagolo, tu comprends bien, le métal sera bientôt prêt ; tu ne peux te tromper à son degré de cuisson. Lorsqu'il sera rouge, tu prendras une pierrière à Hermann et un autre à Simon-le-Gaucher. Ah ! mon Dieu ! qu'est-ce que je dis donc ? Oui. Puis, ils frapperont un coup sur les deux tampons des fourneaux. Alors le métal coulera, et si je suis mort vous direz au roi qu'il m'a promis une grâce et que vous venez la réclamer en mon nom, et que cette grâce... c'est... Oh ! mon Dieu ! je ne m'en souviens plus Que voulais-je donc demander au roi ? Ah ! oui... Ascanio... seigneur de Nesle... Colombe, fille du prévôt... d'Orbec... Madame d'Etampes... Ah !... je deviens fou !

Et Benvenuto chancelant tomba dans les bras d'Hermann, qui l'emporta comme un enfant dans sa chambre, tandis que Pagolo, chargé de la direction du moulage, donnait des ordres pour que l'œuvre se continuât.

Benvenuto avait raison, ou plutôt un délire terrible s'était emparé de lui. Scozzone, qui sans doute de son côté priait aussi, comme Pagolo, accourut pour lui porter secours ; mais Benvenuto ne cessait de crier : Je suis mort !
— Je vais mourir ! — Ascanio ! Ascanio ! que deviendra Ascanio !

C'est qu'en effet mille visions délirantes passaient dans sa tête : Ascanio, Colombe, Stéphana, s'offrant tout cela grandissait à ses yeux comme des spectres, s'évanouissait comme des ombres. Puis, au milieu de tout cela, passaient tout sanglans Pompeio l'orfèvre, qu'il avait tué d'un coup de poignard, et le maître de poste de Sienne, qu'il avait tué d'un coup d'arquebuse. Passé et présent se confondaient dans sa tête. Tantôt c'était Clément VII qui retenait Ascanio en prison, tantôt c'était Cosme Ier qui voulait forcer Colombe à épouser d'Orbec. Puis, il s'adressait à la duchesse Eléonore, croyant s'adresser à madame d'Etampes ; il suppliait, il menaçait. Puis il riait au nez de la pauvre Scozzone pleurante : il lui disait de prendre garde que Pagolo ne se rompît le cou en courant sur les corniches comme un chat. Puis à ces momens d'agitation insensée succédaient des intervalles de prostration complète pendant lesquels on eût dit qu'il allait mourir.

Cette agonie durait depuis trois heures : Benvenuto était dans un de ces momens de torpeur que nous avons dit, quand tout à coup Pagolo entra dans sa chambre, pâle, défait et s'écriant :

— Que Jésus et la Madone nous aident, maître ! car tout est perdu maintenant, et il ne peut plus nous arriver secours que du ciel.

Tout écrasé, tout mourant, tout évanoui qu'était Benvenuto, ces mots comme un stylet aigu pénétrèrent jusqu'au plus profond de son cœur. Le voile qui couvrait son intelligence se déchira, et comme Lazare se levant à la voix du Christ, il se souleva sur son lit en criant :

— Qui a dit ici que tout était perdu tant que Benvenuto vivait encore ?

— Hélas ! moi, maître, moi, dit Pagolo.

— Double infâme ! s'écria Benvenuto, il était donc dit que tu me trahiras sans cesse ! Mais sois tranquille, Jésus et la Madone que tu invoquais tout à l'heure sont là pour soutenir les hommes de bonne volonté et pour punir les traîtres...

En ce moment on entendit les ouvriers qui se lamentaient en criant : Benvenuto ! Benvenuto !

— Le voilà ! le voilà ! répondit l'artiste en s'élançant hors de sa chambre, pâle, mais plein de force et de raison. Le voilà ! et malheur à ceux qui n'auront pas fait leur devoir !

En deux bonds Benvenuto fut à la fonderie ; il trouva tout le monde d'ouvriers qu'il avait laissé si plein d'ardeur stupéfait et abattu. Hermann lui-même semblait mourant de fatigue ; le colosse chancelait sur ses jambes et était forcé de s'appuyer à l'un des piliers du hangard resté debout.

— Or çà, écoutez-moi, s'écria Benvenuto d'une voix terrible et en tombant au milieu d'eux comme la foudre, je ne sais pas encore ce qui est arrivé, mais sur mon âme ! je vous en réponds d'avance, il y a remède. Obéissez donc maintenant que je suis présent à la besogne ; mais obéissez passivement, sans dire un mot, sans faire un geste, car le premier qui hésite, je le tue.

Voilà pour les mauvais.

Puis pour les bons, je ne dirai qu'un mot : la liberté, le bonheur d'Ascanio, votre compagnon que vous aimez tant, est au bout de la réussite. Allons !

A ces mots Cellini s'approcha du fourneau pour juger lui-même de l'événement. Le bois avait manqué et le métal s'était refroidi, de sorte qu'il était, comme on dit en terme de métier, tourné en gâteau.

Benvenuto jugea aussitôt que tout était réparable ; sans doute Pagolo s'était relâché de sa surveillance, et pendant ce temps la chaleur du foyer avait diminué ; il fallait rendre à la flamme toute sa chaleur, il fallait rendre au métal toute sa liquéfaction.

— Du bois ! s'écria Benvenuto, du bois ! cherchez-en partout où il peut y en avoir ; courez chez les boulangers, et payez-le, s'il le faut, à la livre ; apportez jusqu'au dernier copeau qui se trouve dans la maison. Enfonce les portes du Petit-Nesle, Hermann, si dame Perrine ne veut pas te les ouvrir : tout est de bonne prise, de ce côté, nous sommes en pays ennemi. Du bois ! du bois !

Et pour donner l'exemple le premier, Benvenuto saisit une hache et attaqua à grands coups les deux poteaux qui restaient encore debout, et qui bientôt s'abattirent avec le reste de la toiture, que Benvenuto poussa aussitôt dans le foyer ; en même temps les compagnons revinrent de tous côtés chargés de bois.

— Ah çà ! maintenant, s'écria Benvenuto, êtes-vous disposés à m'obéir ?

— Oui ! oui ! crièrent toutes les voix ; oui ! dans tout ce que vous nous ordonnerez, et tant qu'il nous restera un souffle de vie.

— Alors triez le chêne, et ne jetez d'abord que du chêne dans le foyer ; le chêne fait un feu plus vif, et par conséquent le remède sera plus prompt.

Aussitôt le chêne plut par brassées dans la fournaise, et ce fut Benvenuto qui fut forcé de crier assez.

L'énergie de cette âme avait passé dans toutes les âmes ; ses ordres, ses gestes, tout était compris et exécuté à l'instant même. Il n'y avait que Pagolo qui de temps en temps murmurait entre ses dents :

— Vous voulez faire des choses impossibles, maître ! c'est tenter Dieu.

Ce à quoi Cellini répondait par un regard qui voulait dire : Sois tranquille, tout n'est pas fini entre nous.

Cependant, malgré les prédictions sinistres de Pagolo, le métal commençait à entrer de nouveau en fusion, et pour hâter cette fusion, Benvenuto jetait de temps en temps dans le fourneau quelques livres de plomb, remuant plomb, cuivre et bronze, avec une longue barre de fer, de sorte que, pour me servir de ses expressions à lui-même, ce cadavre de métal commençait à revenir à la vie. A la vue de ce progrès, Benvenuto, joyeux, ne sentait plus ni fièvre ni faiblesse : lui aussi ressuscitait.

Enfin on vit le métal bouillir et monter. Aussitôt Benvenuto ouvrit l'orifice du moule et ordonna de frapper sur les tampons du fourneau, ce qui fut exécuté à l'instant même ; mais comme si, jusqu'au bout, cette œuvre gigantesque devait être un combat de Titans, les tampons ôtés, Benvenuto s'aperçut, non seulement que le métal ne coulait pas avec une rapidité suffisante, mais encore qu'il n'y en aurait peut-être encore point assez. Alors, frappé d'une ces idées suprêmes comme il en vient aux artistes seuls :

— Que la moitié de vous, dit-il, reste ici pour jeter du bois dans le foyer, et que l'autre me suive !

Et suivi de cinq compagnons, il s'élança vers l'hôtel de Nesle ; puis, un instant après, tous reparurent chargés de vaisselle d'argent et d'étain, de lingots, d'aiguières à moitié terminées. Benvenuto donna l'exemple, et chacun jeta son précieux fardeau dans le fourneau, qui dévora tout à l'instant même, bronze, plomb, argent, saumons bruts, ciselures merveilleuses, avec la même indifférence qu'il eût dévoré l'artiste lui-même si l'artiste à son tour s'y fût précipité.

Mais grâce à ce surcroît de matières fusibles, le bronze devint parfaitement liquide, et comme s'il se fût repenti de son hésitation d'un instant, se mit à couler à pleins canaux. Il y eut alors un moment d'anxieuse attente, qui devint presque de la terreur quand Benvenuto s'aperçut que tout le bronze écoulé n'arrivait pas jusqu'à l'orifice du moule : il sonda alors avec une longue perche, mais il sentit que sans arriver au bout du jet, le bronze avait dépassé la tête de Jupiter.

Alors, il tomba à genoux et remercia Dieu ; l'œuvre était terminée qui devait sauver Ascanio et Colombe ; maintenant Dieu permettrait-il qu'elle fût accomplie parfaitement ?

C'est ce que Benvenuto ne pouvait savoir que lendemain.

La nuit, comme on le pense bien, fut une nuit d'angoisse ; et si fatigué que fût Benvenuto, à peine s'il eut quelques instans de sommeil. Encore ce sommeil était-il bien loin d'être le repos. A peine l'artiste avait-il les yeux fermés, que les objets réels faisaient place aux objets imaginaires. Il voyait son Jupiter, ce maître des cieux, ce roi de la beauté olympienne, tordu comme son fils Vulcain. Il ne comprenait plus rien dans son rêve. Etait-ce la faute du moule ? était-ce la faute de la fonte ? était-ce lui qui s'était trompé dans l'œuvre ? était-ce le destin qui s'était raillé de l'ouvrier? Puis à cette vue sa poitrine se gonflait, ses tempes battaient ardemment, et il se réveillait le cœur bondissant et la sueur sur le front. Pendant quelque temps il doutait encore, ne pouvant dans la confusion de son esprit séparer la vérité du mensonge. Puis enfin il songeait que son Jupiter était encore caché dans son moule comme l'enfant dans le sein de sa mère. Il se rappelait toutes les précautions qu'il avait prises. Il adjurait Dieu qu'il voulait faire non-seulement une belle œuvre, mais encore une bonne action. Puis, plus calme et plus tranquille, il se rendormait sous le poids de cette fatigue incessante qui semblait ne plus devoir le quitter, pour tomber dans un second rêve aussi insensé et aussi terrifiant que le premier.

Le jour vint, et avec le jour Benvenuto secoua tous les restes du sommeil; en un instant il fut debout et habillé : une seconde après il était à la fonderie.

Le bronze était encore évidemment plus chaud qu'il ne convenait pour le mettre à l'air; mais Benvenuto était si pressé de voir ce qu'il avait désormais à craindre ou à espérer, qu'il n'y put tenir et qu'il commença à découvrir la tête. Lorsqu'il porta la main sur le moule, il était si pâle qu'on eût cru qu'il allait mourir.

— Fous encore malate, maître? dit une voix que Benvenuto reconnut à son accent pour celle d'Hermann. Fous mieux faire rester tans fotre lit.

— Tu te trompes, Hermann mon ami, dit Benvenuto, tout étonné de voir Hermann levé de si bon matin, car c'est dans mon lit que je mourrais. Mais toi, comment es-tu levé à cette heure?

— Che me bromenais, dit Hermann en rougissant jusqu'au blanc des yeux; chaime à me bromener beaugoup. Foulez-vous que che fous aite, maître?

— Non, non, s'écria Benvenuto; que personne que moi ne touche à ce moule! Attends, attends!

Et il commença à découvrir doucement le haut de la statue. Par un hasard miraculeux, il y avait eu juste le métal nécessaire. Si Benvenuto n'avait pas eu l'idée de jeter dans le fourneau son argenterie, ses plats et ses aiguières, la fonte manquait et la tête ne venait pas.

Heureusement la tête était venue, et merveilleusement belle.

Cette vue encouragea Benvenuto à découvrir successivement les autres parties du corps. Peu à peu le moule tomba comme une écorce, et enfin, le Jupiter, délivré des pieds à la tête de son entrave, apparut majestueux comme il convenait au roi de l'Olympe. En aucune partie le bronze n'avait fait défaut à l'artiste, et lorsque le dernier lambeau de glaise fut tombé, ce fut un cri d'admiration parmi tous les ouvriers, car ils étaient venus successivement et en silence se grouper devant Cellini, qui, trop préoccupé des pensées qu'une si heureuse réussite faisait naître dans son esprit, ne s'était pas même aperçu de leur présence.

Mais à ce cri qui le faisait dieu à son tour, Benvenuto releva la tête, et avec un sourire orgueilleux :

— Ah! dit-il, nous verrons un peu si le roi de France osera refuser la première grâce que lui demandera l'homme qui a fait une pareille statue.

Puis, comme s'il se fût repenti de ce premier mouvement d'orgueil, qui était cependant tout entier dans sa nature, il tomba sur les deux genoux, et joignant les mains, il dit tout haut une action de grâces au Seigneur.

Comme il achevait sa prière, Scozzone accourut disant à Benvenuto que madame *Jacques Aubry* demandait à lui parler en secret, ayant une lettre de son mari qu'elle ne voulait remettre qu'à Benvenuto.

Benvenuto fit redire deux fois le nom à Scozzone, car il ignorait que l'écolier fût en puissance de femme légitime.

Il ne se rendit pas moins à l'invitation qui lui était faite, laissant tous ses compagnons, orgueilleux et grandis de la gloire de leur maître.

Cependant, en y regardant de plus près, Pagolo s'aperçut qu'il y avait une incorrection dans le talon du dieu, un accident quelconque ayant empêché la fonte de couler jusqu'au fond du moule.

XXXVIII.

JUPITER ET L'OLYMPE.

Le jour même où Benvenuto avait découvert sa statue, il avait fait dire à François Ier que son Jupiter était fondu, lui demandant quel jour il lui plaisait que le roi de l'Olympe parût aux yeux du roi de France.

François Ier répondit à Benvenuto que son cousin l'empereur et lui devant aller chasser le jeudi suivant à Fontainebleau, il n'avait qu'à faire pour ce jour transporter sa statue dans la grande galerie du château.

La réponse était sèche. Il demeurait évident que madame d'Etampes avait fortement prévenu le roi contre son artiste favori.

Mais à cette réponse, soit orgueil humain, soit confiance en Dieu, Benvenuto se contenta de répondre en souriant :

— C'est bien.

On était arrivé au lundi. Benvenuto fit charger le Jupiter sur un chariot, et, montant à cheval, il l'accompagna lui-même sans le quitter d'un instant, de peur qu'il ne lui arrivât malheur. Le jeudi, à dix heures, l'œuvre et l'ouvrier étaient arrivés à Fontainebleau.

A voir Benvenuto, ne fût-ce qu'à le voir passer, il était visible qu'il avait dans l'âme je ne sais quel sentiment de noble fierté et de radieux espoir. Sa conscience d'artiste lui disait qu'il avait fait un chef-d'œuvre, et son cœur d'honnête homme qu'il allait faire une bonne action. Il était donc doublement joyeux et portait haut la tête, en homme qui, n'ayant pas de haine, n'a pas de crainte. Le roi allait voir le Jupiter et sans doute le trouver beau; Montmorency et Poyet lui rappelleraient sa parole; l'empereur et toute la cour seraient là; François Ier ne pouvait donc faire autrement que d'acquitter la parole donnée.

Madame d'Etampes, avec moins de douce joie mais avec autant de passion ardente, ourdissait de son côté ses plans : elle avait triomphé du premier choc que Benvenuto avait voulu lui porter en se présentant chez elle et chez le roi : c'était un premier danger passé, mais elle sentait qu'il en existait un second dans la promesse faite à Benvenuto, et elle voulait à tout prix détourner celui-là. Elle avait donc précédé d'un jour Cellini à Fontainebleau, et elle avait fait ses dispositions avec cette profonde habileté féminine qui chez elle équivalait presqu'à du génie.

Cellini ne devait point tarder à l'éprouver.

A peine eut-il franchi le seuil de la galerie où son Jupiter devait être exposé, qu'il vit à l'instant même le coup, reconnut la main qui l'avait frappé, et resta un instant anéanti.

Cette galerie, toute resplendissante des peintures du Rosso, déjà faites à elles seules pour distraire l'attention de quelque chef-d'œuvre que ce fût, avait été garnie, pendant les trois derniers jours qui venaient de s'écouler, des statues envoyées de Rome par le Primatice, c'est-à-dire que les merveilles de la sculpture antique, les types consacrés par l'admiration de vingt siècles, étaient là défiant toute comparaison, écrasant toute rivalité. Ariane, Vénus, Hercule, Apollon, Jupiter même, le grand Jupiter olympien, figures idéales, rêves du génie, éternités de bronze, formaient comme un concile surhumain dont il était impie d'approcher, comme un tribunal sublime dont tout artiste devait redouter le jugement.

Un Jupiter nouveau se glissant à côté de l'autre dans cet Olympe, Benvenuto jetant le gant à ce Phidias, il y avait là une sorte de profanation et de blasphème qui, tout confiant qu'il fût dans son propre mérite, fit reculer de trois pas le religieux artiste.

Ajoutez que les immortelles statues avaient pris, comme c'était leur droit, les plus belles places : il ne restait donc pour le pauvre Jupiter de Cellini que des coins obscurs auxquels on n'arrivait qu'après avoir passé sous le regard fixe et imposant des anciens dieux.

Benvenuto, triste, la tête inclinée, debout sur le seuil de la galerie, l'embrassait d'un regard à la fois triste et charmé.

— Messire Antoine Le Maçon, dit-il au secrétaire du roi qui l'accompagnait, je veux, je dois remporter sur-le-champ mon Jupiter ; le disciple ne tentera pas de le disputer aux maîtres ; l'enfant n'essaiera pas de lutter contre les aïeux : mon orgueil et ma modestie me le défendent.

— Benvenuto, répondit le secrétaire du roi, croyez-en un ami sincère ; si vous faites cela, vous vous perdez. Je vous le dis entre nous, on espère de vous ce découragement qu passera pour un aveu d'impuissance. J'aurai beau présenter vos excuses au roi, Sa Majesté, qui est impatiente de voir votre œuvre, ne voudra entendre à rien, et poussée comme elle l'est par madame d'Étampes, vous retirera sans retour ses bonnes grâces. On s'y attend, et je crains. Ce n'est pas avec les morts, Benvenuto, c'est avec les vivans que votre lutte est dangereuse.

— Vous avez raison, messire, reprit l'orfévre, et je vou entends. Merci de m'avoir rappelé que je n'ai pas le droits d'avoir ici de l'amour-propre.

— A la bonne heure, Benvenuto. Mais écoutez un dernier avis : Madame d'Étampes est trop charmante aujourd'hui pour n'avoir pas quelque perfidie en tête ; elle a entraîné l'empereur et le roi à une promenade dans la forêt avec un enjouement et une grâce irrésistibles ; j'ai peur pour vous qu'elle ne trouve le secret de les y retenir jusqu'à la nuit.

— Le croyez-vous ? s'écria Benvenuto en pâlissant ; mais alors je serais perdu, car ma statue paraîtrait dans un faux jour qui lui ôterait la moitié de sa valeur.

— Espérons que je me suis trompé, reprit Antoine Le Maçon, et attendons l'événement.

Cellini commença à attendre en effet dans une anxiété pleine de frémissement. Il avait placé son Jupiter le moins mal possible, mais il ne se dissimulait pas qu'à la nuit tombante sa statue serait d'un effet médiocre, et qu'à la nuit elle paraîtrait tout à fait mauvaise. La haine de la duchesse avait calculé aussi juste que la science du sculpteur : elle devinait en 1541 un procédé de la critique du dix-neuvième siècle.

Benvenuto regardait avec désespoir le soleil descendre sur l'horizon, et interrogeait avidement tous les bruits du dehors. A part les gens de service, le château était désert.

Trois heures sonnèrent : dès lors l'intention de madame d'Étampes était évidente, et son succès n'était plus douteux. Benvenuto tomba accablé sur un fauteuil.

Tout était perdu : sa gloire d'abord. Cette lutte fiévreuse dans laquelle il avait failli succomber, qu'il avait voulue déjà parce qu'elle devait le conduire au triomphe, n'aurait pour résultat que sa honte. Il contemplait avec douleur sa statue autour de laquelle les teintes nocturnes flottaient déjà, et dont les lignes commençaient à paraître moins pures.

Tout à coup une idée du ciel lui vint, il se leva, appela le petit Jehan, qu'il avait amené avec lui, et sortit précipitamment. Nul bruit annonçant le retour du roi ne se faisait entendre encore. Benvenuto courut chez un menuisier de la ville, et avec l'aide de cet homme et de ses ouvriers il eut, en moins d'une heure, achevé un socle de bois de chêne peu apparent garni de quatre petites boules qui tournaient sur elles-mêmes comme des roulettes.

Il tremblait maintenant que la cour ne rentrât ; mais à cinq heures son travail était terminé, la nuit tombait, et le château n'avait pas revu ses hôtes couronnés. Madame d'Étampes, quelque part qu'elle fût, devait triompher.

Benvenuto eut bientôt fait de placer la statue avec le piédestal sur le socle presque invisible. Le Jupiter tenait dans sa main gauche le globe du monde, et dans sa droite un peu élevée au-dessus de sa tête, la foudre, qu'il semblait vouloir lancer : au milieu des flammes de la foudre l'orfévre cacha une bougie.

Il terminait à peine ces apprêts quand les fanfares sonnèrent, annonçant le retour du roi et de l'empereur. Benvenuto alluma la bougie, plaça le petit Jehan derrière la statue, par laquelle il était entièrement masqué, et non sans un profond battement de cœur il attendit le roi,

Dix minutes après, les deux battans de la porte tournèrent, et François Ier parut donnant la main à Charles-Quint.

Suivaient le dauphin, la dauphine, le roi de Navarre, toute la cour enfin ; le prévôt, sa fille et d'Orbec, venaient les derniers. Colombe était pâle et abattue ; mais du moment qu'elle aperçut Cellini, elle releva la tête et un sourire plein de sublime confiance parut sur ses lèvres et éclaira son visage.

Cellini échangea un regard qui voulait dire : Soyez tranquille ; quelque chose qu'il arrive, ne désespérez pas, je veille sur vous.

Au moment où la porte s'ouvrit, le petit Jehan, sur un signe de son maître, imprima une légère impulsion à la statue, qui roula doucement sur son socle mobile, et, laissant les antiques en arrière, vint pour ainsi dire au-devant du roi, mobile et comme animée. Tous les yeux se portèrent sur-le-champ de son côté. La douce lueur de la bougie tombant de haut en bas produisait un effet beaucoup plus agréable que le jour.

Madame d'Étampes se mordit les lèvres.

— Il me semble, sire, dit-elle, que la flatterie est un peu forte, et que c'était au roi de la terre à aller au devant du roi du ciel.

Le roi sourit, mais on vit que cette flatterie ne lui déplaisait pas : selon son habitude, il oublia l'ouvrier pour l'œuvre, et, épargnant la moitié du chemin à la statue, il marcha droit à elle et l'examina longtemps en silence. Charles-Quint, qui, de sa nature et quoiqu'il eût un jour, dans un moment de bonne humeur, ramassé le pinceau du Titien, Charles-Quint, disons-le, qui était plus profond politique que grand artiste, et les courtisans, qui n'avaient pas le droit d'avoir une opinion, attendaient scrupuleusement l'avis de François Ier pour se prononcer.

Il y eut un moment d'anxieux silence, pendant lequel Benvenuto et la duchesse échangèrent un regard de haine profonde.

Puis tout à coup le roi s'écria :

— C'est beau ! c'est très beau ! et j'avoue que mon attente est dépassée.

Tous alors se répandirent en complimens et en éloges, et l'empereur tout le premier.

— Si l'on gagnait les artistes comme les villes, dit-il au roi, je vous déclarerais à l'instant même la guerre pour conquérir celui-ci, mon cousin.

— Mais avec tout cela, interrompit madame d'Étampes furieuse, nous ne voyons seulement pas ces belles statues antiques qui sont plus loin ; elles valent peut-être un peu mieux pourtant que tous nos colifichets modernes.

Le roi s'approcha alors des sculptures antiques, éclairées de bas en haut par la lueur des torches qui laissait toute leur partie supérieure dans l'obscurité ; elles étaient certes d'un moins bel effet que le Jupiter.

— Phidias est sublime, dit-le roi, mais il peut y avoir un Phidias au siècle de François Ier et de Charles-Quint, comme il y en eut un au siècle de Périclès.

— Oh ! il faudrait voir cela au jour, dit Anne avec amertume ; paraître n'est pas être ; un artifice de lumière n'est pas l'art. Qu'est-ce que ce voile d'ailleurs ? nous cacherait-il quelque défaut, dites franchement, maître Cellini ?

C'était une draperie très légère jetée sur le Jupiter pour lui donner plus de majesté.

Benvenuto était resté jusque là près de sa statue, immobile, silencieux et en apparence froid comme elle ; mais aux paroles de la duchesse, il sourit dédaigneusement, jeta de ses yeux noirs un double éclair, et avec la sainte audace d'un artiste païen, il arracha le voile d'une main vigoureuse.

Benvenuto s'attendait à voir éclater la duchesse.

Mais tout à coup, par une puissance incroyable de volonté, elle se mit à sourire avec une aménité terrible, et tendant gracieusement la main à Cellini, stupéfait de ce revirement :

— Allons, j'avais tort, dit-elle tout haut d'un ton d'enfant gâté : vous êtes un grand sculpteur, Cellini ; pardonnez-moi mes critiques, donnez-moi votre main et soyons désormais amis : voulez-vous ?

Puis elle ajouta tout bas et avec une volubilité extrême :

— Songez à ce que vous allez demander, Cellini. Que ce ne soit pas le mariage de Colombe et d'Ascanio, ou, je vous le jure, Ascanio, Colombe et vous, vous êtes tous perdus !

— Et si je demande autre chose, dit Benvenuto du même ton, me seconderez-vous, madame ?

— Oui, fit-elle vivement, et je vous le jure, quelle que soit la chose que vous réclamerez, le roi l'accordera.

— Je n'ai pas besoin de demander le mariage d'Ascanio et de Colombe, dit alors Benvenuto, car c'est vous qui le demanderez, madame.

La duchesse sourit dédaigneusement.

— Que dites-vous donc ainsi tout bas ? dit François Ier.

— Madame la duchesse d'Etampes avait la bonté de me rappeler, répondit Benvenuto, que Votre Majesté m'avait promis une grâce dans le cas où elle serait satisfaite.

— Et cette promesse a été faite devant moi, sire, dit le connétable en s'avançant ; devant moi et devant le chancelier Poyet. Vous nous avez même chargés, mon collègue et moi, de vous rappeler...

— Oui, connétable, interrompit le roi d'un air de bonne humeur ; oui, si je ne me rappelais pas ; mais je me rappelle à merveille, foi de gentilhomme ! Ainsi, comme vous le voyez, votre intervention, tout en me demeurant agréable, me devient inutile. J'ai promis à Benvenuto de lui accorder ce qu'il me demanderait lorsque son Jupiter serait fondu. Est-ce cela, connétable ? ai-je bonne mémoire, chancelier ? A vous de parler, maître Benvenuto, je suis à votre disposition, vous priant toutefois de penser moins à votre mérite, qui est immense, qu'à notre pouvoir, qui est borné, ne faisant de réserve que pour notre couronne et notre maîtresse.

— Eh bien ! sire, dit Cellini, puisque Votre Majesté est en si bonne disposition pour votre indigne serviteur, je lui demanderai purement et simplement la grâce d'un pauvre écolier qui s'est pris de querelle sur le quai du Châtelet avec le vicomte de Marmagne, et qui, en se défendant, lui a passé son épée à travers le corps.

Chacun fut étonné de la médiocrité de la demande, et madame d'Etampes toute la première : elle regarda Benvenuto d'un air stupéfait, et croyant avoir mal entendu.

— Ventre-Mahom ! dit François Ier, me demandez bel et bien d'user de mon droit de grâce, car j'ai entendu dire hier au chancelier lui-même que c'était un cas de pendaison.

— Oh ! s'écria la duchesse, je comptais, sire, vous parler moi-même de ce jeune homme. J'ai eu des nouvelles de Marmagne, qui va mieux, et qui m'a fait dire que c'était lui qui avait cherché la querelle, et que l'écolier... Comment appelez-vous l'écolier, maître Benvenuto ?

— Jacques Aubry, madame la duchesse.

— Et que l'écolier, continua vivement madame d'Etampes, n'était aucunement dans son tort ; aussi, au lieu de reprendre ou de chicaner Benvenuto, sire, accordez-lui donc, croyez-moi, promptement cette demande, de peur qu'il ne se repente de vous avoir demandé si peu de chose.

— Eh bien ! maître, dit François Ier, que ce que vous désirez soit donc fait, et comme qui donne vite donne deux fois, dit le proverbe, que l'ordre de mettre ce jeune homme en liberté soit expédié ce soir même. Vous entendez, mon cher chancelier ?

— Oui, sire, et Votre Majesté sera obéie.

— Quant à vous, maître Benvenuto, dit François Ier, venez me voir lundi au Louvre, et nous nous occuperons de certains détails qui depuis quelque temps ont été trop négligés par mon trésorier vis-à-vis de vous.

— Mais, sire, Votre Majesté sait que l'entrée du Louvre..

— C'est bien ! c'est bien ! la personne qui avait donné la consigne la lèvera. C'était une mesure de guerre, et comme vous n'avez plus autour de moi que des amis, tout sera rétabli sur le pied de paix.

— Eh bien ! sire, dit la duchesse, puisque Votre Majesté est en train d'accorder, accordez-moi aussi, à moi, une toute petite demande, quoique je n'aie pas fait la Danaé.

— Non, dit Benvenuto à demi-voix, mais vous avez souvent fait la Danaé.

— Et quelle est cette demande ? interrompit François Ier, qui n'avait pas entendu l'épigramme de Cellini. Parlez, madame la duchesse, et croyez que la solennité de l'occasion n'ajoutera rien au désir que j'ai de vous être agréable.

— Eh bien ! sire, Votre Majesté devrait bien faire à messire d'Estourville cette grâce de signer lundi prochain au contrat de mariage de ma jeune amie mademoiselle d'Estourville avec le comte d'Orbec.

— Eh ! ce n'est pas une grâce que je vous ferai là, reprit François Ier : c'est un plaisir que je me prépare à moi-même, et je resterai encore votre débiteur, je le jure.

— Ainsi donc, sire, c'est convenu, à lundi ? demanda la duchesse.

— A lundi, dit le roi.

— Madame la duchesse, reprit Benvenuto à demi-voix, madame la duchesse ne regrette-t-elle pas que pour une pareille solennité ce beau lis qu'elle avait commandé à Ascanio ne soit pas fini ?

— Sans doute je le regretterai, dit la duchesse ; mais c'est chose impossible, Ascanio est en prison.

— Oui, mais je suis libre, moi, dit Benvenuto ; je le finirai et je le porterai à madame la duchesse.

— Oh ! sur mon honneur ! si vous faites cela, je dirai...

— Vous direz quoi, madame ?

— Je dirai que vous êtes un homme charmant.

Et elle tendit la main à Benvenuto, qui de l'air le plus galant du monde, et après avoir d'un coup d'œil demandé la permission au roi, y déposa un baiser.

En ce moment un léger cri se fit entendre.

— Qu'y a-t-il ? demanda le roi.

— Sire, j'en demande pardon à Votre Majesté, dit le prévôt ; mais c'est ma fille qui se trouve mal.

— Pauvre enfant ! murmura Benvenuto, elle croit que je l'ai trahie !

XXXIX.

MARIAGE DE RAISON.

Benvenuto voulait partir le soir même, mais le roi insista tellement qu'il ne put se dispenser de rester au château jusqu'au lendemain matin.

D'ailleurs, avec cette rapidité de conception et cette promptitude de décision qui lui étaient propres, il venait d'arrêter pour le lendemain le dénoûment d'une intrigue commencée depuis longtemps. C'était une affaire à part dont il voulait se débarrasser tout à fait avant que de se donner tout entier à Ascanio et à Colombe.

Il resta donc à souper le soir et même à déjeuner le lendemain, et ce ne fut que vers le midi qu'ayant pris congé du roi et de madame d'Etampes, il se mit en route accompagné du petit Jehan.

Tous deux étaient bien montés, mais cependant, contre son habitude, Cellini ne pressa point son cheval. Il était évident qu'il ne voulait rentrer à Paris qu'à une heure donnée. En effet, à sept heures du soir seulement il descendait rue de la Harpe.

Bien plus, au lieu de se rendre directement à l'hôtel de Nesle, il alla frapper à la porte d'un de ses amis nommé Guido, médecin de Florence; puis, lorsqu'il se fut assuré que ce médecin était chez lui et pouvait lui donner à souper, il ordonna au petit Jehan de rentrer seul, de dire que le maître était resté à Fontainebleau et ne reviendrait que le lendemain, et de se tenir prêt à ouvrir quand il frapperait. Le petit Jehan partit aussitôt en promettant à Cellini de se conformer à ses instructions.

Le souper était servi, mais avant de se mettre à table Cellini demanda à son hôte s'il ne connaissait pas quelque notaire honnête et habile qu'il pût faire venir pour lui dresser un contrat inattaquable. Celui-ci lui nomma son gendre. On l'envoya chercher aussitôt.

Une demi-heure après, et comme on achevait de souper, il arriva. Benvenuto se leva aussitôt de table, s'enferma avec lui et lui fit dresser un contrat de mariage dont les noms seuls étaient en blanc. Puis, lorsqu'ils eurent lu et relu ensemble le contrat pour s'assurer qu'il ne renfermait aucune nullité, Benvenuto lui paya largement ses honoraires, mit le contrat dans sa poche, emprunta à son ami une seconde épée, juste de la longueur de la sienne, la mit sous son manteau, et, comme la nuit était tout à fait venue, il s'achemina vers l'hôtel de Nesle.

En arrivant à la porte, il frappa un seul coup. Mais si léger que fût le coup, la porte s'ouvrit aussitôt. Le petit Jehan était à son poste.

Cellini l'interrogea : les ouvriers soupaient et n'attendaient le maître que le lendemain. Cellini ordonna à l'enfant de garder le silence le plus absolu sur son arrivée, s'achemina vers la chambre de Catherine, dont il avait conservé une clef, y entra doucement, referma la porte, se cacha derrière une tapisserie, et attendit.

Un quart d'heure après, des pas légers se firent entendre sur l'escalier. La porte se rouvrit une seconde fois, et Scozzone entra à son tour, une lampe à la main; puis elle retira la clef du dehors, referma la porte en dedans, posa la lampe sur la cheminée, et vint s'asseoir sur un grand fauteuil, tournée de manière que Benvenuto pouvait voir son visage.

Au grand étonnement de Benvenuto, ce visage autrefois si ouvert, si joyeux, si éclairé, était devenu triste et pensif.

C'est que la pauvre Scozzone éprouvait quelque chose comme du remords.

Nous l'avons vue heureuse et insouciante : c'est qu'alors Benvenuto l'aimait. Tant qu'elle avait senti cet amour ou plutôt ce sentiment de bienveillance dans le cœur de son amant, tant que dans ses rêves avait flotté comme un nuage doré l'espérance d'être un jour la femme du sculpteur, elle avait manteau son cœur à la hauteur de son attente, elle s'était purifiée de son passé par l'amour; mais du moment qu'elle s'était aperçue que, trompée aux apparences, ce qu'elle avait cru de la part de Cellini une passion n'était tout au plus qu'un caprice, elle avait redescendu degré par degré toutes ses espérances; le sourire de Benvenuto, qui avait fait refleurir cette âme fanée, s'étant éloigné d'elle, et cette âme avait perdu une seconde fois sa fraîcheur.

Avec sa gaîté d'enfant, sa pureté d'enfant s'était en allée peu à peu; l'ancienne nature, l'ennui aidant, reprenait tout doucement le dessus. Une muraille récemment peinte garde ses couleurs au soleil et les perd à la pluie : Scozzone, abandonnée par Cellini pour quelque maîtresse inconnue, n'avait plus tenu à Cellini que par un reste d'orgueil. Pagolo lui faisait la cour depuis longtemps; elle parla à Cellini de cet amour, croyant que cet amour éveillerait sa jalousie. Cette dernière attente fut trompée; Cellini, au lieu de se fâcher, se mit à rire; Cellini, au lieu de lui défendre de voir Pagolo, lui ordonna de le recevoir. Dès lors, elle se sentit entièrement perdue; dès lors, elle abandonna sa vie au hasard cru de la part de son ancienne indifférence, et elle se laissa, comme une pauvre feuille tombée et flétrie, aller au souffle des événements.

C'était alors que Pagolo avait triomphé de son indifférence. Au bout du compte, Pagolo était jeune; Pagolo, à part son air hypocrite, était joli garçon, Pagolo était amoureux et répétait sans cesse à Scozzone qu'il l'aimait, tandis que Benvenuto avait complètement cessé de le lui dire. Ces deux mots « je t'aime » sont la langue du cœur, et plus ou moins ardemment il faut toujours que le cœur parle cette langue avec quelqu'un.

Aussi, dans une heure de désœuvrement, de dépit, d'illusion peut-être, Scozzone avait dit à Pagolo qu'elle l'aimait; elle le lui avait dit sans l'aimer véritablement; elle le lui avait dit, l'image de Cellini au cœur et son nom sur ses lèvres.

Puis aussitôt elle songea qu'un jour peut-être, lassée de cette passion inconnue et infructueuse, le maître serait revenu à elle, et la retrouvant constante, malgré ses ordres mêmes, l'aurait récompensée de son dévoûment, non point par le mariage, la pauvre fille avait à cet endroit perdu jusqu'à sa dernière illusion, mais par quelque reste d'estime et de pitié qu'il aurait pu prendre pour une résurrection de son ancien amour.

C'étaient toutes ces pensées qui faisaient Scozzone triste, qui la rendaient pensive, qui lui donnaient des remords.

Cependant au milieu de son silence et de sa rêverie, elle tressaillit tout à coup et releva la tête : un léger bruit s'était fait entendre sur l'escalier, et presque aussitôt une clef introduite dans la serrure tourna rapidement, et la porte s'ouvrit.

— Comment êtes-vous entré et qui vous a donné cette clef, Pagolo? s'écria Scozzone en se levant. Il n'y a que deux clefs de cette porte : l'une est en dedans, et Cellini possède l'autre.

— Ah! ma chère Catherine, dit Pagolo en riant, vous avez des caprices. Tantôt vous ouvrez votre porte aux gens, et tantôt vous la refermez; puis, quand pour entrer il on veut user de sa force, dont au bout du compte vous avez fait un droit, vous menacez de crier et d'appeler au secours. Eh bien! alors, il faut user de ruse.

— Oh! oui, dites-moi que vous avez soustrait cette clef à Cellini sans qu'il s'en aperçût; dites-moi qu'il ne sait pas que vous l'avez, car si vous la teniez de lui-même, j'en mourrais de honte et de chagrin.

— Tranquillisez-vous, ma belle Catherine, dit Pagolo en refermant la porte à double tour et en venant s'asseoir près de la jeune fille, qu'il força de s'asseoir elle-même. Non, Benvenuto ne vous aime plus, c'est vrai; mais Benvenuto est comme ces avares qui ont un trésor dont ils ne font rien, mais dont ils ne veulent pas néanmoins que les autres approchent. Non, cette clef, je l'ai confectionnée moi-même. Qui peut le plus peut le moins; l'orfèvre s'est fait serrurier. Voyez si je vous aime, Catherine, puisque mes mains, habituées à faire fleurir des perles et des diamans sur des tiges d'or, ont consenti à manier un ignoble morceau de fer. Il est vrai, méchante, que cet ignoble morceau de fer était une clef, et cette clef celle du paradis.

A ces mots, Pagolo voulut prendre la main de Catherine, mais, au grand étonnement de Cellini, qui ne perdait pas une parole, pas un geste de cette scène, Catherine le repoussa.

— Eh bien! dit Pagolo, est-ce que ce caprice-là va durer longtemps, voyons?

— Tenez, Pagolo, dit Catherine avec un accent de tristesse si profond qu'il pénétra jusqu'au fond du cœur de Cellini; tenez, je sais bien que lorsqu'une fois une femme a cédé, elle n'a plus le droit de se démentir; mais si celui pour qui elle a eu cette faiblesse est un homme généreux, et si elle dit à cet homme qu'elle était de bonne foi, car elle avait perdu la raison, mais qu'elle s'est trompée, il est du devoir de cet homme, croyez-moi, de ne point abuser de ce moment d'erreur. Eh bien! je vous dis cela, Pagolo : je vous ai cédé, et cependant je ne vous aimais pas, j'en aimais un autre, j'aimais Cellini. Méprisez-moi, vous le pouvez, vous le devez même; mais, tenez, Pagolo, ne me tourmentez plus.

— Bon! dit Pagolo, bon! vous arrangez cela à merveille, vous ; après le temps que vous m'avez fait attendre cette faveur que vous me reprochez, vous croyez que je vous rendrai un engagement qu'en définitive vous avez pris envers moi en parfaite liberté? Non. Et quand je pense que tout ce que vous faites-là, vous le faites pour Benvenuto, pour un homme qui a le double de votre âge et du mien, pour un homme qui ne vous aime pas, pour un homme qui vous méprise, pour un homme qui vous traite en courtisane!

— Arrêtez! Pagolo, arrêtez! s'écria Scozzone, la rougeur de la honte, de la jalousie et de la colère, lui montant ensemble au front. Benvenuto, c'est vrai, ne m'aime plus aujourd'hui, mais il m'a aimée autrefois, et il m'estime toujours.

— Eh bien! pourquoi ne vous a-t-il pas épousée, puisqu'il vous l'avait promis?

— Promis? Jamais. Non, jamais Benvenuto n'a promis que je serais sa femme ; car s'il eût promis, lui, il eût tenu. J'ai eu le désir de monter jusque-là ; à force d'en avoir le désir, l'espoir m'en est venu : puis cet espoir une fois dans mon cœur, je n'ai pu le contenir, il s'est répandu au dehors, je me suis vantée d'une espérance comme on se vante d'une réalité. Non, Pagolo, non, continua Catherine en laissant retomber sa main dans les mains de l'apprenti avec un triste sourire, non, Benvenuto n'a jamais rien promis.

— Eh bien! voyez comme vous êtes ingrate, Scozzone! s'écria Pagolo, saisissant la main de la jeune fille et prenant pour un retour à lui ce qui n'était qu'un signe d'abattement ; voyez, moi qui vous promets, moi qui vous offre tout ce que Benvenuto, de votre propre aveu, ne vous a jamais promis, ne vous a jamais offert, moi qui vous suis dévoué, qui vous aime, vous me repoussez, tandis que lui qui vous a trahie, je suis certain que s'il était là, vous lui répéteriez cet aveu que vous regrettez tant de m'avoir fait, à moi qui vous aime.

— Oh! s'il était là, s'écria Scozzone, s'il était là, Pagolo, vous vous souviendriez que vous l'avez trahi par haine, tandis que moi, je l'ai trahi par amour, et vous rentreriez sous terre.

— Et pourquoi cela? dit Pagolo, que la distance où il croyait Benvenuto de lui rassurait ; pourquoi cela, s'il vous plaît? Tout homme n'a-t-il pas le droit de se faire aimer d'une femme, lorsque cette femme n'appartient pas à un autre? S'il était là, je lui dirais : Vous avez abandonné, trahi Catherine, cette pauvre Catherine qui vous aimait tant. Elle en a été au désespoir d'abord, puis elle a trouvé sur son chemin un bon et brave garçon qui l'a appréciée à sa valeur, qui l'a aimée, qui a promis ce que vous n'aviez jamais voulu lui promettre, vous, c'est à dire de la prendre pour femme. C'est lui maintenant qui a hérité de vos droits, c'est à lui que cette femme appartient. Eh bien! voyons, Catherine, qu'aurait-il à répondre, ton Cellini?

— Rien, dit derrière l'enthousiaste Pagolo une voix rude et mâle ; absolument rien.

Et une main vigoureuse lui tombant à l'instant même sur l'épaule glaça tout à coup son éloquence, et le jeta en arrière sur le sol, aussi pâle et aussi tremblant qu'il était téméraire l'instant auparavant.

Le tableau était singulier : Pagolo, à genoux, plié en deux, blême et effaré ; Scozzone, à demi-soulevée sur les bras de son fauteuil, immobile, muette et pareille à la statue de l'Étonnement ; enfin Benvenuto, debout, les bras croisés, une épée dans le fourreau d'une main, une épée nue dans l'autre, moitié ironique, moitié menaçant.

Il eut un instant de silence terrible, Pagolo et Scozzone demeurant interdits tous deux sous le sourcil froncé du maître.

— Trahison! murmura Pagolo humilié, trahison!

— Oui, trahison de ta part, misérable! répondit Cellini.

— Eh bien! dit Scozzone, vous le demandiez, Pagolo, le voilà.

— Oui, le voilà dit l'apprenti, honteux d'être ainsi traité devant la femme à qui il voulait plaire ; mais il est armé, lui, et je n'ai pas d'arme, moi.

— Je t'en apporte une, dit Cellini en reculant d'un pas et en laissant tomber l'épée qu'il tenait de la main gauche aux pieds de Pagolo.

Pagolo regarda l'épée, mais sans faire un mouvement.

— Voyons, dit Cellini, ramasse cette épée et relève-toi. J'attends.

— Un duel? murmura l'apprenti, dont les dents claquaient de terreur ; suis-je de votre force pour me battre en duel avec vous?

— Eh bien! dit Cellini en passant son arme d'un bras à l'autre, je me battrai de la main gauche, et cela rétablira l'équilibre.

— Me battre contre vous, mon bienfaiteur! contre vous à qui je dois tout! jamais, jamais! s'écria Pagolo.

Un sourire de profond mépris se dessina sur les traits de Benvenuto, tandis que Scozzone s'éloignait d'un pas à son tour, sans essayer de cacher l'expression de dégoût qui lui montait au visage.

— Il fallait te souvenir de mes bienfaits avant de m'enlever la femme que j'avais confiée à ton honneur et à celui d'Ascanio, dit Benvenuto. Maintenant, la mémoire te revient trop tard. En garde, Pagolo! en garde!

— Non! non! murmura le lâche en se reculant sur ses genoux.

— Alors, puisque tu refuses de te battre comme un brave, dit Benvenuto, je vais te punir comme un coupable.

Et il remit son épée au fourreau, tira son poignard, et sans que son visage impassible fût altéré par un sentiment de colère ou de pitié, il s'avança d'un pas lent mais direct vers l'apprenti.

Scozzone se précipita entre eux avec un cri ; mais Benvenuto, sans violence, avec un seul geste, un geste irrésistible comme le serait celui d'une statue de bronze qui étendrait le bras, éloigna la pauvre fille, qui alla retomber demi-morte sur le fauteuil. Benvenuto continua son chemin vers Pagolo, qui recula jusqu'à la muraille. Alors le maître le joignit, et lui appuyant le poignard sur la gorge :

— Recommande ton âme à Dieu, dit-il ; tu as cinq minutes à vivre.

— Grâce! s'écria Pagolo d'une voix étranglée ; ne me tuez pas! grâce! grâce!

— Quoi! dit Cellini, tu me connais, et me connaissant, tu as séduit la femme qui était à moi ; je sais tout, j'ai tout découvert, et tu espères que je te ferai grâce! Tu ris, Pagolo, tu ris.

Et Benvenuto lui-même éclata de rire à ces mots ; mais d'un rire strident et terrible qui fit frissonner l'apprenti jusques dans la moelle des os.

— Maître, maître! s'écria Pagolo, sentant la pointe du poignard qui commençait à lui piquer la gorge ; ce n'est pas moi, c'est elle ; oui, c'est elle qui m'a entraîné.

— Trahison, lâcheté et calomnie! Je ferai un jour un groupe de ces trois monstres, dit Benvenuto, et ce sera hideux à voir. C'est elle qui t'a entraîné, misérable! Oublies-tu donc que j'étais là et que j'ai tout entendu!

— Oh! Benvenuto, murmura Catherine en joignant les mains ; oh! n'est-ce pas que vous savez qu'il ment en disant cela?

— Oui, dit Benvenuto, oui, je sais qu'il ment en disant cela comme il mentait en disant qu'il était prêt à t'épouser ; mais sois tranquille, il va être puni de ce double mensonge.

— Oui, punissez-moi, s'écria Pagolo, mais miséricordieusement ; punissez-moi, mais ne me tuez pas!

— Tu mentais quand tu disais qu'elle t'avait entraînée.

— Oui, je mentais ; oui, c'est moi qui suis le coupable. Je l'aimais comme un fou, et vous savez, maître, à quelles fautes peut entraîner l'amour.

— Tu mentais quand tu disais que tu étais prêt à l'épouser?

— Non, non, maître, cette fois je ne mentais pas.

— Tu aimes donc véritablement Scozzone?
— Oh! oui, je l'aime! reprit Pagolo, qui comprit que le seul moyen de paraître moins coupable aux yeux de Cellini, c'était de rejeter son crime sur la violence de sa passion, oui, je l'aime.
— Et tu répètes que tu ne mentais pas quand tu proposais de l'épouser?
— Je ne mentais pas, maître.
— Tu en aurais fait ta femme?
— Si elle n'eût point été à vous, oui.
— Eh bien, alors, prends-la, je te la donne.
— Que dites-vous? vous raillez, n'est-ce pas?
— Non, je n'ai jamais parlé plus sérieusement, et regarde-moi, si tu en doutes.
Pagolo jeta à la dérobée un coup d'œil sur Cellini, et il vit dans chacun de ses traits que d'un moment à l'autre le juge pouvait faire place au bourreau; il baissa donc la tête en gémissant.
— Ôte cet anneau de ton doigt, Pagolo, dit il, et passe-le au doigt de Catherine.
Pagolo suivit passivement la première partie de l'injonction faite par le maître. Benvenuto fit signe à Scozzone d'approcher. Scozzone approcha.
— Étends la main, Scozzone, reprit Benvenuto.
Scozzone obéit.
— Achève, dit Cellini.
Pagolo passa l'anneau au doigt de Scozzone.
— Maintenant, dit Benvenuto, que les fiançailles sont terminées, passons au mariage.
— Au mariage! murmura Pagolo; on ne se marie pas comme cela: il faut des notaires, il faut un prêtre.
— Il aura un contrat, reprit Benvenuto en tirant celui qu'il avait fait dresser. En voici un tout préparé, et auquel il n'y a que les noms à mettre.
Il posa le contrat sur une table, prit une plume et l'étendant vers Pagolo:
— Signe, Pagolo, dit-il, signe.
— Ah! je suis tombé dans un piége, murmura l'apprenti.
— Hein! qu'est-ce à dire, reprit Benvenuto sans hausser le diapason de sa voix, mais en lui donnant un accent terrible; un piége? Et où y a-t-il un piége là dedans? Est-ce moi qui t'ai poussé à venir dans la chambre de Scozzone? est-ce moi qui t'ai donné le conseil de lui dire que tu en voulais faire ta femme? Eh bien! fais-en ta femme, Pagolo, et lorsque tu seras son mari, les rôles seront changés: si je viens chez elle, ce sera à toi de menacer et à moi d'avoir peur.
— Oh! s'écria Catherine, en passant de l'extrême terreur à une gaîté folle, et en riant aux éclats à cette seule idée que le maître venait d'éveiller dans son esprit. Oh! que ce serait drôle!
Pagolo, un peu remis de sa terreur par la tournure qu'avait prise la menace de Cellini et par les éclats de rire de Scozzone, commençait à envisager un peu plus sainement les choses. Il devint alors évident pour lui qu'on avait voulu l'amener par la peur à un mariage dont il se souciait médiocrement; il lui parut donc que ce serait finir trop tragiquement la comédie, et il commença de croire qu'avec un peu de fermeté il pourrait s'en tirer à meilleur marché peut-être.
— Oui, murmura-t-il, traduisant en paroles la gaîté de Scozzone; oui, j'en conviens, ce serait très plaisant; mais par malheur cela ne sera pas.
— Comment! cela ne sera pas! s'écria Benvenuto aussi étonné que le serait un lion de voir se révolter contre lui un renard.
— Non, cela ne sera pas, reprit Pagolo; j'aime mieux mourir; tuez-moi.
A peine avait-il prononcé ces mots que d'un bond Cellini se retrouva près de lui. Pagolo vit briller le poignard, se jeta de côté, et cela avec tant de rapidité et de bonheur que le coup qui lui était destiné lui effleura seulement l'épaule, et que le fer poussé par la main vigoureuse de l'orfévre, s'enfonça de deux pouces dans la boiserie.
— J'y consens, s'écria Pagolo. Grâce! Cellini, j'y consens. Je suis prêt à tout; et tandis que le maître arrachait avec peine le poignard, qui au delà de la boiserie avait rencontré le mur, il courut à la table où était déposé le contrat, saisit vivement la plume et signa. Toute cette scène s'était passée d'une façon si rapide que Scozzone n'avait pas eu le temps de s'y mêler.
— Merci, Pagolo, dit-elle en essuyant les larmes que la frayeur lui avait mises aux yeux, et en réprimant en même temps un léger sourire; merci, mon cher Pagolo, de l'honneur que vous consentez à me faire; mais puisque c'est pour tout de bon maintenant que nous nous expliquons, écoutez-moi: Vous ne vouliez pas de moi tout à l'heure, maintenant c'est moi qui ne veux plus de vous. Je ne dis pas cela pour vous mortifier, Pagolo, mais je ne vous aime pas, et je désire rester comme je suis.
— Alors, dit Benvenuto avec le plus grand sang-froid, si tu ne veux pas de lui, Scozzone, il va mourir.
— Mais, s'écria Catherine, mais puisque c'est moi qui refuse.
— Il va mourir, reprit Benvenuto, il ne sera pas dit qu'un homme m'aura outragé et que cet homme restera impuni. Es-tu prêt, Pagolo?
— Catherine, s'écria l'apprenti, Catherine, au nom du ciel, ayez pitié de moi! Catherine, je vous aime! Catherine, je vous aimerai toujours! Catherine, signez! Catherine, soyez ma femme, je vous en supplie à genoux!
— Allons, Scozzone, décide toi vite, dit Cellini.
— Oh! fit un boudant Catherine, oh! pour moi-même, maître, pour moi, qui vous ai tant aimé, pour moi qui avais d'autres rêves enfin, n'êtes-vous pas bien sévère, dites? Mais, mon Dieu! s'écria tout-à-coup la folle enfant, en passant de nouveau de la tristesse au rire, voyez donc, Cellini, quelle mine piteuse fait ce pauvre Pagolo. Oh! quittez donc cet air lugubre, Pagolo, ou je ne consentirai jamais à vous prendre pour mari. Oh! vraiment, vous êtes trop drôle comme cela!
— Sauvez-moi d'abord, Catherine, dit Pagolo, puis après nous rirons si vous voulez.
— Eh bien, !... mon pauvre garçon, puisque vous le voulez absolument,...
— Oui, je le veux! s'écria Pagolo.
— Vous savez ce que j'ai été, vous savez ce que je suis?
— Oui, je le sais.
— Je ne vous trompe pas?
— Non.
— Vous n'avez pas trop de regrets?
— Non! non!
— Touchez là alors. C'est bien bizarre, et je ne m'y attendais guère; mais tant pis, je suis votre femme!
Et elle prit la plume et signa à son tour, en femme respectueuse, comme cela doit être, au-dessous de la signature de son mari.
— Merci, ma petite Catherine, merci, s'écria Pagolo, tu verras comme je te rendrai heureuse.
— Et s'il manque à ce serment, dit Benvenuto, partout où je serai, écris-moi, Scozzone, et je viendrai en personne le lui rappeler.
A ces mots, Cellini repoussa lentement et les yeux fixés sur l'apprenti son poignard au fourreau; puis, prenant le contrat revêtu des deux signatures, il le plia proprement en quatre, le mit dans sa poche; et, s'adressant à Pagolo avec cette ironie puissante qui le caractérisait:
— Et maintenant, ami Pagolo, dit-il, quoique Scozzone et vous soyez bien et dûment mariés selon les hommes, vous ne l'êtes pas encore devant Dieu, et ce n'est que demain que l'église sanctifiera votre union. Jusque là votre présence ici serait contraire à toutes les lois divines et humaines. Bonsoir, Pagolo.
Pagolo devint pâle comme la mort; mais comme Benvenuto d'un geste impératif lui montrait la porte, il s'éloigna à reculons.

— Il n'y a que vous, Cellini, pour avoir de ces idées-là, dit Catherine en riant comme une folle. Ecoutez pourtant, mon pauvre Pagolo, lui cria-t-elle au moment où il ouvrait la porte, je vous laisse sortir parce que c'est justice ; mais rassurez-vous, Pagolo, je vous jure sur la sainte Vierge que dès que vous serez mon époux, tout homme, fût-ce Benvenuto lui-même, ne trouvera en moi qu'une digne épouse.

Puis, lorsque la porte fut refermée :

— Oh ! Cellini, dit-elle gaîment, tu me donnes un mari, mais tu me délivres de sa présence aujourd'hui. C'est toujours cela de gagné : tu me devais bien ce dédommagement.

XL.

REPRISE D'HOSTILITÉS.

Trois jours après la scène que nous venons de raconter, une scène d'un autre genre se préparait au Louvre.

On était arrivé au lundi, jour désigné pour la signature du contrat. Il était onze heures du matin. Benvenuto sortit de l'hôtel de Nesle, marcha droit au Louvre, et le cœur troublé, mais d'un pas ferme, monta le grand escalier.

Dans la salle d'attente, où on l'introduisit d'abord, il trouva le prévôt et d'Orbec, qui conféraient dans un coin avec un notaire. Colombe, blanche et immobile comme une statue, était assise de l'autre côté sans rien voir. On s'était évidemment éloigné d'elle pour qu'elle n'entendît rien, et la pauvre enfant, la tête baissée et les yeux atones, était restée où elle s'était assise.

Cellini passa près d'elle, laissa tomber sur son front incliné ces seuls mots :

— Bon courage ; je suis là.

Colombe reconnut sa voix, releva la tête avec un cri de joie. Mais avant qu'elle eût eu le temps d'interroger son protecteur, il était déjà entré dans la salle voisine.

Un huissier souleva devant l'orfèvre une portière en tapisserie, et il passa dans le cabinet du roi.

Il n'avait fallu rien moins que ces paroles d'espoir pour ranimer le courage de Colombe : la pauvre enfant se croyait abandonnée et par conséquent perdue. Messire d'Estourville l'avait traînée là à demi-morte malgré sa foi vive en Dieu et en Benvenuto : au moment de partir, elle avait même senti son cœur si désespéré, qu'oubliant tout orgueil, elle avait supplié madame d'Etampes de la laisser entrer dans un couvent, s'engageant à renoncer à Ascanio, pourvu qu'on lui épargnât la faveur du comte d'Orbec. La duchesse ne voulait point d'une demi-victoire ; il fallait, pour qu'elle atteignît son but, qu'Ascanio crût à la trahison de celle qu'il aimait, et Anne avait durement repoussé les prières de la pauvre Colombe. Alors celle-ci s'était relevée, se rappelant que Benvenuto lui avait dit de rester forte et paisible, fût-ce au pied de l'autel, et avec un courage mêlé pourtant de soudaines défaillances, elle s'était laissé conduire au Louvre, où le roi devait à midi signer son contrat.

Là, de nouveau, ses forces d'un instant avaient disparu, car il ne lui restait que trois chances : voir arriver Benvenuto, toucher le cœur de François Ier par ses prières, ou mourir de douleur.

Benvenuto était venu, Benvenuto lui avait dit d'espérer, Colombe avait repris tout son courage.

Cellini, en entrant dans le cabinet du roi, ne trouva que madame d'Etampes ; c'était tout ce qu'il désirait : il eût sollicité la faveur de la voir s'il n'eût point été là.

La duchesse était soucieuse dans sa victoire, et cependant cette fatale lettre brûlée, et brûlée par elle-même, elle était bien convaincue qu'elle n'avait plus rien à craindre ; mais, rassurée sur son pouvoir, elle sondait avec effroi les périls de son amour. Il en était toujours ainsi pour la duchesse : quand les soucis de son ambition se reposaient, c'était aux ardeurs de son âme à la dévorer. Faite d'orgueil et de passion, son rêve avait été de rendre Ascanio grand en le rendant heureux ; mais Ascanio, la duchesse s'en était aperçue, quoique d'origine noble (car les Gaddi, auxquels il appartenait, étaient d'anciens patriciens de Florence,), n'aspirait à d'autre gloire qu'à celle de faire de l'art.

S'il entrevoyait quelque chose dans ses espérances, c'était quelque forme bien pure de vase, d'aiguière ou de statue ; s'il ambitionnait les diamans et les perles, ces richesses de la terre, c'était pour en faire, en les enchâssant dans l'or, des fleurs plus belles que celles que le ciel féconde avec sa rosée ; les titres, les honneurs, ne lui étaient rien s'ils ne découlaient de son propre talent, s'ils ne couronnaient sa réputation personnelle : que ferait dans la vie active et agitée de la duchesse cet inutile rêveur ? Au premier orage, cette plante délicate serait brisée avec les fleurs qu'elle portait déjà et avec les fruits qu'elle promettait. Peut-être par découragement, peut-être par indifférence, se laisserait-il entraîner dans les projets de sa royale maîtresse ; mais ombre pâle et mélancolique, il ne vivrait que par ses souvenirs. Ascanio, enfin, apparaissait à la duchesse d'Etampes tel qu'il était, nature exquise et charmante, mais à la condition de rester toujours dans une atmosphère pure et calme : c'était un adorable enfant qui ne devait jamais être homme. Il pouvait se dévouer à des sentimens, jamais à des idées ; né pour les doux épanchemens d'une tendresse mutuelle, il succomberait au choc terrible des événemens et des luttes. C'était bien l'homme qu'il fallait à l'amour de madame d'Etampes, mais ce n'était pas celui qu'il fallait à son ambition.

Telles étaient les réflexions de la duchesse quand Benvenuto entra ; c'étaient les nuages de sa pensée qui obscurcissaient son front en flottant autour de lui.

Les deux ennemis se mesurèrent du regard ; un même sourire ironique parut sur leurs lèvres en même temps ; un coup d'œil pareil fut échangé et leur indiqua à chacun qu'ils étaient l'un et l'autre prêts à la lutte, et que la lutte serait terrible.

— A la bonne heure, pensait Anne, celui-là est un rude jouteur qu'on aimerait à vaincre, un adversaire digne de moi. Mais aujourd'hui, en vérité, il y a trop de chances contre lui, et ma gloire ne sera pas grande à l'abattre.

— Décidément, madame d'Etampes, disait Benvenuto, vous êtes une maîtresse femme, et plus d'une lutte avec un homme m'a donné moins de peine que celle que j'ai entreprise contre vous. Aussi, soyez tranquille, tout en vous combattant à armes courtoises, je vous combattrai avec toutes mes armes.

Il y eut un moment de silence, pendant lequel chacun des deux adversaires faisait à part lui ce court monologue. La duchesse l'interrompit la première.

— Vous êtes exact, maître Cellini, dit madame d'Etampes. C'est à midi que Sa Majesté doit signer le contrat du comte d'Orbec ; il n'est que onze heures un quart. Permettez-moi d'excuser Sa Majesté : ce n'est pas elle qui est en retard, c'est vous qui êtes en avance.

— Je suis heureux, madame, d'être arrivé trop tôt, puisque mon impatience me procure l'honneur d'un tête-à-tête avec vous, honneur que j'eusse instamment sollicité si le hasard, que je remercie, n'avait été au-devant de mes désirs.

— Holà ! Benvenuto, dit la duchesse, est-ce que les revers vous rendraient flatteur ?

— Les miens ? non, madame ; mais ceux des autres. — J'ai toujours tenu à vertu singulière d'être le courtisan de la disgrâce ; et en voici la preuve, madame.

A ces mots, Cellini tira de dessous son manteau le lis d'or d'Ascanio, qu'il avait achevé le matin seulement. La duchesse poussa un cri de surprise et de joie. Jamais si merveilleux bijou n'avait frappé ses regards, jamais aucune de ces fleurs qu'on trouve dans les jardins enchantés des *Mille et une Nuits* n'avait jeté aux yeux d'une péri ou d'une fée un pareil éblouissement.

— Ah! s'écria la duchesse en étendant la main vers la fleur, vous me l'aviez promise, Benvenuto, mais je vous avoue que je n'y comptais pas.

— Et pourquoi ne pas compter sur ma parole? dit Cellini en riant; vous me faisiez injure, madame.

— Oh! si votre parole m'eût promis une vengeance au lieu d'une galanterie, j'eusse été plus certaine de votre exactitude.

— Et qui vous dit que ce n'est pas l'une et l'autre? reprit Benvenuto en retirant sa main de manière à demeurer toujours maître du lis.

— Je ne vous comprends pas, dit la duchesse.

— Trouvez-vous que, montées en gouttes de rosée, dit Benvenuto en montrant à la duchesse le diamant qui tremblait au fond du calice de la fleur, et qu'elle tenait comme on s'en souvient de la munificence corruptrice de Charles-Quint, les arrhes de certain marché qui doit enlever le duché de Milan à la France fassent un bon effet?

— Vous parlez en énigmes, mon cher orfévre; malheureusement le roi va venir, et je n'ai pas le temps de deviner les vôtres.

— Je vais vous en dire le mot, alors. Ce mot est un vieux proverbe : *Verba volant, scripta manent*, ce qui veut dire : Ce qui est écrit est écrit.

— Eh bien! voilà ce qui vous trompe, mon cher orfévre, ce qui est écrit est brûlé: ne croyez donc pas m'intimider comme vous feriez d'un enfant, et donnez-moi ce lis, qui m'appartient.

— Un instant, madame, mais auparavant je dois vous avertir que talisman entre mes mains, il perdra toute sa vertu entre les vôtres. Mon travail est encore plus précieux que vous ne le pensez. Là où la foule ne voit qu'un bijou, nous autres artistes nous cachons parfois une idée. Souhaitez-vous que je vous montre cette idée, madame?... Tenez, rien de plus facile, il suffit de pousser ce ressort invisible. La tige, comme vous le voyez, s'entr'ouvre, et au fond du calice on trouve, non pas un ver rongeur comme dans certaines fleurs naturelles ou dans certains cœurs faux, mais quelque chose de pareil, de pire peut-être, le déshonneur de la duchesse d'Étampes écrit de sa propre main, signé par elle.

Et tout en parlant Benvenuto avait poussé le ressort, ouvert la tige et tiré le billet de l'étincelante corolle. Alors il le déroula lentement et le montra tout ouvert à la duchesse, pâle de colère et muette d'épouvante.

— Vous ne vous attendiez guère à cela, n'est-ce pas, madame? reprit Benvenuto avec sang-froid en repliant la lettre et en la replaçant dans le lis. Si vous connaissiez mes habitudes, madame, vous seriez moins surprise; il y a un an, j'ai caché une échelle dans une statuette; il y a un mois j'ai caché une jeune fille dans une statue; aujourd'hui, que pouvais-je glisser dans une fleur? un papier tout au plus, et c'est ce que j'ai fait.

— Mais, s'écria la duchesse, ce billet, ce billet infâme, je l'ai brûlé de mes propres mains; j'en ai vu la flamme, j'en ai touché les cendres!

— Avez-vous lu le billet que vous avez brûlé?

— Non! non! insensée que j'étais, je ne l'ai pas lu!

— C'est fâcheux, car vous seriez convaincue maintenant « que la lettre d'une grisette peut faire autant de flamme et de cendres que la lettre d'une duchesse. »

— Mais il m'a donc trompée, ce lâche Ascanio!

— Oh! madame, oh! arrêtez-vous; ne soupçonnez pas même ce chaste et pur enfant, qui, en vous trompant sur le reste, n'eût employé contre vous que les armes dont vous vous serviez contre lui. Oh! non, non, il ne vous a pas trompée: il ne rachèterait pas sa vie, il ne rachèterait pas la vie de Colombe par une tromperie. Non, il a été trompé lui-même.

— Et par qui? dites-moi cela.

— Par un enfant, par un écolier, par celui qui a blessé votre affidé, le vicomte de Marmagne, par un certain Jacques Aubry enfin dont le vicomte de Marmagne a dû vous dire deux mots.

— Oui, murmura la duchesse, oui, Marmagne m'a bien dit que cet écolier, ce Jacques Aubry, cherchait à pénétrer jusqu'à Ascanio pour lui enlever cette lettre.

— Et c'est alors que vous êtes descendue chez Ascanio; mais les écoliers sont lestes, comme vous savez, et le nôtre avait déjà pris les devans. Tandis que vous sortiez de l'hôtel d'Étampes, il se glissait dans le cachot de son ami, et tandis que vous y entriez, vous, il en sortait.

— Mais je ne l'ai pas vu, je n'ai vu personne !

— On ne pense pas à regarder partout; si vous aviez pensé à cela, vous auriez levé une natte, et sous cette natte vous eussiez vu un trou qui communiquait avec le cachot voisin.

— Mais Ascanio, Ascanio?

— Quand vous êtes entrée, il dormait, n'est-ce pas?

— Oui.

— Eh bien! pendant son sommeil, Aubry, à qui il avait refusé de donner cette lettre, l'a prise dans la poche de son habit, et a mis une de ses lettres à lui à la place de l'autre. Trompée par l'enveloppe, vous avez cru brûler un billet de la duchesse d'Étampes. Point, vous avez brûlé une épître de mademoiselle Gervaise-Perrette Popinot.

— Mais cet Aubry qui a blessé Marmagne, ce manant qui a failli assassiner un gentilhomme, paiera cher son insolence; il est en prison, il est condamné.

— Il est libre, et c'est à vous surtout, madame, qu'il doit sa liberté.

— Comment cela?

— C'est le pauvre prisonnier dont vous avez bien voulu demander en même temps que moi la grâce au roi François Ier.

— Oh! insensée que j'étais! murmura la duchesse d'Étampes en se mordant les lèvres. Puis après avoir regardé fixement Benvenuto : Et à quelle condition, continua-t-elle d'une voix haletante, me rendrez-vous cette lettre?

— Je vous l'ai, je crois, laissé deviner, madame.

— Je devine mal, dites.

— Vous demanderez au roi la main de Colombe pour Ascanio.

— Allons donc, reprit Anne en riant d'un rire forcé, vous connaissez mal la duchesse d'Étampes, monsieur l'orfévre, si vous avez compté que mon amour reculerait devant une menace.

— Vous n'avez pas réfléchi avant de me répondre, madame.

— Je maintiens cependant ma réponse.

— Veuillez me permettre de m'asseoir sans cérémonie, madame, et de causer un moment avec vous sans détours, dit Benvenuto avec cette familiarité sublime qui est le propre des hommes supérieurs. Je ne suis qu'un humble sculpteur, et vous êtes une grande duchesse, mais laissez-moi vous dire que malgré la distance qui nous sépare nous sommes faits l'un et l'autre pour nous comprendre. Ne prenez pas vos airs de reine, ils seraient inutiles; mon intention n'est pas de vous offenser, mais de vous éclairer, et votre fierté n'est pas de mise, puisque votre orgueil n'est pas en jeu.

— Vous êtes un singulier homme, en vérité, dit Anne en riant malgré elle. Parlez, voyons, je vous écoute.

— Je vous disais donc, madame la duchesse, reprit froidement Benvenuto, qu'en dépit de la différence de nos fortunes, nos positions étaient à peu près les mêmes et que nous pouvions nous entendre et peut-être nous servir. Vous vous êtes écriée quand je vous ai proposé de renoncer à Ascanio; la chose vous a paru impossible et insensée, et cependant je vous avais donné l'exemple, moi, madame.

— L'exemple?

— Oui, comme vous aimez Ascanio, j'aimais Colombe.

— Vous?

— Moi. Je l'aimais comme je n'avais encore aimé qu'une fois. J'aurais donné pour elle mon sang, ma vie, mon âme, et cependant je l'ai donnée, elle, à Ascanio.
— Voilà une passion bien désintéressée, fit la duchesse avec ironie.
— Oh! ne faites pas de ma douleur matière à raillerie, madame; ne vous moquez pas de mes angoisses. J'ai beaucoup souffert; mais vous le voyez, j'ai compris que cette enfant n'était pas plus faite pour moi qu'Ascanio n'était fait pour vous. Ecoutez-moi bien, madame : nous sommes l'un et l'autre, si ce rapprochement ne vous blesse pas trop, nous sommes de ces natures exceptionnelles et étranges qui ont une existence à part, des sentiments à part, et qui trouvent rarement à frayer avec les autres. Nous servons tous deux, madame, une souveraine et monstrueuse idole dont le culte nous a grandi le cœur et nous met plus haut que l'humanité. Pour vous, madame, c'est l'ambition qui est tout; pour moi, c'est l'art. Or, nos divinités sont jalouses, et quoique nous en ayons, nous dominent toujours et partout. Vous avez désiré Ascanio comme une couronne; j'ai désiré Colombe comme une Galatée. Vous avez aimé en duchesse, moi en artiste; vous avez persécuté, moi j'ai souffert. Oh! ne croyez pas que je vous calomnie dans ma pensée : j'admire votre énergie et je sympathise avec votre audace. Que le vulgaire en pense ce qu'il voudra : c'est grand, à votre point de vue, de bouleverser le monde pour faire une place à celui qu'on aime. Je reconnais à mon amour de se taire, et, comme il résistait, j'ai appelé à mon secours l'art divin, et à nous deux nous avons terrassé cet amour rebelle et nous l'avons cloué au sol. Puis la sculpture, ma vraie, ma seule, mon unique maîtresse, m'a mis au front sa lèvre ardente, et je me suis senti consolé. Faites comme moi, madame la duchesse, laissez ces enfans à leurs amours d'anges et ne les troublez pas dans leur ciel. Notre domaine à nous, c'est la terre et ses douleurs, ses combats et ses ivresses. Cherchez contre la souffrance un refuge dans l'ambition; défaites des empires pour vous distraire; jouez avec les rois et les maîtres du monde pour vous reposer. Ce sera bien fait, et je battrai des mains, et je vous approuverai. Mais ne détruisez pas la paix et la joie de ces pauvres innocens, qui s'aiment d'un si gentil amour sous le regard de Dieu et de la vierge Marie.
— Qui donc êtes-vous, vraiment, maître Benvenuto Cellini? Je ne vous connaissais pas, dit la duchesse étonnée; qui êtes-vous?
— Un maître homme, vrai Dieu! comme vous êtes une maîtresse femme, reprit en riant l'orfèvre avec sa naïveté accoutumée, et si vous ne me connaissiez pas, vous voyez que j'avais un grand avantage sur vous : je vous connaissais, moi, madame.
— Peut-être, fit la duchesse, et m'est avis que les maîtresses femmes aiment mieux et plus fort que les maîtres hommes, car elles font fi de vos abnégations surhumaines et elles défendent leurs amans de bec et d'ongles jusqu'à la dernière minute.
— Vous persistez donc à refuser Ascanio à Colombe?
— Je persiste à l'aimer pour moi.
— Soit. Mais puisque vous ne voulez pas céder de bonne grâce, prenez garde! J'ai le poignet rude, et je pourrais bien vous faire crier un peu dans la mêlée. Vous avez fait toutes vos réflexions, n'est-ce pas? Vous refusez bien décidément votre consentement à l'union d'Ascanio et de Colombe?
— Bien décidément, reprit la duchesse.

— C'est bon, à nos postes! s'écria Benvenuto, car voilà la bataille qui va commencer.
En ce moment la porte s'ouvrit, et un huissier annonça le roi.

XLI.

MARIAGE D'AMOUR.

François Ier parut en effet, donnant la main à Diane de Poitiers avec laquelle il sortait de chez son fils malade. Diane, par je ne sais quel instinct de haine, avait vaguement pressenti qu'une humiliation menaçait sa rivale, et elle ne voulait pas manquer à ce doux spectacle.
Quant au roi, il ne se doutait de rien, ne voyait rien, ne soupçonnait rien; il croyait madame d'Etampes et Benvenuto parfaitement réconciliés, et comme ils en entrant ensemble et près l'un de l'autre, il les salua tous les deux à la fois, du même sourire et de la même inclination de tête.
— Bonjour, ma reine de la beauté; bonjour, mon roi de l'art, dit-il; de quelle chose causiez-vous donc ensemble? Vous avez l'air bien animés tous deux.
— Oh! mon Dieu! sire, nous parlions politique, dit Benvenuto.
— Et quel sujet exerçait votre sagacité? Dites-le moi, je vous prie.
— La question dont tout le monde s'occupe en ce moment, sire, continua l'orfèvre.
— Ah! le duché de Milan.
— Oui, sire.
— Eh bien! qu'en disiez-vous?
— Nous étions d'avis différent, sire : — l'un de nous disait que l'empereur pourrait bien vous refuser le duché de Milan, et le donnant à votre fils Charles, se dégager ainsi de sa promesse.
— Et lequel de vous disait cela?
— Je crois que c'était madame d'Etampes.
La duchesse devint pâle comme la mort.
— Si l'empereur faisait cela, ce serait une infâme trahison! dit François Ier; mais il ne le fera pas.
— Dans tous les cas, s'il ne le fait pas, dit Diane, se mêlant à son tour à la conversation, ce ne sera pas, à ce que l'on assure, faute que le conseil lui en ait été donné.
— Et par qui? s'écria François Ier. Ventre-Mahom! Je voudrais savoir par qui?
— Bon Dieu! ne vous irritez pas tant, sire, reprit Benvenuto; nous disions cela comme nous dirions autre chose, et c'étaient de simples conjectures en l'air, avancées par nous en forme de conversation : nous sommes de pauvres politiques, madame la duchesse et moi, sire. Madame la duchesse, quoiqu'elle n'en ait pas besoin, est trop femme pour s'occuper d'autre chose que de toilette; et moi, sire, je suis trop artiste pour m'occuper d'autre chose que d'art. N'est-ce pas, madame la duchesse?
— Le fait est, mon cher Cellini, dit François Ier, que vous avez chacun une trop belle part pour rien envier aux autres, fût-ce même le duché de Milan. Madame la duchesse d'Etampes est reine par sa beauté; vous, vous êtes roi par votre génie.
— Roi, sire?
— Oui, roi, et si vous n'avez pas comme moi trois lis dans vos armes, vous en avez un à la main qui me paraît plus beau qu'aucun de ceux qu'ait jamais fait éclore le plus beau rayon de soleil ou le plus beau champ du blason.
— Ce lis n'est point à moi, sire, il est à madame d'Etampes, qui l'avait commandé à mon élève Ascanio; seulement, comme celui-ci ne pouvait le finir, comprenant le

désir qu'avait madame la duchesse d'Etampes de voir un si riche bijou entre ses mains, je me suis mis à l'œuvre et l'ai achevé, désirant de toute mon âme en faire le symbole de la paix que nous nous sommes jurée l'autre jour à Fontainebleau, en face de Votre Majesté.

— C'est une merveille, dit le roi, qui étendit la main pour le prendre.

— N'est-ce pas, sire? répondit Benvenuto en retirant le lis sans affectation, et il mérite bien que madame la duchesse d'Etampes paie magnifiquement le jeune artiste dont il est le chef-d'œuvre.

— C'est mon intention aussi, dit madame d'Etampes, et je lui garde une récompense qui pourrait faire envie à un roi.

— Mais vous savez, madame, que cette récompense, toute précieuse qu'elle est, n'est point celle qu'il ambitionne. Que voulez-vous, madame : nous sommes capricieux, nous autres artistes, et souvent ce qui ferait, comme vous le dites, envie à un roi, est considéré par nous d'un œil de dédain.

— Il faudra pourtant, dit madame d'Etampes, la rougeur de la colère lui montant au front, qu'il se contente de celle que je lui garde, car je vous l'ai déjà dit, Benvenuto, ce ne sera qu'à la dernière extrémité que je lui en accorderai une autre.

— Eh bien ! tu me confieras ce qu'il désire, à moi, dit François Ier à Benvenuto, en étendant de nouveau la main vers le beau lis, et si la chose n'est pas trop difficile, nous tâcherons de l'arranger.

— Regardez le bijou avec attention, sire, dit Benvenuto en mettant la tige de la fleur dans la main du roi; examinez-en tous les détails, et Votre Majesté verra que toutes les récompenses sont au-dessous du prix que mérite un tel chef-d'œuvre.

En disant ces mots, Benvenuto fixa son regard perçant sur la duchesse, mais celle-ci avait une telle puissance sur elle-même, qu'elle vit sans sourciller le lis passer des mains de l'artiste entre les mains du roi.

— C'est vraiment miraculeux, dit le roi. Mais où avez-vous trouvé ce magnifique diamant qui enflamme le calice de cette belle fleur?

— Ce n'est pas moi qui l'ai trouvé, sire, répondit d'un ton de bonhomie charmante Benvenuto ; c'est madame la duchesse d'Etampes qui l'a fourni à mon élève.

— Je ne vous connaissais pas de diamant, duchesse, dit le roi; d'où vous vient-il donc ?

— Mais probablement d'où viennent les diamans, sire, des mines de Guzarate ou de Golconde.

— Oh ! dit Benvenuto, c'est tout une histoire que celle de ce diamant, et si Votre Majesté désire la savoir, je la lui dirai. Ce diamant et moi nous sommes de vieilles connaissances, car c'est pour la troisième fois que ce diamant me passe entre les mains. Je l'ai d'abord mis en œuvre sur la tiare de notre saint-père le pape, où il faisait un merveilleux effet; puis, d'après l'ordre de Clément VII, je l'ai monté sur un missel que Sa Sainteté offrit à l'empereur Charles-Quint ; puis, comme l'empereur Charles-Quint désirait porter constamment sur lui, comme ressource sans doute dans un cas extrême, ce diamant, qui vaut plus d'un million, je le lui ai monté en bague, sire. Votre Majesté ne l'a-t-elle pas remarqué à la main de son cousin l'empereur ?

— Si fait, je me rappelle ! s'écria le roi ; oui, le premier jour de notre entrevue à Fontainebleau, il l'avait au doigt. Comment ce diamant se trouve-t-il en votre possession, duchesse ?

— Oui, dites, s'écria Diane, dont les yeux étincelèrent de joie, comment un diamant de cette valeur est-il passé des mains de l'empereur entre les vôtres?

— Si c'était à vous que cette question fût faite, reprit madame d'Etampes, la réponse vous serait facile, madame, en supposant toutefois que vous avouez certaines choses à d'autres qu'à votre confesseur.

— Vous ne répondez pas à la question du roi, madame, répondit Diane de Poitiers.

— Oui, répondit François Ier, comment ce diamant se trouve-t-il entre vos mains ?

— Demandez à Benvenuto, dit madame d'Etampes, portant un dernier défi à son ennemi; Benvenuto vous le dira.

— Parle donc, dit le roi, et à l'instant même, je suis las d'attendre !

— Eh bien ! sire, dit Benvenuto, je dois l'avouer à Votre Majesté, à la vue de ce diamant, d'étranges soupçons me sont venus comme à elle. Or, vous le savez, c'était au temps où nous étions ennemis, madame d'Etampes et moi ; je n'aurais donc pas été fâché d'apprendre quelque bon petit secret qui pût la perdre aux yeux de Votre Majesté. Alors je me suis mis en quête et j'ai appris.

— Tu as appris ?...

Benvenuto jeta un regard rapide sur la duchesse, et vit qu'elle souriait. Cette force de résistance qui était dans son caractère lui plut, et au lieu de finir brutalement la lutte d'un coup, il résolut de la prolonger comme fait un athlète sûr de la victoire, mais qui, ayant rencontré un adversaire digne de lui, veut faire briller toute sa force et toute son adresse.

— Tu as appris ?... répéta le roi.

— J'ai appris qu'il l'avait tout bonnement acheté du juif Manassès. Oui, sire, sachez cela pour votre gouverne : il paraît que depuis son entrée en France votre cousin l'empereur a tant jeté d'argent sur sa route, qu'il en est à mettre ses diamans en gage, et que madame d'Etampes recueille avec une magnificence royale ce que la pauvreté impériale ne peut conserver.

— Ah ! foi de gentilhomme ! c'est fort plaisant, s'écria François Ier, doublement flatté dans sa vanité d'amant et dans sa jalousie de roi. Mais, belle dame, j'y songe, ajouta-t-il en s'adressant à la duchesse, vous avez dû vous ruiner pour faire une telle emplette, et véritablement c'est à nous de réparer le désordre qu'elle a mis dans vos finances. Rappelez-nous que nous sommes votre débiteur de la valeur de ce diamant, car il est véritablement si beau, que je tiens à ce que ne vous venant pas de la main d'un empereur, il vous vienne au moins de celle d'un roi.

— Merci, Benvenuto, dit à demi-voix la duchesse, et je commence à croire, comme vous le prétendez, que nous étions faits pour nous entendre.

— Que dites-vous là ? dit le roi.

— Oh ! rien, sire, je m'excuse près de la duchesse de ce premier soupçon qu'elle veut bien me pardonner, je lui est d'autant plus généreux de sa part, qu'à côté de ce premier soupçon, elle en avait fait naître un autre.

— Et lequel ? demanda François Ier, tandis que Diane, que sa haine avait empêchée d'être la dupe de cette comédie, dévorait du regard sa triomphante rivale.

La duchesse d'Etampes vit qu'elle n'en avait pas encore fini avec son infatigable ennemi, et un léger nuage de crainte passa sur son front; mais, il faut le dire à sa louange, pour disparaître aussitôt. Il y a plus, elle profita de la préoccupation même que les paroles de Benvenuto Collini avaient mise dans l'esprit de François Ier pour essayer de reprendre le lis, que le roi tenait toujours ; mais Benvenuto, sans affectation, passa entre elle et le roi.

— Lequel ? Oh ! celui-ci, l'avoue, dit-il en souriant, celui-ci, il était si infâme, que je ne sais si je ne dois pas en être pour la honte de l'avoir eu, et si ce ne serait pas encore ajouter à mon crime que d'avoir l'impudeur de l'avouer. Il me faudra donc, je le déclare, un ordre exprès de Votre Majesté pour que j'ose...

— Osez Cellini, je vous l'ordonne, dit le roi.

— Eh bien ! j'avoue d'abord avec mon naïf orgueil d'artiste, reprit Cellini, que j'avais été surpris de voir madame d'Etampes charger l'apprenti d'un travail que le maître aurait été heureux et fier d'exécuter lui-même. Vous rappelez-vous mon apprenti Ascanio, sire? C'est un jeune et charmant cavalier, et qui pourrait poser pour l'Endymion, je vous jure !

— Eh bien ! après ? reprit le roi, dont les sourcils se contractèrent au soupçon qui vint tout à coup lui mordre le cœur.

Pour cette fois, il était évident que, malgré tout son pouvoir sur elle-même, madame d'Etampes était au supplice. D'abord, elle lisait dans les yeux de Diane de Poitiers une curiosité perfide, et puis elle n'ignorait pas que si François Ier eût pardonné peut-être la trahison envers le roi, il ne pardonnerait certainement pas une infidélité envers l'amant. Cependant, comme s'il ne remarquait pas son angoisse, Benvenuto poursuivit :

— Je pensais donc à la beauté de mon Ascanio et je songeais, — pardon, mesdames, pour ce que cette pensée peut avoir d'impertinent envers des Français, mais je suis fait aux façons de nos princesses italiennes, qui, en amour, il faut le dire, sont de bien faibles mortelles ; — je pensais donc qu'un sentiment auquel l'art était étranger...

— Maître, dit François Ier en fronçant les sourcils, songez à ce que vous allez dire.

— Aussi me suis-je excusé d'avance de ma témérité, et ai-je demandé à garder le silence.

— J'en suis témoin, dit Diane, c'est vous qui lui avez commandé de parler, sire ; et maintenant qu'il a commencé...

— Il est toujours temps de s'arrêter, dit la duchesse d'Etampes, quand on sait que ce que l'on va dire est un mensonge.

— Je m'arrêterai si vous le voulez, madame, reprit Benvenuto ; vous savez bien que vous n'avez qu'un mot à dire pour cela.

— Oui, mais moi je veux qu'il continue. Vous avez raison, Diane, il y a des choses qui veulent être creusées jusqu'au fond. Dites, monsieur, dites, reprit le roi en couvrant d'un même regard le sculpteur et la duchesse.

— Mes conjectures allaient donc leur train, quand une incroyable découverte vint leur offrir un nouveau champ.

— Laquelle ? s'écrient à la fois le roi et Diane de Poitiers.

— Je me traîne, murmura Cellini en s'adressant à la duchesse.

— Sire, reprit la duchesse, vous n'avez pas besoin de tenir ce lis à la main pour entendre toute cette longue histoire. Votre Majesté est si bien habituée à tenir un sceptre et à le tenir d'une main ferme, que j'ai peur que cette fleur fragile ne se brise entre ses doigts.

Et en même temps, la duchesse d'Etampes, avec un de ces sourires qui n'appartenaient qu'à elle, étendit le bras pour reprendre le bijou.

— Pardon, madame la duchesse, dit Cellini ; mais comme le lis joue dans toute cette histoire un rôle important, permettez que pour joindre la démonstration au récit...

— Le lis joue un rôle important dans l'histoire que vous allez raconter, maître, s'écria Diane de Poitiers en arrachant par un mouvement rapide comme la pensée la fleur des mains du roi. Alors madame d'Etampes a raison, car pour peu que l'histoire soit celle que je soupçonne, mieux vaut que ce lis soit entre mes mains qu'entre les vôtres ; car, avec ou sans intention, comme il serait dans un mouvement dont elle ne serait pas maîtresse, Votre Majesté le briserait.

Madame d'Etampes devint affreusement pâle, car elle se crut perdue ; elle saisit vivement la main de Benvenuto, ses lèvres s'ouvrirent pour parler, mais par un retour sur elle-même sans doute, sa main lâcha presque aussitôt celle de l'artiste, et ses lèvres se refermèrent.

— Dites ce que vous avez à dire, fit-elle les dents serrées, dites..... Puis elle ajouta d'une voix si basse que Benvenuto put seul l'entendre : Si vous l'osez.

— Oui, dites, et prenez garde à vos paroles, mon maître, dit le roi.

— Et vous, madame, prenez garde à votre silence, dit Benvenuto.

— Nous attendons ! s'écria Diane, ne pouvant plus contenir son impatience.

— Eh bien ! figurez-vous, sire ; imaginez-vous, madame, qu'Ascanio et madame la duchesse d'Etampes correspondaient.

La duchesse cherchait sur elle, puis autour d'elle, s'il n'y avait pas quelque arme dont elle pût poignarder l'orfèvre.

— Correspondaient ? reprit le roi.

— Oui, correspondaient ; et ce qu'il y avait de plus merveilleux, c'est que dans cette correspondance entre madame la duchesse d'Etampes et le pauvre apprenti ciseleur, il était question d'amour.

— Les preuves, maître ! vous avez des preuves, j'espère ! s'écria le roi furieux.

— Oh ! mon Dieu oui, sire, j'en ai, reprit Benvenuto. Votre Majesté comprend bien que je ne me serais pas laissé aller à de tels soupçons si je n'avais pas eu les preuves.

— Alors, donnez-les à l'instant même, puisque vous les avez, dit le roi.

— Quand je dis que je les ai, je me trompe : c'était Votre Majesté qui les avait tout à l'heure.

— Moi ! s'écria le roi.

— Et c'est madame de Poitiers qui les a maintenant.

— Moi ! s'écria Diane.

— Oui, reprit Benvenuto qui, entre la colère du roi et les haines et les terreurs des deux plus grandes dames du monde, conservait tout son sang-froid et toute son aisance. Oui, car les preuves sont dans ce lis.

— Dans ce lis ! — s'écria le roi en reprenant la fleur des mains de Diane de Poitiers, et en retournant le bijou avec une attention à laquelle cette fois l'amour de l'art n'avait aucune part. — Dans ce lis?

— Oui, sire, dans ce lis, reprit Benvenuto. Vous savez qu'elles y sont, madame, continua-t-il d'un ton significatif en se tournant vers la duchesse haletante.

— Transigeons, dit la duchesse. Colombe n'épousera point d'Orbec.

— Ce n'est point assez, murmura Cellini ; il faut qu'Ascanio épouse Colombe.

— Jamais ! fit madame d'Etampes.

Cependant le roi retournait dans ses doigts le lis fatal avec une anxiété et une colère d'autant plus douloureuses qu'il n'osait les exprimer ouvertement.

— Les preuves sont dans ce lis ! dans ce lis ! répétait-il ; mais je n'y vois rien dans ce lis.

— C'est que Votre Majesté ne connaît pas le secret à l'aide duquel il s'ouvre.

— Il y a un secret : montrez-le moi, messire, à l'instant même, ou plutôt...

François Ier fit un mouvement pour briser la fleur ; les deux femmes poussèrent un cri. François Ier s'arrêta.

— Oh ! sire, ce serait dommage, s'écria Diane ; un si charmant bijou : donnez-le moi, sire, et je vous réponds que s'il y a un secret, je le trouverai, moi.

Et ses doigts fins et agiles, doigts de femme rendus plus subtils par la haine, se promenèrent sur toutes les aspérités du bijou, fouillèrent tous les creux, tandis que la duchesse d'Etampes, prête à défaillir, suivait d'un œil presque hagard toutes les tentatives infructueuses un instant. Enfin, soit bonheur, soit divination de rivale, Diane toucha le point précis de la tige.

La fleur s'ouvrit.

Les deux femmes poussèrent encore ensemble un même cri : l'une de joie, l'autre de terreur. La duchesse s'élança pour arracher le lis des mains de Diane ; mais Benvenuto la retint d'une main tandis qu'il lui montrait de l'autre la lettre, qu'il avait tirée de sa cachette. En effet, un coup d'œil rapide jeté sur le calice de la fleur lui montra qu'il était vide.

— Je consens à tout, dit la duchesse écrasée et n'ayant plus la force de soutenir une pareille lutte.

— Sur l'Evangile ? dit Benvenuto.

— Sur l'Evangile !

— Eh bien ! **maître, dit le roi** impatienté, où sont ces

preuves? Je ne vois là qu'un vide ménagé avec beaucoup d'adresse dans la fleur, mais il n'y a rien dans ce vide.

— Non, sire, il n'y a rien, répondit Benvenuto.

— Oui, mais il a pu y avoir quelque chose, dit Diane.

— Madame a raison, reprit Benvenuto.

— Maître ! s'écria le roi les dents serrées, savez-vous qu'il pourrait être dangereux de continuer plus longtemps cette plaisanterie, et que de plus forts que vous se sont repentis d'avoir joué avec ma colère?

— Aussi serais-je au désespoir de l'encourir, sire, reprit Cellini sans se déconcerter ; mais rien ici n'est fait pour l'exciter, et Votre Majesté n'a pas pris, je l'espère, mes paroles au sérieux. Aurais-je osé porter si légèrement une accusation si grave? Madame d'Etampes peut vous montrer les lettres que contenait ce lis si vous êtes curieux de les voir. Elles parlent bien réellement d'amour, mais de l'amour de mon pauvre Ascanio pour une noble demoiselle, amour qui au premier abord sans doute semble fou et impossible ; mais mon Ascanio s'imaginant, en véritable artiste qu'il est, qu'un beau bijou n'est pas loin de valoir une belle fille, s'est adressé à madame d'Etampes comme à une providence, et a fait de ce lis son messager. Or, vous savez, sire, que la Providence peut tout ; et vous ne serez pas jaloux de celle-là, j'imagine, puisqu'en faisant le bien, elle vous associe à ses mérites. Voilà le mot de l'énigme, sire, et si tous les détours où je me suis amusé ont offensé Votre Majesté, qu'elle me pardonne en se rappelant la précieuse et noble familiarité dans laquelle elle a bien voulu jusqu'à présent m'admettre.

Ce discours quasi académique changea la face de la scène. A mesure que Benvenuto parlait, le front de Diane se rembrunissait, celui de madame d'Etampes se déridait, et le roi reprenait son sourire et sa belle humeur. Puis, quand Benvenuto eut fini :

— Pardon, ma belle duchesse, cent fois pardon, dit François Ier, d'avoir pu vous soupçonner un instant. Que puis-je faire, dites-moi, pour racheter ma faute et pour mériter mon pardon?

— Octroyer à madame la duchesse d'Etampes la demande qu'elle va vous faire, comme Votre Majesté m'a déjà octroyé celle que je lui ai faite.

— Parlez pour moi, maître Cellini, puisque vous savez ce que je désire, dit la duchesse, s'exécutant de meilleure grâce que Benvenuto ne l'aurait cru.

— Eh bien ! sire, puisque madame la duchesse me charge d'être son interprète, sachez que son désir est de voir intervenir votre toute-puissante autorité dans les amours du pauvre Ascanio.

— Oui-da ! dit le roi en riant ; je consens de grand cœur à faire le bonheur du gentil apprenti. Le nom de l'amoureuse?

— Colombe d'Estourville, sire.

— Colombe d'Estourville ! s'écria François Ier.

— Sire, que Votre Majesté se souvienne que c'est madame la duchesse d'Etampes qui vous demande cette grâce.

— Voyons, madame, joignez-vous donc à moi, ajouta Benvenuto en faisant de nouveau passer hors de sa poche un coin de la lettre, car si vous vous laissez plus longtemps, Sa Majesté croira que vous demandez la chose par pure complaisance pour moi.

— Est-ce vrai que vous désirez ce mariage, madame? dit François Ier.

— Oui, sire, murmura madame d'Etampes ; je le désire... vivement.

L'adverbe était amené par une nouvelle exhibition de la lettre.

— Mais sais-je, moi, reprit François Ier, si le prévôt acceptera pour gendre un homme sans nom et sans fortune?

— D'abord, sire, répondit Benvenuto, le prévôt, en sujet fidèle, n'aura pas, soyez-en certain, d'autre volonté que celle de son roi. Ensuite Ascanio n'est pas sans nom. Il se nomme Gaddo Gaddi, et un de ses aïeux a été podestat de Florence. Il est orfévre, c'est vrai, mais en Italie pratiquer l'art n'est point déroger. D'ailleurs, ne fût-il pas noble d'ancienne noblesse, comme je me suis permis d'inscrire son nom sur les lettres-patentes que Sa Majesté m'a fait remettre, il serait noble de nouvelle création. Ah ! ne croyez pas que cet abandon de ma part soit un sacrifice. Récompenser mon Ascanio, c'est me récompenser deux fois moi-même. Ainsi c'est dit, sire, le voilà seigneur de Nesle, et je ne le laisserai pas manquer d'argent ; il pourra, s'il veut, laisser là l'orfèvrerie et acheter une compagnie de lances ou une charge à la cour ; j'y pourvoirai de mes deniers.

— Et nous aurons soin, bien entendu, dit le roi, que votre générosité n'altère pas trop votre bourse.

— Ainsi donc, sire... reprit Benvenuto.

— Va pour Ascanio Gaddo Gaddi, seigneur de Nesle ! s'écria le roi en riant à gorge déployée, tant la certitude de la fidélité de madame d'Etampes l'avait mis de joyeuse humeur.

— Madame, dit à demi-voix Cellini, vous ne pouvez pas, en conscience, laisser au Châtelet le seigneur de Nesle ; c'était bon pour Ascanio.

Madame d'Etampes appela un officier des gardes et lui dit à voix basse quelques paroles qui se terminèrent par celles-ci :

— Au nom du roi !

— Que faites-vous, madame? demanda François Ier.

— Rien, sire, répondit Cellini. Madame la duchesse d'Etampes envoie chercher le futur.

— Où cela?

— Où madame d'Etampes, qui connaissait la bonté du roi, l'a prié d'attendre le bon plaisir de Sa Majesté.

Un quart d'heure après, la porte de l'appartement où attendaient Colombe, le prévôt, le comte d'Orbec, l'ambassadeur d'Espagne, et à peu près tous les seigneurs de la cour, à l'exception de Marmagne encore alité, s'ouvrit. Un huissier cria : — Le roi !

François Ier entra, donnant la main à Diane de Poitiers, et suivi des notaires, qui soutenait à un bras la duchesse d'Etampes et à l'autre Ascanio, aussi pâles l'un que l'autre.

A l'annonce faite par l'huissier, tous les courtisans se retournèrent et demeurèrent un instant stupéfaits en apercevant ce singulier groupe. Colombe pensa s'évanouir.

Cet étonnement redoubla lorsque François Ier, faisant passer le sculpteur devant lui, dit à haute voix :

— Maître Benvenuto, prenez un instant notre place et notre autorité ; parlez comme si vous étiez le roi, et qu'on vous obéisse comme au roi.

— Prenez garde, sire, répondit l'orfèvre : pour me tenir dans votre rôle, je vais être magnifique.

— Allez, Benvenuto, dit François Ier en riant ; chaque trait de magnificence sera une flatterie.

— A la bonne heure ! sire, voilà qui me met à mon aise, et je vais vous louer tant que je pourrai. Or ça, continua-t-il, n'oubliez pas, vous tous qui m'écoutez, que c'est le roi qui parle par ma bouche. Messieurs les notaires, vous avez préparé le contrat auquel Sa Majesté daigne signer ? Ecrivez les noms des époux.

Les deux notaires prirent la plume et s'apprêtèrent à écrire sur les deux contrats, dont l'un devait rester aux archives du royaume et l'autre dans leur cabinet.

— D'une part, continua Benvenuto, d'une part, noble et puissante demoiselle Colombe d'Estourville.

— Colombe d'Estourville, répétèrent machinalement les notaires, tandis que les auditeurs écoutaient dans le plus grand étonnement.

— De l'autre, continua Cellini, très noble et très puissant Ascanio Gaddi, seigneur de Nesle.

— Ascanio Gaddi ! s'écrièrent en même temps le prévôt et d'Orbec.

— Un ouvrier ! s'écria avec douleur le prévôt en se tournant vers le roi.

— Ascanio Gaddi, seigneur de Nesle, reprit Benvenuto sans s'émouvoir, auquel Sa Majesté accorde les grandes lettres de naturalisation et la place d'intendant des châteaux royaux.

— Si Sa Majesté l'ordonne ainsi, j'obéirai, dit le prévôt ; toutefois...

— Ascanio Gaddi, continua Benvenuto, à la considération duquel Sa Majesté accorde à messire Robert d'Estourville, prévôt de Paris, le titre de chambellan.

— Sire, je suis prêt à signer, dit d'Estourville, enfin vaincu.

— Mon Dieu ! mon Dieu ! murmura Colombe en retombant sur sa chaise, n'est-ce pas un rêve que tout cela ?

— Et moi ? s'écria d'Orbec, et moi ?

— Quant à vous, reprit Cellini, continuant ses fonctions royales, quant à vous, comte d'Orbec, je vous fais grâce de l'enquête que j'aurais le droit d'ordonner sur votre conduite. La clémence est vertu royale, aussi bien que la générosité, n'est-ce pas, sire ? Mais voici les contrats proposés, signons, messieurs, signons !

— C'est qu'il fait la Majesté à merveille ! s'écria François Ier, heureux comme un roi en vacances.

Puis il passa la plume à Ascanio, qui signa d'une écriture tremblante, et qui, après avoir signé, passa lui-même la plume à Colombe, que madame Diane, pleine de bonté, avait été chercher à sa place et soutenait. Les mains des deux amans se touchèrent et ils faillirent s'évanouir.

Puis vint madame Diane, qui passa la plume à la duchesse d'Étampes, laquelle la passa au prévôt, le prévôt à d'Orbec, et d'Orbec à l'ambassadeur d'Espagne.

Au-dessous de tous ces grands noms, Cellini écrivit distinctement et fermement le sien. Ce n'était pas cependant celui qui faisait le moindre sacrifice.

Après avoir signé, l'ambassadeur d'Espagne s'approcha de la duchesse.

— Nos plans tiennent toujours, madame ? dit-il.

— Eh ! mon Dieu ! dit la duchesse, faites ce que vous voudrez : que m'importe la France ! que m'importe le monde !

Le duc s'inclina.

— Ainsi, dit l'ambassadeur au moment où il reprenait sa place son neveu, jeune diplomate encore inexpérimenté, ainsi, dans les intentions de l'empereur, ce n'est pas le roi François Ier, mais son fils, qui sera duc de Milan ?

— Ce ne sera ni l'un ni l'autre, répondit l'ambassadeur.

Pendant ce temps, les autres signatures allaient leur train.

Puis, lorsque chacun eut mis son nom au bas du bonheur d'Ascanio et de Colombe, Benvenuto s'approcha de François Ier, et mettant un genou en terre devant lui :

— Sire, dit-il, après avoir ordonné en roi, je viens prier Votre Majesté en humble et reconnaissant serviteur. Votre Majesté veut-elle m'accorder une dernière grâce ?

— Dis, Benvenuto, dis, répondit François Ier, qui était en train d'accorder, et qui s'apercevait que c'était encore, à tout prendre, l'acte de la royauté auquel un roi trouve le plus de bonheur ; dis, voyons, que souhaites-tu ?

— Retourner en Italie, sire, dit Benvenuto.

— Qu'est-ce que cela signifie ? s'écria le roi ; vous voulez me quitter quand il vous reste tant de chefs-d'œuvre à me faire ? Je ne veux pas.

— Sire, répondit Benvenuto, je reviendrai, je vous le jure. Mais laissez-moi partir, laissez-moi revoir mon pays j'en ai besoin pour le moment. Je ne dis pas ce que je souffre, continua-t-il en baissant la voix et en secouant mélancoliquement la tête. Mais je souffre beaucoup de douleurs que je ne saurais raconter, et l'air seul de la patrie peut cicatriser mon cœur blessé. Vous êtes un grand, vous êtes un généreux roi que j'aime. Je reviendrai, sire, mais permettez-moi auparavant d'aller me guérir là-bas au soleil. Je vous laisse Ascanio, ma pensée, Pagolo, ma main ; ils suffiront à vos rêves d'artiste jusqu'à mon retour, et quand j'aurai reçu le baiser des brises de Florence, ma mère, je reviendrai vers vous, mon roi, et la mort seule pourra nous séparer.

— Allez donc, dit tristement François Ier. Il sied que l'art soit libre comme les hirondelles : allez.

Puis le roi tendit à Benvenuto sa main, que Benvenuto baisa avec toute l'ardeur de la reconnaissance.

En se retirant, Benvenuto se trouva près de la duchesse.

— Est-ce que vous m'en voulez beaucoup, madame ? dit-il en glissant aux mains de la duchesse le fatal billet qui, pareil à un talisman magique, venait de faire des choses impossibles.

— Non, dit la duchesse, toute joyeuse de le tenir enfin, non, et cependant vous m'avez battue par des moyens...

— Allons donc ! dit Benvenuto, je vous en ai menacée ; mais croyez-vous que je m'en fusse servi ?

— Dieu du ciel ! s'écria la duchesse frappée d'un trait de lumière ; voilà ce que c'est que de vous avoir cru pareil à moi !

Le lendemain, Ascanio et Colombe furent mariés à la chapelle du Louvre, et malgré les règles de l'étiquette, les deux jeunes gens obtinrent que Jacques Aubry et sa femme assistassent à la cérémonie.

C'était une grande faveur, mais on conviendra que le pauvre écolier l'avait bien méritée.

XLII.

MARIAGE DE CONVENANCE.

Huit jours après, Hermann épousa solennellement dame Perrine, qui lui apporta en dot vingt mille livres tournois et la certitude qu'il serait père.

Hâtons-nous de dire que ce fut cette certitude qui détermina le brave Allemand, bien plus encore que les vingt mille livres tournois.

Le soir même du mariage d'Ascanio et de Colombe, quelques instances que purent lui faire les deux jeunes gens Benvenuto partit pour Florence.

Ce fut pendant ce retour qu'il fondit sa statue de Persée, qui fait encore aujourd'hui l'une des ornemens de la place du Vieux-Palais, et qui ne fut peut-être sa plus belle œuvre que parce qu'il l'accomplit dans sa plus grande douleur.

TABLE

DES CHAPITRES CONTENUS DANS ASCANIO.

I.	— La rue et l'atelier...	227
II.	— Un orfévre au seizième siècle...	231
III.	— Dédale...	234
IV.	— Scozonne...	238
V.	— Génie et royauté...	241
VI.	— A quoi servent les duègnes...	244
VII.	— Un fiancé et un ami...	248
VIII.	— Préparatifs d'attaque et de défense...	252
IX.	— Estocades...	256
X.	— De l'avantage des villes fortifiées...	259
XI.	— Hibous, pies et rossignols...	262
XII.	— La reine du roi...	267
XIII.	— Souvent femme varie...	270
XIV.	— Que le fond de l'existence humaine est la douleur...	273
XV.	— Que la joie n'est guère qu'une douleur qui change de place...	277
XVI.	— Une cour...	280
XVII.	— Amour passion...	282
XVIII.	— Amour rêve...	284
XIX.	— Amour-idée...	286
XX.	— Le marchand de son honneur...	289
XXI.	— Quatre variétés de brigands...	294
XXII.	— Le songe d'une nuit d'automne...	297
XXIII.	— Stéphana...	300
XXIV.	— Visites domiciliaires...	303
XXV.	— Charles-Quint à Fontainebleau...	306
XXVI.	— Le moine bourru...	310
XXVII.	— Ce que l'on voit la nuit de la cime d'un peuplier...	313
XXVIII.	— Mars et Vénus...	317
XXIX.	— Deux rivales...	320
XXX.	— Benvenuto aux abois...	323
XXXI.	— Des difficultés qu'éprouve un honnête homme à se faire mettre en prison...	326
XXXII.	— Où Jacques Aubry s'élève à des proportions épiques...	331
XXXIII.	— Des difficultés qu'éprouve un honnête homme à sortir de prison...	333
XXXIV.	— Un honnête larcin...	337
XXXV.	— Où il est prouvé que la lettre d'une grisette, quand on la brûle, fait autant de flamme et de cendre que la lettre d'une duchesse...	340
XXXVI.	— Où l'on voit qu'une véritable amitié est capable de pousser le dévouement jusqu'au mariage...	342
XXXVII.	— La fonte...	345
XXXVIII.	— Jupiter et l'Olympe...	347
XXXIX.	— Mariage de raison...	349
XL.	— Reprise d'hostilités...	353
XLI.	— Mariage d'amour...	355
XLII.	— Mariage de convenance...	359